Uni-Taschenbücher 1551

UTB FÜR WISSEN SCHAFT

Eine Arbeitsgemeinschaft der Verlage

Wilhelm Fink Verlag München
Gustav Fischer Verlag Stuttgart
Francke Verlag Tübingen
Paul Haupt Verlag Bern und Stuttgart
Dr. Alfred Hüthig Verlag Heidelberg
Leske Verlag + Budrich GmbH Opladen
J. C. B. Mohr (Paul Siebeck) Tübingen
R. v. Decker & C. F. Müller Verlagsgesellschaft m. b. H. Heidelberg
Quelle & Meyer Heidelberg · Wiesbaden
Ernst Reinhardt Verlag München und Basel
F. K. Schattauer Verlag Stuttgart · New York
Ferdinand Schöningh Verlag Paderborn · München · Wien · Zürich
Eugen Ulmer Verlag Stuttgart
Vandenhoeck & Ruprecht in Göttingen und Zürich

Edwin Habel / Friedrich Gröbel (Hrsg.)

Mittellateinisches Glossar

Mit einer Einführung
von Heinz-Dieter Heimann

Ferdinand Schöningh, Paderborn

Paderborn · München · Wien · Zürich

CIP-Titelaufnahme der Deutschen Bibliothek

Habel, Edwin:
Mittellateinisches Glossar/Edwin Habel; Friedrich Gröbel (Hrsg.). Mit e. Einf. von Heinz-Dieter Heimann. – Mit e. neuen Einf. versehener, unveränd. Nachdr. d. 2. Aufl. – Paderborn; München; Wien; Zürich: Schöningh, 1989
(Uni-Taschenbücher; 1551)
ISBN 3-506-99398-4
NE: Gröbel, Friedrich; HST; GT

Mit einer neuen Einführung versehener, im Wörterbestand unveränderter Nachdruck der 2. Auflage 1959.

Printed in Germany

Herstellung: Ferdinand Schöningh, Paderborn

Einbandgestaltung: Alfred Krugmann, Stuttgart

ISBN 3-506-99398-4

Inhaltsverzeichnis

Heinz-Dieter Heimann

Mediävistik und Mittellatein

Einführung zur Neuauflage des MITTELLATEINISCHEN GLOSSARS

I.

In der ETYMOLOGIAE des Bischofs *Isidor von Sevilla,* einem frühen Zeugnis lateinischer Sprachgeschichte aus der ersten Hälfte des 7. nachchristlichen Jahrhunderts, heißt es über das Latein:

> Lateinische Sprachen gibt es nach Angaben einiger Autoren viererlei: Altlatein, Lateinisch, Römisch und Mischlatein. [. . .] Mischlatein, das nach der Ausbreitung des Imperiums zugleich mit den Bräuchen und Menschen in die Stadt Rom eindrang; es verdarb durch Konstruktionsfehler und Wortänderungen die Reinheit des Ausdrucks.

Isidor gibt das Latein als etwas Wandelbares zu erkennen. Und er versteht Sprachen, deren Verschiedenartigkeiten sich für ihn aus den Folgen des alttestamentlich überlieferten Turmbaus zu Babel ergaben, bedingt weiterhin durch unterschiedliche Lebensräume und politische Ordnungen. Als „Mischlatein" bezeichnet er entsprechend eine zeitlich gebundene Sprachstufe, die seiner Lebenszeit. Seine Sprachkultur unterscheidet er vom Latein eines Cicero, des römischen Weltreiches. Für ihn erlangt das Latein seinen universalen Rang vielmehr aus dem Christentum.

Zu seinem beachtlichen Verständnis von Sprachgeschichte gehört, die Problematik von Latein als kirchlicher „Obersprache" gegenüber den Sprachen des Volkes im Alltag gesehen sowie die soziale Funktion des gesprochenen und geschriebenen Wortes erkannt zu haben. Das Nebeneinander, schließlich die Konkurrenz von lateinischer Sprache und Volkssprache, von Universalsprache und Dialekten, haben mittelalterliche Autoren verschiedenster Länder immer wieder beobachtet; in ihren lateinischen wie volkssprachlichen Schriften haben sie selbst auf das Spannungsverhältnis aktiv eingewirkt. Das Mittellatein blieb über das 14. Jahrhundert hinaus die maßgebliche Sprache der Theologen, im Zuge der spätmittelalterlichen Universitätsbewegung und einem vordringenden Laientum auch die der Juristen, der Mediziner, der Räte und Diplomaten. Als übernationale Buchsprache sicherte das Mittellatein dieser Bildungselite den Zugang zu und die Herrschaft über Fachwissen ebenso wie Prestige und Einkommen; damit verbunden war das Selbstverständnis eines international kommunizierenden Gelehrtentums in Zeiten verstärkter nationaler Bewußtwerdung. Sprachen und Schriften wirken so unterschiedlich auf soziale Zustände und Ordnungen in Gesellschaften ein. Sie integrieren, wie sie zugleich Alternativen formulieren und damit neue Identitäten oder Konkurrenzen fördern und Abgrenzungen stabilisieren.

Das Mittellatein wirkt in seiner überragenden Bedeutung als Kommunikationsmittel zugleich als Träger von Normen und Wertvorstellungen. In seiner tiefen Verbindung mit dem Christentum und der Verschriftlichung einer Kultur gewinnt es als Garant von Wahrheit, als Signum der Rechtmäßigkeit, der Rechtssicherheit, schließlich überhaupt der Vergewisserung von Heilsordnung und irdischer Ordnung. Vor diesem weiten geistesgeschichtlichen Hintergrund wird die Problematik der Ablösung z. B. des Urkundenlateins in der Kanzlei der römisch-deutschen Könige seit dem 13. Jahrhundert erkennbar, insoweit ein Echtheitsbeweis aufgegeben wurde, oder – ein anderes Beispiel – als mit dem Aufkommen einer volkssprachlichen Bibellektüre die kirchliche Lehrautorität und die Heiligkeit der Sprache zur Disposition gerieten.

Sprachliche Veränderungen schließlich befördern vielfältigen sozialen Wandel. Nicht Uniformität, sondern die Polarität und Vitalität der lateinischen Sprachwelt zumal von Geistlichkeit und Gelehrten hier und die Mundarten verschiedenster Laien dort machen die sprachliche Differenzierung im Mittelalter zum beredten Zeugnis seiner Sozialgeschichte, seiner gesellschaftlichen Formierung im weitesten Sinne. Mehr noch, die Schriftzeugnisse weisen den Aneignungsprozeß sich verändernder Lebensformen und Lebensbedingungen aus, den Wandel einer Gesellschaft mit einer zunächst oralen, später stärker verschriftlichten Kultur.

Diese Entwicklung auf den verschiedensten Ebenen zu erfassen, verstehen zu wollen, bedeutet für den Mediävisten, sich – unbeschadet des beachtlichen und beachtenswerten Anteils volkssprachlicher Literatur – das Mittellatein als der bis um 1400 maßgebenden Buchsprache des europäischen Kulturraums zu erschließen.

Für den Historiker ergeben sich bei der Beschäftigung mit derartigen Schriftzeugnissen unterschiedlichster Zeitstufen, Räume und Angehöriger verschiedenster sozialer Verbände eigene, differenzierte Anforderungen gerade an ein mittellateinisches Wörterbuch, wie zugleich daneben Theologen dort wieder andere Auskünfte erwarten als Mediziner, Juristen oder Philologen. Dem Historiker liegt aufgrund seiner Erkenntnisinteressen und Methoden an einer eindeutigen Terminologie wie an einem adäquaten Verständnis der ursprünglichen Quellenbegriffe. Otto Brunner, der im sogenannten Streit um den „deutschen Staat des Mittelalters" die bis dahin zumeist mit der sachfremden Terminologie des 19. Jahrhunderts geführte mittelalterliche Verfassungsgeschichtsforschung durchbrach, benutzte dazu die Begriffsgeschichte. Die Methode soll und kann nicht verabsolutiert werden. Der Hinweis auf sie dient allein der Verdeutlichung, daß nach heutigem Verständnis Quellenbegriffe einerseits als Indikatoren für politisches und soziales Handeln erscheinen, die andererseits zugleich wiederum dieses selbst beeinflussen. In einer Begriffsgeschichte bzw. Geschichte der Begriffe werden subjektive wie objektive Reflektionen tatsächlicher historischer Erfahrungen und Zustände greifbar, denen Historiker nachspüren.

Der Blick in ein Wörterbuch kann dem Historiker diese Arbeit an den Quellen nicht ersetzen. Aber es wächst die Bedeutung eines Wörterbuchs für den Historiker mit der Anzahl der in ihm verarbeiteten Quellenbelege, seiner Begriffsvarianten. Wörterbücher bleiben ihm vorwiegend Hilfsmittel, auch in seiner Interpretationsarbeit ein Stück Wegweiser, den er auf seine Weise wiederum kritisch benützt.

II.

Unbeschadet eines reduzierten Lateinunterrichts an den Oberstufen auf der einen Seite und verbesserter kritischer Editionen mittelalterlicher Quellentexte oder wachsender Verfügbarkeit über auch qualifizierte Übersetzungen auf der anderen Seite bildet die Arbeit mit mittellateinischen Schriftzeugnissen unterschiedlichster Herkunft einen wohl nicht ersetzbaren Bestandteil geschichtswissenschaftlicher Ausbildung. Nicht nur den an der mittelalterlichen Geschichte primär Interessierten, sondern den Geschichtsstudenten und Geschichtsstudentinnen allgemein begegnen auf dem Weg durch das Grund- und Hauptstudium in unterschiedlichen Gattungen mittellateinische Quellenschriften. Der Umgang mit dem Wörterbuch wird hier zu einer beinahe alltäglichen Notwendigkeit.

Das MITTELLATEINISCHE GLOSSAR von *Edwin Habel* und *Friedrich Gröbel* hat seit seinem ersten Erscheinen (1931) einen anerkannten und beispiellosen Platz im Kreis der wortkundlichen Hilfsmittel behauptet, weil seine Bearbeiter vor allem ein Wörterbuch zum Einsatz in der schulischen bzw. universitären *Ausbildungspraxis* erstellten. Darüber hinaus ist das Glossar in seiner inneren Ausgestaltung ein Kind seiner Zeit.

E. Habel lag daran, ein in erster Linie handliches MITTELLATEINISCHES GLOSSAR anzubieten, um die Benutzer im Umgang mit entsprechenden Quellen „wieder selbständig" zu machen. Diese Absicht hat bis heute ihren Sinn nicht verloren, und darin liegen gute Gründe, das seit seinem Erscheinen als ein praktikables, mit der Ausbildungspraxis verkoppeltes Hilfsmittel bewährte Glossar erneut nachzudrucken. Von kompetenter Seite anerkannt, findet sich auf *vergleichbarer* Ebene für dieses Wörterbuch bis heute schwerlich eine Alternative.

Karl Strecker, ein anerkannter Fachwissenschaftler des Mittellateins, hat in seiner Rezension des MITTELLATEINISCHEN GLOSSARs (Historische Zeitschrift 146 [1931] 530 – 536) die Notwendigkeit einer solchen Arbeitshilfe gewürdigt, auch und gerade dadurch, daß er „Lücken und Unebenheiten" im Sinne „verbessernder Mitarbeit" beifügte. Das MITTELLATEINISCHE GLOSSAR bietet damit (obwohl die 2. Auflage einige Hinweise Streckers berücksichtigte) dem Fachkenner des Mittellatein inzwischen bekannte Ansatzpunkte der Kritik. An sie erinnerte *Paul Klopsch* bei Erscheinen der 2. Auflage 1959 (Mittellateinisches Jahrbuch 1 [1964] 202 – 204); er empfahl zugleich für eine ins Auge gefaßte Neubearbeitung, „erhöhten Wert auf Bedeutungswandel" zu legen und dafür prüfend die – vor allem seit den 50er Jahren – neu vorliegenden Lexika heranzuziehen (vgl. Auswahlbibliographie). Der doch variierte Tenor der in einem Abstand von über 30 Jahren geschriebenen Rezensionen spiegelt wider, wie sich die Maßstäbe der Anforderung an ein wortkundliches Hilfsmittel für die Ausbildung mit der Verfügbarkeit umfassender, d. h. aus einer gänzlich anderen Konzeption heraus erarbeiteter mehrbändiger Nachschlagewerke erweitert haben. Die Appelle von H. Strecker und P. Klopsch zu einer Neubearbeitung gelten unverändert. Ebenso unverändert gilt auch ihre Anerkennung für die Notwendigkeit eines solchen komprimierten und unterrichtsbezogenen Hilfsmittels.

Das MITTELLATEINISCHE GLOSSAR hat sich in der Praxis bis heute als hilfreich und empfehlenswert erwiesen, auch wenn das Niveau der berücksichtigten Begriffsvarianten im Hinblick auf diverse fachspezifische Termini sich teils als lückenhaft, teils auch als übersättigt darstellt. Mit Blick auf die *Praktikabilität* eines Hilfsmittels wird das MITTELLATEINISCHE GLOSSAR auch bei einer eventuellen Neubearbeitung einen nicht zu überbrückenden Unterschied im Profil gegenüber den heute der Wissenschaft ganz allgemein zur Verfügung stehenden mittellateinischen Nachschlagewerke behalten und behalten müssen.

Diese Nachschlagewerke erfüllen in der Regel die unterschiedlichsten Anforderungen verschiedenster Fachrichtungen und repräsentieren auf der Basis einer gewissen Vollständigkeit in der Bearbeitung der Quellenstoffe eines Raumes oder eines Zeitabschnittes in ihrer enzyklopädischen oder philologischen Gestaltung jeweils Ergebnisse der Grundlagenforschung. Sie gehen zumeist auf Pläne der Union académique internationale vom Beginn dieses Jahrhunderts zurück, das umfassende Glossar von *Du Cange* zu ersetzen, das Habel/Gröbel in erster Linie zur Verfügung stand. Das von *Paul Lehmann* herausgegebene *Mittellateinische Wörterbuch,* das auf Quellen des deutschen Sprachraumes bis 1300 fußt, erschien mit entsprechender Rückbindung erst ab 1959 und zeigt, wie ein ursprünglich erwogenes umfassendes Lexikon der mittelalterlichen Latinität aufgegeben wurde. So sind heutige Wörterbücher, die mit jener Initiative verbunden sind, auf ihre Weise begrenzt: national, zeitlich oder fachspezifisch. Als geschlossenes Wörterbuch steht dem Historiker *J. F. Niermeyers Glossar* zur Verfügung, doch weder dieses noch die vorgenannten Lexika werden Studierende sich wegen ihrer hohen Anschaffungskosten zulegen (können).

Eine umfassende begriffs- oder sprachgeschichtliche Recherche im Einzelfall wird deshalb, beginnend beim *Thesaurus Linguae Latinae,* über die einzelnen nationalen oder regionalen Wörterbücher zu gehen haben (vgl. Auswahlbibliographie). Um die Lücke zum spätmittelalterlichen Wortschatz, wo die begriffsgeschichtliche Rezeption gerade im philosophischen und staatsrechtlichen

Wandel besonders bedeutsam wird und die Weitschweifigkeit des Lateinischen hinzutritt, zu schließen, empfiehlt sich komplementär die Benutzung weiterer Wörterbücher oder einschlägiger, vor allem stets jüngster Editionen zum Vergleich.

Der Standard des MITTELLATEINISCHEN GLOSSARS bemißt sich – auf der gegebenen Quellengrundlage – nach wie vor an den Anforderungen der *Ausbildungspraxis,* d. h. der unterrichtlich begleitenden Lektüre mittellateinischen Schriftgutes, das in Urkundentexten, Annalen und Chronikwerken einen beträchtlichen Anteil am Lektürekanon einnimmt. In dem jetzt als Taschenwörterbuch in UTB wieder vorgelegten MITTELLATEINISCHEN GLOSSAR bietet sich vorzugsweise den Studenten und Studentinnen der Geschichtswissenschaft ein Hilfsmittel, das nach seiner Funktion in der Regel eine entsprechend angemessene wortkundliche *Grundinformation* bereitstellt. Dies, seine Abgrenzung zu den kleinen Schulwörterbüchern des klassischen Latein und seine relativ weiten Anwendungsmöglichkeiten empfehlen das MITTELALTERLICHE GLOSSAR.

Auswahlbibliographie

geschichtswissenschaftlicher und sprachgeschichtlicher Literatur, übergreifender, nationaler und spezieller Wörterbücher und Glossare sowie Zeitschriften:

Zur allgemeinen historischen und sprachgeschichtlichen Orientierung:

E. Auerbach, Literatursprache und Publikum in der lateinischen Spätantike und im Mittelalter. Bern 1958

A. Borst, Der Turmbau von Babel. Geschichte der Meinungen über Ursprung und Vielfalt der Sprachen und Völker, 6 Bde., Stuttgart 1957 – 1963

Ders., Lebensformen im Mittelalter, Frankfurt/M./Berlin 1979

J. Bumke (Hrsg.), Literatur – Publikum – Historischer Kontext. Bern 1977

F. Brunhölzl, Geschichte der lateinischen Literatur des Mittelalters, München 1975

H. Fichtenau, Mensch und Schrift im Mittelalter, Wien 1946

H.-W. Goetz, Leben im Mittelalter. Vom 7. bis zum 13. Jahrhundert, München 1986

H. Grundmann, Litteratus – illiteratus. Der Wandel einer Bildungsnorm vom Altertum zum Mittelalter, in: Archiv für Kulturgeschichte 40 (1958) 1 – 65

M. Manitius, Geschichte der lateinischen Literatur des Mittelalters, Bde. 1 – 3, München 1911 – 1931

P. Moraw, Über den Weg vom geschriebenen zum gedruckten Buch. Gießener Universitätsblätter 18/2, 1985

O. G. Oexle, Sozialgeschichte – Begriffsgeschichte – Wissenschaftsgeschichte. Anmerkungen zum Werk O. Brunners, in: Vierteljahrsschrift für Sozial- u. Wirtschaftsgeschichte 71 (1984) 305 – 341

Th. Schieder (Hrsg.), Handbuch der europäischen Geschichte. Bd. 1: Europa im Wandel von der Antike zum Mittelalter, hrsg. v. *Th. Schieffer,* Stuttgart 1976. Bd. 2: Von der Konsolidierung unserer Kultur zur Entfaltung Europas, hrsg. v. *F. Seibt,* Stuttgart 1987

H. Schulze, Mediävistik und Begriffsgeschichte, in: Historische Semantik und Begriffsgeschichte, hrsg. v. *R. Koselleck,* Stuttgart 1979, 43 – 74

P. Stotz (Hrsg.), Handbuch zur lateinischen Sprache des Mittelalters (in Bearbeitung; s. Mittellateinisches Jahrbuch 21 [1986] 355 f.)

Übergreifende Wörterbücher und Glossare:

Thesaurus Linguae Latinae, Bde. 1 – 7.2, 8, 9.2, 10, 1.2, Leipzig 1900 – 1985

Charles Du Fresne Sieur Du Cange, Glossarium mediae et infirmae latinitatis, Bde. 1 – 3, Paris 1678. Bde. 1 – 10, bearb. v. *L. Favre,* Niort [5]1883 – 1887; Nachdruck Graz 1954

L. Diefenbach, Glossarium latino-germanicum mediae et infirmae aetatis, Frankfurt/Main 1857; Nachdruck Darmstadt 1968

E. Forcellini, Totius latinitatis lexicon, Bde. 1 – 4, Padua 1771; neubearb. v. *Vincenzo,* Bde. 1 – 6, Prato [4]1858 – 1875. – Bde. 7 – 10, Totius latinitatis onomasticon Bd. 1 – 4, Prato 1859 – 1887

H. u. K. E. Georges, Ausführliches lateinisch-deutsches Handwörterbuch, Bde. 1 – 2, Hannover/Leipzig [8]1913; Nachdruck Graz [10]1959

Nationale Wörterbücher und Glossare:

A. Blaise, Dictionnaire latin-français des auteurs chrétiens, neubearb. v. *H. Chirat,* Straßburg 1954; Addenda et Corrigenda 1962, [4]1975

Dictionary of Medieval Latin from British Sources, prepared by *R. E. Latham* under the direction of a Committee appointed by the British Academy, Fasc. 1 – 3, London 1975 – 1986

Glossarium till medeltidslatinet i Sverige, Bde. 1 ff., 1969 ff.

G. Koebler, Lateinisch-Althochdeutsches Wörterbuch (Göttinger Studien zur Rechtsgeschichte, Sdbd. 12), Göttingen 1971

Lateinisch-Mittelhochdeutsches Handwörterbuch (in Bearbeitung)

R. E. Latham, Revised Medieval Latin Word-List from British and Irish Sources, London 1965

Latinitatis Medii Aevi Lexicon Bohemorum, hrsg. v. Academie scientiarum bohemoslovaca, consilium moderatorum: *L. Vacel, E. Kamímková, J. Kejř* u. a., Bd. 1 ff., Prag 1977 ff.

Lexicon Latinitatis Nederlandicae Medii Aevi, Woordenboek van het Middeleeuws Latijn van de Noordelijke Nederlanden, composuit *J. W. Fuchs, O. Weijers,* Bd. 1 ff., Amsterdam 1970 ff.

Mittellateinisches Wörterbuch bis zum ausgehenden 13. Jahrhundert, hrsg. v. d. Bayerischen Akademie der Wissenschaften und der Deutschen Akademie der Wissenschaften zu Berlin, Bde. 1, 2, 1 – 7, München 1967 – 1976; Quellen- und Abkürzungsverzeichnis 1969

J. F. Niermeyer, Mediae latinitatis lexicon minus, Leiden 1956 – 1976

Oxford Latin Dictionary, Bd. 1 ff., Oxford 1968 ff.

Spezielle Wörterbücher und Glossare:

A. Blaise, Lexicon Latinitatis Mediae Aevi, praesertim ad res ecclesiasticas investigendas pertinens (Corpus Christianorum, Continuatio mediaevalis), Tornhout 1975

E. Brinckmeier, Glossarium diplomaticum zur Erläuterung schwieriger, einer diplomatischen, historischen, sachlichen oder Worterklärung bedürftiger lateinischer, hoch- und besonders niederdeutscher Wörter und Formeln; 2 Bde., 1856 – 1863, Nachdruck Aalen 1961

A. Capelli, Dizionario de abbreviature latinae ed italiane, Turin [6]1964

Dictionnaire d'Archéologie chrétienne et de Liturgie, Bde. 1 – 15, Paris 1924 – 1953

Dictionnaire d'Histoire et de Géographie ecclésiastique, Bde. 1 – (18), Paris 1909 – 1975

Orbis latinus, Lexikon lateinischer geographischer Namen des Mittelalters und der Neuzeit, bearb. u. hrsg. v. *H. Plechl,* Braunschweig 1972

R. Lieberwirth, Lateinische Fachausdrücke im Recht, Heidelberg 1986 (UTB 1385)

O. Schumann, Lateinisches Hexameterlexikon (Monumenta Germaniae Historica, Hilfsmittel), München 1979

Zeitschriften:

Archiv für Diplomatik, Schriftgeschichte, Siegel- und Wappenkunde, Bd. 1 (1955) ff.

Deutsches Archiv für Geschichte des Mittelalters, Bd. 1 (1937) ff.

Mittellateinisches Jahrbuch Bd. 1 (1964) ff.

Vorbemerkungen für den Benutzer

1. In der *Schreibung* der Wörter, die im Mittelalter bekanntlich sehr frei gehandhabt wurde[1], folgt das Glossar mit wenigen Ausnahmen der in den Schulschriftstellern üblichen Form (nicht preferre, sondern praeferre; nicht dampnare, sondern damnare).

   Aber bei der alphabetischen Ordnung (auch im Wortinnern!) der Vokabeln mußten wir uns an die damals vorherrschende Schreibweise der Vokale halten, um Wiederholungen zu vermeiden.

   Daher stehen die Wörter – auch wenn das Glosssar die klassische Schreibung bringt – in der Reihenfolge, als wenn immer nur die im Mittellateinischen übliche Form gebraucht wäre. Man findet also:

   ae unter e, als wenn geschrieben wäre: estimare, prelatus
   oe unter e, als wenn geschrieben wäre: economia, pena
   ph unter f, als wenn geschrieben wäre: fisica, profeta
   y unter i, als wenn geschrieben wäre: tipus, tirannus
   h im Anlaut vor Vokalen wurde oft hinzugesetzt: honustus = onustus, oft auch fortgelassen: agyus = hagius.

   Weniger Schwierigkeiten machen die leichteren Schwankungen bei den Konsonanten, die größtenteils aus der Unsicherheit der Rechtschreibung zu erklären sind. So findet man vielfach vertauscht:

   c und qu, z. B. condam = quondam; scalor = squalor
   ch und h, z. B. eco = echo; michi = mihi
   ci und ti, z. B. Gretia = Graecia; siciens = sitiens
   d und t, z. B. set = sed; adque auch = atque
   s und x, z. B. mistus = mixtus; sixtus = xystus
   t und th, z. B. Talia = Thalia; cathegoria = categoria.

---

[1] Wer sich über die Besonderheiten des Mittellateinischen genauer unterrichten will, sei auf Streckers vortreffliche „Einführung in das Mittellatein“ verwiesen.

Auch bei der Verdoppelung der Konsonanten bestand Unsicherheit, z. B. barattare = barratare.

Im ganzen sind aber solche Abweichungen von dem gewohnten Wortbild leicht zu erkennen und daher im Glossar nicht besonders aufgeführt. Bei schwerer erkennbaren Formen wird natürlich ein Hinweis gegeben, ebenso stets bei Schwankungen in der Vokabelbildung (wie z. B. gratulare = gratulari; cingulus = cingula = cingulum).

2. Da die *Prosodie* im Mittellatein bei vielen Wörtern in den verschiedenen Jahrhunderten nicht einheitlich gebraucht wird, ist bei den Vokalen von einer Bezeichnung der Länge oder Kürze fast überall abgesehen worden.

3. Die *Genetivendungen* und das Geschlecht sind der Einfachheit halber nur dann angegeben, wenn sie nicht aus der Nominativendung ohne weiteres abzuleiten sind (also bei der sogenannten u- und e-Dekl.; bei der kons. Dekl. nur, soweit bei unbekannten Vokabeln oder Endungen Zweifel möglich wären).

4. Ganz leichte, selbstverständliche *Wortbildungen* (wie z. B. die Femininform proditrix zu proditor u. ähnl.) sind ebenfalls aus Raumgründen nicht besonders ausgeführt worden.

5. Folgende *Abkürzungen* bedürfen der Erkärung:

ahd. = althochdeutsch
aram. = aramäisch
frz. = französisch
Konj. = Konjunktion
Kj = Konjuktiv
MA. = Mittelalter
ma. = mittelalterlich
meton. = metonymisch
mgriech. = mittelgriechisch
mhd. = mittelhochdeutsch
ndd. = niederdeutsch
ndl. = niederländisch
phön. = phönizisch

sc. = scilicet, ergänze
sem. = semitisch
subst. = substantiviert

Zusatz des Verlages (1989): Neben den zu ihrer Zeit verfügbaren großen Werken wie DuCange oder Diefenbach (vgl. Auswahlbibliographie) und im damaligen Lehrbetrieb benutzten Wörterbüchern haben die Herausgeber für die Erstellung des Glossars verschiedene größere und kleinere Dichtungen, Geschichtsquellen und Rechtsdenkmäler herangezogen. Einen Ausschnitt aus der benutzten Literatur gibt das Verzeichnis der Abkürzungen auf Seite XX. Einer Reihe von Wörtern sind die Fundstellen beigefügt. Dies durchgängig zu tun, verbot der zur Verfügung stehende Raum. Aus diesem Grunde fehlen auch die Eigennamen. Dagegen ist bei den Wörtern, die das Klassische oder Spätlateinische nicht kennt, die Herkunft angegeben worden, soweit sie mit Sicherheit zu ermitteln war.

Verzeichnis der Abkürzungen mehrmals angeführter Quellenwerke

Arch. — Die Gedichte des Archipoeta, hrsg. v. M. Manitius. München 1929.

As. — Asinarius und Rapularius, hrsg. v. K. Langosch. Heidelberg 1929.

A. v. B. — Adam von Bremen, Hamburgische Kirchengeschichte, hrsg. von B. Schmeidler. Hannover u. Leipzig 1917.

BR. — Benedicti regula monachorum, hrsg. v. E. Woelfflin. Leipzig 1895.

Cap. — Die Landgüterordnung Kaiser Karls des Großen (Capitulare de villis vel curtis imperii), hrsg. v. K. Gareis. Berlin 1895.

CB. — Carmina Burana.

1. Lat. Lieder fahrender Schüler aus der Stauferzeit, hrsg. v. K. Bojunga. Leipzig 1922.
2. Scholaren, hrsg. v. E. Herkenrath. Leipzig o. J.
3. Carmina Burana, hrsg. v. A. Hilka u. O. Schumann, Bd. 1,1: Text; Bd. 2,1: Kommentar. Heidelberg 1930.

D. — Dantis Alagherii de vulgari eloquentia libri duo, hrsg. von L. Bertalot. Selbstverlag, Friedrichsdorf bei Frankfurt a. M. 1917.

E. — Die Ecbasis captivi, das älteste Tierepos des MA.s, hrsg. v. E. Voigt. Straßburg 1875.

FR. — Egberts von Lüttich Fecunda ratis, hrsg. v. E. Voigt. Halle 1889.

GF. — Anonymi Gesta Francorum et aliorum Hierosolymitanorum, hrsg. von H. Hagenmeyer. Heidelberg 1890.

Helm. — Helmoldi presbyteri Bozoviensis cronica Slavorum, hrsg. v. B. Schmeidler. Hannover und Leipzig 1909.

Hr. — Hrosvithae opera, hrsg. v. K. Strecker. Leipzig 1930.

HS. — Henrici Septimellensis elegia sive de miseria, hrsg. v. A. Marigo. Pauda 1926.

H. v. H. — Liber de rebus memorabilioribus sive chronicon Henrici de Hervordia, hrsg. v. A. Potthast. Göttingen 1859.

IW. — Jakob Werner, Lat. Sprichwörter und Sinnsprüche des MA.s. Heidelberg 1912.

LB. — Der Liber benedictionum Ekkehards IV. nebst den kleinen Dichtungen aus dem Codex Sangallensis 393, hrsg. v. J. Egli. St. Gallen 1909.

Liudp.	Liudprandi episcopi Cremonensis opera omnia, hrsg. v. Jos. Becker. Hannover 1915.
Nith.	Nithardi historiarum libri IV, hrsg. v. E. Müller. Hannover u. Leipzig 1907.
O. v. F.	Ottonis et Rahewini gesta Friderici I. imperatoris. 1. hrsg. v. B. Simson. Berlin 1912. 2. hrsg. v. H. Bachmann. Paderborn o. J. (= F. Schöninghs Sammlung altsprachlicher Lesehefte. Lat. Reihe: 1, 6).
PD.	Pauli historia Langobardorum, hrsg. v. L. Bethmann und G. Waitz. Hannover 1878.
R.	Ruodlieb, der älteste Roman des Mittelalters. 1. hrsg. v. F. Seiler. Halle 1882. 2. hrsg. v. H. Bachmann. Paderborn o. J. (= F. Schöninghs Sammlung altsprachlicher Texte. I. Lat. Reihe: 1, 4).
T.	Troilus Alberti Stadensis, hrsg. v. Th. Merzdorf. Leipzig 1875.
VS.	Eugippii vita sancti Severini, hrsg. v. H. Sauppe. Berlin 1877.
W.	Ekkehards Waltharius. 1. hrsg. v. K. Strecker. Berlin 1924. 2. hrsg. v. H. Bachmann. Paderborn o. J. (= F. Schöninghs Sammlung altsprachl. Texte. I. Lat. Reihe: I, 2).
Wid.	Widukindi monachi Corbeiensis rerum gestarum Saxonicarum libri tres, hrsg. v. K. A. Kehr. Hannover und Leipzig 1904.
Wipo	die Werke Wipos, hrsg. v. H. Bresslau. Hannover u. Leipzig 1915.
W. v. Ch.	Walter v. Chatillon. 1. Die Lieder Walters v. Chatillon, in der Handschrift 351 von St. Omer, hrsg. v. K. Strecker. Berlin 1925. 2. Moralisch-satirische Gedichte Walters v. Chatillon, hrsg. v. K. Strecker. Heidelberg 1929.
Y.	Ysengrimus, hrsg. v. E. Voigt. Halle 1884.

A

a, ab *Präp. m. Abl. — Oft auch = abl. instr. bei Sachen; = abl. sep.* cassari ab = privari ab; = *abl. compar.* nihil a Christo carius; = per von, durch; infolge. — ab iure, ab re ohne Grund; a longe von fern; a nomine alicuius im Namen von
ab ante (*frz.* avant) vorn; vor, vorher
abatis, is Pferdefütterer
abavus = protavus Ururgroßvater
abba *indekl.* (*syr.*) Vater (Ehrentitel); = abbas Abt
abbas, atis Vater; Mönch, Abt
abbatia Kloster, Abtei
abbatialis äbtlich
abbatiola kleine Abtei
abbatissa Äbtissin
abbreviare abkürzen, kurz abmachen; mit Abkürzungen schreiben; schwächen; verbriefen, Konzept verfassen
abbreviatio Abkürzung; Umrechnung
abbreviator einer, der aus einem Schriftsteller einen Auszug macht; Gehilfe der Notare, der das Konzept der Urkunden abfaßt
abbreviatura Abkürzung
abbtissa = abbatissa
abcedĕre = abscedĕre sich entfernen
abdicare sich lossagen, entsagen; leugnen; absetzen (aliquem)
abdicĕre absprechen; versagen, verbieten
abdita, orum Geheimnisse; a. marina die Tiefen des Meeres
ovis **abducta** das verlorne Schaf
abductio Abführen, Entführung; Einsamkeit
abedĕre abnagen
abĕre = habĕre
ab extra von außen
abhom . . . *s.* abom . . .
abicĕre wegwerfen, verwerfen; a. tramitem iustum den rechten Weg verlassen
abiectarius Schreiner, Holzschnitzer
abiectio wegwerfende Behandlung; Schmach; Absetzung, Sturz; a. plebis Spott der Leute.
abiectus niedrig, gemein, Ekel erregend
abies, etis Tanne
abinde von dort; daher, davon
ab intra auf der Innenseite
ab intus von innen
abysmus = abyssus
abyssinus höllisch
abyssus (*griech.*) Abgrund, Hölle
abiubĕre verbieten
abiudicatio Aberkennung
abiurare entwenden, stehlen
adiuvamen Hilfe
ablactare (den Säugling) entwöhnen
ablatio Entwendung, Raub
ablativus wer wegnimmt, der Räuber, der Löse-Fall, der Befreier
ablatum Ernte
ablingĕre ablecken
ablutio Abwaschen; Reinigung; Taufe
abmordĕre wegbeißen, abbeißen
abmotim *Adv.* entfernt
abnegare abschlagen; aufgeben, entsagen
abnepos, otis Großneffe
abolim seit langem
abolitas Vertilgung, Abschaffung
abominabilis abscheulich
abominatio Verabscheuung; Greuel
aborrere = abhorrĕre zurückschrecken; verschieden sein
abortire zu früh gebären
abortivus zu früh geboren; unzeitig
abra (*griech.*) Zofe, Magd
abradĕre abscheren; wegnehmen, kahl fressen, ausrotten, tilgen
abrenuntiare verzichten auf, entsagen; absprechen
abrotonum (*griech.*) Stabwurz, Aberraute
abrupta, orum Abgrund

absalonizare handeln wie Absalom, hochmütig sein
abscessus, us Weggang; Tod
abscidĕre abschneiden, beschneiden; a. nefas vom Frevel ablassen (W.)
abscindĕre abreißen, trennen; a. fidem die Treue brechen
absconditum Geheimnis
absconsio das Verborgene
absconsus; *Adv.* absconse verborgen, heimlich; absconsa (*sc.* laterna) Blendlaterne; absconsum Geheimnis
absentare entfernt sein; entfernen; se a. sich entfernen, abwesend sein
absida; absis = apsis
absimilis unähnlich
absinthium (*griech.*) Wermut
absistĕre fern sein
absit *mit ut oder Inf.* Gott verhüte, daß!
absolescĕre = obsolescere veralten
absolutio Freisprechung vom Kirchenbann, Absolution
absolvĕre lösen, entbinden; lossprechen von Sünden, verzeihen
absque *Präp. m. Abl.* ohne, außer, ausgenommen
abstemius enthaltsam, nüchtern
abstergĕre mortem den Tod sühnen
abstimus = abstemius
abstinĕre sich enthalten; fasten
abstractio Entführen; Gedankenabsonderung; a. mathematica = mathesis
abstrudĕre verstecken; *Pass.* sich verstecken
absus unbebaut, unbestellt; verarmt
ex **abundanti** est es ist von Überfluß
abusivus mißbräuchlich
abusus, us = abusio Mißbrauch
abuti mißbrauchen; in vollem Maße gebrauchen; a. condicione das Angebot ablehnen
abvorare verschlingen
ac (*auch vor Vokalen*) und; *nach Komparativen* = quam
accelerare beschleunigen; eilig herbeischaffen; schnell erleben
accendibilis hitzig
accensibilis lodernd, entflammend
accentuare scharf betonen, auf die Akzente achten
acceptabilis annehmbar, wohlgefällig
acceptare auf sich nehmen; sich gefallen lassen; geneigt sein
acceptio Annahme, Aufnahme, Übernahme; Rücksichtnahme; personarum a. Ansehen der Person
acceptor 1. Rücksichtnehmer; 2. = accipiter Falke
acceptus annehmbar; erwünscht, willkommen; Freund
accersĕre; accersire = arcessĕre herbeiholen
accessio Anhang, Verstärkung
accessus, us Annäherung, Zutritt; Gewohnheit, Sitte; a. maris Meeresflut
accidens Zusatz; *Plur.* accidentia, ium philosophischer Ausdruck: alles, was nicht wesentlich zu einem Begriff gehört, die Accidentien
accidia = acedia
accidit mihi aliquid mir fällt etwas zu
accingĕre umgürten, umgeben; *Pass.* sich gürten, sich rüsten; gladio accingi die Schwertleite empfangen
accipĕre empfangen; vernehmen; a. sponsam eine Braut bekommen; consilium a. einen Beschluß fassen
accipiter, tris Habicht, Falke
accipitrari die Falkenjagd ausüben
accisia Steuer
acclinus = acclinis sich anlehnend, sich beugend, geneigt; demütig; Untertan
accola Bewohner, Einwohner; Bauer, Nachbauer (freier Bauer ohne Besitz)
accommodare anfügen, anpassen; favorem a. seine Gunst schenken
accubare lagern, sich hinkauern
accubitare lagern, bei Tische liegen
accubitus, us Platz bei Tisch
accumbĕre sich auf die Kniee niederlassen
accurtare abkürzen
accusare anzeigen, ein peinliches Verfahren einleiten
accusativus Anzeige-Fall, der Kläger
acedia (*griech.*) üble Laune, Trägheit
acediari unwillig sein, sich ärgern

acediosus träge; mürrisch
acephalus (*griech.*) kopflos, ohne Herrscher; eine Art Ketzer (A. v. B.)
acer scharf, sauer; genau, aufmerksam, eifrig, schleunig; leidenschaftlich, streitbar
acerbare erbittern; verbittern
acerosus grätig
acervus Haufen; Menge
acessĕre = acescere sauer werden (FR.)
acetabulum Schale, Gefäß
achantus = acanthus (*griech.*) Bärenklau
acharis (*griech.*) ungefällig
achisis (*griech.*) Habsucht, Geiz
acĭdus sauer, bitter; verbittert
acies, ei Schärfe; Glanz; Blick, Auge; die Waffen; Abteilung
acmon (*griech.*) Amboß
acolitus; acoluthus (*griech.*) Kleriker untersten Standes, Meßgehilfe
acquiescĕre sich zufrieden geben; zustimmen; a. in aliqua re Ruhe finden in
acquirĕre ludum ein Spiel gewinnen; aliquam sibi ad societatem acquirere sich zur Ehe gewinnen
acquisitio Erwerbung, Besitz
acredo, inis Schärfe
acrisia (*griech.*) vorübergehende Blindheit, Zerstreuung, Verwirrung
acroma = acroama, atis (*griech.*) Musikvortrag, Musikstück
acrus; *Adv.* acrum (W.) = acer
ac si = quasi gleichsam, gleich als wenn
actio Verhalten, Verfahren; Rechtsstreit
actionarius Beamter
actitare betreiben; beschließen
actor Leiter, Sachwalter, Kläger; Urheber; a. dominicus Domänenbeamter
actualis wirklich, wirksam
actuarius Schreiber
actum 1. Protokoll; Prüfung; acta sanctorum Heiligengeschichte; in actum producere verwirklichen; 2. = acta (*griech.*) Küste
actus, us Bewegung, Handlung; actu von Beruf
aculeatum = aculeus
aculentus mit Stacheln versehen
aculeus Stachel
acumen Stachel; das heftige Drängen, Dringlichkeit; Höhe
acutia Schlauheit, List; Launenhaftigkeit; Schabernack
ad *Präp. m. Akk. — Oft auch = Dativ* (*frz. à*); = in, nach: ad Romam in Rom, ad Italiam nach Italien; *übertragen*: im Verhältnis zu, im Hinblick auf: ad preces alicuius auf Bitten. — ad omne = omnino; ad praesens für jetzt; ad praesens esse anwesend sein; ad tempus zeitlich (*Gegensatz*: ewig); ad sextam um sechs Uhr; ad honorem zur Ehre.
adalingus = edhlingus
adamans = adamas, antis (*griech.*) Stahl; Magnet
adamare lieben
adapertio das Öffnen
adaptare = aptare
adaquare wässern, tränken
adaquatus naß, feucht
adauctio Vermehrung, Verstärkung
adbibĕre zutrinken
addecet = decet es ziemt sich
addecimare zehnten
addĕre beigeben; a. in mandatis gebieten
addicĕre verpflichten; a. aliquem exsilio die Verbannung über jem. aussprechen
adelphus (*griech.*) Bruder
ademptor der Wegnehmer
adeo = admodum *Adv.* sehr, ganz; sogar; non a. keineswegs
adeps, ipis Fett, Schmalz, Mark
adeptus empfangen, erlangt
adeptus, us das Erlangen
aderere = adhaerĕre (W. v. Ch.)
adesse = esse
addextrare zur Rechten jem. sitzen, stehen, schreiten
adfiliare als Sohn aufnehmen
adfinitas = affinitas Verwandtschaft; freundschaftliches Verhältnis
adgeniculari alicui die Kniee beugen vor
adgonizari = agonizari kämpfen
adgravare beschweren; verschlimmern, steigern; adgravatus müde, trunken

adhabēre haben, halten, besitzen
adhaerēre an etwas hangen; ständig bei jem. sein; ergeben sein, eignen
adhibēre noch hinzufügen
adhiscēre = adhiare alicui den Mund aufsperren, schnappen nach
adhuc *Adv.* noch; nunmehr, jetzt; künftig, dereinst; noch einmal (in Zukunft)
adiacentia Bereitschaft des guten Willens
adiacēre angrenzen; bevorstehen
adibilis zugänglich
adigēre heranbringen, entgegenstrecken
adimplēre anfüllen; erfüllen
adincrescēre anwachsen
adinvenire erfinden, ausfindig machen
adinventio Erfindung, Einfall, Anschlag
adinvicem *Adv.* gegenseitig
adiocari sich einschmeicheln
adipisci *auch passivisch:* erreicht werden
adire aliquem folgen, erreichen
adytum (*griech.*) das Innerste, Allerheiligste; adyta Geheimnisse
aditus, us Tür
adiunctivi, orum die zu enger Verbindung Bestimmten, die Liebenden
adiuramentum Beschwörung
adiurare beschwören, flehentlich bitten
adiutor Gehilfe, Bundesgenosse; Begleiter
adiutorium Hilfe, Stütze; Beisteuer
adhleta; adleta = athleta
adlitare landen; scheitern, stranden
admarinus am Meere
admerēre, *auch* admereri verdienen, würdig sein
adminiculari helfen, beistehen
adminiculum Stütze, Pfahl; a. Christi Kreuz Christi
administrare darreichen, gewähren; ausüben
administrator Amts-, Pfarr-, Bistumsverweser
administratorius dienstbar; behilflich
adminuēre kleiner machen, vermindern
admirandus; admiratus Admiral
admirari = mirari
admissarius das zur Zucht bestimmte Pferd, Hengst
admissum Vergehen
admittēre loslassen, in Gang setzen; erhaschen, erbeuten
admonitio Mahnung, Züchtigung
adnepos, otis Ururgroßenkel
adnisus, us Bemühen, Kraft
adnotare kundgeben, eröffnen
adnuēre genehmigen, erlauben, zugestehen
adnullare = annullare
adnuntiare öffentlich verkünden, belehren
adnuntiatio Ankündigung, Verkündigung
adoptare sehnlich wünschen; adoptieren
adoptio Aufnahme an Kindes Statt; spiritus adoptionis Geist der Kindschaft
adoptivus Schützling, Günstling; wie ein Sohn aufgenommen und gehegt
adorare anbeten verehren; huldigen
adoreus Dinkel-, Spelt-
adp ... *s. auch* app ...
adpacare friedlich beilegen
adqu ... *s.* acqu ...
adripia (*frz.* arroche) Ackermelde (Cap.)
ads ... *s. auch* ass ...
adscendēre zum Himmel schreien
adscire = accire, acciēre herbeirufen, herbeiholen (T.)
adsentire willfahren
adspicēre hinzielen, zugehören
adstringēre zusammenhalten
adulterari Ehebruch treiben
adulterinus unecht, falsch
adultus groß geworden, groß (auch von Sachen!)
adumbrare beschatten; behängen, bedecken; adumbratus versteckt
adunare vereinigen, sammeln
adunatim *Adv.* geschlossen
aduncus gekrümmt
adurgēre drängen, verfolgen
advenire aliquem zu jem. kommen; cordi a. im Herzen sich zeigen
adventus, us Angriff; Adventszeit
adversari sich widersetzen
adversarius Widersacher; Teufel; adversaria Gegensätze im logischen Sinne
adversitas feindselige Gesinnung, Beleidigung; Unglücksfall

adversus zugekehrt, gegenüber befindlich; nachteilig; Gegner; adversum, adversa, orum Leid; adverso entgegen; ex adverso gegenüber, von vorn, im Gegensatz
advertentia Gehör, Aufmerksamkeit
advertĕre beobachten; anerkennen, anspielen auf
advesperascĕre sich dem Abend zuneigen, dämmern
advincula *s.* vincula
advivĕre am Leben bleiben, überleben
advocare beanspruchen
advocatia; advocatitia Vogtei
advocationis officium Rechtsanwaltschaft
advocatus Vertreter, Rechtsbeistand, Fürsprecher; Sachwalter; Vogt
advolitare = advolare herbeifliegen
advos, oris Gegner, Feind (T.)
adzimus = azymus
aëneus ehern, bronzen; aëneum (*sc.* vas) ehernes Gefäß, Kessel
aëreus = aërius luftig, gespensterhaft; himmelblau
affabiliter *Adv.* freundlich
affamen Zuspruch, Antwort
affari anreden; anbeten
affatus, us Anrede, Wort
affectabilis erstrebenswert
affectans Anfänger; *Adv.* herzlich
affectare, zu erreichen suchen, begehren; se a. sich angenehm machen
affectatio Anspruch
affectio Einwirkung; Zuneigung, Liebe; Streben; geistige Anlage
affectuose *Adv.* herzlich; heftig
affectus, us Stimmung, Regung; Zuneigung, Streben, Leidenschaft; Kraft, Wirkung; a. filiationis kindliche Liebe
afferre = auferre forttragen
affidare versichern, versprechen, bekennen
se **affinare** sich verschwägern
affinitas Verwandtschaft, Verschwägerung; freundschaftliches Verhältnis
affirmamentum = affirmatio Beteuerung, Bejahung
affirmare (bejahend) beantworten; etwas leise einproben (Y); *Pass.* gelten
affirmator Bestätiger, Bürge
afflictatio; afflictio Stoß, Schlag; Bedrängung; Betrübnis, Schmerz
affligĕre niederschlagen, beugen; peinigen; *Pass.* schwer leiden, schmachten
affluentia Reichtum
affluĕre heranfließen; überströmen; reichlich versehen sein, schwelgen in
affluentissimus reichlich
afforare den Preis festsetzen
affricare; affricuĕre anreiben; annehmen
aflare wegblasen
afroditus = aphroditus Venus
aphus = anaphus
agape, es (*griech.*) Nächstenliebe; das christl. Liebesmahl
agagula Kuppler, Kupplerin
agalma (*griech.*) Schmuck, Zierde
agamus (*griech.*) ehelos
agapuz Barsch (R)
agaso, onis Eseltreiber
agellus kleiner Acker, kleines Stück Land
agens Beamter, Vertreter
agĕre betreiben, erzwingen; lassen; geben; a. cum verfahren mit; a. consilium einen Rat ausführen; agebant = aiebant (Nith.)
agg . . . *s. auch* adg . . .
agglomerare festaneinanderschließen, hinzufügen, angürten
aggravare vergrößern; verschlimmern; belästigen
aggregatim *Adv.* scharenweise
agibilis praktisch
agilitas Beweglichkeit, Schnelligkeit, Beschleunigung
agina Beschleunigung, Förderung
agyus = hagius heilig
agmen Zug, Trupp; Gemeinde; Strömung; agmine facto sofort
agnatio Nachkommenschaft, Kinder
agnella; agnellus Lämmchen
agnellinus vom Lamm, Lamm-
agnicula Lämmlein
agnitor Kenner

agnoscĕre anerkennen, zugeben; wissen, a. pro certo überzeugt sein; *Pass.* bekannt werden

1. **agnus dei** geweihtes Wachsbild des Lammes Gottes; Bittruf im Meßgesang nach Joh. 1, 29

2. **agnus** (*griech.*) heilig, keusch

agon, onis (*griech.*) Wettkampf; Krampf; Todeskampf, Todesangst; Schicksal; a. exitus Todeskampf; agones Glaubenskämpfe

agonia (*griech.*) Todeskampf; äußerste Angst

agonizare (*griech.*) in den letzten Zügen liegen; agonizari streiten

agralis = agrarius; opus agrale Feldarbeit

agrammatus (*griech.*) ohne gelehrte Bildung

agrappa Haken

agrarius vom Lande; ländlich; agrarium Ackerzins, Hufengeld

ala Flügel, Fischflosse

alabrum Haspel, Garnwinde

alamannus (*germ.*) deutsch; Deutscher

alapa Backenstreich, Schlag

alapizare ohrfeigen

alauda (*kelt.*) Lerche; *auch:* Nachtigall

alaudula = alauda

alba, ae die Helle, die Morgenröte; alba (*sc.* tunica) das weiße Chorhemd der Geistlichen; in albis constitutus das weiße Kleid (der Neugetauften) tragend; alba (*sc.* vestimenta) weiße Kleider

albatus weißgekleidet, Engel

albedo, inis die weiße Farbe

albēre weiß sein, leuchten

albinus = albidus weiß

albor das Weiß, die weiße Farbe

albumen das Weiße

albus weiß; hellblond; fromm

aldio; aldius Mittelfreier

alea Würfel; Spiel; Geschick; Glücksgöttin; ludus alearum Würfelspiel

ales, itis Vogel

alethia (*griech.*) Wahrheit; christl. Tugend

alpha (*griech.*) das Alpha, der 1. Buchstabe des griechischen Alphabets; alpha simul omega = Gott

alficus; alphinus (*arab.*) Springer, Rössel

algama Höhe, Erhabenheit

algorismus (*arab.*) Berechnung, Rechenkunst

algosus voll Seetang

alias anderswo; sin a. wenn anders

aliegena Fremdling

aliegenus ausländisch, fremd

alienare entfremden; veräußern; *Pass.* fern bleiben; mente alienatus im Geiste entfremdet, verrückt

alienatio Entfremdung; Veräußerung

alienus im Ausland; fernstehend; = alius

alietus = accipiter

aliger beflügelt, gefiedert

alimonia Ernährung, Unterhalt; Getreide

aliptes, ae (*griech.*) Arzt

alioquin *Adv.* übrigens, sonst

aliqualis ein gewisser

aliqualiter *Adv.* einigermaßen

aliquando sonst; auf einmal

aliquantisper *Adv.* eine Zeitlang; einigermaßen, leidlich

aliquantulus klein, wenig; *Adv.* aliquantulum ein bißchen

aliquantus ziemlich viel; aliquanti ziemlich viele; einige; aliquantum etwas

aliquatenus *Adv.* irgendwie, bis zu einem gewissen Grade

aliquorsum = aliquovorsum irgendwohin

aliquoties *Adv.* öfters

aliunde *Adv.* anderswoher

alius = alter der andere; ungewöhnlich

alitus = halitus

allambĕre belecken

allec, ecis; *Plur. auch* alleca, um Hering

allectitius verlockend

allectorius anziehend

allegare vorbringen; sich berufen auf; sich rechtfertigen; einverleiben

allegatio Vorhaltung; *Plur.* Stellen aus der Bibel und den Kirchenvätern

allegoria (*griech.*) sinnbildliche Bedeutung

alleluia = halleluia (*hebr.* = „lobet Gott") Halleluja

allers gelehrt, gebildet, weise

alleum = allium
allevare emporheben, aufrichten; erleichtern, mildern
alleviare leichter machen, erleichtern
alleviatio Erleichterung
allidĕre hineinstoßen
alligatura Band, Gebund, Bündel
allium Lauch, Knoblauch
allitare ans Ufer treiben, ans Ufer bringen
allocare gelten lassen, abrechnen
allodis; allodium (*germ.*) Allod, Ganzeigentum, Freigut
alloqui anreden; predigen
alloquium Anrede; Versprechen
allophylus (*griech.*) ausländisch; Ausländer
allogiamentum Wohnung, Quartier
allotus = lotus gewaschen
allubescĕre beistimmen, beipflichten
alludĕre spielen, schäkern, wedeln
alluvio = alluvies, ei Überschwemmung
almanicus = alemannicus deutsch
almarinus (*sc.* piscis) Hering
almificus segenspendend, gütig
almitas = almities; Titel für höhere Geistliche: Hoheit
almities, ei Gnade, Hoheit, Holdseligkeit, Schönheit
almus gnädig (vom Herrscher gesagt), heilig; alma, orum Gnaden-, Wohltaten
almutia; almutium = capucium
alninus vom Erlenbaum
alnt = alant der Döbel (eine Karpfenart)
alonge (im Verse álonge) *Adv.* von weitem
alpis, is Berg; *Plur.* alpes, ium Almen, Viehweiden
altare, is Altar; a. maius Hochaltar
altarista Kaplan
altarium = altare
alter *auch* = alius; ab altero voneinander
alterare anders machen, verändern; schlimmer machen
alteratio Bewegung
altercatio Wortwechsel, Streit; Rechtshandel; Streitgedicht
alternare abwechseln, übergehen zu; *Pass.* sich abspielen
alternatim *Adv.* abwechselnd, hinüber und herüber
alternatio Wechselfall
alternus gegenseitig; alternis (*sc.* vicibus) im Wechselgespräch
alteruter; alteruterque jeder von beiden, beide
alterutrare = alternare
alterutrim *Adv.* wechselseitig
alterutrum *Adv.* gegenseitig, einander; ad a. ein um das andere Mal
altiboans laut schreiend
alticanax in der Höhe singend
altilia, ium gemästetes Geflügel; Geflügel; kleines Mastvieh
altipetus = altipetax hochstrebend
altisonorus = altisonus hochtönend; von oben herabtönend
altithronus hochthronend = Gott
altitonans von oben donnernd = Gott
altrinsecus *Adv.* auf je einer Seite, beiderseits, gegenseitig
altriplex = duplex zwiespältig; falsch
altus teuer; laut, hell; altissimus = Gott
alumen Alaun
alumnus Zögling, Schüler, junger Christ; Jünger (einer Kunst); Dienstmann, Vasall; Erzieher, Pflegevater
alveare Bienenkorb; Klosterniederlassung
alveus Höhlung; Schiff; Wasserbecken; Mündung, Bett eines Flusses
alvus (*auch masc.*) Bauch, Mutterleib
alx, alcis = alces (*germ.*) Elch
amabo *eig.* ich werde dir sehr verbunden sein, ich beschwöre dich, sei so gut
amandula; amandola = amygdala
amandalarius Mandelbaum
amans Liebhaber, Freund
amantissimus geehrt
amaricare bitter machen, erbittern
amaritudo, inis Bitterkeit, Trauer; *Plur.* ernste Erwägungen
amarus; *Adv.* amariter bitter, traurig, empfindlich; amara, orum Elend, Not
amasio = amasius Geliebte, Liebhaber, Buhle
ambactia; ambascia; ambaxia Auftrag
ambactiator; ambassiator Gesandter

ambactus (*kelt.*) Höriger, Dienstmann
ambages, um Umweg; Irrtum; Märe
ambasiatus = ambactiatus Polizeidienst
ambigĕre nach zwei Seiten hin treiben, zweifelhaft sein, bezweifeln
ambiguitas Zweideutigkeit, Zweifel
ambiguus schwankend, unsicher; ambiguum Zweifel
ambire sich bewerben, angehen, umgarnen; wünschen; umgeben, einfassen, verbrämen, umschließen; precibus ambitus mit Bitten bestürmt
ambitio Begleitung, Gefolge
ambitiosus ehrgeizig, eitel
ambitus, us Eitelkeit; Habsucht; Umfang; Klosterkreuzgang
ambo, onis (*griech.*) Kanzel, Lesepult
ambra (*arab.*) Bernstein
ambro, onis Räuber; Schlemmer
ambrosia anderer Name einer sonst botrys genannten wohlriechenden Pflanze
ambrosianum der Ambrosianische Lobgesang
ambulare gehen; wandeln; schwinden
ambulatrix, Paßgänger, Zelter
amburĕre versengen, verbrennen
amen (*hebr.*) Amen; es geschehe, es sei; a. dicere alicuius rei ja zu etwas sagen
amenare = amoenare angenehm machen
amenus gefällig, anmutig; amena, orum Glück
amentum Wurfriemen, Riemen; a. retorquēre die Lanze mittelst des Wurfriemens schleudern (W.)
ameum Bärenwurzel
amphibalus (*griech.*) Haut; Überwurf
amphibologia (*griech.*) Betrügerei
amphibolus doppelsinnig, zweifelhaft
amphiprehensus umfaßt
amphora (*griech.*) Krug; Begräbnisurne
amicabilis freundschaftlich, bereitwillig
amicare zum Freunde machen; *Pass.* sich als Freund benehmen
amicire bekleiden
amictus, us Mantel; Rüstung; = humerale
amiculum Mantel
amicus Freund; Verwandter; vertraut, treu; *Plur.* Gefolge, Vasallen
amygdala (*griech.*) Mandelbaum; Mandel
amygdalum Mandel
amygdalus Mandelbaum
aminiculator = adminiculator Unterstützer, Almosenpfleger
aminiculum = adminiculum Stütze; Beistand, Hilfe
amiragius; amiralius, amiranus, amireus, amyras (*arab.*) Emir; Admiral
amiravisius Emir (GF.)
amita Tante
amittĕre entlassen; im Stich lassen
amniculus kleiner Strom
amodo *Adv.* in Zukunft; von neuem
amor Geneigtheit; Liebhaberei; Liebesbrief; per hunc amorem dem zuliebe; amore meo mit meiner Zustimmung; in amore bibere Gesundheit trinken
amplare vergrößern, erweitern
amplectendus wünschenswert
amplecti umfassen; hochheben; lieben
amplexari umschlingen, umarmen; hochschätzen, verehren
ampliare erweitern, vermehren
amplificare vergrößern; begaben
amplius *Adv. Komp.* mehr; fürderhin
amplustra, orum = aplustra (*griech.*) Schiffsknauf, Spiegel des Schiffes
amplustre, is = aplustre (*griech.*) Schiffsgerät; Steuerruder
ampulla Fläschchen, Salbenfläschchen
ampullari schwülstig reden, sich spreizen
ampullosus hochtrabend, übermütig
amputare vermindern
amussis, is Lineal der Zimmerleute
an — an; an — sive ob — oder; an non etwa nicht; anne oder nicht
anabaptista (*griech.*) Wiedertäufer
anachorita = anachoreta (*griech.*) Einsiedler, Eremit
anaphora (*griech.*) Wiederaufnahme eines vorhergehenden Versanfanges
anaphus = hanapus
anagoge, es (*griech.*) Erhebung des Geistes zu abstrakter Spekulation, der tiefere Sinn einer Stelle

analetica (*griech.*) = analysis Lösung
analogium (*griech.*) Vorlesepult, Katheder
anastas (*griech.*) der Auferstandene
anastasis (*griech.*) Auferstehung
1. **anathema,** atis (*griech.*) Verfluchung, Bannfluch; verflucht
2. **anathema** (*griech.*) Weihgeschenk
anathematizare (*griech.*) verfluchen, verwünschen
anceps, citis zweiseitig; zweischneidig; Doppelaxt, Schwert
ancessor = antecessor
anchorago; ancorago eine Art Salm
ancilla Magd, Unfreie; junge Frau; Buhlerin, Dirne
ancillari dienen
ancorare; ancorari vor Anker gehen, landen
andedus (Cap.; *wohl Schreibfehler*) = andena Fackelhalter, Feuerbock
androgenus = androgynus (*griech.*) Hermaphrodit; Mannweib
anesum = anisum
aneta = anas, atis Ente
anethum (*griech.*) Dill
anfractus, us Krümmung, der krumme Weg; Verschlingung des Reigens
angaria, ae (*griech.*) Zwang, Frondienst; Fronfasten d. h. die 4 Fastenwochen des Quatember
angariari; angarizare zu Frondiensten zwingen, nötigen, quälen
angelicus Engel-; panis a. das hl. Abendmahl
angelus (*griech.*) Bote; Engel; das Ave Maria (als Gebet nach Luk. 1, 28); Fahne mit dem Bilde des Erzengels Michael; a. summus Erzengel
angĕre beengen; *Pass.* sich ängstigen
angina Halsentzündung, Halsbräune
anglice *Adv.* in Englisch
ango, onis (*germ.*) Hakenlanze der Franken
anguilla Aal
anguinus schlangenartig; teuflisch
angularis eckig, winklig; a. lapis Eckstein
angulosus enge, winklig
angurius (*griech.*) Wassermelone
angustare verengen; ängstigen
angustia Enge; Verlegenheit, Not; *Plur.* angustiae Meerenge
angustiare bedrängen; *Pass.* angustiari beunruhigt, elend sein
anhelanter *Adv.* eifrig
anhelare Atem holen, keuchen; begehren, den brennenden Wunsch haben
anhelitus, us Atem; Atemlosigkeit, Ermattung
anhelus keuchend, atemlos
anicilla schon ziemlich alt (CB.)
aniculus alt, alternd
anicus (*griech.*) unbesiegt
anima Seele, Herz; mihi pro a. nach meinem Herzen; animas ponere in manibus suis sein Leben aufs Spiel setzen, sich aufopfern
animadversio Bestrafung, Strafe, Rüge; Strenge
animadvertĕre vernehmen; bestrafen
animalis irdisch, irdisch gesinnt
animalitas Tierheit
animans beseelt; Tier
animare ad ermuntern zu, ermutigen; animatus beseelt; hochmütig
animatio Begierde
animaequus ruhig, getrost
animositas Unwille, Erbitterung, Leidenschaft, Wut, Ehrgeiz; Kühnheit, Tapferkeit
animosus erregt, eifrig, gläubig; animosa fides inniger Glaube
animulus Herzchen
animus (sittliches) Empfinden
anisum (*griech.*) Anis
annalis jährig, alljährlich
annata Jahresertrag; Abgabe eines neu angestellten Geistlichen an die Kurie
annichilare vernichten
anniculus einjährig
anniversarius alljährlich; Jahrestag; anniversarium Jahrgedächtnis, „Offizium mit Messe"
annona Getreide, Korn; Proviant, Nahrung; Tischportion; Pferdefutter; annona vitae = Lebensunterhalt

annonare futtern
annotenus = annotinus ein Jahr alt, vorjährig
annualis jährig, ein Jahr dauernd; annuale Jahresrente
annue *Adv.* = annuatim alljährlich, von Jahr zu Jahr
annullare zunichte machen, vernichten
annuntiatio Botschaft; Evangelium; a. Mariae = M. Verkündigung 25. März
annuntiator Verkündiger, Prediger
anomalus (*griech.*) mit der Regel nicht übereinstimmend
anormalis; anormalus = anomalus
ansa Griff
ansar = anser, eris Gans
anserulus Gänschen
antalopus (*griech.*) Antilope
antapodosis (*griech*). Vergeltung, Abrechnung
ante vorn; früher; ante velle = malle lieber wollen
antea *Adv.* vorher, früher; longe a. lange vorher; in a. fürderhin
anteactus vergangen; ab anteactis von früher her
antecenia = antecenium ein kleiner Imbiß
antecessor Vorgänger, Ahne
antefana (*spätgriech.*) = antiphona
antefatus oben erwähnt
anteferri alicui vor jem. gebracht werden
antelucanium (*sc.* lumen) Morgenrot
antelucanus vor Tagesanbruch beginnend; Frühmesse; *Adv.* antelucanum vor Tagesanbruch
antemurale Bastei
anterior vorder, vorig, früher; anteriores Vorgänger, Vorfahren; anteriora die Vorderräume; ad anteriora nach vorn
anteritas = antiquitas, Alter, Vorwelt
anterus = anterior
antes, ium die Enden der Fäden eines Gewebes
antesternĕre vor sich hinwerfen; ausschütten
antestis = antistes
anthropos (*griech.*) Mensch
antica Tür
antichristus (*griech.*) Antichrist (der Widersacher Christi).
anticipare vereiteln
per **anticipationem** vorwegnehmend
antidotum (*griech.*) Gegenmittel, Gift
antiphona kirchlicher Wechselgesang; ein kurzes, meist gesungenes Gebet
antiphonarium ein Buch, das die Melodien der Antiphonen enthält
antiphrasis, is (*griech.*) Gegensatz; Ironie; per antiphrasin im Gegenteil
antilogium (*griech.*) Widerspruch
antipodes, um (*griech.*) Gegenfüßler
antiquarius Bücherschreiber
ex **antiquitate** seit langer Zeit
antiquus alt; betagt; *Plur.* Vorfahren
antistes, itis Vorsteher einer größeren Gemeinschaft; Priester, Bischof, Erzbischof, Papst
antistitium Vorsteheramt
antonomasice *rhetorischer Ausdruck:* mit anderer Benennung, Umschreibung
antrax = anthrax (*griech.*) Blutgeschwür
antrum Höhle, Grotte; Loch
antrustio (*germ.*) vornehmer Gefolgsmann des fränkischen Königs
1. **anus** Kreis, Ring; Türschloß; = podex
2. **anus,** us bejahrt; die Alte, Greisin
anxiari sich ängstigen
anxiens = anxius betrübt, mißvergnügt
anxietas Sorge
aperire öffnen; sichtbar machen, an den Tag legen; a. consilium einen guten Rat geben
apertura Öffnung, Loch; Tür
apes = apis Biene
apex, picis Spitze, Gipfel; hohe Würde; Bischofshut, Bischof; Buchstabe, Urkunde, Brief; Zünglein an der Waage; a. capitis Schädel; a. regni Thron; a. virginitatis = Maria; apices die Züge der Buchstaben
apiarium Bienenkorb
apium Sellerie, Eppich
aplestia (*griech.*) Unersättlichkeit
aplustre (*griech.*) Schiffsausrüstung
apocalypsis (*griech.*) Offenbarung; Offenbarung Johannis

apocopare abschneiden, kürzen, verstümmeln; sich nähern
apocryphus (*griech.*) unecht, nicht der Lehre entsprechend
aprocrisiarius (*griech.*) Gesandter, Sendbote, Stellvertreter; = capellanus, palatii custos am Hofe der Karolinger
apodemus (*griech.*) in der Fremde
apodixa (*griech.*) Quittung
apopholos (*griech.*) Taugenichts
apologeticum Schutzrede, Entschuldigung, Verteidigung; Verteidigungsschrift; Antwort, ein Wort der Verteidigung
apologeticus = apologeticum
apologia (*griech.*) Entschuldigung, Erwiderung
apologus Verteidigung
apoplexia (*griech.*) Schlagfluß
aporiare; aporiari (*griech.*) zagen, unschlüssig sein
apostasia (*griech.*) Abfall
apostata (*griech.*) Abtrünniger
apostatare abtrünnig werden, abfallen
apostaticus abtrünnig
apostatrix die Abtrünnige
apostema, atis (*griech.*) Geschwür
apostolatus, us Apostelwürde, Apostelamt
apostolicus apostolisch, päpstlich; Papst; a. pater Papst
apostolus (*griech.*) Abgesandter, Apostel; a. totus sämtliche Briefe des Paulus
apotheca (*griech.*) Kramladen, Apotheke
appanare mit Brot versehen; ausstatten
appar = aptus
apparentia Erscheinung
apparitor Diener, Knappe, Lehnsmann; Büttel, Türhüter; Kenner, Sprachkundiger
appellare sich wenden an; Berufung einlegen; verklagen; = appellere landen
appendĕre aushängen
appendicium Anhang, Zubehör; Einkünfte
appensio Anhängung
appetitio Sehnsucht; Trieb
applaudare Beifall klatschen
applicare drängen; herandrängen, landen, einkehren; castra a. sich lagern
applodĕre corpus solo fest an den Erdboden andrücken
appodiare stützen; sich anlehnen
apponĕre hinstellen, auftragen, vorsetzen, einsetzen; daran gehen, wagen; *mit Inf.* ferner, fürderhin; beiseite lassen, aufgeben; = appellere landen
apposite *Adv.* zusammenhängend; passend
appositio Aufstellung
apprehendĕre ergreifen, erreichen; begreifen; umarmen
appretiare werten, abschätzen; kaufen, sich zueignen
apprime *Adv.* vorzüglich, gar sehr, zu allererst; vorweg
appropiare sich nähern
approximare sich nähern
appulĕre = appellere
apricus sonnig
Aprilis Lenz
aprinus vom Wildschwein
apsis, sidis (*griech.*) Bogen, Wölbung; Rundung, Rand; Rad; Apsis; Chorkapelle; Bahn des Planeten
aptandus = aptus
aptare versehen mit, geeignet machen; bereiten, verfertigen; beteiligen
aptificare geeignet machen
aptitudo, inis geeignete Zeit, gute Gelegenheit
aptus geeignet, handlich; willkommen, lieb und wert; liebenswürdig; a. digitos fingerfertig (CB.)
apud *Präp. m. Akk.* — *Oft auch* = in *m. Abl.* — apud Romam in Rom
aqualiculus Magen
aquari tränken
aquaeductus, us Wassergraben, Rinne
aquilinus vom Adler; a. homo = Johannes der Evangelist
aquilonaris nördlich
aquilus schwarzbraun
ara Altar; Denkmal
arabilis pflügbar; non a. unversehrt
arabona = arrabo
arare pflügen, ackern; plagen, quälen
aratiuncula Hufe Landes
arativus = arabilis

aratrum Pflug; Ort, wo das Getreide aufbewahrt wird; Stück Land
arbalista Schleuderschütze
arbiter, tri Zeuge, Begleiter; Schiedsrichter, Herr; a. supernus Gott
arbitrarius willkürlich; selbständig
arbitratus, us Belieben, Ermessen
arbitrium Willkür; Zustimmung, Billigung; Gerichtshof; a. fidei Religionsedikt; arbitrio loqui unvernünftig reden
arbor *oft* = Kreuz
arbuscula kleiner Baum
arbustum Gebüsch, Strauch, Gehölz
arca Kiste, Truhe, Geldkasten; Arche; Klosterkerker; Bibliothek, Archiv; = arcus; a. dominica Bundeslade
arcanus verschwiegen, geheim; arcanum Geheimnis; Geheimfach
arcarius Schatzmeister
arcella; arcellula Kästchen; Geldtruhe
arcenthinus (*griech.*) wacholdern, zypressen
arch . . . *s. auch* arc . . .
archangelus (*griech.*) Erzengel
archas, adis = archos
archeria Schießscharte
archetypum Vorbild; Modell
archi- (*griech.*) *vor Subst. u. Adj.* = der erste, Erz-
archiacolitus Vorsteher der acoluthi
archiantistes, itis Erzbischof
archiater, tri (*griech.*) Arzt, Leibarzt
archidicus Meister der Rede
archiductor Steuermann
archidux Erzherzog
archiereus (*griech.*) Erzpriester; a. Romanus Papst
archifaber Erbauer der Arche Noah
archilevita (*hebr.-griech.*) Erzdiakon
archiloquus tonangebend
archilupus Erzwolf
archimandrita (*griech.*) Priester, Archimandrit; Erzbischof
archipoeta Erzpoet
archipraesul, ulis Erzbischof
archipraesulatus, us Erzbistum
archisynagogus (*griech.*) Synagogenvorsteher
archisophus (*griech.*) Erzweiser
architectari aufbauen, Baumeister sein
architectoria ars Baukunst
architectus (*griech.*) Baumeister, Künstler
architriclinus (*griech.*) Speisemeister, Hofmarschall
archivenator Erzjäger
archivolans Herrscher der Vögel
archivum Archiv, Aktenschrank, Lade
archos (*griech.*) Herrscher; der Herr, Gott
arcisterium = asceterium (*griech.*) Kloster
arctos (*griech.*) Bär, Siebengestirn; Norden
arctous nördlich
arcturus der Bärenhüter *(Gestirn)*; Norden
arctus = artus straff, eng
arcus, us Bogen (*auch eines Buches*)
ardalio, onis Schlemmer, Fresser
ardea Reiher
ardēre brennen; sich verbrennen; anzünden, verbrennen
ardor proximus Nächstenliebe
ardura Entzündung
area Fläche; Tenne; = Bibliothek (Hr.)
arena Sand, Sanddüne; Menge
areola Gartenbeet, Rabatte
arēre trocken, dürr sein; durstig sein
aretalogus (*griech.*) Tugendschwätzer
arga *Schimpfwort der Langobarden* = der Furchtsame (PD.)
argalium = ergalium
argentarius Silberschmied
argenteus Silberling
argia (*griech.*) Untätigkeit
argolicus (*griech.*) griechisch
arguěre zurechtweisen, tadeln
argumentatio Beweisführung; Berechnung
argumentosus inhaltsreich; geschickt, schlau
argumentum Stoff, Inhalt; Grund, Beweis, Beweismittel; Rätsel; Geschütz
argus Argus; Aufpasser, Wächter
argutiae Spitzfindigkeiten
argutus helltönend, zwitschernd; deutlich
aridus trocken, dürr; arida (*sc.* terra) das feste Land
arillator Kaufmann
ariolari = hariolari

aripes, edis Läufer
arismetrica ars = arithmetica Rechenkunst
arma, orum Wappen; Hilf- und Alarmruf (*mhd.* wâfen, *frz.* alarme)
armamentarium; armaria = armarium
armarista = armarius
armarium Kasten, Schrank; Rüstkammer; Bibliothek, Archiv; a. pigmentorum Apotheke
armarius Bibliothekar, Archivar
armata Heer, Flotte
armellus (*germ.*) Hermelin
armentarius Rinderhirt
armiger Waffenträger, Knappe
armilla Armband; Spange
armillatus bewehrt
armipotens kriegerisch, tapfer
armoni . . . *s.* harmoni . . .
armus Schulterblatt; Schulter; Vorderbug; Seite, Fleisch eines Tieres
aroma, atis (*griech.*) Gewürz, Spezerei, Wohlgeruch
aromaticus wohlriechend
aromatizare duften; einbalsamieren
arpis, is Schwert
arquis, itis Bogenschütze
arra; arrha = arrabo, onis (*auch fem.*; *hebr.*) Unterpfand, Kaufgeld
arrepticius begeistert, besessen
arrestare verhaften; beschlagnahmen
arridēre mitlachen, anlächeln, angrinsen; gewogen sein
arripĕre rasch an sich nehmen; beschleunigen; iter a. sich eilig auf den Weg machen; frena a. die Zügel anziehen
arrogium Bach
ars Kunst; Fertigkeit; Handwerk, Gewerbe; List; Grammatik; a. poetica das Dichten und die Theorie darüber; artes, ium Geisteswissenschaften; artes liberales *s.* liberalis
artare einengen; zwingen
artemon, onis (*griech.*) Marssegel
arteticus = arthriticus (*griech.*) gichtisch krank, die Gelenke betreffend
articulum = articulus
articulus Gelenk; Teil, Abschnitt; Augenblick, Zeitpunkt, Zeitabschnitt; Kunstgriff, List; a. novissimus ärgste Bedrängnis; a. mortis Todesstunde; a. temporis Kürze der Zeit
artificialis künstlich; künstlerisch
artificiatus = artificialis
artificiosus kunstfertig; klug
artigiasus Künstler, Meister
artista Jurist; Handwerker
artitudo, inis Enge
artocopus (*griech.*) Bäcker; Brot
artocrea Krapfen, Pastete, Törtchen
Arturus sagenhafter König Britanniens; in tempore Arturi = niemals (HS.)
1. **artus** eng; kärglich
2. **artus,** us Gelenk; Pranke; Rheinknie, Rhein; *Plur.* Gebeine
arundinetum Röhricht
arva = arvum Erde, Boden, Feldflur
arvina Schmalz, Speck; Haut
arx, arcis Brustwehr; Burg; Stadt; Gipfel; hoher Sitz, Thron; a. regni Königsherrschaft
as, assis Heller, halber Pfennig
ascalonica Schalotte
ascella = axilla
mare **ascendĕre** in See stechen
ascensio Himmelfahrt; a. gradus, a. scalae Treppenstufen
ascensor Besteiger; Reiter; Lenker
ascensus, us Besteigen (des Pferdes); Aufgang, Stiege; Abhang, Halde
ascia Axt, Beil
ascire hinzugesellen
asciscĕre herbeiziehen, gewinnen
asco (*germ.*) Äsche (eine Lachsart)
ascopa = ascopera (*griech.*) Schlauch; lederne Tasche, Felleisen
ascultare = auscultare
ascus (*germ.*) Boot
asellus Esel
asylum (*griech.*) Zufluchtsort; Ausweg; Kirche
asinare auf dem Esel reiten
asinarius zum Esel gehörig, Esel-
asininus = asinarius
asiptus = aseptus (*griech.*) nicht faulend

asisinus = assisinus = assassinus
aspar, aris Bretterwand
aspectus, us Anblick; Augen
asper rauh, hart; mißlich, gefährlich
aspergĕre hinspritzen; bestreuen; felle a. vergällen
aspirare zuhauchen; günstig sein, beistehen, beistimmen; aufrütteln; a. aliquem introrsus ins Gewissen reden
aspis, idis Viper, Schlange; aures aspidis taube Ohren *nach Ps.* 57,5 (CB)
asportare fortschaffen, fortführen; tragen
assa = assum
assare braten
assassinare (*ital.*) morden
assassinus Mörder, Bandit
assatura Braten, Bratenstück
assecla = assecula Begleiter, Gefährte; Anhänger, Diener; dienender Klosterbruder
assecurare versichern
assecutor Gefolgsmann; Anhänger
assensus, us Sympathie
assentaneus Anhänger
assentatio Zustimmung; Versammlung
assentire = absentire aus dem Wege gehen
assentiri beistimmen, trauen
assequi folgen, begleiten
asser, eris Latte, Stange; Holz
asserculus; asserculum Stange, Latte; assercula dolata Schindeln
asserĕre hinzufügen, an sich nehmen, sich beilegen, sich anmaßen, beanspruchen; bestimmen, behaupten, versichern, meinen, nennen, erklären; ausführen
assertatio Zustimmung, Nachgiebigkeit
assertio Behauptung, Aussage, Meinung; Zusicherung
assertive *Adv.* behauptenderweise
assertor Vertreter, Beschützer, Fürsprecher; Verfechter
assertum Behauptung; mündl. Angabe
assessor Beisitzer, Gehilfe; Reiter
asseverare ernstlich behaupten, versichern
assia = ascia
assidĕre = assidēre sitzen bei jem.
assiduare fleißig hervorbringen, beständig gebrauchen
assidus = assiduus
assiduus eingesessen; besitzend; fortwährend, unablässig; *Adv.* assidue wiederholt, oft
assignare anzeigen; bezeugen; anweisen, anempfehlen; a. iter Weg einschlagen
assimilare ähnlich machen; *Pass.* ähneln
assisinus = assassinus
assistĕre dabeistehen; raten, beraten; assistentes Umgebung
assistrix = assestrix Beisitzerin
assit = adsit; assunt = adsunt
associare zuwenden; vereinigen; sich verbinden; für sich gewinnen
associus zugesellt
assolēre pflegen
assuĕre aufnähen
assula Grashalm; Span, Splitter
assultus, us Anspringen, Ansturm, Hieb; assultum excipere den Hieb auffangen
assumentum Flicken, Flickstück
assumĕre annehmen, zu sich nehmen, herbeiziehen, zwingen, zu Hilfe nehmen; sich anmaßen; a. testamentum per os das Gesetz stets im Munde führen
assumptio Mariae Mariä Himmelfahrt (15. August)
assus trocken; gebraten; assum Braten
assurgĕre alicui sich aufrichten, sich erheben, aufstehen vor jem.
astare bei jem. stehen; Beistand leisten; aufwarten, dienen
asteriscus (*griech.*) Sternchen (*) als Zeichen der Atempause beim Absingen oder Aufsagen der Psalmen
astipulari bei einem feierlichen Vertrage als Zeuge zugegen sein; vollkommen beipflichten
astipulatio Zustimmung, Beifall; Hilfe
astracus = astracum (*griech.*) Estrich
astrangulare erdrosseln
astrictim *Adv.* fest
astriger Sterne tragend
astringĕre zusammenziehen; fesseln, verpflichten; ausbedingen; gefrieren lassen
astripetus himmelstrebend
astripotens sterngewaltig

astrolabium ein jetzt ungebräuchliches Instrument zum Messen der Höhe der Gestirne
astrolapsus 1. = astrolabium; 2. Sternschnuppe
astrologus (*griech.*) Sternkundiger
astruěre hinzufügen; behaupten
astula = assula
astulare an den Seiten behauen, daß die Späne fliegen
asturco, onis Handpferd; Habicht
astus, us = astutia
astutia Klugheit, Schlauheit, List, Schelmerei
at *Konj.* aber sicherlich, doch wenigstens
atavus Oheim
athanasia (*griech.*) Rainfarn
athleta (*griech.*) Wettkämpfer, Streiter; Glaubenskämpfer; Held, Feldherr
atomum (*griech.*) Einzelding
atque *nach Komp.* als
atramentarium Tintenfaß
atramentum Tinte
atriolum Vorplatz; Gärtlein
atrium Hofraum; Vorplatz, Vorhalle einer Kirche; a. defunctorum, a. cadaverum Begräbnisplatz
atropos; atropus (*griech.*) Tod
attagen, genis (*griech.*) Birkhuhn
attaminare berühren, anfechten; nehmen
attemptare antasten, angreifen; versuchen, probieren; anfechten; saltu baratrum a. den Sprung in den Abgrund wagen (W.)
attenděre aufmerken, achtgeben, erwarten; wahrnehmen; überlegen; promissum non a. ein Versprechen nicht halten
attentus achtsam, sparsam; angelegentlich, inbrünstig
attenuare vermindern, schwächen; arm machen
atterěre verbringen; *Pass.* mitgenommen werden
attestatio Zeugnis; Beteuerung, Anrufen
attinet es gehört hin; es lohnt
attitulare betiteln
attollěre animos sich große Hoffnung machen
attractivus anziehend
attractum erworbenes Gut
attributio Vollmacht
attritio Zerknirschung, Reue
auca Gans
aucellator Falkner, Falkenabrichter
aucellus = aucella Turteltaube
auceps, cipitis Vogelsteller; Falkenabrichter; Raubvogel, Falke
aucinus gänseartig, Gänse-
auctionarius Händler, Kaufmann
auctor Urheber, Schriftsteller; Herrscher
auctorizare ermächtigen, bestätigen
auctoritas Beschluß, Vollmacht; die Königssatzung; maßgebender Ausspruch; Vorbildlichkeit; a. divina = Gott
auctus entstanden aus, benannt nach
audens kühn, dreist
audientia Gehör; (Hofgerichts)termin, das „Ding" der Hofmark; Tagung
auditor Zuhörer, Schüler, Jünger
auditorium Sprech-, Empfangszimmer
auditus, us Gehör, Predigt
augmentare vermehren; fördern
augurare; auguriare verheißen; wahrsagen
augurium Weissagung; gutes Vorzeichen, Schicksal; Überschrift
augustalis dignitas Kaiserwürde
augustus der Erhabene, Majestät; Kaiser; semper a. allzeit Mehrer des Reiches
aula Vorhof; Saal; Königspfalz; Palast; Fürstenhof; Hofstaat; praefectus aulae Hausmeier
aulicus (*griech.*) zum Hofstaat gehörig; Höfling; aulica domus Schloß
aulita = aulicus
aura Luft, Atem; Duft
aureola (corona) Heiligenschein
aureus (*sc.* nummus) Goldstück
aurichalcum = orichalcum (*griech.*) Messing
auricolor goldfarbig
auricularius geheimer Ratgeber, Vertrauter
aurificans = aurifex Goldschmied
aurificina Werkstätte eines Goldschmieds
aurificus Eisvogel
aurifodina Goldgrube, Goldbergwerk

aurifrigiatus mit Goldfransen besetzt
aurifrisium = aurum phrygium Goldverbrämung
auritus mit langen Ohren
aurivagus durch die Luft versetzt (Hr.)
aurorare grauen (vom Tage)
aurugo, inis Gelbsucht
auscultare lauschen; aushorchen
auspicium Hoffnung; Erfolg; Anfang
auster, stri Südwind, Süden; in austrum „in den Wind" (W.)
austeritas Strenge, Herbheit; Trockenheit
austerus (*griech.*) herb, bitter, streng
austroafricus Südwestwind
ausus, us Wagnis; Verwegenheit
aut *auch* = et; aut — aut = et — et
autem *Konj.* aber; nämlich
authentim *Adv.* glaubwürdig
authenticus (*griech.*) glaubwürdig
autorizare bestätigen
autumare = existimare glauben, vermuten, meinen; behaupten, sagen
autumnitas Herbstzeit
autus = auctus (*v.* augēre vermehren)
auxiliare = auxiliari helfen
avaritia Begierde; Besitz
avarus = avidus begierig
avellana nux Haselnuß
avellanarius Haselnußbaum
avena wilder Hafer; Stroh
avenaceus aus Hafer
avēre 1. begierig sein, verlangen; schnauben; 2. = avehĕre wegführen
avernus Hölle
aversativus abgeneigt; heimtückisch
aversator Verabscheuer; Feind
aversio Abfall; Abscheu
avertĕre entfernen; sich abwenden
avia, orum (*v.* avius unwegsam) Einöde
avicula kleiner Vogel
aviditas Begierde, Eifer.
avietum das Erdichtete, Dichtung (D.)
avinculus = avunculus
avisare benachrichtigen
avitus (großväterlich) ererbt, überkommen
avunculus matris Oheim mütterlicherseits
axica stella Polarstern
axilla Achsel
axilus Brett, Holzschindel
axioma, atis (*griech.*) Grundsatz
axis, is Achse, Wagen; Himmel; a. septentrionis Nordpol; a. arctous Norden
axungia Wagenschmiere, Fett
azymus (*griech.*) ungesäuert; rein, heilig; azymum ungesäuertes Brot; azyma, orum der aus ungesäuertem Brot hergestellte Kuchen; das Fest der ungesäuerten Brote, Ostern

B

babellare lallen (vom Säugling gesagt); stammeln
baccalaria; baccalarium Ackerland eines baccalaris
1. **baccalarius** = baccalaris der von einer geistlichen oder weltlichen Herrschaft abhängige Landmann
2. **baccalarius** = baccalaureus der Gelehrte, der die unterste der akademischen Würden erlangt hat
bachari = bacchari toben, lärmen, herumtollen, wüten
bachatus, us Schwelgerei, Raserei
bachaulus Tod
Bachica munera Bachusdienst, Fest
bachina Fastnacht
Bachus = Bacchus der Gott des Weines; Wein; Weinfaß, Tonne, Kufe
bacile; bacilis, is Becken, Schale
bacillum Feuerpfanne
bacillus; bacillum 1. kleiner Stab, Stöckchen; 2. Laterne in Form einer Glocke
bacinum Signalglocke, die die Mönche ins Refektorium ruft
baco, onis (*germ.*) geräucherte Speckseite, Schinken; Mastschwein
bacularis zum Kreuz gehörig (W. v. Ch.)
bacularius = baccalarius
baculifer Meister vom Stab (Präsident beim Bakelfest)

baculum; baculus Stab, Stock; Kreuz; Bischofsstab; Stütze
badius kastanienbraun; „Brauner", Pferd
bafer dick
bahalamita (*von Bileam gebildet*) der Magier; Araber
baiolare = baiulare tragen, schleppen; colum b. den Rocken „dinsen"
baiolus = baiulus Lastträger, Tagelöhner; Überbringer, Bote; b. legis = Moses
baiulatio Obhut
baiulum Zügel
balare blöken
balastrum = balneum
balbus; balbulus stotternd; Stammler
balbutiamentum Gestotter, Radebrechen
balbutire stammeln
baldachus; baldachum Segelschiff
balena = ballaena (*griech.*) Reisesack; Stock- oder Thunfisch
balestrum Schlag, Ohrfeige
balivus; ballivus Verwalter, Beamter, Vogt
ballare tanzen
ballatio Tanz, Reigen
balletus = boletus
ballista Steinschleudermaschine; Armbrust
ballistarius Schleuderschütze; Armbrustschütze
balnea die Salbung bei der Priester- oder Bischofsweihe
balneare; balneari baden; anfeuchten
balneatorium Badehaus
balneum = balineum (*griech.*) Bad; Spülwasser, unangenehmes Getränk
balsamum (*griech.*) Balsam
balsamus (*griech.*) Balsamstrauch
balteare umgürten
balteum; balteus Gürtel; Wehrgehenk
bancales, ium Lagerstätten, Bankpfühle
bancha = banca Bank
bancum; bancus (*germ.*) Bank; Ladentisch
bandonum signum Fahnenbanner
1. **bandum** (*germ.*) Banner, Fahne
2. **bandum** = bannum Bann
bannerium Banner
bannire (*germ.*) verfügen; vorladen; unter Verbot legen; b. silvam Betreten und Benutzen des Waldes verbieten.
bannum; bannus (*germ.*) Gerichtsbarkeit; Geldstrafe, Bann, Interdikt, Exkommunikation; Edikt, öffentliche Bekanntmachung
bansatrix Landfahrerin (*mhd.* spilwîp)
baptisma, atis (*griech.*) Taufe
baptismalis ecclesia Taufkirche
baptismum; baptismus = baptisma
baptista (*griech.*) Täufer
baptisterium (*griech.*) Taufkapelle
baptizare; baptizari (*griech.*) beträufeln; taufen
bar (*aram.*) Sohn
barathrum (*griech.*) Abgrund; Unterwelt; Hölle
barattare = barratare
Jovis **barba** Hauslauch, Donnerkraut
barbaricus deutsch; ausländisch
barbaries, ei Barbarentum, wilde Horde
barbarius Barbier
barbarismus Sprachschnitzer, Fehler
barbarizare ungebildet reden
barbarolexis (*griech.*) Sprachmischung
barbarus = barbaricus; barbari die nichtröm. ma. Schriftsteller
barbatulus Barbe
barbatum Kanne mit großer Tülle
barbatus bärtig; Laienbruder
barbitia, orum Barthaare
barbuta Helm
barcha = barca Rettungsboot; Barke
barda (*pers.-arab.*) Reitkissen, Sattel
barillus; barellus; barile (*frz.* baril) Fäßchen, Tonne, Weinkrug
barytonare als Barytonon betonen
1. **baro**, onis (*germ.*) Vasall, Großer des Reiches; barones terrae Grundherren
2. **baro**, onis Tölpel, einfältiger Mensch
baronia Gebiet eines baro
barratare (*ital.*) umtauschen; betrügen
barriclus = barillus
barrire brüllen (vom Elefanten)
basileus; basileos (*griech.*) König; der oströmische Kaiser

basilica Halle des Königspalastes; Gerichtshalle; Hauptkirche, Dom; Gotteshaus; b. divina Gotteshaus
basiliscus (*griech.*), Basilisk; basilisca (*sc.* hĕrba) eine wider das Gift der Basilisken heilsame Pflanze
basis (*griech.*) Grundlage; Fuß (eines Tieres); Brückenpfeiler
bassus dick, untersetzt; niedrig
bastardus wilder Sprößling
basterna Kriegskarren
bastia Bastei
bastum 1. Packsattel; 2. = bastardus
bataya; bathalia; battalia (*frz.* bataille) Zweikampf; Kampf
batlinia (*germ.*) Bettleinen (Cap.)
batus (*hebr.*) ein Maß für Flüssigkeiten
beanus der noch nicht freigesprochene Handwerksgeselle; „Fuchs" bei den Studenten
beare glücklich preisen
beatificare glücklich machen, glücklich preisen; auszeichnen, schmücken
beatus glücklich, glückselig; reich, gesegnet; himmlisch, selig, heilig; verstorben; b. ab aliqua re frei von
beber, bri = fiber Biber; Biberfell
beccarius Schlächter
beccus (*kelt.*) Schnabel
bedellus (*germ.*) Gerichtsdiener, Büttel
behemoth (*hebr.*) Nilpferd (*vgl. Hiob* 40)
belfredus; berfredus (*germ.*) hölzerner Rollturm zum Angriff, hölzerner Wartturm
bella = bellum
belliger = belligerator wehrhaft; Krieger, Kämpe
bellulus schön
bellum Zweikampf, Kampf, Schlacht, Angriff; Anfechtung; bellum publicum offene Feldschlacht; dare b. alicui von jem. bekämpft werden
beluinus tierisch; viehisch
benebicium = beneficium
benedicĕre gut, schön reden; rühmen, loben; segnen, weihen; anbeten; benedictus gebenedeiet; benedicite das klösterliche „Seid gegrüßt, gesegnet"
benedictio Lobpreis, Lobgesang; Segen, Segnung; Seligpreisung; Glück; Salböl; benedictionem reddere verherrlichen
benefacĕre wohltun, beglücken; belehnen
beneficiatus Lehnsmann
beneficientia Lehnshoheit
beneficiolum Gefälligkeit
beneficium Wohltat, Gnade, Güte; Lehen, Pfründe; *Plur.* gute Taten; b. publicum Lehen vom Könige; beneficio gerĕre zu Lehen tragen
beneplacēre wohlgefallen
beneplacitum Wohlgefallen, Wohlgeneigtheit
beneplacitus wohlgefällig
benevenire willkommen sein
benignus alicui freundlich gesinnt gegen
benivolus gutmütig
berbicaritia Schafzucht, Schafherde
berbix = vervex Hammel
bercha = berta Affe
bergarius Schäfer
beryllus (*griech.*) Beryll; Warte
bersare (*afrz.* berser) jagen, pirschen
bertinus zum Affen gehörig
bertisca Umgang, Galerie, Palisade zur Verteidigung einer Bresche
bestialis viehisch; bestiale Vieh
bestiarium Tierbuch
bestiola Tierchen
beta Runkelrübe, Bete
bethula (*hebr.*) Jungfrau
bicinium Zweigesang; Duett
bettefredus = belfredus
beverinus zum Biber gehörig, Biber-
bibator Trinker
biber, eris Trank, Schluck; biberes nonales der Trunk um drei Uhr nachmittags
bibera übermäßiges Trinken
bibere ad aliquem jem. zutrinken
bibio Traubenmade, Sauerwurm
bibitio Getränk; Zechgelage
biblio = bibio
bibliotheca (*griech.*) Aktenschrank; Bibel
bibulus immer durstig; trunken, trunkfest; Trinker, Zechgeselle
bicameratus mit zwei Kammern

bicarium = becarium Wassergefäß; Becher
bicinium Zweigesang; Duett
bicornis zweihörnig, zweizinkig
bicubitum zwei Ellen
bidens zweizähnig; Schaf
biduana zweitägiges Fasten
biffa eine Geschützart
bifurcatus zweigabelig, zwiespältig
bilex = biplex doppelt
bilis, is Galle; Zorn, Unwille
billus Baumstrunk
bimarinus von zwei Meeren umgeben
bimembris zweigestaltig; Halbmensch
bimus zweijährig
binarius zwei enthaltend
binomius zweinamig, doppelnamig
binus (*auch im Sg.*) je zwei; zwei; quatuor binus coturnus 4 Paar Schuhe
bipartitio Teilung in 2 Teile
bipedalis = bipes zweifüßig, Mensch
bipennis zweischneidig; Streitaxt
bipertire (in 2 Teile) teilen; sich teilen
birillus = beryllus
birota; birotum zweirädriger Karren
birretum Barett, Haube
birreus wollen
Birria antiker Sklavenname; Lump, Betrüger
birrum; birrus Mönchskutte
bisbini = vier
byrsa (*griech.*) Fell
birsare = bersare
bis terque wiederholt; bis bini = vier, bis terni = sechs
bisanteus = byzanteus die(byzantinische) Goldmünze
biscoctus (*sc.* panis) Zwieback
biseni = bis seni zwölf
bisiltis Schwein
bismalva Eibisch (eine Malvenart)
bison, ontis (*griech.*) Auerochse
byssare mit feiner Leinwand bekleiden
bissextus (*sc.* dies) Schalttag
byssinus leinen; byssinum (*sc.* vestimentum) Gewand aus Byssus, aus Batist
byssus (*griech.*) feines Linnen, Batist, Leinentuch
bisulcare in 2 Teile spalten, trennen, teilen
biteriscus Zaunkönig
bithalassus (*griech.*) von zwei Meeren umgeben, halbinselartig
bituminosus Erdpech enthaltend
bivium Kreuzweg, Scheideweg
bizantes = bisantei
blacta Purpurgewand
bladarius Getreidehändler
bladum Getreide
blaffardus (*germ.*; *mhd.* blaphart) eine Münze, Groschen
blandifer gütig, gnädig
blandimentum Gunst
blanditor Schmeichler
blandulus; blandus einschmeichelnd, freundlich, sanft, lieblich, hold
blaserius (*germ.*) Brandstifter
blasphemare (*griech.; frz.* blâmer) lästern, Hohn sprechen; Gotteslästerungen aussprechen; iudicium b. ein Urteil schelten (anfechten)
blasphemia Gotteslästerung, Schmähung
blasphemus; blasphimus gotteslästerlich, lästernd; der Lästerer
blaterare schwatzen; stottern, stammeln
blatteus purpurn
blavium Schiefer; *Plur.* Schieferplatten
blavus blau
blida = blitum (*griech.*) ein Küchengewächs, Blutkraut, Amarant
boare (*griech.*) laut schreien, laut ertönen
boatus, us Brüllen, Rufen; die Stärke des Schalles
boda (*germ.*) Bude
boesis (*griech.*) Schreien
boga = boia Halsjoch, Halseisen, Fessel
bolismus = bulimus (*griech.*) Heißhunger; Geiz; Meeresschlund, Meerenge
bolletus = boletus (*griech.*) Pilz; Champignon
bombarda Steingeschütz
bombycinus seiden, aus Seide; charta bombycina Baumwollenpapier
bombyx, ycis (*griech.*) Seidenraupe; ein Seidenstoff
bombilare summen (von den Bienen)
bombus (*griech.*) Ton, Lärm, Summen

bona, orum Lebensmittel, Früchte; Besitzungen
bonitates, um gute Eigenschaften
bonosa Haselhuhn
bonum est . . . quam es ist besser . . . als; *Superl.* bonissimus
borchgravia (*germ.*) Burggräfin
borea = boreas, ae Nordwind, Norden
borealis; borientalis nördlich
bos marinus Seehund; bos silvanus Ur (Wisent?)
bosa vaccae Kuhmist, -fladen
boscus (*wohl gall.*; *frz.* bois) Busch, Wald
bostar Rinderstall
botryo, onis; **botrys,** yos (*griech.*) Weinbeere, Traube
botrus = botryo
bovinus zum Rind gehörig, Rinder-
Bozanarium Bozener Wein, süßer Wein
brabantini, orum Münzen der Herzöge von Brabant
brabium; brabeum (*griech.*) Siegespreis, Lohn; Vorrang; Glanz
braca; bracca; bracae, arum (*germ.*) lange Beinkleider, Hosen
braccare Hosen anziehen
braces; *Akk.* em (*gall.*) „eine weiße Getreideart, aus der Malz bereitet wurde"
brachiale (*sc.* ornamentum) Armspange
brachium Arm; Meeresarm
bracile Schurz, Schürze
bracios = bracium Malz; Gebräu (Cap.)
bracitorium Brauhaus, Brauerei
bradium = brabium, brabeum
branca; brancha; branchia Pranke, Pfote; Zweig
brancus Zweig
brandeum Streifen aus Seide, Hülle für die Reliquien
bratea = bractea Platte
bratella; bratteola Blättchen von Metall, Goldblättchen, dünne eiserne Schuppen
bravium = brabium
braxare Bier brauen
braxator Brauer
breve Brief, Urkunde, päpstliches Schreiben, Protokoll; Verzeichnis, Rechnungsbuch
breviare kürzen, kurz halten; kurz berichten, kurz aufzeichnen, verzeichnen
breviarium kurzes Verzeichnis; kurzgefaßte Urkunde; Brevier
brevilogus = breviloquus sich kurz fassend; Wörterbuch, Glossar
breviloquium Wörterbuch
brevis 1. kurzlebig; 2. = breve
brevitas Kürze; kleine Gestalt
bria Weingefäß
brico Schelm
brigare in Streithaufen kämpfen
briolium Gehege, Tiergarten, Park (*mhd.* brüel)
brisare (*gall.*) brechen
brisis (*griech.*) Wahnsinnsausbruch, Wahnsinn
britla Schnittlauch
broca; brocha Stift, Zapfen
brodium Fleischbrühe
brogilus; broilum; brolium (*gall.*) = briolium
brosa venenosa Blutgeschwür
bruchus (*griech.*) eine Heuschreckenart, Käfer
bruginus eine Art Zugnetz
bruma Wintersonnenwende, der kürzeste Tag; Winterkälte, Winter
brumare gefrieren
brunellus Esel
brunettum dunkelfarbiger, brauner Stoff
bruneus = brunus (*germ.*) braun
brutalis grob
brutescere zum Vieh werden, unvernünftig werden
brutus stumpfsinnig, schwerfällig; Vieh; bruti die vernunftlosen Geschöpfe
bubalus (*griech.*) Büffel; Ur oder Wisent.
bubo, onis 1. Uhu; 2. Bube
bubulcus Rinderknecht; Fuhrmann; töricht
bucca Maul, Mund; buccas rumpere rufen, schreien
buccella; bucella Bissen, Brocken; Brötchen
buccina; bucina Horn; Signalhorn
bucephala (*griech.*) Pferd Alexanders des Großen; Pferd

bucida Ochsentöter
bucinare das Horn blasen
bucula = buccula (Schild) Buckel
buculus junger Stier
buffo, onis (*ital.*) Possenreißer, Spielmann; Hanswurst
bufo, onis Kröte
buglossa (*griech.*) Ochsenzunge
bulga (*gall.-lat.*) lederner Sack, Geldsack, Ranzen
bulgarus Bulgar; Ketzer
bulgifer Sackträger (= Esel)
1. **bulla** = pulla Trauergewand
2. **bulla** Metallbuckel; Kügelchen, Schelle, Glöcklein; Urkundensiegel, Urkunde
bullator Geheimschreiber
bullatus mit einem Siegel versehen
bullifer Urkundenüberbringer
bullire sprudeln, wallen, sieden, kochen
bumbisare = bombisare laut tönen
burbalia, ium Eingeweide
burdo, onis; **burdus** Maultier, Maulesel; Packpferd
burgensis, is Bürger
burgimagister Bürgermeister
burgravius; **burggravius** (*germ.*) Burggraf
burgum; **burgus** (*germ.*) Burg, Kastell, Stadt, Vorstadt
burgwardus (*germ.*) Festungswerk
burhmannus (*germ.*) Bürger
bursa = byrsa (*griech.*) Beutel, Tasche, Börse; Alumnat
busacia Mist
busta = buxis
bustum Grab; bustum obire sterben
buticula Krug; Flasche
buticularius Oberschenk; Verwalter der königl. Kellerei
buticum Trinkbecher, Kelch
butina (*griech.*) Bütte; Grenzbaum
butyrus; **butyrum** (*griech.*) Butter
buttis = butina Bütte
buttus (*germ.*) Scholle, Butte
buxida = buxis
buxis = pyxis (*griech.*) Schachtel, Büchse
buxus Buchsbaum; kleine Flöte

C (K)

caballarius Pferdeknecht; Berittener
caballicare reiten
caballicata (*frz.* cavalcade) Reiterschar
caballinus pferdeartig; Pferde-
caballus grobes Arbeitspferd; Roß
cabaretus Schenke
cabellauwus (*ndl.*) Kabeljau
cabus (*griech.*) ein kleines Hohlmaß
cacabus = caccabus (*griech.*) Kessel, Kanne, Kochtopf
cacanus = caganus
cacatrix = *Fem. zu* cacator der Kacker
caccula Dohle
cacexicus = cachecticus (*griech.*) schwindsüchtig
cachectes (*griech.*) untüchtig
cachesis (*griech.*) schlechte Denkart, üble Gesinnung
cachexia (*griech.*) Schwindsucht
cachinnare aus vollem Halse lachen, laut auflachen
cachinnus schallendes Gelächter, lautes Lachen
cacodaemon (*griech.*) böser Geist; Götze
cacumen Spitze, Gipfel, Dach
cadaver Leiche; Körper (auch eines Lebenden!)
cadaverosus leichenähnlich, „der wandelnde Leichnam“
cadentia Fall
cadĕre fallen, unterliegen; abfallen von; causa cecidit die Sache ist verloren
cadmus (*griech.*) Drache, Schlange
caducus hinfällig; gestorben, tot; res caducae irdische Leben
cadus (*griech.*) irdener Krug; Faß, Tonne
caganus Khan (mongolischer Herrschertitel); der Avarenfürst
calafatae, arum (*griech.*) Schiffbauer
calamare schreiben
calamarium; **calamare**, is Tintenfaß; Ledertäschchen für das Schreibzeug
calamitosus unheilbringend; unglücklich

calamus (*griech.*) Rohr
calandra = charadrius (*griech.*) Regenpfeifer
calathus (*griech.*) Korb, korbähnliche Wiege
calceaneum; calcaneus Ferse
calcare mit Füßen treten, stampfen, verachten; wandeln; = calceare beschuhen
calcator Kelterer
calceamentum; calciamentum Fußbekleidung, Schuhwerk, Schuhe, Sandalen; Schuh
calceus Schuh; Schuhsohle
calciare = calceare beschuhen
calciarium Schuhkammer; Schuhgeld
calcifex, icis Schuster
calcina Kalk
calciola Schuh
calcitrare hinten ausschlagen; sich sträuben, sich auflehnen
calculare ausrechnen
calculatoria ars Rechenkunst
calculus Steinchen; Stimme; Berechnung
caldare, is; **caldaria; caldarium** Kochkessel
caleptra Eisenhut
calēre = calefacēre erwärmen
calibs = chalybs
calidus heiß; jähzornig
caliga Schuh, Stiefel; Hose
caligo, inis Finsternis, Dunkel
calix (*griech.*) Humpen; Abendmahlskelch
callēre Schwielen haben; erfahren sein, wissen; wandern
callis, is Pfad, Weg, Bahn; Gasse
callosa, orum Eiweiß
callum Schwiele; Gefühllosigkeit, Härte
calnosus schmutzig
calo, onis Troßknecht
cals = calx
calumnia Verleumdung; Anklage; calumniam generare einen Rechtsstreit anhängen
calumniari; calumniare ins Gerede bringen, verleumden, beschimpfen, schmähen; anklagen
calus (*griech.*) wacker
calvare leeren; calvatus kahl
calvaria Schädel; Schädelstätte (Übersetzung des hebr. Golgatha)
calvĕre täuschen
calvitium Glatze
calvus kahl; Kahlkopf; schlau
1. **calx,** cis Ferse, Fuß; Schuh, Stiefel
2. **calx,** cis Kalk; Kreide zum Glätten des Pergaments
camba = gamba
cambialiter *Adv.* tauschweise, wechselweise
cambiare (*kelt.; frz.* changer) tauschen, wechseln
cambire = cambiare
cambissa (*ahd.* gamiza) Gemse
cambitor = cambiator Wechsler
cambium Tausch
cambuta; cambota (*gall.*) Krummstab
camena Engelchor; Dichtung, Gedicht
camera Gewölbe; Kammer, Gemach, Zimmer, Saal; Vorratskammer, Schatzkammer; Schatz; Kasse
mulier **cameralis** Kammerfrau
cameraria Kämmerei
camerarius Kämmerer, Kammerherr
cameratus kammer-, zellen-, höhlenreich
camerlengus (*germ.*) = camerarius
camerula Kämmerlein
camphora (*arab.*) Kampfer
caminata heizbares Gemach, Kemenate; Klause
caminus (*griech.*) Kamin, Ofen; Schornstein; Glut, Höllenfeuer
camirus = camurus (*gr.*) gewölbt, krumm
camisa = camisia
camisia Unterkleid, Hemd; Chorrock der Geistlichen, = alba; c. ferrea Panzerhemd
camisile (gewöhnlicher) Hemdenstoff
campagus Schnürstiefel
campana Glocke
campanarium Glockenturm
campanarius; campanator Glöckner
campanellus Glöcklein
campania Blachfeld, flache Land
campanile Glockenturm
campestre bellum Feldschlacht; campestria, ium Ebene, Gefilde; die Tiere des Feldes

campestratus mit einem Schurz versehen
campio (*germ.*) Gladiator, Preisboxer; Kämpe, Kämpfer
campsare umsegeln; ausweichen
campsor Wechsler
campus Gefilde, Schlachtfeld; Kampf; campos habere Ferien haben
camus (*griech.*) Zaum, Trense, Gebiß
canabeus = canapellus
canabis = cannabis (*griech.*) Hanf
cananeus Kananäer; Götzendiener
canapellus Hänfling
canava = cannabis Hanf
cancellaria Kanzlei
cancellarius Kanzler; Kanzleichef (bei den Karolingern); der ständige Gerichtsschreiber (im ripuarischen Recht)
cancelli, orum Gitter, Fenstergitter; Schranken; c. altaris der vom Schiff der Kirche durch ein Gitter getrennte Raum
cancratura Krebsfang
cancrinus krebsartig; langsam
candela Wachsschnur, Kerze, Licht, Fackel; candelarum missa Lichtmeß = 2. Febr.
candelabrum Leuchter; Vorderfuß (Y)
candēre weiß sein, glänzen; glühen
candidalus = candidulus hübsch weiß
candidatus weiß, glänzend
candidulatus lieblich weiß
caniclius; caniclinus = cancellarius
caninare beißen
caninus hündisch
caniparius Kellner
canis, is Hund; der schlechteste Wurf beim Würfeln; *Plur.* die Ungläubigen; canes portare = *mhd.* harmschar, eine Strafe im Mittelalter
canities, ei graue Farbe, graues Haar
canna (*wohl germ.*) Kanne
cannabis, is (*griech.*) Hanf, Hanfschnur
cannamella Zuckerrohr
cannetum Röhricht
canon, onis (*griech.*) Richtschnur; kirchl. Bestimmung; Lineal; canones ac decreta das geistliche Recht
canonicatus, us Domherrenstelle
canonicus nach kirchlichem Recht, kanonisch; Domherr, Stiftsherr; Domkapitular; Geistlicher an einer Bischofskirche; canonica = praebenda; canonicae horae Brevier; canonice electus rechtmäßig gewählt
canonista (*griech.*) Verteidiger, Anwalt; Vertreter des Kirchenrechts
canonizare (*griech.*) heilig sprechen
canopeum = conopeum (*griech.*) Mückenschleier, Vorhang, Tuch; Himmelbett
canor Klang, Melodie; Gesang
canosus wohltönend, harmonisch
cantabrum 1. Kleienmasse; Hundefraß; 2. Standarte
cantaria Kanterei (Gesangs- und Hilfsdienst bei der Messe)
cantarus = cantharus (*griech.*) Kanne, Humpen; Weinfaß
cantatio Gesang, Lied
cantatrix Sängerin; = *mhd.* spilwîp
canticum Lied; c. Zachariae (Benedictus) = Luk. 1, 68—79; c. Mariae (Magnificat) = Luk. 1, 46—55; c. Simeonis (Nunc dimittis) = Luk. 2, 29—32; c. canticorum das Hohelied; c. malum Spottlied; c. novum = Psalm 96 und Psalm 98
canticus Choral
cantilena Lied, Märchen; Kirchengesang
cantio Gesang, Lied, Kanzone; Geleier
cantionarius zur Kanzone gehörig
cantiuncula Liedchen; Lied
cantizare = cantare singen, besingen
cantor Sänger, Singemeister
cantra (*griech.*) Kapsel, Kästchen
canus grau; uralt; Graukopf, Greis; *Plur.* cani = Greisenalter
capa = cappa
capacitas Fassungsfähigkeit, Geräumigkeit, Umfang, Größe
capax empfänglich; verständig
capedo, inis Fassungsvermögen
capella; capela Kapelle; die Geistlichkeit; Kappe, Mütze, Hut
capellanus Hilfspriester, Kaplan
capellina Mütze
capellula kleine Kapelle

capellus = cappellus Kapuze; Hut
capĕre ergreifen; vernehmen; befreien; furto captus beim Diebstahl ertappt
capescĕre = capessere packen, ergreifen
capillatura Haarwuchs
capillatus gelockt, von langem Haar umwallt
capisterium = scaphisterium (*griech.*) ein kleines Gefäß, Milchnapf; Opferstock; ein kleines Schiff, Nachen; Wurfschaufel
capistrum Halfter, Zaum
capital, alis (*sc.* scelus) Kapital-, Todesverbrechen.
capitale Kopf-, Ruhekissen; Kapital; Ersatz für gestohlenes Gut (*mhd.* houbetgelt)
capitalis den Kopf, das Leben betreffend; sententiam capitalem suscipere, subire den Tod erleiden
capitaneus durch Größe hervorragend; Anführer, höherer Lehnsmann; in Italien = 1. Graf; 2. Gemeindevorsteher; capitanea villa Hauptgut, Haupthof
capitatus mit einem Kopf versehen (bei Spangen oder Nägeln); = capito
capitellum Nagelkopf, Säulenkopf; Kapitäl.
capitium = caputium
capito, onis Großkopf; Döbel (Seefisch)
capitolium = capitellum
capitulare abkapiteln, „abkanzeln", strafen
capitularis Haupt-; zum Domkapitel gehörig; capitulare, is die königliche Satzung, Verordnung (zur Zeit der Karolinger); capitulares litterae Initialen
capitulum Hauptpunkt, Hauptstück, Abschnitt aus der Bibel; Domkapitel; Kapitelhaus; c. dare alicui = capitulare; c. habere eine Versammlung des Domkapitels abhalten
capo, onis Kapaun; Eunuch
caponius kastriert
cappa Umhang, Mantel; geistliches Gewand, die Soutane, Weihrauchmantel; Tonsur; Kappe, Haube, Helm
cappana = cabanna Hütte
cappare 1. zum Mantel machen, mit einem Mantel versehen; 2. = coppare
cappella; cappellanus = capella; capellanus
cappifer Mantelträger
cappo, onis; **cappus** = capo
cappula Käppchen; Mäntelchen
capraritia Ziegenzucht; Ziegenherde
caprea Reh
capredus = capreolus
capreolus Reh, Rehbock; Gemse
capreus = caper Ziegenbock
capricornus Steinbock
caprigenum pecus Ziegenvieh
caprinus Ziegen-
capriolus = capreolus
capripes Ziegenfuß
capritus Ziegenbock
caprizare meckern; springen
capsa Behälter; Reliquienkästchen, Tabernakel; c. trium regum Schrein der hl. drei Könige
capsella = capsula Kästchen; Kapsel; Täschchen, Pilgertasche
capser = capsarius Badediener
capsidile = cassidile Säckchen, Reisetäschchen
captare = capere fassen, bemerken; c. auram Atem schöpfen; c. laudem Lob gewinnen; c. ventum (*sc.* naribus) „einziehen" oder „sich Kühlung fächeln"
captio Fangen; Fischfang; Fallstrick, Strick; Beute; Einnahme einer Stadt, Gefangennahme
captiosus auf Jagd bedacht; arglistig
captivare gefangen nehmen
captivitas Wegnahme, Verlust; die Gefangenen
captivus gefangen; elend, unglücklich
captor Fischer
captus, us Fassen; Fassungskraft, Begabung
capulare abschneiden, behauen
capulotenus *Adv.* bis zum Griff
capulum 1. = caputium; 2. = capulus
capulus Griff, Schwertknauf
capus Habicht; Jagdfalke

caput, itis Kopf, Oberhaupt; Burg; Hauptstadt; Kapitel; Scheitelpunkt; Anfang, ursprünglicher Wert, Schadenersatzbuße; c. ieiunii Aschermittwoch; in c. componere den vollen Wert ersetzen
caputium Öffnung in einem Mantel, durch die der Kopf gesteckt wird; Koller, Kragen; Kapuze
car... *oft* = char...
caragius Zauberer
carbasinus aus Batist
carca Last
carcare = carricare beladen, verladen
carcagium Last
carceralis Kerker-
carcerare einkerkern
carchesium (*griech.*) Trinkgeschirr; Mastkorb
carcophas Lastträger (= Esel)
cardiacus (*griech.*) den Magen betreffend
cardinalatus, us Kardinalswürde
cardinalis zu einer Hauptkirche gehörend; Kardinal; maßgebend; grex c. die Schar der Kardinäle; coetus cardinalium Kardinalskollegium
1. **cardo,** inis Türangel, Tür; Weltachse, Himmelspol; Gelenk; Hauptsache, Hauptpunkt; Anfang; c. summus Himmel; c. solis Morgenland (Hr.)
2. **cardo,** onis = carduus
carduelis, is Distelfink
carduus Distel, Kardendistel; Artischocke
careium Feldkümmel
carena die vierzigtägige Fastenzeit; Bußtag
carentia Nichthaben, Mangel; Verzicht auf; Bußübung mit Fasten
carigare = carricare
cariosus faul, morsch
carisma = charisma
caristia Teuerung
caritas Barmherzigkeit, Nächstenliebe; Gönnerschaft; Abendmahl
karitativus lieb, freundlich
caritudo, inis Teuerung
carmen Verszeile; Zauberformel, Zauberspruch; Vogelgesang
carminare bezaubern, besprechen
carminativus heilkräftig
carminator Zauberer
carnalis fleischlich; weltlich, sündlich; irdisch, vergänglich
carneus fleischern, aus Fleisch gemacht; fleischlich, irdisch
carnifex Fleischer; Mörder; Scharfrichter
carnisprivium Fastenzeit; der Sonntag Septuagesimä; carnisprivii dies Fastnacht
carnosus fleischig
caro, carnis Fleisch; Leib; sterbliche Überreste; die Tiere; nepotes carnis leibliche Enkel; carnis propinquus Blutsverwandter
carpa; carpo, onis (*wohl germ.*) Karpfen
carpentarius Stellmacher, Zimmermann
carpentum Karren, Wagen
carpĕre pflücken; jucken; verspotten; (eine Bahn) ziehen; einziehen, schlürfen
carpilio Räuber
carra = carrus
carrada; carrata Fuder, Wagenladung
carricare (*frz.* charger) beladen
carrina = carena
carrocerus = carrocium
carrocium (*ital.*) Bannerwagen der Langobarden
carruca (*gall.*) Karren, Wagen, Gespann; Reisewagen; Bannerwagen; Radpflug
carrucarius zum Wagen gehörig; Fuhrmann; Führer der carruca
carrum; carrus (*gall.*) der zweirädrige Geräte- u. Proviantwagen, Karren
cartallus (*griech.*) Körbchen
carus teuer, lieb; angenehm; zärtlich, liebend; Liebling, Freund
carvita = carota Karotte, Mohrrübe
carzimasium junger Eunuch (Liudp.)
casa Hütte, Haus, Palast; Gutshof; c. dei Kirche
casale, is Landsitz, Vorwerk
servus **casatus** Knecht, der auf einer Hufe des Herrn angesiedelt ist und ohne diese Hufe vom Herrn nicht veräußert werden kann = grundsässig
cascus uralt

casia; cassia (*griech.*) eine wohlriechende Pflanze, Seidelbast; das daraus bereitete Parfum
cassare für ungültig erklären; kassieren; c. aliquem vita des Lebens berauben
casses = cassis, idis Helm
cassidile Kober, Reisetasche
cassina; cassinum Landsitz
1. **cassus** leer, eitel, nichtig, unnütz; in cassum grundlos, zwecklos, fruchtlos
2. **cassus** alpinus Murmeltier
castanea (*griech.*) Kastanie
castanearius Kastanienbaum
castare = castificare
castellanus Burgvogt, Schloßvogt; Burgmann; castellana Kastellanin
castellare hausen
castellum (*frz.* château) Burg, Bollwerk; Belagerungsturm; kleine Stadt, Dorf
casticiare „Wehrbauten aufführen"
castificare reinigen
castigatio Züchtigung, Zucht
castigatus abgehärtet; tadelnswert; c. angustia durch die Not gestraft = geheilt
castimonia Keuschheit, Reinheit
castor Biber
castrametari = castra metari
castrenses, ium Begleiter des Königs, Hofleute
castrare entmannen; entschalen; kürzen, wegnehmen
castrum befestigter Ort, Burg, Kastell, Feste, Stadt; Belagerungsturm; c. Crescentii die Engelsburg in Rom; *Plur.* Lager; Heer; Burg; Quartier
castus rein, reinlich, keusch; frei von; = castor
casula Meßgewand; Mantel mit Kapuze
casus, us Fall; Schicksal; Unglück, Tod; Sonnenuntergang; c. nemorum Senkungen bewaldeter Berge
catabolensis; catabulensis Fuhrmann
cataclysmus (*griech.*) Überschwemmung, Sintflut
catalogus (*griech.*) Verzeichnis, Liste
cataplus (*griech.*) Hafen
catarrum (*griech.*) Katarrh, Schnupfen
catasta (*griech.*) Schaugerüst; Marterbrett, -rost
catechizare (*griech.*) im Christentum unterrichten
catechumenus (*griech.*) Katechumene, Glaubensschüler
catellus junger Hund
catenare fesseln; anketten (von Büchern)
catenula Kettchen
catervatim *Adv.* scharen-, haufenweise
cathedra (*griech.*) Armsessel; Bischofssitz, Bistum; cathedram habere herrschen
cathedralis zum Kirchensitz gehörig
cathegoria = categoria (*griech.*) Kategorie (in der Aristotelischen Logik)
cathegoricus zur Kategorie gehörig
cathereticus = catachreticus (*griech.*) mißbräuchlich
Katholicon, i ein von dem italienischen Dominikaner Johannes de Janua 1286 abgeschlossenes, im Mittelalter gern benutztes Lexikon
katholicus (*griech.*) allgemein, katholisch, christlich; Christ
Katho = dicta Catonis, eine im Mittelalter viel gelesene und oft angeführte Spruchsammlung
caticumenus; catecuminus = catechumenus
catigeta = catecheta (*griech.*) Lehrer, Katechet
catina; catinum Schüssel, Platte
catinus 1. = catina; 2. = cattinus Katzen-
catta (*wohl gall.*) Katze; Schutzwand, ein Belagerungsgerät; c. marina Meerkatze
catulus das Junge eines vierfüßigen Tieres; junger Hund; Hund
catus kundig
caucum (*griech.*) Schale
cauda Schwanz; Ende; c. piri Birnstiel
caudale der in den Nacken herabhängende Zipfel der Mitra
caudatenus *Adv.* bis zum Schwanz
caudatus geschwänzt; mit einem Zopf versehen
caudex = codex

caula Hürde, Gehege, Stall; *Plur.* Schafstall; Kloster
cauletum Kohlgarten
caulus Kohl
cauma, atis (*griech.*) Glut, Hitze, Brand, Verbrennung
caupo, onis 1. Wirt; 2. = capo Kapaun
caupona Schenke, Wirtshaus
caurus Nordwestwind; Wind
causa (*frz.* cause *u.* chose) Sache, Ding; Gepäck, Hinderungsgrund, Schuld; Tatsache, Hergang; Rechtshandel, Prozeß; Nutzen, Gewinn; causam supplere die Sache zu Ende bringen, causam regere einen Prozeß führen; in causam vor Gericht; in causam ponere in Anklagezustand versetzen; in causa esse schuld sein; in causa habere als Grund angeben; sine causa ohne Schuld; causa alicuius auf jem. Veranlassung
causare; causari verursachen; vorschützen; sich beklagen, Vorwürfe machen, schelten; anklagen, streiten um, prozessieren; nihil c. de nichts geben auf; causantes die streitenden Parteien
causidicus Sachwalter, Rechtsanwalt; Schöffe; Gesandter
cautela Vorsicht; Weisheit
cauteria Brandmal, Narbe
cauteriare mit glühendem Eisen brennen, brandmarken
cauteries *wohl* Brandmal
cauterium (*griech.*) Brenneisen, Glüheisen; Mittel
cauterizare (*griech.*) = cauteriare
cautes, is Fels, Kuppe, Riff
cautificare zur Vorsicht ermahnen
cautio Vorsicht; Bürgschaft, Schuldurkunde, Rechtsverbriefung
cautus vorsichtig, sorgfältig, wohlbedacht, weise; zuverlässig, ehrlich gemeint
cavallus = caballus
cavatura Höhlung; Wölbung
cavea Höhlung, Käfig, Stall; Hülle, Behälter; Zuschauerraum, Rang im Theater; Mine
cavēre de aliqua re Fürsorge tragen
cavernosus reich an Höhlen, voller Löcher
cavitas Höhlung, Hohlraum
cavum; cavus Loch; Schlund (Y.)
caecitas Blindheit; Unwissenheit
caecus blind; verstockt
caecutire geblendet sein, blind sein
ceda = scheda
caedĕre scopis mit Ruten streichen
cedĕre weichen, nachgeben, überlassen; einhergehen; c. alicui an jem. fallen; c. rei etwas abtreten; c. conflictu den Kampf verweigern; c. duello vom Kampf ablassen
cedo sage an! sprich!
cedria = citrea
cedula = schedula
1. **celare** verheimlichen, bedecken; heimlich beherbergen
2. **celare** = caelare ziselieren
caelatura erhabene Arbeit; Baukunst
celebris = celeber festlich; gefeiert, bekannt
celebritas Feier, Festtag; c. sanctorum Allerheiligen
caelebs, libis ehelos; heilig
celer, eris Eilbote
caeles, itis Himmelsbewohner = Gott
caelestis himmlisch; fromm; caelestia, ium Himmel
celeuma, atis = celeusma (*griech.*) Kommando; der (rhythmische) Matrosensang
celeumare kommandieren
caelia Gerstenbier, Bier; domus conficiendae caeliae Brauhaus
caelibatus, us Ehelosigkeit
caelicola; *Gen. Plur.* caelicolum Himmelsbewohner, Engel
caelicus himmlisch
celidrus = chelydrus
caeligenus himmelentstammt
caelipotens mächtig im Himmel
caelitus *Adv.* vom Himmel her
cella Zelle, Stube; Keller; Kloster
cellararius; cellarius = cellerarius
cellarium Keller, Speisekammer, Vorratsraum; Kellerei; c. civitatis Ratskeller
cellerarius Kellermeister
cellula Zelle, Kammer; Klause, Kloster

celsitonans der Hochdonnernde
celsitudo, inis Höhe; Erhabenheit; Hoheit; serenissima c. erlauchteste Erhabenheit
celticus welsch, unverständlich, „kauderwelsch“
celtis, is Meißel
caelum Himmel; *Plur.* caeli Himmel
caementarius Maurer, Steinmetz
caementarium opus Steinmetz- und Maurerarbeit
caementum Mauerstein, Kalkstein; Mörtel
cemetorium = coemetorium (*griech.*) Schlafstätte; Friedhof
1. **cena** Abendmahlzeit; c. domini, c. dominica Abendmahl; Gründonnerstag
2. **cena** = scena
cenaculum Speisesaal
cenobita = coenobita Mönch
cenobium = coenobium (*griech.*) Kloster
cenodoxia (*griech.*) eitle Ruhmsucht, eitles Gerede, Prahlerei, leerer Wahn; Starrsinn, Eigensinn
cenodoxus prahlend, großtuerisch
cenomia = coenomyia (*griech.*) Fliege
caenosus schmutzig, schlammig
censēre schätzen, der Meinung sein; bezeichnen; censeor vocabulo mir wird der Name beigelegt (O. v. F.)
censiva (terra) Zinsgut
censor Prüfer, Kritiker; Richter; Schultheiß
censualis abgabepflichtig, zinsbar; censuale Steuer
censum Zins, Abgabe; Ertrag
censura richterliche Erkenntnis, Strafgewalt; Aufsicht; Tadel, Strafe; c. sedis apostolicae Spruch des päpstlichen Stuhls
census, us Schätzung, Zählung, Volkszählung; Zins, Abgabe, Steuer des einzelnen; Vermögen, Reichtum, Hort, Schmuck; Morgengabe; c. Romanus Peterspfennig
centena Hundertschaft, Markgenossenschaft; = centenarium
centenarium; centenum Zentner
centenarius der (vom Volke gewählte) Hundertschaftsvorsteher; Zentner
centeni = centum hundert
centenus hundertfach
centissimus = centesimus der hundertste
cento, onis (*griech.*) Flick-, Lumpenwerk
centrum (*griech.*) Mittelpunkt; Zenit; Mund
centuplicare verhundertfachen
centuplus hundertfach
cepa; cepe (*griech.*) Zwiebel, Lauch
coepisse unternommen haben; c. *m. Inf. oft nur Umschreibung des* Verbs
cera Wachs; Wachs-, Schreibtafel
cerasa; cerasum; cerasium Kirsche
cerastes, ae (*griech.*) Hornschlange
cerdo, onis Gerber
cere = chere
cerebrum Gehirn, Verstand; arx cerebri „Oberstübchen“
cereifactor Kerzenmacher
ceres, eris Ceres, die Göttin der Feldfrüchte; Getreide, Brot, Speise
ceresarius Kirschbaum
cereus wächsern; Wachskerze
cerevisa; cerevisia = cervisia
cerevisarius Trinker
cerfolium = caerefolium (*griech.*) Kerbel
caerimonia religiöser Gebrauch
caerimoniari opfern
ceryx, ycis (*griech.*) Prediger
cernĕre scheiden, sondern; sehen, wahrnehmen; auf die Probe stellen, bekämpfen; *Pass.* = videri scheinen
cernuus vorgebeugt, sich demütig neigend
cerocensualis wachszinsig
ceroferarius Wachskerzenträger
certamen Kampf; Todeskampf; certamine dimicare mit abwechselndem Erfolge kämpfen; locus certaminis Richtplatz
certare wetteifern; *Pass.* sich abmühen
certatim *Adv.* um die Wette
certator Wettkämpfer, Streiter
certificare bestimmen, anweisen; bezeugen; *Pass.* sich vergewissern
certiorare benachrichtigen, anzeigen; *Pass.* klüger werden; Gewißheit erlangen

certitudo, inis Gewißheit, Wahrheit
certitudinaliter *Adv.* gewiß, sicherlich
certitudinare versichern
certus *mit Inf. oder Gen.* einer Sache gewiß, bereit zu; korrekt
cerva Hindin
cervicalium = cervical, alis Kissen
cervicatus hartnäckig
cervicosus halsstarrig, unbezähmbar
cervinus aus Hirschleder
cervisa; cervisia (*wohl kelt.*) Bier
cervulus Hirsch
caesa Zaun, Verhau
caesar, aris Kaiser
caesareus kaiserlich
caesaries, ei halbverschnittenes Haupthaar; Haupthaar
caesio das Hauen; Rauferei
caesor Hauer; Henker
caesorium Haugerät, Beil
caespes, itis Rasen
caespitare straucheln, stolpern
cessare aufhören; feiern, untätig sein, faulenzen; zögern, ablassen, abstehen; a regimine scholarum c. das Lehramt aufgeben; fieri non cessant sie sind an der Tagesordnung
cestus, us = caestus Fausthandschuh
ceterus der übrige; de cetero in Zukunft; danach; ceteri *wie frz.* autres *in* „nous autres Français"
1. **cetus** (*griech.*) Meerungeheuer, Walfisch; Wels
2. **cetus** = coetus, us Zusammenkunft; antelucanus c. Frühmesse
ceu *Adv.* gleichwie, als ob; = seu oder
chacanus; chaganus = caganus
Chaldaeus chaldäisch; betrügerisch
chalybinus aus Stahl
chalybs, ybis (*griech.*) Stahl; Schwert
chalvaricum großer Lärm, Geschrei
chamelotinus = camelotinus aus camelotus gefertigt
chamelotus = camelotus ein meist aus Kamelhaaren verfertigter Stoff
chamus 1. Kragen, Kapuze; 2. = camus
Chananaei, orum Kananiter; die Verstoßenen, Verstockten
chaos (*griech.*) Chaos; Wirrwarr; ein Netz sich regellos kreuzender Linien (Y)
character, eris (*griech.*) Zeichen, Hausmarke; Geste; die charakteristischen Züge; Buchstabe; Amulett; per characterem bildlich; characteres nominis Namenszug
charadrius (*griech.*) Regenpfeifer
charaxare (*griech.*) ritzen; auslöschen, ausradieren; malen, schreiben
charaxatum Rasur; Schrift
charpho = carpo
charisma, atis (*griech.*) Geschenk; Gnadengabe
charistia = caristia
charta (*griech.*) Papier, Blatt (einer Handschrift), Brief, Urkunde, Schrift; c. damascena Papier aus Damaskus
chartophylacium (*griech.*) Archiv
chartula Papierchen, Briefchen; Urkunde
chartularium Kopialbuch; Urkundensammlung
chartularius Archivar; Geheimschreiber
chelandium (*spätgriech.*) Schiff, Barke
chelydrus (*griech.*) Schlange, Teufel
chelys (*griech.*) Schildkröte; Laute
chere (*griech.*) sei gegrüßt!
chiliarchus (*griech.*) Kriegshauptmann
chimera (*griech.*) junge Ziege; fabelhaftes, feuerspeiendes Untier; Hirngespinst
chirager = chiragricus (*griech.*) Handgicht habend
chirographarius Schreiber
chirographum (*griech.*) Handschrift; Vertrag, Urkunde
chiromantia (*griech.*) Handwahrsagekunst
chironomon, untis (*griech.*) Gaukler
chirotheca; cirotica (*griech.*) Handschuh; chirothecam porrigere jem. den Handschuh hinwerfen
chirurgicus (*griech.*) chirurgisch
chlamys, ydis (*griech;*) Umhang; Mantel, Obergewand; Schleier, Kopftuch
chlaena (*griech.*) Wintermantel
cholica (*griech.*) passio Gallenbrechruhr
chorda (*griech.*) Darm; Bogensehne, Saite; Strick, Seil, Tau; pulsus chordarum Saitenspiel

chorea (*griech.*) Reigentanz; Schar
choreutes Reigentänzer
chorizare tanzen
1. **chorus** (*griech.*) Reigen, Rundtanz; Wirbel; Gemeinschaft, Rotte, Sängerschar, Chor, Mönchsschar, Klerus; der der Geistlichkeit vorbehaltene Raum der Kirche; in choro nach außen, öffentlich; choros ducere einen Reigen a) anführen, b) aufführen
2. **chorus** (*hebr.*) ein hebr. Maß, Wispel
chrisma, atis (*griech.*) Salbung, Salböl
chrismale Gefäß zur Aufbewahrung des Salböls; Wachstuch auf dem Altar; Taufmützchen
chrismare salben
chrismon 1. = chrisma; 2. Monogramm Christi ☧
chrysocomus (*griech.*) goldlockig
chrysolithus (*griech.*) Chrysolith, Goldtopas
christianitas Christentum; Christenheit
christianus christlich; der Christ
christicola Christusverehrer, Christ
christipara Gottesmutter = Maria
Christus (*griech.*) der Gesalbte, Christus; der Christ; c. domini Geistlicher
chroma, atis (*griech.*) Lied
chronica, ae Chronik
chronographia (*griech.*) Chronographie, Geschichtsschreibung
chrosina; chrusenna = crusina
cyaneus (*griech.*) dunkelblau
cyathus (*griech.*) Becher
cibalia, ium Verdauungsorgane
cibamen Speise; Leckerei
cibare füttern, speisen; *Pass.* cibari essen, sich nähren
cibatus, us Atzung, Nahrung
ciborium (*griech.*) Kelch; Altarbaldachin
cibum = cibus Speise
cicatrix Narbe; Strieme, Mal
cicendula = cicindela Glühwürmchen
cicenus = cycnus Schwan
cicera; cicero; cicerum = cicer, eris Kichererbse
cyclas, adis (*griech.*) langes Gewand
cyclus (*griech.*) Kreis; Kopfschmuck der Frau, Reif; Osterzyklus; solaris c. Sonnenzyklus, Zeitraum von 28 Jahren
ciconia Storch
cicurare zähmen
cicuta Wasserschierling; Rohrpfeife
cidaris, is (*griech.*) Turban, Hut
cydonia (*griech.*) (*sc.* mala) Quitte
cifra (*arab.*) Bemerkung, Tadel (T.)
ciphus = scyphus (*griech.*) Becher, Trinkschale
cygnus = cycnus (*griech.*) Schwan; Gans
cilicinus hären
cilicium (*griech.*) härenes Kleid; Trauerkleidung, Bußgewand; Decke, Teppich
cilium Augenbraue
cillĕre bewegen
cymba (*griech.*) Kahn
cymbalum (*griech.*) Glöckchen, Tischglocke; Schallbecken, Zymbel
cymbia = cymbium (*griech.*) Schale
cimelium; cimilium (*griech.*) Schatz
cimeterium; cimiterium = coemeterium
cimex, icis Wanze
ciminum = cuminum (*griech.*) Kreuzkümmel, Gartenkümmel
cinctorium Gurt; Lendenschurz
cinctura Belagerung
cinaedus (*griech.*) unzüchtig; Wollüstling
cinerosus aschig
cingula = cingulus Gürtel, Gurt
cingulum Gürtel; das Zingulum des Priesters; c. militiae, c. militare Ritterstand, Ritterwürde, Kriegsdienst
cynicus (*griech.*) zum Hund gehörig, hündisch
cynifes = sciniphes, um (*griech.*) eine Ameisenart, die die Feigen benagt
cinis, eris Asche; dies cinerum Aschermittwoch
cinyra (*griech.*) Harfe
cinnamum; cinnamomum (*griech.*) Zimt
cynocephalus (*griech.*) mit einem Hundsgesicht
cynomia (*griech.*) Hundsfliege
cynus (*griech.* κυνός *als Nom.*) Hund
cippaticus Ableger, Fechser
cippus Spitzsäule; Grabstein; Stock, Gefängnis

cyprum (*griech.*) Kupfer
cyprus (*griech.*) die Zyprusblume
cirager = chirager
1. **circa** die Runde; Wache, Nachtwache; Wachehalten; Visitator
2. **circa** *Präp. m. Akk.* um, nahe bei, neben; in bezug auf, betreffs. — *Adv.* ringsum, in der Umgebung
circada Besichtigung
circare(*frz.* chercher) prüfend umhergehen; besichtigen
circator der Rundenmacher, Wächter; Richter; *Spitzname*: der Herumschnüffler
circinare (*frz.* cerner) kreisförmig machen; umkreisen, umgeben
circinus Kreis
circio = circius Nordwesten
circuitio Kreis; Umweg, Umschweif
circuitus, us Umtanz, Reigen; Weitschweifigkeit; in circuitu, per circuitum ringsum, ringsumher
circulus Kreis, Kreislauf, Reif, Umkreis, Gegend; Verlauf; c. crinalis Diadem
circum- *häufiges Präfix* = um-
circumamictus ringsumhüllt, bekleidet
circumcapĕre umfassen
circumcellio Wandermönch, -priester
circumcidĕre beschneiden
circumcingĕre einen Kreis ziehen
circumcirca *Adv.* rund herum
circumcircinnare aliquem einen Kreis um jem. ziehen
circumcisio Beschneidung; c. Domini = 1. Januar
circumdare umgeben, umschlingen; sich verschaffen
circumferentia Umschrift
circumferre ringsherumtragen; anwenden, benutzen; pedem c. herumschweifen; c. digitos umklammern (W.)
circumflectĕre orbes den Kreislauf vollenden (W.)
circumfluĕre umströmen; von rings zusammenfließen
circumlatrare umbellen
circumquacumque *Adv.* ringsum, nach allen Seiten
circumquaque *Adv.* überall, ringsumher, an jeder Seite; per c. überallhin
circumsaeptus ringsum geschützt
circumscribĕre umgarnen, hintergehen
circumspectio *Anrede* Ew. Weisheit
circumspector Wächter; Zuschauer
circumvenire einschließen, verhindern
circumventio Täuschung; Verführung
circumvicinus benachbart
circus Kreis; Reif; Reigen
cire = ciĕre erwecken; anrufen
cirex = ceryx
kyrius (*griech.*) Herr, Gebieter; Kyrie eleĭson Herr, erbarme dich
cyro . . . *s.* chiro . . .
cirogra = chiragra (*griech.*) Handgicht
cis *Präp. m. Akk.* diesseits; cis citraque hüben und drüben
cista (*griech.*) Kiste, Koffer; Kerker
citare nennen, vorladen; schnell errichten; *m. Inf.* sich beeilen; citatus schnell
citharista (*griech.*) Zitherspieler; Spielmann
citharoedus (*griech.*) Zitherspieler
citius *Adv. Komp.* = cito
cito *Adv.* schnell; quam cito sobald als; cito post haec bald darauf
citonia = cydonia
kitonitas, ae (*griech.*) Kammerdiener, Kämmerer
citra *Präp. m. Akk.* diesseits; dicht hinter, neben
citrea (*griech.*) Zitronenbaum; Zitrone
citreon; citreum Zitrone
citrinus gelb
citrullus Kürbis
civicare (als Bürger) leben
civilis bürgerlich, weltlich; friedlich; heimisch; Bürger
civilitas Bürgerrecht; Höflichkeit
civis Bürger, Einheimischer; *Plur.* Landsleute, Volksgenossen; c. iuratus Ratsherr; c. canonicus Weltgeistlicher
civissa Bürgerin
civitas Stadtgemeinde; Stadt, Hauptstadt, Bischofsstadt
civitatula Städtchen
clades, is Unglück, Schaden, Krankheit; c. Ungariorum Schrecken der Ungarn

claffare (*germ.*) schwatzen
clamare beten; Beschwerde führen, klagen
clamator Kläger höherer Instanz, Reklamant, Beschwerdeführer
clamis = chlamys
clamodicus berüchtigt
clamor, oris Geschrei, Kriegsgeschrei, das „Gerüft"; Beschwerde, Klage
clamosus laut schreiend, jammernd
clanculus = clandestinus heimlich
clanga Glocke
clangĕre erschallen, schmettern; ertönen lassen
clangulum = clanculum *Adv.* insgeheim
clarare erhellen; (den Wein) klären
claratum mit Gewürz oder Kräutern und Honig angemachter Wein, *mhd.* klârêt
clare *Adv.* rein, frei von Verbrechen
clarēre glänzen, berühmt sein
clarescĕre klar werden, klar am Tage liegen, bekannt werden, sich auszeichnen
claretum = claratum
clarificare klären; verherrlichen, preisen
clariger berühmt, erlaucht
clariscĕre = clarescere
claritas Glanz, Herrlichkeit; *als Anrede*: Erlaucht, Hoheit
clarus leuchtend; erlaucht; rein
classica = classicum Signal, Feldgeschrei, Kriegstrompete
classis, is Abteilung, Klasse; Flotte, Schiff
claudĕre vivĕre das Leben beschließen
claudicare hinken
claudus lahm; Krüppel
clausa Einsiedelei, Klause; Zelle; = clusa
claustralis klösterlich; claustralia, ium Kloster
claustricola Klosterinsasse
claustricus klösterlich
claustrum Verschluß, Schloß, Schranke Wall; Vorsichtsmaßregel, Zurückhaltung; Versteck; Kloster; der Klosterhof; *Plur.* claustra, orum Riegel, Paß; claustra monasterii die Umfriedung des Klosters, das Kloster in seiner Abgeschiedenheit
clausula Schluß, Ende; Zelle, Klausnerhäuschen; Engpaß
clausura Türschloß; Engpaß; Befestigung, Verschanzung, Burg; Landesgrenze; c. aeterna aliquid damnare für ewig etwas verbannen u. verbieten
clausus = obscurus dunkel
clava 1. Knüppel, Keule; 2. = manglavita vergoldete Peitsche
clavare verriegeln, verschließen; clavatus nägelstarrend (vom Igel gesagt)
clavicula Nagel
claviger Schlüsselträger; Schaffner; c. caeli = Petrus; = der Papst
clavis, is Schlüssel, Schloß; claves ecclesiae Schlüsselgewalt
clavus Nagel; Steuerruder; c. umbonis Griff des Schildes
clenodium (*germ.*) Kostbarkeit, Kleinod
clepsedra; clepsydra (*griech.*) Stechheber
cleptim *Adv.* (*griech.*) heimlich
clerica Tonsur
clericellus Domschüler
clericalis geistlich
clericatura = clericatus
clericatus, us der geistliche Stand
clericulus Geistlicher
clericus (*frz.* clerc) Geistlicher, Priester; Schreiber; Student, Schüler, der akademisch Gebildete; c. religiosus Ordensgeistlicher; c. saecularis Weltpriester
clerus (*griech.*) Losanteil; die Geistlichkeit, Klerus; der Geistliche
cleta Faschine
clibanus (*griech.*) Bratpfanne, Backform, Ofen
cliens, *Gen. Plur.* clientum Diener, Knappe, Lehnsmann; Lehrling
se **clientare** sich in einen Dienst begeben, dienen
clientela Oberherrschaft; das Ingesinde, Schützlinge, Gefolgschaft
clientulus; clientus Diener
clima, atis (*griech.*) Klima, Witterung; Gegend, Wohnsitze; Zone, Himmelsrichtung; climata mundi Erdzonen

clinicus (*griech.*) bettlägerig, krank, kränklich, leidend
clipeolus der kleine Schild
clitella = clitellae, arum Packsattel
cloaca Latrine; Grube tief unter der Erde
clobus (*germ.*) Kloben
clocca; cloccula (*germ.*) Glocke
clocerium Glockenhaus
clodus = claudus
clopio Knauser
cloppus lahm, hinkend
cluēre gefeiert werden; sich auszeichnen; beschirmen; cluens berühmt
cluna Schwanzfeder
clunis, is Hinterbacken, Hinterkeule
clusa Engpaß, Bergpaß; = clausa
clusinaria Klausnerin
clusor Schmied
coarcervare häufen
coactus zusammengetrieben, eng; innig; *Adv.* coacte in kurzer Zeit, bald
coaddučēre zuführen, beimengen
coadiutor Mitarbeiter, Helfer; Stellvertreter eines Bischofs
coadunare versammeln; beilegen
coagulare gerinnen lassen; *Pass.* gerinnen
coangustare einengen, beschränken
coapostolicus Mitapostel
coaptare zusammenfügen, zusammenhalten; einfügen, anpassen
coartare in die Enge treiben; einschließen; nötigen, zwingen; herrisch verlangen; se c. sich zusammendrängen; *Pass.* müssen; sich ängstigen
coaxare quaken (vom Frosch)
coccinum Scharlachgewand
coccinus = coccus 1.
coccior mehr zum Kochen geeignet
1. **coccus** (*griech.*) = coccum Scharlachtuch; (rote) Beere; Kern
2. **coccus** (*frz.* coq) Hahn
cocytus (*griech.*) Unterwelt
coclea = cochlea (*griech.*) Schnecke; *Plur.* cochleae Wendeltreppe
coclear = cochlear Löffel
cocodrillus = crocodilus Krokodil
coctana = cottana
cocteria = cauteria
coctio Schelm
coctura Kochen; Gekochtes; = cauteria
coctus gekocht; gereift
cocuma = cucuma Kochtopf
cocus 1. = coquus Koch; 2. = coquens
codex Buch; Schrift, Handschrift; Bibel; Paulusbriefe
codicellus = codicillus kleines Schreiben, Büchlein, Heft, Brieflein
codrus = armer Dichter (*cf. Juvenal 3,303*); unglücklicher
coemptio Kauf
coepiscopus Mitbischof
coaequalis gleich; Standesgenosse
coaequare gleichmachen, erreichen; vergelten
coequitare mit jem. reiten
coaequus gleich
coercitio Züchtigung; Regelung
coësse mit jem. zusammen sein
coaetaneus Altersgenosse
coaeternus (mit) ewig
coaevulus = coaevus
coaevus gleichalterig; Altersgenosse
cophinus (*griech.*) Korb; Kästchen, Schrein, Schrank
cogĕre zusammenbringen; überwältigen; *Pass.* müssen; cogens dringend
coggo, onis (*rom.-ndl.*) Kogge
cogitabundus nachdenklich
cogitatio Denken, Gedankenflug, Sorge
cogitatus, us Gedanke, Einflüsterung
cognationabiliter *Adv.* verwandtschaftlich
cognatus verwandt; Geschwisterkind; Schwager
cognitor Kenner; Schiedsrichter, Untersuchungsrichter
cognitus guten Rufes, zuverlässig
cognoscĕre zur Einsicht kommen, klug werden; zuerkennen; über jem. erkennen; wissen, kennen; „erkennen"
cognoscibilis erkenntlich, erkennbar; angesehen, vornehm
cohabitatio Zusammenwohnen; Kaserne
cohabitatrix Hausgenossin, Gattin
coheremicola Miteinsiedler
cohaerēri zusammenhängen, Halt machen, gezügelt werden

coheres, edis Miterbe, Miterbin
cohibēre 1. = conivēre zustimmen; 2. festhalten; c. extensam manum den Arm im Schwunge aufhalten
cohitus = coitus Verkehr, Begattung
coicus = choicus (*griech.*) aus Erde
coincidentia Zusammenfallen
coinquinare besudeln; schänden
coinquinatio Besudelung, Befleckung
cola = colum Seihkorb
colaphisare; colaphizare (*griech.*) mit den Fäusten schlagen, ohrfeigen; mißhandeln
colaphus (*griech.*) Faustschlag; Backenstreich, Ohrfeige
colēre latus die Seite glatt streichen (CB)
colica = cholica
collactaneus Milchbruder
1. **collare,** is Halsband
2. **collare** (*griech.*) culices Mücken seihen
collateralis angrenzend; Genosse, Freund, Vertrauter, Grenznachbar
collatinus Mitlateiner (O. v. F.)
collatio das Zusammenbringen; Beitrag, Beisteuer; Gaben; Imbiß; Erwägung, Überlegung; Untersuchung; Besprechung, Aussprache, Gespräch; Gebet
collaudantes = collaudatores
collaudator Lobredner; Leumundszeuge
collecta Sammlung Geldsammlung, Steuer, Beisteuer; Honorar, Kolleggeld; Versammlung, Schar; Sammelgebet, Gebet; c. de pectoribus Viehsteuer.
collectarium Kollektenbuch
collectarius Kassierer, Geldwechsler
collectim *Adv.* zusammen; gemeinschaftlich
collectio 1. Sammlung; 2. = colloquium
collecticius zusammengerafft
collector Steuererheber
collega Amtsbruder; Gesell
collegiata ecclesia Stiftskirche
collegium Gemeinschaft; Heer; c. militare Ritterstand
collaetari sich freuen mit jem.
colliculus Hügelchen
collidĕre zusammenstoßen, zerdrücken, bedrängen; collisi racemi das Knarren der Zweige
colligatio Verbindung; Verband (einer Wunde)
colligĕre zusammenlesen, einernten, an sich nehmen, aufraffen; beherbergen, bewirten; zusammenreimen; collectus in gyrum zum Kreise geringelt
colliminare zusammenfügen
collyrida = collyris (*griech.*) Brötchen
collyrium (*griech.*) Augensalbe
collisio Zusammenstoß, Erschütterung; Getöse, Klirren; Strandung
colloquium Unterredung, Besprechung; öffentl. Versammlung; Sprache; Beredsamkeit
collotenus *Adv.* bis an den Hals
colluctarier = colluctari ringen, kämpfen
collumbar, aris Halseisen
colluminare völlig erleuchten
collus = collum Hals; Bergrücken
collusio heimliche Abmachung
collustrare erleuchten; besichtigen
collustratio Leuchtkraft, Glanz
colobium (*griech.*) Wams
colonia Anger, Hufe
colonobus = colonis (*Dat. Plur.*)
colonus der in königlicher oder kirchlicher Schutzgewalt stehende Unfreie; Bauer; Fremdling; coloni patrii Landsleute; coloni Tartarei Dämonen
coloquentis = colocynthis, idis (*griech.*) Koloquinthe
color Farbe; Vorwand
colorare färben, auffärben; coloratus farbig, bunt; schamrot
colubra Schlange
columbatim *Adv.* nach Taubenart
columen = columna Pfeiler
colurnus aus Haselholz
colus, us Spinnrocken; Faden (der Parze)
coma (*griech.*) Haar
combenedictus miteingesegnet
combinare vereinigen, zusammenstellen
combullire zusammenwallen, Blasen werfen
comburĕre völlig verbrennen; einschmelzen

comburgensis Mitbürger, Mitbürgerin
combustio Verbrennen, Verbrennung
combustura Verbrennen
comedĕre essen, verzehren; subito comessurum bald zu essen (Cap.)
comoedus (*griech.*) Komödiendichter
comĕre das Haar ordnen, kämmen; (Geräte) putzen; sich erwerben
comes, itis (*frz.* conte) Begleiter, Begleitung, Gefolge, Vasall; Graf, Markgraf; c. palatii, c. palatinus Pfalzgraf; c. stabuli (*frz.* connétable) Stallmeister; Marschall
comessator = comissator Zechgenosse
comestabulus = comes stabuli
comestio Verzehren; Mittagessen
comestus, us Mahlzeit, Gastmahl
cometa; cometes, ae (*griech.*) Komet
cometia; cometissa *s.* comit...
comicus (*griech.*) komisch; Lustspieldichter; illud comicum jenes Wort des Lustspiels (Liudp.)
cominus = comminus *Adv.* in der Nähe; persönlich
comisatio = comissatio nächtliches Schwärmen, Schmauserei
comitantia Begleitung
comitare = comitari begleiten; comitatus begleitet; comitante vita wenn das Leben mir erhalten bleibt (W.)
comitari sich zum Vorbild nehmen
comitatus, us Begleitung, Gefolge, Mannschaft; Zug, Fahrt; Grafschaft; Stadtgebiet
comitia Grafschaft; Grafenamt; Stadtgebiet und dessen Gerichtsbezirk
comitissa; comitessa Gräfin
comitiva Gefolge, Gesellschaft
commanentia Beisammensein
commanēre sich aufhalten, wohnen, verkehren; commanentes Einwohner
commansio Aufenthalt; Gemeinschaft
commansor Mitbürger, Hausgenosse
commarcanus = commarchio
commarchio (*germ.*) Markgenosse; Grenznachbar
commater Gevatterin
commeare reisen, marschieren; mitreisen
commeatus, us Urlaub, Verabschiedung; Geleit, Wegzehrung
commedia = comoedia (*griech.*) Komödie
commendatio Hinweis
commemorari = commemorare sich erinnern; erwähnen
commemoratio Erwähnung; Gedächtnis, Andenken; c. omnium sanctorum Allerheiligen; c. animarum Allerseelen
commemoratorium Verzeichnis
commenda Ordenspfründe, Pfründengenuß
commendare anvertrauen, übergeben, anempfehlen; Gott befehlen, Lebewohl sagen; rühmen; aliquem commendare facere jem. zum Vasallen machen; commendatum dare zum besten geben
commendaticius empfehlend, ermahnend
commendator Vermittler; Komtur
commensalis, is Tischgenosse
commentare einüben; = commentari
commentari überdenken; erklären
commentator Erklärer; Schwindler
commentor Ersinner, Erfinder
commentum Erklärung, Glosse, Kommentar; Erdichtung, Lüge; Plan
commercium Handel, Tausch; Ware; Verkehr, Gemeinschaft, Umgang
commilitium Kriegskameradschaft
commilito Kamerad, Glaubensgenosse
comminare 1. zusammentreiben; 2. = comminari androhen; bedrohen
comminatorius bedrohend
comministrare mithelfen
commiscēre vermengen; *Pass.* ein Liebesverhältnis unterhalten
commissarius Beauftragter
commissio Auftrag
commissum Vergehen, Schuld
commissura Verbindung, Fuge; Flickstück
commistio = commixtio
committĕre übertragen; sich anvertrauen; vergleichen; bello c. bekriegen
commixtim *Adv.* vereint, durcheinander
commixtio Mischung; Vereinigung, Gemeinschaft; Ehe; Einmischung; sine commixtione viri ehelos

commodare herrichten; aushelfen, leihen, borgen
commoditas Bequemlichkeit, Annehmlichkeit, Vorteil
commodus angemessen; geschmackvoll; commodius sibi prospicere sich besser vorsehen
commonitare ermuntern; auffordern
commonitorium Erinnerungsschreiben
commonitrix Mahnerin; Verführerin
commoratio Verweilen, Aufenthalt
commori mitsterben
commorsus verbissen
commotio Erregung, Zorn; Anstiftung zu einem Vergehen
commotus *Part.* im Zorn
communicare kommunizieren, das Abendmahl empfangen; das Abendmahl reichen
communicator Teilnehmer; Kommunikant
communio Gemeinschaft, Vereinigung; Übereinstimmung; Abendmahl
communis gemeinschaftlich; commune Bürgerschaft; in commune im Chor, insgemein
communitas Gemeinschaft, Gemeinsamkeit; städtische Gemeinde
commutare umändern, tauschen; durch Tausch übernehmen; verkürzen
commutatio Veränderung; Geldwechsel, Tauschmittel, Kaufpreis
commutator Wechsler, Händler
compacare zum Frieden führen
compacisci übereinkommen
compactus allgemein bekannt; gedrungen
compagensis, is Gaugenosse
compages, is = compago; c. corporis Leib
compaginare zusammenfügen, einfügen
compago, inis Gefüge, Zusammenhalt, Bau
companium Gesellschaft, Genossenschaft
compar, paris gleichstehend; Gefährte, Gemahlin; *Plur.* Kämpferpaare
comparare 1. vergleichen; vergelten; 2. ein Buch anfertigen lassen gegen Geld (= procurare); erwerben; comparando emere kaufen
comparatus, us Kauf
comparēre erscheinen, sichtbar werden
compassio Mitgefühl, Mitleid
compassivus mitfühlend, voll Mitleid
compater Gevatter, geistl. Mitberater
compaternitas Gevatterschaft; Patenstelle
compati alicui *und* alicuius Mitleid haben mit jem.; compatiens mitempfindend; compassus aus Mitleid mit
compatibilis = compassibilis mitleidend
compatrianus = compatriota Landsmann
compedire fesseln
compeditio Fesselung
compellatio Vorwurf; Drohung
compellĕre zusammentreiben, in die Enge treiben, zwingen; schelten; verklagen
compendium Ersparnis, Vorteil; der kürzeste Weg, Richtweg; Auszug (eines Buches)
compendus = compendiosus kurz
compensare vergleichen; ersetzen
comperendinare Aufschub fordern
comperimĕre mit zugrunde richten
comperto = postquam compertum est
compes, edis Fessel
compescĕre einzwängen; unterdrücken; beschwichtigen
competens passend, angemessen; eigen; zuständig, entsprechend, vorgeschrieben; schicklich, würdig
competentia Eignung
competĕre sich schicken, passen, zustehen; streben, wetteifern; kämpfen; zur Ehe begehren; competit = decet es ziemt sich
compilare ausplündern, ausbeuten; sich verschaffen, entlehnen
compiscator Mitfischer
compitum Kreuzweg; Straßenecke
complacentia Belieben
complacēre gefallen, wohlwollend sein; sibi c. in aliquo Wohlgefallen haben an jem.
complacitus gütig, gnädig
complanare bodengleich machen, ebnen; versöhnen
complectĕre; complecti umfassen; darstellen, schildern

complementum Ergänzung; Erfüllung, Erfolg
complenda = completorium
complēre ausfüllen; einen Auftrag ausführen; mit dem Schlußgebet beendigen, „die Komplet beten"
completa die letzte der 7 Gebetsübungen der Mönche, die Komplet
completorius die Feier beendend; completorium Schlußandacht, Vespergottesdienst; die Zeit gleich nach Sonnenuntergang
complex verbündet; Genosse, Gefährte
complexio Verknüpfung, Schlußfolgerung; Körperkonstitution
complexus dicht; geflochten
complodĕre zusammenschlagen; mitjubeln
compluĕre einregnen
componderare gleichsetzen
componĕre zusammensetzen; gestalten, abfassen, komponieren; ausführen, (den Acker) bestellen; beilegen, schlichten, ordnen, einen Vergleich schließen; büßen, als Strafe bezahlen; c. equum sella das Pferd satteln; se c. sich zur Ruhe begeben
compositio Beilegung, Vergleich; Schadenersatz, Strafe; Sühne, Buße; Schmuck
compositionalis versöhnend
compositor Ordner, Verfertiger; c. mundi Schöpfer; navium c. Schiffbauer
compositus wohlgeordnet; ausgestattet; composite conscriptus wohl stilisiert; composito in wohlgeordneter Darstellung; ex composito geflissentlich
compotatio Gelage
compotus = computus
comprimĕre zusammendrücken; in Schranken halten, beschwichtigen; c. pedem den Fuß packen
comprobare erproben, beweisen; billigen
compromittĕre überweisen, ein Bündnis schließen; = promittere
comprovincialis Landsmann; Suffraganbischof
comptio = contio Versammlung (Nith.)
comptus gefällig, geschmückt; compte faleratus prächtig gezäumt; *Adv. auch* comptim
compugnare handgemein werden
compulsare exsequias zum Begräbnis läuten
compulsio Drängen, Zwang
compunctio Zerknirschung, Reue; Schmerz
compungĕre erschüttern, betrüben; *Pass.* compungi Reue empfinden; compunctus schmerzlich berührt, zerknirscht; getrieben vom Geiste Gottes
computare anrechnen, rechnen; erreichen
computrescĕre völlig verfaulen
computus Berechnung, Rechnung; Berechnung der Zeit, vor allem des Osterfestes; Handbuch zur Zeitberechnung
conamen Bemühung, Anstrengung
conari sich anstrengen, versuchen; vorhaben; conatur es wird versucht
conatus, us Versuch, Mühe; conatibus summis mit äußerster Kraft
concambiare umtauschen
concambium Geldwechsel, Tauschgeschäft, Tausch
concaptivus mitgefangen; Mitgefangener
concatenare zusammenketten, verknüpfen; loricae concatenatae Kettenpanzer
concatenatio Verkettung, Verbindung
concavum lignum Trog
concava, orum Höhlung, Flußbett
concedĕre auf etwas eingehen, sich fügen, bestätigen und verbriefen; beurlauben, freigeben, nachlassen; vitam c. das Leben schenken
concellaris Zellengenosse, Stubengenosse
concentus, us harmonischer Gesang, Chorgesang; Harmonie; Übereinstimmung, Einstimmigkeit
conceptio Empfängnis, c. Mariae = 8. Dez.
conceptum Meinung, Gedanke
concertare; concertari wetteifern; raufen
concha (*griech.*) Muschel; die Kogge (Transportschiff); Trinkhorn
conchristianus Mitchrist
conchus = concha Becher
concidĕre einstürzen, umfallen; vultus concidit die Miene verändert sich

concière in Bewegung, raschen Lauf setzen
conciliare zusammenbringen, vereinigen; freundlich stimmen, geneigt machen, versöhnen; ausgleichen, ersetzen
concilium Vereinigung, Konzil; c. sinodale Synode
concinĕre zusammensingen, einstimmen; singen; besingen; *oft* = concinnare
concinnare zusammenfügen, predigen; *oft* = concinĕre; concinnare et canere „singen und sagen"
concipĕre empfangen; empfinden; planen
concisus kurz gefaßt; zerstückelt
concisum Einschnitt, Bahn
concitus erregt; schleunig, beschleunigt
concivis Mitbürger, Bürger, Landsmann
conclave Zimmer, Stube, Privatgemach; Schlafzimmer; Kardinalskollegium; c. Mariae = Christus
concludĕre alicui gegen jem. in der Disputation Sieger bleiben, jem. abführen
conclusio Einschließung, Gefangenschaft
concomitari mitbegleiten; te, tecum concomitantes deine Begleiter, dein Gefolge
concordantia Übereinstimmung
concordare zur Eintracht bringen, versöhnen; einig werden, übereinstimmen, passen, entsprechen; klingen lassen, spielen; *Pass.* concordari cum aliquo sich einigen, sich vertragen, übereinkommen
concordatio Aussöhnung
concordatum Übereinkommen, Verabredung
concordinare; concoridare = concordare
concors, ordis einig, harmonisch
concreatus zugleich geschaffen, mitanerschaffen
concrepantia, ae Entsprechung
concrepĕre = concrepare stark tönen, erdröhnen; ertönen lassen; harmonieren
concretus angesammelt, hart
concubina Buhlerin, Kebsweib
concubitor Beischläfer, Buhle
conculcare treten, niedertreten, mißhandeln
concupiscentia Begierde; *Plur.* Gelüste
concupiscibilis begehrenswert, kostbar; begehrlich
concurrĕre zusammenlaufen; kämpfen; eintreten, stattfinden; seine Zuflucht nehmen; mitgehen, einverstanden sein; helfen
concursatio Zusammentreffen
concursus, us Zusammentreffen, Zusammenkunft; Wettstreit; concursu auf Antrag
concussio Erschütterung, Unheil
concutĕre erschüttern; aufrütteln; brandschatzen
condam = quondam
condecet = decet es ziemt sich
condelectari sich freuen an
condemnare verurteilen, verdammen
condĕre gründen, schaffen, gestalten; einstecken, verbergen; begraben
condescendĕre sich herablassen; willfahren, sich unterwerfen; helfen
condescensio Herablassung, Nachsicht, Gnade
condicĕre verabreden, festsetzen, ausmachen; schließen, sich absprechen
condicionabiliter *Adv.* bedingungsweise
condictio = condicio Stand; Eigenschaft, bestehender Zustand
condictus vereinbart; condictum Verabredung, Übereinkunft; Satzung, Vorschrift
condignus *m. Gen.* angemessen, würdig
condylus (*griech.*) Knoten
condimentum Würze, Gewürz
condirigĕre versorgen; bebauen, bestellen
condire würzen, zubereiten; einbalsamieren; weihen (bei der Taufe)
conditio Gründung, Stiftung, Schöpfung
conditorium Grabstätte, Grabmal
conditus bestattet
condolēre Schmerz empfinden, sehr leiden; c. alicui Mitleid haben mit jem.
condonare aliquem jem. beschenken; verleihen; c. culpam nachsehen
conducĕre vereinigen; geleiten; als Söldner mieten, werben
conducta = conductus Eingangslied

conducticius gemietet
conductus, us gemeinsame Führung; Geleit; Eintrittsgesang; c. aquarum Wasserleitung; ius c. Geleitrecht
condulcare süß machen
condunare vereinigen
conexio = connexio Verbindung
confabricare; confabricari herumbauen
confabulari schwatzen, plaudern
confabulatio Gespräch; Erzählung
confamiliaris Genosse
confectio Zubereitung; „Medizin"
confectionarius Apotheker
confoederare Bündnis schließen; vereinigen
confercire vollstopfen
conferre zusammentragen, mitbringen; bringen, verleihen, geben; vergleichen; victum c. zur Nahrung dienen; c. in unum zusammen vorbringen; confert es ist zuträglich
confertus in dichten Massen
confessare = confiteri beichten; die Beichte abnehmen
confessio Geständnis, Bekenntnis, Beichte; Lobpreis; Begräbnisstätte eines Heiligen, Märtyrerkirche; c. beati Petri Bronzestandbild des Apostels über seinem Grabe in der Peterskirche; confessionem dare Beichte ablegen
confessionale Beichthandbuch
confessor Bekenner; Beichtvater
confestim *Adv.* unverzüglich, sogleich
confidentior = confidens seiner Sache sicher, zuversichtlich
configĕre zusammenheften, anbringen
configurare gleichmachen, gleichgestalten, anpassen; mitmachen
confingere bilden, verfertigen; erdichten, andichten
confinia = confinium
confinium Nachbarschaft; Grenze, Mark; c. mercale Standplatz der Verkäufer; in confinio in der Nähe; inter confinia an der Grenze (Wid.)
confirmare bestätigen, bekräftigen, versichern; einsegnen
confirmatio Bestätigung; Firmelung
confiteor *indekl.* Sündenbekenntnis
confitēre; confitēri eingestehen, bekennen, beichten; ja sagen; preisen, danken
conflare anblasen; zusammenschmelzen, gießen, schmieden
conflatilis gegossen; conflatile, is Götzenbild
conflatio Anfachen, Anschüren; Guß
conflator Erzgießer
conflatorium Schmelzofen
conflictatio Kampf, Zwist
conflictus, us Zusammenstoß, Kampf
confligĕre zusammenstoßen, kämpfen; hacken; carnes conflictae gehacktes Fleisch
confluentus, us Zusammenfluß
confluus zusammenfließend
confodĕre ausstreichen
conformare anpassen; se c. alicui sich benehmen wie
conformis gleichförmig, gleichartig
conformitas Gleichartigkeit
confortare stark machen, stärken, trösten, aufrichten, ermutigen; *Pass.* sich ermannen, stark sein; sich überheben
confortatio Stärkung, Mut
confovēre hegen, pflegen, fördern, begünstigen
confractio Bruch; Bresche
confragosus holperig, uneben
confrater Mitbruder; Mitchrist = frater
confraternitas Bruderschaft, Orden
confratria; confratrium Orden
confrontatus angrenzend, benachbart
confundĕre zusammenschütten; in Verwirrung bringen, zuschanden machen, beschämen, vernichten; *Pass.* werden
confusio Erregung, Verwirrung, Verrücktheit; Beschämung, Schmach; Vergehen; c. linguarum die babylonische Sprachverwirrung; civitas confusionis = Babel
confusus verwirrt; verstört, beklommen, beschämt; in confuso wirr durcheinander
confutare niederschlagen; niederhalten, zurückweisen, widerlegen; verdammen
congaudēre alicui sich freuen mit jem.
congelare völlig gefrieren machen; er-

starren lassen; *Pass.* gefrieren, einfrieren; untätig werden
congelascĕre zufrieren
congeneralis Geschlechtsgenosse, Anverwandter
congerĕre zusammentragen, erwerben
congeries, ei Anhäufung, Menge
congyrare sich scharen
conglobare zusammenballen, sammeln
conglomerare versammeln
conglorificare mitverherrlichen
conglutinare zusammenleimen; unlöslich vereinigen, in Verbindung bringen; *Pass.* sich anschließen
congrandis alicui ebenso groß wie
congratulari dankbar sein, jubeln
congredi zusammentreffen; kämpfen; eilen nach
congregati = universi insgesamt
congregatio Vereinigung, Gemeinschaft, Genossenschaft, Gemeinde, Versammlung; Ansammlung, Schar
congremiatio Einung
congremium Ort einer Zusammenkunft
congressio Zusammentreffen, Kampf
congruentissimus völlig übereinstimmend
congruitas Bedürfnis
congruus passend, geeignet; entsprechend, gebührend, vorschriftsmäßig; wohl abgewogen, weise; congruum est es schickt sich
coniactare gemeinschaftlich büßen
conicĕre zusammenwerfen, hinwerfen, stoßen; niederstoßen, treffen; erraten, berechnen
coniectare = coniectari vermuten
coniecturari Mutmaßungen machen
coniocare; coniocari scherzen
coniucundari sich mit freuen
coniudicare meinen
coniugium Vereinigung; Hochzeit
coniungere verbinden; zusammenzählen; c. ad aliquem kommen
coniurare sich eidlich verbinden; weihen
coniuratio Verschwörung; Eid
coniurator Eideshelfer
conivēre übereinstimmen, sich fügen

conl ... *s. auch* coll ...
conlaboratio; conlaboratus, us Wirtschaftsbetrieb, Ertrag
conlectio = colloquium
conliberius Nachbar
conlucrare zu Geld machen
conostabilis = comes stabuli (GF.)
conp ... *s.* comp ...
conquiniscĕre sich niederkauern; sich beugen, sich verneigen
conquisitio Nachspürung; Aushebung; Versammlung
conregnator Mitherrscher
conresurgĕre mit auferstehen
conresuscitare mit auferwecken
conrixari miteinander streiten
conrugare runzelig machen; *Pass.* Runzeln bekommen
consacerdos geistlicher Amtsbruder
consanguinitas Verwandtschaft
consarcinare zusammenflicken
consciderare = considerare (Liudp.)
conscientia Gewissen; Gewissenhaftigkeit; c. sana gutes Gewissen
conscolaris = conscholaris Mitschüler
conscribĕre zuschreiben; niederschreiben
conscriptio Abfassung, Aufzeichnung; Urkunde; Werk, Schrift
consecrare weihen; heiligen; verwandeln; c. baptisma die Taufe vollziehen
consecretalis Vertrauter
consedēre mitsitzen; sich niedersetzen
consensus, us Übereinstimmung, Einwilligung; Beschluß
consentire übereinstimmen; (dem Manne) zu Willen sein; c. in sich einigen auf
consaeptum Zaun
consentaneus Genosse
consentiens zum Ausgleich bereit
consequenter *Adv.* angemessen, entsprechend; sachgemäß
consequentia Aufeinanderfolge, Verlauf
conserĕre manum cum gemeinschaftliche Sache machen mit
consergius = conservus Mitsklave; Hausmeister
conservamen = conservatio Rettung
conservatorium Archiv

consessus, us Sitzung, Versammlung; c. caveae die im Theater versammelten Zuschauer
consideratio Erwägung, Rücksicht
consideratus besonnen, behutsam
considĕre sich niederlassen; zu Gericht sitzen; in Besitz nehmen
consignare = signare; übergeben
consignatus besiegelt, richtig versehen mit; gesegnet
consignificare = significare anzeigen
consiliare einen Rat geben; *Pass.* einen Beschluß fassen, sich entscheiden
consiliarius Ratgeber; Rat des Königs
consilium Rat, Gutachten, Zustimmung; Anstiften, Zweck; Schutz; consilia conferre sich beraten; consilio perdito ratlos; ex consilio nach reiflicher Überlegung; c. mortis Anschlag auf das Leben
consimilis gleich, von gleicher Güte
consistĕre sich hinstellen; Halt machen; = esse
consistorium Versammlungsort, Versammlung, Standort; Thron; das innere Gemach, Sitzung der Kardinäle; Ratsversammlung, Rathaus
consobrinus (*frz.* cousin) Geschwisterkind; Verwandter
consocialis ebenbürtig; Genosse
consociatus innig verbunden
consocius vereinigt, verbunden; Genosse, Gehilfe
consodes, is Genosse, Kamerad
consolare trösten, helfen; *Pass.* Trost finden, sich freuen
consolator Tröster = Heiland, Hl. Geist
consolatus, us = consulatus Stadtrat
consolidare fest machen, sichern
consonare tönen; zusammentönen, im Einklang stehen, übereinstimmen; scripta consonantia Vertrag
consors, sortis gemeinsam, Anteil habend; Schicksalsgenosse, Verwandter (Bruder, Schwester, Gattin); consortem facĕre aliquem jem. teilnehmen lassen
consortium Gemeinschaft, Verkehr; Beistand; consortia carnis pati die Berührung eines andern dulden
conspargĕre = conspergere ausstreuen
conspectus, us Anblick, Blick; *Plur.* die Augen; ante conspectum angesichts; in conspectu bei, vor
conspersio Hinstreuen; Teig
conspicabilis sichtbar
conspicuus weithin sichtbar; sich auszeichnend, bedeutend
conspirare im Einklang stehen; sich vereinigen
constabilire befestigen, stützen; *Pass.* sich stützen
constabularius; constabulus = comes stabuli
constans stetig, hartnäckig, standhaft; habe pro constanti sei überzeugt!
constantia Standhaftigkeit; Ausgaben, Kosten
constare = esse; zusammenstehen; stillstehen; kosten; alicui victoria constat der Sieg wird jem. zuteil
constemĕre bedecken; pflastern; überbrücken
constipare zusammendrängen, umgeben
constipatio Gedränge
constipatus überfüllt, verstopft
constituĕre festsetzen, anordnen, einrichten, einsetzen; constitutus = *Part. Präs. v.* esse befindlich
constitutio Einrichtung, Schöpfung; Ver; ordnung, Rat; Einsetzung, Investitur-c. pacis Landfriedensgesetz
constrictio Verschärfung, Bestrafung
constringĕre zusammenschnüren; binden, gürten; festhalten, verpflichten; *Pass.* zusammenfrieren; constrictus eng
consubsidĕre sich festsetzen
consubstantialis wesenseins
consuĕre flicken
consueto *Adv.* in gewohnter Weise
consuetudinarius üblich
consuetudo, inis Gewohnheit; Rechtsgewohnheit, Recht; Abgabe
consul Berater, Ratgeber, Ratsherr; Anführer, Vorsteher
consulatus, us Rat (einer Stadt)
consulens vorsichtig
consulĕre raten; beraten

consultum Ratschluß, Plan; ex maturitatis consulto infolge Geistesreife (O. v. F.)

consultus, us Beratung, Beschluß, Rat; Hilfe

consummare zusammenrechnen, abrechnen mit; numerieren, vollständig benennen; vollenden, vollbringen

consummatio Zusammenrechnung; Abschluß, der äußerste Grad, Vollkommenheit, Vollendung, Ende, Tod

consummatus vollkommen

consumptus erschöpft

consutor Schneider

consutus (*v.* consuĕre) zusammengenäht

contabescĕre hinschwinden, sich vor Ärger abzehren

contagio Ansteckung; Pest

contagiare anstecken; vor Gericht ziehen

contaminatio Befleckung; Berührung

contanter *Adv.* durchsuchend (D.)

contectalis unter demselben Dache lebend, Gemahlin; *Plur.* Hausgenossen, Ehegatten

contegĕre bedecken, überziehen; decken, schützen

contemnenter *Adv.* verächtlich

contemperare mischen, zubereiten; angleichen

contemplari betrachten, sehen; *auch passivisch*

contemplativus beschaulich; contemplativa vita Klosterleben

contemptibilis verächtlich; verachtet

contemptivus verachtend

contemptus 1. verachtet; 2. = contentus zufrieden

contenebrare verfinstern

contenebrescĕre stockfinster werden

contenta, orum Inhalt, Ladung

contentare 1. zufriedenstellen; 2. *Weiterbildung zu* contendere: zu einem Botendienst zwingen (Matth. 5, 41)

contentari sich begnügen, sich zufrieden geben

contentatus zufrieden

contentio Streit, Hader; Gewahrsam

contentiosus streitig; streitsüchtig, hartnäckig; contentiose agere einen Streit erheben

contentus zufrieden; befriedigend

conterĕre zerreiben, zerknirschen; *Pass.* Buße tun

conternare dreijährig sein

contestari bezeugen, beurkunden; eindringlich ermahnen

contestis = testis Zeuge

contexĕre orationem Erwähnung tun

conticescĕre verschweigen, schweigen

conticinium der erste Teil der Nacht

contiguitas Berührung, Nähe; Verwandtschaft

contiguus sich berührend, anschließend, nahe

continentia Zusammenhang, Inhalt

continĕre zusammenhalten; innehaben, besitzen; c. aures die Ohren verschlossen halten; *Part.* contentus befangen

contingere visu sehen; contingit es passiert, es stößt zu

continuari sich unmittelbar anreihen; zusammenhängen; continuatus benachbart; hebdomadarum continuatis ieiuniis durch wochenlanges Fasten (VS.)

continuus ununterbrochen, gewöhnlich

contio Versammlung, Konvent; Predigt

contionari sich öffentlich hören lassen; zu Gericht sitzen, predigen

contorquĕre schleudern; wenden

contra *Präp. m. Akk.* gegenüber; in Gegenwart, vor

contractatio Berührung

contractio Zusammenziehung; Naht

1. **contractus** zusammengezogen; eng, schmal, zusammengeschmiegt; verkleinert, lahm; beschränkt; sparsam

2. **contractus,** us Vertrag

contradĕre zurückgeben; übergeben

contradicĕre widersprechen, vor Gericht Widerspruch erheben; widerrufen; verbieten; aufsagen

contradictoria Fehdeansage

illicita **contrahĕre** unerlaubten Handel schließen (O. v. F.)

contraire entgegengehen; übertreten

contraluctari widerstreben, sich widersetzen, „löcken"
contraniti sich widersetzen
contrapondus, eris Gegengewicht
contrapositio Gegenaussage; Gegensatz
contraria, orum was sich nicht ziemt; rechtswidrig
contrariari entgegen sein
contrarietas Gegensatz, Einwand, Widerspruch
contrectare berühren, befühlen
contribulare zermalmen, zerstoßen; zerknirschen
contribulis Gaugenosse; Verwandter
contristare verdüstern, betrüben, bekümmern; trauern; *Pass.* traurig werden; sich entrüsten, streng behandeln
contritio Zerknirschung, Reue; Elend, Kummer
contritus zerrieben, zerknirscht
contubernalis Zeltgenosse, Freund
contubernio Wohnung
contubernium Zeltgenossenschaft, Rotte, Tischgenossenschaft, wilde Ehe; Spital; das Zusammensein, Gesellschaft
contuēri gewahr werden, überschauen
contulus Speer
contumacia Halsstarrigkeit, Trotz
contumax eigensinnig, starrköpfig, verstockt
contumeliosus ehrenrührig, schmachvoll; c. sonus böses Wort
contumulare aliquem alicui jem. mit jem. zusammen begraben
contundĕre zerstoßen; zum Brechen voll machen
conturbare verwirren, stören
contus (*griech.*) Stange; Wurfkeule, Wurfspeer, langer Spieß; *Plur.* die Waffen
contutari versteckt halten; schützen; sichern
conuba Gattin, Ehefrau
conucula Spindel, Kunkel
convalēre = valēre
convalescĕre erwachsen, heranwachsen
convallis, is Tal, Talniederung; Flur
convasare zusammenpacken; stehlen
convellĕre aufreißen; unwirksam machen
convenientia Zusammenkunft; Übereinstimmung, Zustimmung; Harmonie; Vertrag; Gunst der Umstände
convenire *m. Akk.* jem. aufsuchen, anreden; gerichtlich belangen; in Verbindung treten, verhandeln mit; *mit Dat.* jem. eigen sein; sich treffen mit jem.
conventiculum Zusammenkunft, Versammlung, Gemeinde, Haufe
conventio Zusammenkunft; Übereinkunft, Vertrag; Termin; c. tergorum = omnia tergora
conventus, us Zusammenkunft, Anwesenheit; Versammlung, Verein; Klostergemeinde, Konzil, Synode, Reichstag; Lehrkörper der Universität; = conventualis Ordensbruder; iuniorum c. die bei dem Altare aufwartenden Chorschüler
conversari Umgang haben, verkehren, leben, wandeln, sich aufhalten; Mönch werden
conversatio Verkehr, Lebensweise, Lebenswandel, gottesfürchtiger Wandel, Aufenthalt im Kloster; = conversio Sinnesumkehr; sancta c. Gottesdienst; vita et c. das öffentliche und häusliche Leben; conversationis sanctae habitum accipere ins Kloster gehen
conversim *Adv.* umgekehrt
conversio Sinnesänderung, Bekehrung, Eintritt ins Kloster; Lebens- und Umgangsweise; c. Pauli = 25. Januar
conversus sich umwendend; eingetreten; bekehrt; Novize, Laienbruder; e converso im Gegenteil
convertĕre umkehren, bekehren; sich bekehren, ins Kloster gehen; übertragen; *Pass.* sich wenden; in opus c. nachbilden; c. gladium das Schwert in die Scheide stecken
convescĕre = convesci mit jem. zusammen speisen
convexus steil, jäh
conviator Gefährte; Führer

convices die Nachbarn
conviciare = conviciari schelten, schmähen, lästern
convicinium Nachbarschaft
convicinus Nachbar
convicium Zurechtweisung, Verlästerung, Schmähung, Schimpfwort
convictus, us = victus
convincĕre überführen, beweisen
convincire zusammenbinden
convinculare fesseln; vereinigen
conviva Gast, Tischgenosse; die Gäste
convivari zusammenspeisen; ein Gastmahl geben
convivaria Tischgenossin
convocus = aequivocus
cooperari mitarbeiten, helfen
coopertor Dachdecker
coopertorium Decke
copia fit es bietet sich die Gelegenheit
copiosus reichlich; zahlreich
coppa 1. = cupa; 2. = cappa
coppare = cappare abschneiden, abhauen, scheren
copula Band; Vermählung, Eheband; *Plur.* die Bande
copulare verbinden, hinzufügen; vermählen
coquĕre kochen; mit glühendem Eisen brennen, brandmarken; quälen, martern
coquina Küche
coquus Koch
cor, cordis Herz; ex corde auswendig; in corde maris mitten im Meer
corada = corata (*frz.* courée) Eingeweide
coram *Präp. m. Abl.* in Gegenwart von, vor. — coram se vor sich
corban (*indekl., hebr.*) Opfergabe; Gabe, Opfer; *vgl.* Marc. 7, 11.
corbanum; corbona Opferkasten, Opferstock; Schrein, Schrank; Schatzkammer, Kasse
corbita Transportschiff
corbus = corbis, is Korb; ein Getreidemaß
corda = chorda
cordatus beherzt, mutig
cordetenus *Adv.* von Herzen; auswendig
cordialis herzlich
cordicitus = cordacitus *Adv.* von Herzen
coriandrum (*griech.*) Koriander (eine Gewürzpflanze)
coriarius Gerber
corilinus = corulinus haseln
corium (*griech.*) Haut, Leder, Tierfell, Schlauch
cornarius Hahnrei
cornicari krächzen
cornicen, cinis Hornist
cornicinari = cornicinare das Horn blasen, verkünden
cornicula Krähe
corniger gehörnt, Geweih tragend; Hirt
cornipes, pedis Roß
corniseca Hornzerschneider
cornix Krähe
cornu, us Horn, Trinkhorn, Becher; Horn zum Aufbewahren der Tinte; Kraft, Übermut, Amt; Gewandzipfel; *Plur.* cornua Mantelsaum; die beiden Spitzen der Mitra; c. extollere, sumere sich widersetzen, stolz sein; cornua sumere Mut fassen
cornum Kornelkirsche; Lanzenschaft, Lanze, Wurfspieß
cornupeta mit dem Horn stoßend, stößig
cornus = cornum
cornutus gehörnt; der sich die Hörner noch nicht abgelaufen hat; liber c. das „gepfefferte" Buch; cornuto capite im Schmuck der Bischofsmütze
corolla Kränzlein
corona Kranz, Kreis, Krone; Tonsur; Schar; c. capitis, c. clericalis, c. rasa die Tonsur
coronare bekränzen, krönen, zum König erheben (auch ohne Krönung), mit der Märtyrerkrone krönen; *Pass.* die Krone tragen
coronaria (*sc.* domus) Krönungssaal
coronella Brötchen in Kringelform
coropalatus = coropolates (*griech.*) Hofmarschall
corporalis leiblich, körperlich, fleischlich; *Adv.* wirklich; corporale, is das Korporale (weißes Leinentüchlein, das bei

der Messe als Unterlage für die Hostie benutzt wird)
corporare mit Initialen schmücken; *Pass.* Mensch werden
corporeitas Wuchs, Statur, körperliche Beschaffenheit
corporeus körperlich, leiblich, irdisch
corpus Körper, Leichnam; Hostie; c. venerabile die geweihte Hostie
corpusculum zarter Körper; Leichnam
corradĕre zusammenscharren, seine Habseligkeiten mühselig zusammenbringen
corratarius; correctarius Makler
correctio Berichtigung, Besserung; Bekehrung
correptio Tadel, Verweis, Strafe, Züchtigung
corresurgĕre mitauferstehen
corridĕre mitlachen
corrigĕre gerade machen; verbessern, zurechtweisen, verkürzen; sich bessern
corrigia Riemen; Schuhriemen, Streichriemen des Barbiers; Ledergürtel
corripĕre anpacken; zurechtweisen, belangen, in Beschlag nehmen, in Schranken halten; vergreifen; *Pass.* corripi Schläge bekommen
corroborare stärken; bestätigen
corrodĕre = corradere zusammenraffen
corrogatio Versammlung
corrugare runzelig machen
corrumpĕre verderben; schlecht machen; fidem c. Treue brechen
corruptela Verderben; Schändung, Ehebruch
corruptibilis vergänglich, verweslich
corruptio Verführung, Bestechung; Versehrung, Entweihung; Verwesung, Zerstörung; corruptiones carnales fleischliche Verirrungen
corruptivus zerstörbar, vergänglich
cortagium Maklergeld
corticeus aus Kork, aus Rinde
cortina 1. Gefäß; 2. Vorhang, Gardine, Wandteppich; 3. Kurtine, Teil der Ringmauer
cortis = curtis
1. **corus** = caurus
2. **corus** (*hebr.*) ein hebr. Hohlmaß = 40 l; Getreidemaß
coruscare schnell hin und her bewegen, wirbeln; glänzen, blitzen
coruscatio Blitzen, Blitz
coruscus schimmernd, glänzend, leuchtend
corvadae, arum ungemessene, persönlich zu leistende Frondienste verschiedener Art
corvinus miles = böser Geist (Hr.)
cos, cotis Schleifstein
cosmocrator (*griech.*) Weltbeherrscher
cosmus; cosmos, i (*griech.*) Welt
costa Rippe, Seite; Abhang eines Hügels; Küste
costera Küste
costum; costus (*griech.*) Kostwurz, eine Arzneipflanze
costurarius Küster
cota; cotta (*germ.*) wollener Rock; langes Oberkleid, Mönchskutte
cotes = cautes
cothurnus (*griech.*) Stiefel, Schuh
cotidie *Adv.* täglich; immer
cotonarius; cotoniarius Quittenbaum
cottana, orum (*griech.*) kleine, getrocknete Feigen
cottus = cota
coturnix Wachtel
couti mit jem. Umgang haben
coxa Hüfte
coxinus Kissen, Polster
cramaculus Kesselhaken, Kramme
crandis = grandis
crapula (*griech.*) Unmäßigkeit im Essen, Völlerei; Weinrausch
crapulatus berauscht
cras (*Adv. u. Subst.*) morgen; der Morgen; in cras auf Morgen; post cras übermorgen
crassare verdicken; *Pass.* sich verdichten
crassiloquus derb im Ausdruck
crastinus morgend, morgig; in crastino am folgenden Tage
cratera = crater, teris (*griech.*) Becher, Schale
craticula kleiner Rost, kleines Flechtwerk, Reisig

cratis, is Flechtwerk, Hürde, Faschine
cratus = crater
craxare = charaxare
creagra (*griech.*) Fleischgabel
creantare sich verbürgen
creatio Schöpfung
creatura Schöpfung, Welt; Geschöpf
credentia Vertrauen; Speisentischchen
credĕre vertrauen, anvertrauen; gläubig sein; halten für, zuschreiben
bene **creditus** zuverlässig
credibilitas Glaubwürdigkeit
creditor Geldgeber
credulitas Zutrauen, Glaube; die christl. Religion; credulitatem dare bestätigen
credulus vertrauend, gläubig, glaubhaft, abergläubisch; Christ
cremacula = cramaculus
cremare aliquem das Haus jem. verbrennen
cremax leicht entzündbar
cremium Reisig, dürres Holz
crepare krachen, rauschen; brechen, bersten; verenden
crepatus geplatzt, geborsten
crepĕre = crepare dröhnen; bersten, zerrissen werden
creperus dunkel; zweifelhaft
crepido, inis (*griech.*) Vorsprung, Rand, Spitze, Ende
crepitare klirren, rauschen, prasseln; terrae c. bis auf die Erde reichen
crepundia, iorum Kinderklapper; Spiel
crepusculum Dämmerung, Dunkel, Finsternis
creta Kreide
creticus = criticus entscheidend, kritisch
cribrare sieben, durchbeuteln
cribrum Sieb
crimen Beschuldigung, Sündenschuld, Sünde; crimina veteris sordis die Erbsünde
criminare = criminari beschuldigen
criminatio Anklage
criminatrix Beschuldigerin, Verleumderin
criminosus Verbrecher
crinalis behaart
crinitus langgelockt, mit langem Haar
crypta (*griech.*) Gewölbe, Gruft; Gruftkirche
cryptum (*griech.*) Geheimnis
crisis, is (*griech.*) Gericht; Krisis
crism... *s.* chrism...
crispare kräuseln; trillern; schwingen
crispatus gekräuselt, wellenförmig
crista Kamm; Helmbusch; Helm
crystallus (*griech.*) Eis; Hagelkorn, Hagel
cristatus mit einem Kamm versehen; behelmt
cristiger einen Kamm tragend
crisus = griseus grau
croceus safranfarbig; crocea (*sc.* vestimenta) Seidenkleider; in croceis vivere in Saus u. Braus leben
crociatus = crocatus safrangelb
crocitare krächzen
crocum; crocus (*griech.*) Safran
crucia (*germ.*) Krücke; Bischofsstab
cruciamen Marter, Qual, Bedrängnis, Gefahr; c. pendere Strafe erleiden, büßen
cruciata Kreuzzug
cruciatio Kreuzigung; Qual, Heimsuchung
crucibulum Nachtlicht
crucicula Kreuzchen
crucifer, Kreuzträger; *Plur.* cruciferi de domo Theutonica Deutschordensritter
crucifigĕre kreuzigen
crudescĕre wiederaufbrechen, eitern (von Wunden)
crudus roh, frisch, blutig
cruentare blutig machen; verletzen
cruentatus blutbefleckt, blutgierig
crumena = crumina Geldbeutel, Börse
crumenare = cruminare füllen
crumera Weinkeller
crundula (*germ.*) Gründling
cruor Blut
crupitare den Rücken krümmen
crus, cruris Unterschenkel, Lende, Bein
crusenna = crusina
cruselinum Krug
crusibulum; crusibulus Krug
crusina langes Pelzgewand, Pelzmantel
crusta Kruste, Rinde; Zierat, eingelegte Arbeit, Mosaik

crustatim *Adv.* schichtweise, stückweise
crustula; crustulum Backwerk, Zuckerwerk, Kuchen; Brotkruste
crutialis = cruciabilis martervoll
crux Kreuz; Galgen; Kruzifix; Kreuzestod; Unglück; signum crucis das rote Kreuz auf der rechten Schulter der Kreuzfahrer; iudicium crucis die Kreuzprobe; in cruce levare an den Galgen hängen; c. commissa Krücke in T-Form
cuba; cubba = cupa
cubicularius Kämmerer
cubiculum Schlafgemach, Kämmerlein
cubile Lagerstätte; Schlaf-, Wohn-, Empfangsgemach
cubitale Polster, Kissen
cubitus; cubitum Ellbogen, Elle; medii cubiti longus eine halbe Elle lang
Cucania Schlaraffenland
cukerella Bastard (Hahnrei?)
cuculare „Kuckuck" rufen
cuculla Mönchsgewand, Kutte, Mönchskutte; Kapuze am Mantel; Käppchen
cucullatus mit einer cuculla bedeckt
cucullifer Kuttenträger
cucullus Kapuze, Kappe
cuculus Kuckuck; = curruca Hahnrei; Bastard (FR.)
cucumerarium Gurkenfeld
cucumis, meris Gurke
cucurbita Kürbis; Schröpfkopf; Hahnrei
cucurra; cucurum (*germ.*) Köcher
cudare = cudĕre schlagen; schmieden, prägen; anfertigen
cuias, atis was für ein Landsmann? wo gebürtig?
culcitra = culcita Kissen, Matratze, Polster; Decke, Kolter
culeus; culius (*griech.*) Sack, Beutel, Schlauch
culmen Gipfel; Dachfirst, Dach, Haus; Würde, hohe Stellung; c. altum Himmel; c. palmitum Baumkrone
culmus Halm, Stroh
culpa Schuld; Fehltritt; Weg zur Sünde
culpare tadeln, schelten; beschuldigen; c. alicui freveln an
culpatus = culpabilis schuldig
cultellatus zerschnitten; geschlitzt
cultellum; cultellus Messer, Radiermesser, Dolch, der „sahs"
cultivare anbauen, bebauen
cultor Landmann; Bewohner; Verehrer
cultricus Messer
cultura Pflege, Anbau, Ackerbau; Rodung, Pflanzung; Verehrung, Götzendienst; Religion, Gottesdienst; c. ydolorum Götzendienst
1. **cultus,** us Sitte, Brauch; Schmuck, „Tracht und Bewaffnung"; Religionsübung, Kult; regius c. Abzeichen der königlichen Würde
2. **cultus** bevölkert; gepflegt; *Adv.* culte nach der Religionsvorschrift, kultgerecht
culus der Hintere, das Loch
1. **cum** *Präp. m. Abl.* — *Oft auch* = *abl. instr.*; = et und: servus cum serva coeuntes. — pariter cum ebenso wie
2. **cum** *Konj.* (*oft m. Ind.*) als, nachdem; da, weil; solange, wenn; obwohl; cum tamen obwohl
cumba Schiffsboden; Kahn (= cymba)
cuminum (*griech.*) Kümmel
cumulus Haufen, Gipfel; die Summe (der Zahlen); c. condemnationis die ewige Verdammnis
cuna = cunae, arum Wiege; Nest
cunabula, orum Wiege; Ursprung; a cunabulis von Kindesbeinen an
cunagium Münzstempel, Gepräge
cuncticolor buntfarbig
cunctigenus von aller Art
cunctipotens allmächtig
cunctus = omnis ein jeder
cuneus Keil; Heerschar, Menge; Weizenbrötchen (in Keilform), Weck
cuniada = cuneata Axt, Spickhacke
cuniculus (*lat.-iberisch*) Kaninchen; Mine
cunti = cuncti alle
cupa (*griech.*) Kufe, Kübel, Tonne, Zisterne; Weinfaß, Becher
cupedinarius Krämer, Delikatessenhändler
cuperculum = cooperculum Überzug, Decke; Deckel

cupidineus lüstern, liebesgewandt
cuprum = cyprum Kupfer
cur *Adv.* = quia weil
cura Sorge, Fürsorge, Sehnsucht, Wunsch; Amt; c. cathedrae der Bischof; sub c. ängstlich
curagulus besorgt
curare sich kümmern um, sich sorgen; heilen; schätzen; *mit Inf.* = suchen
curatela Pflegschaft
curator Wärter, Vormund; Arzt
curatus (*frz.* curé) Seelsorger
curduanelli, orum Schuhe aus Korduan
curia Hof, Palast; Meierhof; Fürsten-, Kaiserhof, die Kurie; Reichstag, Hoftag, die Gesamtheit der sich um den König scharenden Großen; Gerichtshof; c. coeli Himmelssaal; c. tabernalis Weinschenke; villae c. Dorfkneipe
curialis höfisch, fein, gebildet, höflich, manierlich, gesellig, zuverlässig; vir c. = *mhd.* hövischman, spilman; curiale colloquium Hoftag
curialitas höfisches Wesen; Höflichkeit; Hofleben
curiositas Neugierde, Wißbegierde
curiosus sorgfältig, streng, eifrig; neugierig, voll Interesse, wißbegierig
currax schnell, eilig
currĕre laufen; sich ergehen
currerius Eilbote
curribilis gangbar
curriculum Lauf, Verlauf
currilis zum Wagen gehörig; certamina currilia Wettrennen
curruca Hahnrei
cursim *Adv.* eilends, schnell, in Kürze
cursitare rennen, jagen, anstürmen
cursivus laufend
cursores = exploratores „die Ulanen des Kreuzheeres" (GF.)
cursus, us Lauf; Pfad; Satzschluß; Gottesdienst, die einzelnen kirchlichen Tagzeiten
curta = curtis
curtare verkürzen
1. **curtis** = cohors Hof, fürstliche Hofhaltung, Pfalz; Gehöft; comes curtis Anführer der Leibwache
2. **curtis** = curtus
curtisanus zum Hofe gehörend
curtus kurz; gestutzt, verstümmelt
curvare krümmen, biegen, beugen
curvisare abbiegen (vom rechten Wege)
cusire = consuĕre (*frz.* coudre) nähen
cuspis, idis Lanze; Griff
cussinus Kissen
custodia Wache, Nachhut; Gefängnis, Haft; Küsteramt
custodire bewachen; beobachten; beachten, folgen
custor = custos
custos, odis Wächter; Küster, Küsterin; c. palatii = apocrisiarius; *Plur.* Feldwachen
custuma Zoll
custumare Zoll entrichten
custus, uum die Kosten
cutis, is (*griech.*) Haut, Fell; die äußere Schale

D

daca; daga Dolch, Sense
dactylicum Dattel
dactylus (*griech.*) Dattel; Daktylus
daggarius; daggerius Messer mit Handschutz, Dolch
dalmatica; dalmatices liturgisches Gewand des Diakons, die Dalmatika
dama 1. = damma; 2. = domina
damicella = domicella
damma Hirschkuh; Reh; *selten* = Dachs
dammula Reh; Damhirsch
damnabilis verdammenswert
damnare verdammen, bestrafen, peinigen, beschädigen; bereuen; zurückweisen, aussperren, bannen; damnari in bestraft werden an; damnatus geschädigt
damnatio Verurteilung; Verdammnis
damnietas Schaden
damnificare schädigen
damnosus schädlich, verderblich

damnum Schaden, Verlust; Zins und Zinseszins; Verdammnis
damus Damhirsch
dapifer, Aufwärter, Oberkoch, Truchseß; Bannerträger, Drost
daps, dapis Speise, Mahl; *Plur.* Genüsse überhaupt; Güter
dapsilis reichlich, reichlich versehen
dapsilitas Reichlichkeit, Freigebigkeit
dare geben; zuschreiben; machen, machen zu; datur = dicitur es heißt; d. dicta sagen; immunem necis d. unsterblich machen
data (*sc.* littera) Datum
datarius erster Beamter der päpstlichen Kanzlei
datia; datio; datium Gabe; Tribut
dativus Gebefall; Spender; der bestechende Angeklagte; Geldbeutel
dator almus der Heilige Geist
datus Würfel
Davus antiker Sklavenname; Spitzbube, Lump
de- *Präfix oft* = di- (dis-)
de *Präp. m. Abl.* (*selten Akk.*) von — herab; von — her; von (*auch beim Passiv*). — *Oft auch* = *Genetiv:* pellis de lepore Hasenfell; = *abl. instr.:* radere de teste mit einer Scherbe abkratzen; = *abl. comp.:* amplius de mehr als; = *ex* aus; infolge: laesus de vulnere. — de facili mit Leichtigkeit; de iure von Rechts wegen; de re tatsächlich
dealbare bleichen; weiß waschen; verdecken, übertünchen
deambulatio Spaziergang
deambulatorium Säulengang, Wandelhalle
deargentatus versilbert, silberglänzend
dearrestare freigeben
deastare abfallen
deaurare vergolden
debacchari wüten, lärmen und toben
debata, ae = debatum Streit
debēre schuldig sein; sollen, müssen; *oft* = *Futurum*: debes esse = eris
debibĕre trinken, vertrinken
debilis gebrechlich; billig
debilitas Schwäche
debilitatio Lähmung, Verkrüppelung
debitor Schuldner; Sünder; Gläubiger
debitum Verpflichtung, Schuldigkeit, Pflicht; *Plur.* Schulden; Sünden; ex debito pflichtgemäß, pflichtschuldigst
debitus schuldig, recht; verpflichtet
debriare stark berauschen; debriatus berauscht, ganz erfüllt
debrius = ebrius trunken
decarchordus (*griech.*) zehnsaitig; decachordum psalterium die 10 Gebote
decada = decas
decaenneacubita die 19 Ellen fassende
decalogus (*griech.*) die zehn Gebote
decalvare kahl machen, die Haare ausraufen; vates decalvatus = Jonas
decanatus Amt, Würde eines Dekans
decanĕre besingen; deklamieren
decania zehn Mönche unter einem Vorsteher, Dekanie; Dekanatsgebiet
decantare singen; feierlich verkünden; officia d. Gottesdienst halten
decanus Dekan, Propst; Oberaufseher einer königl. Domäne, Vogt
decapenta (*griech.*) fünfzehn
decapillare zur Strafe die Haare abscheren
decapitare enthaupten
decas, adis (*griech.*) eine Anzahl von zehn
decasyllabus (*griech.*) zehnsilbig
decauratus verziert
decennalis zehnjährig
decennis zehnjährig; mit 10 Jahren
decens schicklich; anmutig, wohlgestaltet; edel
deceptio; deceptorium Täuschung, Trug
deceptor Betrüger, Verführer; d. hominum Teufel
deceptus ertappt; verblendet
decerpĕre abpflücken, abreißen, abhauen
decertare wetteifern; aburteilen
decessor Vorgänger
decessus, us Weggehen; Tod; Abstieg
decet (*auch m. Dativ*) es schickt sich; es trifft sich recht
decianus zum Würfel gehörig; Spieler
decibare die Speisen abtragen
decibilis geziemend, schicklich

decidĕre 1. zu Boden fallen; zufallen; sterben; 2. entscheiden
decima (*sc.* pars) der Zehnte
decimare verzehnten, den Zehnten nehmen; Zins zahlen, opfern
decimatio Darbringung des Zehnten; der Zehnte
decimatus, us Alter von 10 Jahren
decimononus der neunzehnte
decimoquintus der fünfzehnte
decio = decius
decipula Schlinge; Fallstrick, Fangnetz; Täuschung
decius der Gott des Würfelspiels; Würfel
declamare verkündigen, predigen
declarare deutlich offenbaren; kennzeichnen; erläutern; aufzeichnen
declinare abbiegen; ausweichen; sich lossagen, sich zurückziehen, meiden; hinabsteigen, sich hinwenden zu; d. in partes orientis im Osten untergehen
declinatio Nachlassen, Entkräftung, Hinfälligkeit
declinus sich neigend
declivis pars = Westen
decoctio das Backen
decollare enthaupten
decolor mißfarben; getrübt
decoquĕre gar kochen; verbrühen
decoramen Zierde, Schmuck
decorare ehren, hochhalten; schmücken
decoriare der Haut berauben; tüchtig durchprügeln; bis aufs Blut stäupen
decorticatio Abschälen der Rinde
decrepitus abgelebt, siech, altersschwach,
decrescĕre abnehmen
decretalis (*sc.* constitutio) Verfügung
decretista Jurist; Richter
decuplare verzehnfachen
decurrĕre umlaufen; zurücklegen, vollenden; heruntersingen
1. **decursus** abgelaufen, geschehen
2. **decursus,** us Herablaufen; Lauf (eines Flusses); Zufuhr, Hilfe
decus, oris Zierde; Lohn
crux **decussata** das Andreaskreuz
dedalius = Daedaleus zu Dädalus gehörig; erfinderisch
daedalus (*griech.*) kunstfertig; Künstler
dedecorosus entehrend
dedicare ecclesiam eine Kirche einweihen
dedicativus bejahend
dedicĕre leugnen; Fehde ansagen
dedicius = dediticius
dedictio Absage
dedignanter *Adv.* unwillig
dedignari unter seiner Würde halten; abschlagen, verschmähen, mißachten; vorwerfen
deditare arm machen
dediticius der sich auf Gnade und Ungnade ergeben hat
dedocēre abbringen von
deducĕre verführen; nequiter se d. sich schlecht aufführen
deductio Fortführen, Geleit; Erholung
deductor Herbringer, Begleiter
deesse = abesse; verfehlen; modicum deest quin nur wenig fehlt, daß
defalcare abrechnen, abziehen von etwas
defatigare ermüden; abbringen von
defatuatio Verrücktheit
defaecare reinigen (von der Hefe), klären, entleeren
defectio Abfall; Mangel; Mattigkeit; Verfinsterung
defectivus mangelhaft, endlich (Gegensatz: aeternus)
defectuosus mangelhaft, schadhaft
defectus, us Abfall; Mangel; Unvollkommenheit; Erschlaffung, Schwäche, Hinfälligkeit, Schwinden der Kräfte im Tode; Fehler, mangelhafte Pflichterfüllung; d. animae Ohnmachtsanfall; d. mentis Maßlosigkeit; Unvernunft
defoedare verunreinigen, verunstalten
defendĕre abwehren; bewahren vor, rächen; defensus verboten
defensaculum Schutzwehr, Verteidigungsort
defensamen Verteidigung
defensare = defendere verteidigen
defensio Verteidigung; Vogtei
defensor Verteidiger; Anwalt; Vormund
defensum Bannwald des Königs
deferbescere = defervescere

deferre herabtragen, bringen, übertragen; jem. Ehre erweisen, fördern; anbieten, darreichen; verklagen; d. grates = gratias agere
defervēre aufkochen; verkochen
defervescĕre verbrausen, sich abkühlen
deficĕre sich losmachen, im Stich lassen, ausgehen, versagen, fehlen, aussterben; sich zerstreuen, nicht erfassen, die Besinnung verlieren; darben, ermatten, erliegen, sterben; *Part.* defectus einer, der abgefallen ist (Nith.)
deflectĕre herabbeugen, hinlenken; habenas d. die Zügel lenken, den Marsch richten
deflēre beweinen; herunterweinen
deflorare des Glanzes berauben; entjungfern
defluus herabfließend, verrinnend, abnehmend; deflua fontis = fons defluens; defluus humor Regen
defluxus halb verwest
deforis *Adv.* von außen; außen
deformis entstellt, häßlich
defraglascĕre = defragrascere den Geruch verlieren (Y.)
defraudare betrügen
defrustare zerfetzen, zerstückeln
defunctio Ableben, Tod
defunctus der Tote
defungi sich entledigen; sterben
defuntus = defunctus (Liudp.)
degenerare ausarten, entarten, schlechter werden, verarmen, verderben; entarten lassen
degĕre zubringen, verbringen; leben; *m. Akk.* bewohnen
degerĕre = digerere
degestare = digestare ausführen, darstellen
deglomerare abwickeln
degloriare zu Ende prahlen; gloria degloriavit der Ruhm schwand dahin
deglutire hinunterschlingen, -schlucken, -gießen
degradare herabsetzen, degradieren
degravatus beschwert, belästigt
degustari = degustare kosten
deguttare herabtröpfeln lassen (R)
dehabēre = debere nicht haben, entbehren, vermissen
dehiscĕre sich spalten; aufsperren
dehonestamentum Schimpf, Schande
dehonestare entehren, beschimpfen
dehonestas Schmach, Schimpf, Schande
dehonoratio respektwidrige Behandlung
dehortatus, us Abmahnen, Warnung
deicere niederwerfen; senken; einwerfen
deicus göttlich, himmlisch
deiectio Herabwerfen; Demütigung, Niedergeschlagenheit; Verworfenheit
deierare sich vermessen; einen Meineid schwören
deifer Gott in sich tragend
deificare zum Gott machen
deificus gottgewirkt, göttlich
deinceps *Adv.* hiernach, später
deintus *Adv.* von innen; inwendig
deitas Gottheit, Göttlichkeit
deiugis abwärts geneigt, bergab
deizare wie Gott handeln (R)
delabi fuga heimlich abziehen
delatura Anklage; üble Nachrede
delectabilis wohlschmeckend, lecker; ergötzlich, anziehend, schön
delectari *mit Dat.* Lust haben
delectio Auswahl; Freude, Vergnügen
delegare beauftragen; melden; vermachen
delibare hinwegnehmen, kosten; opfern; eine Probe geben, schildern
delibatio Verminderung; Probe, Kostprobe; Erstling
deliberare 1. im Gleichgewicht halten; reiflich überlegen; beschließen; 2. freigeben
delibuĕre benetzen; salben; bestreichen; delibutus bezecht
delibutio Bestreichung; Salbung
delicatus üppig; verwöhnt, zart, zierlich; erquickend; *Adv.* sorgsam
delicia = deliciae
deliciari fröhlich sein, sich ergötzen
deliciae Wonne, Vergnügen; Üppigkeit, Leckerbissen; Weichling; hortus deliciarum Lustgarten; regiae d. die Freuden des königlichen Mahles

deliciolae Liebling
deliciosus verwöhnt, weichlich; köstlich; schmeichlerisch
delinire = delenire besänftigen, gewinnen
delinquĕre zurücklassen; aufhören, verschmelzen, zugrunde gehen, sündigen; d. deum von Gott abfallen
deliramentum sinnloses Gerede, albernes Geschwätz, Märchen
delitescĕre sich verbergen, sich decken; verborgen sein
delocupletare arm machen
delongaris Führer der Seemacht, Admiral (im oström. Reich) (Liudp.)
delta (*griech.*) das Delta
delubrum Tempel, Heiligtum
deludĕre verspielen; sein Spiel treiben; äffen, betrügen um; vereiteln, zur Seite schlagen; nisu deluderis mit deinem Widerstand ist es nichts (W.)
delusor Spötter, Fopper
demandamen Bestellung
demandare anvertrauen, übergeben; auftragen, vorschreiben, sagen lassen; entbieten, anbieten; zu sagen haben, fordern, wünschen
demasculare entmannen
demembrare zergliedern, zerstückeln
dementare berücken, betören
demercatus fett, feist
demerdare beschmutzen
demĕre hinwegnehmen, abschneiden, abhauen
demerēre sich vergehen; gewinnen
demeritum Verbrechen, Schuld
deminoratio Herabsetzung
deminutive *Adv.* verkleinernd
demissus abgestiegen, abgesessen
demittĕre hinterlassen
demolire = demoliri niederreißen, zerstören
daemon, onis (*griech.*) böser Geist, Unhold; Götze; Teufel
daemoniacus teuflisch; Teufelskreatur
daemonicus teuflisch
daemoniosus vom Bösen besessen, teuflisch
daemonium; daemonius = daemon
demorari lange sich aufhalten, verweilen; hinhalten
demulcēre liebkosen; erfreuen; versöhnen, besänftigen
demum *Adv.* endlich, schließlich; dann
denarius Geldstück (= ein Zwölftel solidus), Pfennig, Groschen; d. numerus die Zahl zehn
denaturare naturalia die Natur auf den Kopf stellen; denaturari entarten
denegare verweigern, abschlagen
denigrare ganz schwarz machen; verdunkeln; entwerten
denigrator Verleumder
denique *Adv.* endlich, schließlich; ja sogar, kurz, mit einem Worte
denodare „abknöpfen", wegnehmen, stehlen; losknoten
denominatio Angabe; Multiplikator
denominative *Adv.* durch Namenableitung
denotare bezeichnen, bezichtigen; erspähen
denotatio Bezeichnung; übler Ruf
densitas die Dichte
densus dicht, voll; häufig
denticulus Zähnchen; Zäckchen
denudatio Enthüllung; Aufdeckung
denuntiare androhen; übertragen, befehlen
denus der zehnte
deorsum *Adv.* abwärts; unterhalb, unten; ad. d. = deorsum; usque d. bis unten
deosculari abküssen
deossare bis auf die Knochen verzehren
depactare das Lösegeld festsetzen
depactatio Kriegsschatzung
depascĕre aliquem ernähren
depauperatus arm gemacht, erschöpft
depecuniare des Geldes berauben
depictus bunt, gestickt
depilare enthaaren, rupfen
deploratus jammervoll, beklagenswert
depluĕre herabregnen
deplumatus federlos (R)
depompare entehren, des Nimbus entkleiden
deponĕre herabsetzen, herabnehmen; beiseite legen; abschaffen, absetzen; be-

statten; hineinlegen, ruinieren; einen Gewinn setzen beim Spiel; d. manus die Hände sinken lassen; d. quaerimoniam eine Klage anhängig machen; d. vela Segel reffen
depopulare = depopulari verheeren, ausplündern
deportare wegschaffen; verbannen
deposcĕre aliquem dringend bitten, anflehen; erflehen
depositio Niederlegen; Absetzung; Beisetzung; Todestag; d. mercium Niederlage
depositor Vertrauter; „Leibbursch"
depravare verdrehen, entstellen; tadeln
depravatum Fehler
deprecabilis durch Bitten erweichbar
deprecari aliquem jem. bitten
deprecatorius fürbittend
depraedare; depraedari ausplündern, berauben
depraedatio Ausplünderung, Beutezug
deprehendĕre ergreifen, festhalten; überraschen, entdecken, finden; wahrnehmen, erkennen, bemerken
depromĕre hervorholen; mitteilen; sententiam d. ein Urteil fällen
deprope *Adv.* sofort, danach; fern
depurare läutern
deputare abhauen, schlachten; abordnen, abschätzen; bestimmen für, zuweisen, zuschreiben, anrechnen; geringschätzen, verschmähen; beschuldigen; exilio d. in die Verbannung schicken
deputatum Abgabe; deputatus Höriger
derasus kahl geschoren
derelicta Witwe
derelinquĕre verlassen; = delinquere
deremitare entheiligen
deridĕre auslachen, verspotten; täuschen
derisio = derisus, us Spott, Gespött
derivare ableiten, verzweigen; *Pass.* übergehen von ... zu
derobare (der Kleider) berauben, plündern
derogare entziehen; jem. etwas absprechen; tadeln
derogator Verminderer, Verleumder, Tadler
derosare „entrosen", entblättern
derosulare = derosare
descendĕre absteigen (vom Pferde); sich herabsenken, sterben; abstammen
descire der Vergessenheit preisgeben
describĕre abschreiben; niederschreiben, zusammenstellen, einteilen; ordnen, festsetzen
desentia Abwesenheit
desepelire wieder ausgraben
deserĕre im Stich lassen; verleugnen
desertio Abfall
desertum Wüste
deservire eifrig dienen; verdienen; durch Dienste vergelten
desaevire wüten
desiccare ab-, austrocknen; einen Ort trockenlegen
desiderabilis begehrenswert, ersehnt, lieb
desiderantissimus sehr verlangend
desiderius voll Sehnsucht, verlangend
desidiare müßig sein, träge sein
designare bezeichnen, ernennen, zuweisen, verabreden; entsiegeln
desinentia, ae Ausgang, Ende
desipĕre töricht sein, schwärmen
desolacium Trostlosigkeit
desolare verlassen; verwüsten
desolatio Verödung; Einöde, Wüste
desolatorius vereinsamend, verwüstend
desolatus verwaist, beraubt
despectabilis verächtlich
despectus, us Herabsetzung, Kränkung
desperabilis verzweifelt, hoffnungslos
desperatio Aussichtslosigkeit
despicabilis unansehnlich, geringfügig, verächtlich
despicabundus verachtend, mit Verachtung
desponsare verloben; vermählen
desternĕre absatteln; niederwerfen
destillare herabträufeln
destinare festbinden; bestimmen, abordnen, schicken; übermitteln; d. hastam die Lanze entsenden; exilio d. in die Verbannung schicken
destituĕre im Stiche lassen; ablassen; absetzen

destitutio das Im-Stiche-Lassen; Verlassenheit; Vernichtung
destitutus vereinsamt, hilflos, betrogen
destrictus scharf, streng, entschieden
destruĕre niederreißen; auflösen, zunichte machen
destructio Zerstörung; Niederwerfung
desub *Präp. m. Abl.* unter . . . weg, unter
desubtus von unterhalb; unter; per d. transire darunter weg ziehen
desudare schwitzen, sich abarbeiten, mit Mühe vollbringen
desuetudo, inis Abgewöhnung; Ungewohntheit
desultorius schwankend
desuper 1. *Adv.* darüber; von einer höheren Stelle; 2. *Präp. m. Akk.* über
detalliare Gefangenen für ihre Freilassung ein Lösegeld auferlegen
detalliatio Lösegeld
detentio Zurückbehalten, Aufhalten; Aufenthalt, Haft
deterĕre abreiben, verwischen; schlechter werden
detergĕre = detergēre abwischen
deteriorare verschlechtern; schlechter werden
deterire = deteriorare
detinēre festhalten, fesseln, in Haft halten; beschäftigen, hindern
detitulare entwerten
detondēre zum Mönch machen
detractio Verkleinerung, Herabsetzung, Verleumdung, üble Nachrede
detrahĕre herabziehen, erniedrigen; alicui verleumden, lästern, schmähen; d. in aliquem hinterrücks auf jem. schelten
detrans *Präp. m. Akk., seltener Abl.* von jenseits; jenseits
detrectare ablehnen, verschmähen; entziehen
detrimentum Verlust, das Schwinden, Tod
detriumphare aliquem besiegen
detrudĕre hinabstoßen, niederreißen; verstoßen, vertreiben
detruncare abhauen, abschneiden; zusammenhauen
detunicare enthüllen, ans Licht bringen
deturbare verstören
deturpatio Verunstaltung
deuteronomia = deuteronomium (griech.) das zweite Gesetz = das Neue Testament; *vgl.* nomia
devenire dahin kommen; begegnen; werden; entkommen; d. imperium dem Reiche zufallen
deverberare = diverberare verbläuen
deversorium Herberge, Gasthaus, Quartier; Einkehr
devetare verbieten
devexio Abhang
deviare vom Wege abweichen, sündigen; in die Irre führen
se **devincire** sich anschließen; devinctus ganz ergeben; = convinctus
devirare entmannen; deviratus weibisch, weichlich
devitare vermeiden, meiden
devius abwegig, abseits
devolitare herabfliegen, herabstürzen
devolvĕre herabwälzen; *Pass.* herabsinken, geraten in
devorator Verschlinger, Fresser
devotatio Verwünschung, Verfluchung
devotio Aufopferung; Ehrerbietung, Andacht, Frömmigkeit; Verehrung, Ergebenheit, Herablassung, Bitte
devotus gottergeben, andächtig, fromm; einfältig; Frömmler, Scheinheiliger
devulgare = divulgare bekanntmachen
dextrae Handschlag, Zusage, Vertrag, Bündnis; dextras petere um Frieden bitten; dextras dare Gnade gewähren
dextrale (*sc.* ornamentum) Armreif, Armband
dextraliolum (kleines) Armband, Armspange
dextrare mit der rechten Hand ergreifen
dextrariatus beritten
dextrarius Reitpferd, Streitroß, Handpferd
dextrim *Adv.* auf der rechten Seite
dextrorsum *Adv.* nach rechts = aufs Rechte; d. sensum porrige versteh mich recht (W.)

di . . . *oft* = de . . .
diabolicus (*griech.*) teuflisch, vom Teufel besessen
diabolizare vom Teufel besessen sein
diabolus; diabulus (*griech.*) Widersacher, Teufel
diacedrinus orange-, zitronenfarbig
diacon, onis = diaconus (*griech.*) Diakon
diaconissa Diakonisse
diadema, atis (*griech.*) Stirnbinde; Krone
diaphragma, atis (*griech.*) Zwerchfell
dialecticus (*griech.*) zum Disputieren gehörig, dialektisch; ars dialectica Dialektik, Unterredungs-, Disputierkunst
diamargariton (*griech.*) Mittel gegen Herzkrankheit
diamas, antis (*aus* adamas) Diamant
diapason (*griech.*) die Oktave in der Musik
diapente (*griech.*) die Quinte in der Musik
dyas, adis (*griech.*) Zweiheit; Zwietracht
diasynaxis (*griech.*) Gottesdienst; fortwährendes Beten
diasostes, is (*griech.*) Führer, Leiter
diastema, atis (*griech.*) Intervall
diatessera; diatessaron (*griech.*) die Quarte
diatim *Adv.* täglich
dibachari = debacchari schwelgen; wüten
dibachatio = debacchatio Trinkgelage
dica (*griech.*) Prozeß, Rechtshandel; Brief
dicaculus naseweis; witzig, sarkastisch; gesprächig, geschwätzig
dicare feierlich verkündigen, weihen, segnen, preisen; vorher verkündigen, prophezeien
dicatio Lobpreisung; Weihung
dice = dica Brief (R.)
dicĕre sagen; zur Anzeige bringen; fordern; d. verbis eidlich bekräftigen
dictamen Schulpensum, Schulaufgabe, Diktat; Stil, Darstellung; Gedicht, Lied
dictare wiederholt sagen; diktieren, vorschreiben, bestimmen; lehren; fordern; verfassen, Briefe schreiben, ersinnen, dichten; sich beraten; verleihen; ars dictandi Briefschreibekunst, Kunst des Dichtens; iura dictare Recht sprechen
dictator Befehlshaber, Ordner einer Pilgerschar; Lehrer der Briefschreibekunst; Verfasser
ars **dictatoria** Kunst, Lehre des Briefstiles
dictatiuncula Ausdrucksweise
dictatus, us Führung, Leitung
dictica = diptica
dictio Vortrag; Lesung; Aussage
dictum Sprichwort; Vorschrift, Befehl; dicto citius unbeschreiblich schnell
didascalus (*griech.*) Lehrer
Didymus (*griech.*) Zwillingsbruder; der ungläubige Thomas
didrachmum; didrachma, atis; (*griech.*) Doppeldrachme
digamus (*griech.*) zum 2. Mal verheiratet
dioecesanus zur Diözese gehörig; Bewohner eines Kirchensprengels, Insasse
dioecesis, is (*griech.*) Kirchensprengel, Bistum
diecula kurze Frist, ein paar Stunden; Tag
dies, ei Tag; Himmel; d. cinericus, cineris et cilicii, cinerum Aschermittwoch; d. dominica Sonntag; d. infantum Tag der unschuldigen Kindlein (= 28. Dezember); d. rogationum Bittag; d. sabbati Sonnabend; d. sanctorum apostolorum Peter und Paul (29. Juni); d. scholarium Schulfeiertag; d. votorum Hochzeitstag; de die in diem von Tag zu Tag
diescĕre Tag werden, hell werden; funkeln
diesis, is (*griech.*) Abwandlung der Tonart; Zwischenspiel (D.)
dieta 1. Tagereise; Tagung; 2. = diaeta
diaeta (*griech.*) Lebensweise; Wohnung, Zimmer; Speise
diaetare haltmachen, rasten
diff . . . *auch* = def . . .
diffamare weithin bekanntmachen, berichten; in üblen Ruf bringen, verleumden; preisen, feiern
differre zerstreuen, fortschaffen
diffibulare aufhefteln; (den Stoß) ablenken
diffidare aliquem jem. die Fehde ansagen

diffidatio Ankündigung der Fehde
diffidentia Mißtrauen, Unglaube
diffidĕre aliquem = diffidare
diffidus mißtrauisch
diffingĕre umschaffen, ändern
diffinire = definire näher bestimmen, bestimmte Aussage machen; entscheiden, gerichtlich entscheiden
diffinite = definite bestimmt, mit Entschiedenheit, mit Überzeugung
diffinitio = definitio Bestimmung, Erklärung; Satzung
diffinitor = definitor Beisitzer des Dominikanerordensgenerals (H. v. H.)
diffinitorium = definitorium Gesamtheit der diffinitores
diffluitare wegfließen
difformare = deformare verunstalten
diffringere spalten
diffugere sich zerstreuen; sich flüchten, ausweichen, meiden
diffusus ausgebreitet, sich weit erstreckend, weit
digamma (*griech.*) Doppelgamma = v
digenus zweiartig
diger bedürftig, entehrend
digerĕre zerteilen, auseinanderreißen; aufzeichnen, nach der Ordnung erzählen, darlegen, ordnen
digestim *Adv.* geordnet; numeros d. disponere sämtliche Faktoren einer Zahl in Kettenform hintereinander ordnen
digestio Verdauung
digitalis fingerdick, eine Fingerbreite lang; Fingerring
digitus Finger (1. pollex 2. index 3. medianus; impudicus 4. medicus; anularis 5. minimus)
digladiare durchbohren; *Pass.* sich herumschlagen
dignanter *Adv.* gnädig
dignare; dignari wollen; erlauben, sich herablassen; sich würdig zeigen; non d. sich nicht begnügen
digne *Adv.* geziemend, höflich
dignitarius Würdenträger
dignitas Würde; Zierde; Amt, Gebiet eines Prälaten; d. potestatis et principatus Würdenträger und Fürsten; *Plur.* hohe Würden
dignoscĕre unterscheiden; kennen lernen, genau erkennen
digredi auseinandergehen; aufbrechen
diiudicare ein Urteil fällen, entscheiden, erklären; verurteilen
dilabi auseinanderfallen, vergehen
dilaceratio Zerfleischung, Gewalttätigkeit
dilapidare verschleudern, verschwenden; zerstreuen
dilatare verbreitern, vermehren; entfalten, verbreiten; aufschieben
dilatatio Ausdehnung, Erweiterung; Übermut; Zögern
dilatio Zaudern, Aufschub
dilatire aufschieben
dilectio Liebe, Fürsorge; Hochachtung
sine **dilectu** ohne Unterschied; wahllos
dilectus treu ergeben; Freund, Geliebter
diliculum = diluculum
diligentia Sorgfalt; Fürsorge
diluculum Tagesanbruch, Morgengrauen, Morgenröte; diluculo, diluculum früh morgens, bei Anbruch des Tages
diludia, orum mannigfache Spieltouren
diluĕre auflösen; abwaschen, ausstreichen; d. iram versöhnen
diluvium Sintflut
dimensio Ausdehnung; Abstand
dimergĕre = demergere hinabsenken
dimetiri durchmessen; *auch Pass.* = ausgemessen werden
dimidiare halbieren
dimidietas = dimidium Hälfte
diminutivum Verkleinerungswort
dimittĕre loslassen, fahren lassen, verlassen, allein lassen, zurücklassen, hinterlegen; nachlassen, verzeihen; überlassen, gestalten, übertragen
dimovĕre aliquem entsetzen, absetzen
dynamis, is (*griech.*) Menge; Kraft
dinoscĕre = dignoscĕre
dinumerare aufzählen, berechnen, erfassen
dindymum (*griech.*) Geheimnis
dioces . . . *s.* dioeces . . .

Dione, es (*griech.*) Diona, eine Titanin, von Zeus Mutter der Venus; *auch* = Venus; lar Diones Haus der Venus
Dioneus zur Venus gehörig; D. lar Haus der Liebe (CB.)
Dionysia, orum Orgien
dioryx (*griech.*) Durchstich, Ableitungskanal
diplois, idis (*griech.*) Mantel
dipsas, adis (*griech.*) Giftschlange, deren Biß heftigen Durst verursacht
diptamnum Weißwurz
dipthongus = diphthongus Doppellaut
diptica; diptycum = diptychum (*griech.*) Schreibtafel; Verzeichnis
diptitiae Diptychon; Totentafel, Totenverzeichnis
diptitius Nekrologium, Totenverzeichnis
diptoton (*griech.*) mit doppelten Kasusendungen
directanĕus = directus
directim *Adv.* gerade, in einer Reihe
directus gerade; directum Recht, Gerechtigkeit; in directum loqui ohne Umschweife reden
dirigĕre gerade machen, entgegenhalten; zusenden, schicken, abordnen; bekräftigen; richtig, rechtschaffen sein
dirigiscĕre = derigescere ganz erstarren
dirimĕre trennen, auflösen, fortreißen; litem d. den Streit schlichten; proelium d. den Kampf beenden; causam d. einen Rechtshandel beilegen
diripĕre zerreißen, rauben; d. spolia Beute machen
dirupare niederreißen
dirus grauenhaft, grausam; d. hostis = Teufel
1. **Dis,** Ditis Pluto, der Jupiter der Unterwelt; Teufel, Antichrist
2. **dis,** ditis = dives reich
discalceare; discalciare entschuhen, die Schuhe ausziehen, barfuß gehen
discalceatus unbeschuht, barfuß
discalcire = discalceare
discalcius unbeschuht
se **discaligare** sich entschuhen
discantor = cantor
discantus, us mehrstimmiger Gesang; Oberstimme
discedĕre auseinandergehen; fortgehen; sterben; armis d. die Waffen niederlegen
disceptare untersuchen; streiten, kämpfen
disceptatio Besprechung, Debatte, Erörterung; Streitgedicht; disceptationem dimittere die Aussprache abbrechen
disceptator Schiedsrichter
discĕre lernen, kennenlernen, verstehen lernen; lehren
discernĕre trennen, unterscheiden; d. et temperare das rechte Maß halten
discerpĕre zerpflücken, zerreißen
discertatio Streit, Zwist
discessio Auseinandergehen, Weggang, Abzug; Rücktritt, Verzicht
discessus, us = decessus Hinscheiden
discidium Trennung, Scheiden
disciplina Lehre, Wissenschaft, Methode; Zucht, Benehmen; Verfahren gegen jem., Schläge, Geißelung; Prüfung; geistliche Herrschaft; d. claustralis klösterliche Zucht; d. corporalis Körperstrafe
disciplinaliter corrigere mit Ruten schlagen
se **disciplinare** sich kasteien; sich geißeln
disciplinatus geschult; züchtig; verständig, gebildet
discipulatus, us Stand eines Schülers; die Schülerschaft, Schule
discipulina = disciplina
disciscĕre = desciscere sich lossagen, untreu werden
discophorus (*griech.*) Schüsselträger, Truchseß
dyscolia dem Mönchsleben abgewandter Sinn
discolor buntfarbig; grau gesprenkelt
dyscolus (*griech.*) unfreundlich, mürrisch, unzufrieden; ein Mönch, „der mit Regel und Schule verfallen ist"
disconvenit es paßt sich nicht
discooperire; discoperire enthüllen, entblößen, abdecken (ein Dach)

discordantia Widerspruch
discordare in Zwietracht bringen
dyscrasiari (*v. griech.* dyscrasia) unpäßlich werden
discredĕre nicht glauben, zweifeln
discrepare nicht übereinstimmen, widersprechen, abweichen
discretim *Adv.* gesondert, „diskret" (R)
discretio Unterscheidung; peinliches Gericht, Urteil; Bestimmung, Gutdünken; Weisheit, Scharfsinn, Klugheit; Mäßigung, Bescheidenheit; *ehrenvolle Anrede wie* Ew. Weisheit; sine discretione nach Belieben
discretor Absonderer, Richter; Prüfstein
discretum = discretio
discretus unterschieden; unterscheidend; besonnen, verständig, weise, klug; höflich, bescheiden; erlaucht, vornehm
discribĕre = describere
discrimen Entscheidung; Verlegenheit, Gefahr; Fehler; Mitte
discubitus, us das Sichhinlegen; Platz bei Tische, Polster
discursio Ausflug, Reise
discursus, us Auseinanderlaufen; Lauf (der Gestirne); Depesche
discus (*griech.*) runde Scheibe; Schüssel, Teller, Platte, Präsentierbrett; Tisch
discussio Untersuchung, Prüfung, Rechenschaft, Streit
discutĕre zerschlagen, zerschmettern, umwerfen; vertreiben, wegstoßen, ausschlagen; diagnostizieren, untersuchen, erforschen, auf Herz und Nieren prüfen; bestimmen, entscheiden
disertitudo, inis Beredsamkeit
disicere auseinanderjagen, trennen; *Pass.* auseinandergehen
disis = paradisus
disiunctim *Adv.* getrennt, entfernt
disligare aufbinden
dislocatio = delocatio Verrenkung
disloqui irre reden
disnare (*frz.* dîner) frühstücken
dispactare auspacken
dispalari umherziehen
disparĕre verschwinden
dispendium Aufwand, Auslagen, Kostenberechnung, Schaden, Verlust; Übel, Beschwerlichkeit; d. lucri schädlicher Gewinn
dispensa Ausgabe, Kosten, Aufwand; Unterhalt, Speise
dispensare verteilen, spenden, aufwenden, besorgen; ausspannen, in öffentliche Verwaltung nehmen; befreien, dispensieren; erlauben; verzeihen
dispensatio genaue Einteilung, Einrichtung, Verwaltung; geistliche Amtsverrichtung; Anordnung, Fügung, Ratschluß; Erlaubnis, Dispens; Sündenerlaß
dispensator Hausverwalter
disperdĕre abtun; weggeben
dispersus, us = dispersio Zerstreuung
dispertire verteilen
displanare breitschlagen; zerstören, vernichten
displodĕre auseinanderspreizen; zersprengen
dispoliatio Ausplünderung
disponĕre hier und da aufstellen; überlegen, sich vornehmen, gedenken, wollen, beschließen; sich vorbehalten; anlegen (ein Buch); *m. Dativ* ordnen, sorgen für
disponibilis verfügbar
disponsare = desponsare
dispositio Einteilung, Anordnung, Fügung, Vereinbarung, Verfassung; Leitung, Verwaltung; d. curialis Hofordnung
dispudet, duit, ēre sich schämen
dispunctio Prüfung
disputare erörtern, disputieren; predigen
disputatio Erörterung; Streitgedicht
disrumpĕre = dirumpĕre zerreißen; (die Verlobung) aufheben
dissecare zerschneiden; dissecari in bivium in einen innern Zwiespalt
dissedĕre = dissidere
dissensio Nichtübereinstimmen; abweichende Meinung
dissenteria = dysenteria (*griech.*) Dysenterie, Durchfall, Ruhr

dissertare oft besprechen, nennen, auslegen
dissidentia Widerspruch; klaffender Riß
dissidēre sich wegsetzen; anders denken; sich unterscheiden
dissilire zerspringen, abspringen, zur Seite springen
dissimilare = dissimulare
dissimulanter *Adv.* insgeheim
dissimulare unähnlich machen; unbeachtet lassen, übersehen, vernachlässigen, versäumen, verleugnen
dissimulatio Duldung, Toleranz
dissinteria = dysenteria Dysenterie
dissipare auseinanderwerfen; trennen; verschwenden; zuschanden machen
dissipatrix, icis Verschwenderin
dissolutio Auflösung, Schwäche, Ende
dissolutorie *Adv.* bewegungsunfähig, gelähmt
dissolutus aufgelöst, aufgesperrt; zügellos, ausgelassen; d. animis entmutigt
dissolvēre auflösen; bewegungsunfähig machen; d. aliquem von jem. abfallen
dissonantia Uneinigkeit, Widerspruch
dissonus uneinig, abweichend
dissuasorius abratend
dissuetus entwöhnt
distare entfernt sein
distemperantia Schwäche
distemperare Speise einrühren, anrühren
distemperatus ungleich temperiert
distendēre auseinanderspannen; vervielfältigen; foltern
distentio Ausdehnung, Verzerrung; Sorge
distentus aufgebläht, rundlich, aufgelöst
disterminare scheiden, trennen, einteilen; zu Ende bringen; entstellen
disticon = distichum (*griech.*) Abstand; Distichon
distillatio imbrium Regengüsse
distinctio Unterscheidung, Absonderung; Abgrenzung, Grenze; Abschnitt
distinctus deutlich, klar; bunt verziert
distortus verdreht, verkehrt
distractio Verkauf; Verschleuderung; Plünderung
distrahēre auseinanderziehen; verschleudern, verkaufen; abziehen, ablassen; in Anspruch nehmen
districtio Schärfe, Strenge; hartes Gericht, strenge Entscheidung; Bestrafung; Schwierigkeit, Ärger
1. **districtus,** us Bannbezirk, Bezirk
2. **districtus** beeinflußt; = destrictus
distringēre auseinanderziehen; zwingen, nötigen; belangen, vorladen; distinctius d. die Zügel fester anziehen
disturbium Unordnung, Ruhestörung
ditare bereichern; *Pass.* reich werden
ditescēre reich werden; bereichern
dithalassus = bithalassus
ditio = dicio Gewalt, Botmäßigkeit, Herrschaftsgebiet
diu *Adv.* lange; = die; diu nocteque bei Tag und Nacht; diu longe seit langem
diurnalis ein Feldmaß: ein Morgen
diurnatim *Adv.* täglich
diurnus = diutinus
diutinus langandauernd, langwierig
diuturnare verlängern
diuturnitas lange Dauer; amor diuturnitatis Wunsch nach bleibender Erinnerung
divalis = divinus; sub divali loco unter freiem Himmel (O. v. F.)
divaricare auseinanderspreizen; verzerren
divehēre = devehēre herabschaffen, bringen
divellēre zerreißen, trennen; abschütteln; verrücken
diversicolor, oris verschiedenfarbig
diversificare verteilen
diversimode *Adv.* verschiedenartig
diversorium = deversorium
diversus verschieden; zahlreich; e diverso umgekehrt; diversi diverse = alii aliter; pars diversa die Gegenpartei im Prozeß
divertēre = devertēre sich abwenden, zurückweichen; abwendig machen, seitwärts lenken
divestire seiner Würde entkleiden; aus dem Besitz einer Sache bringen
dividēre verteilen, zuteilen
divinalis gottartig
divinare prophezeien

divinitas Göttlichkeit, Gottheit; Theologie
divinitus *Adv.* durch göttliche Fügung
divinus göttlich; Prophet, Seher; heidnischer Priester, Zauberer; Theologe; divina, orum die göttlichen Dinge; Gottesdienst; divinae litterae Theologie; Bibel; divini die Heiligen
divisim *Adv.* getrennt, geteilt
per **divisum** nach seiner Eigenart (O. v.F.)
divolvēre hin- und herwälzen; divolvi = devolvi herabsinken
divortium Trennung, Scheiden; Ausweg
divulgare verbreiten
divulsus (*v.* divellēre) herausgeschüttelt
divus göttlich; heilig; Gott; Götze
docibilis gelehrig
docivus belehrend; belehrbar
doctiloquax gern gelehrt redend
doctiloquus gelehrt redend; Ratgeber
1. **doctor** Gelehrter, Schriftsteller, Dichter; d. gentium der Lehrer der Heiden = Paulus; quatuor doctores = Ambrosius, Augustin, Gregor I. und Hieronymus
2. **doctor** = ductor Herzog
doctrina Lehre, Unterweisung; Grundsatz; d. sapientiae gelehrte Bildung
doctrinale, is das Doktrinale, das Schulbuch des späteren Mittelalters, verfaßt um 1200 von Alexander de Villa Dei
doctrinare lehren, bilden, schulen
documentum Beispiel; Unterweisung, (wissenschaftliches) System, Lehre, Glaube; Urkunde; antiquum d. das Alte Testament
dodrans, tis 3 Viertel oder 9 Zwölftel des römischen as
dogma, atis (*griech.*) (philosophischer) Grundsatz; Glaubenswahrheit, Glaubenssatz, -lehre, Glaube; Unterweisung
dogmatistes, ae (*griech.*) Lehrer
dolabrum = dolabra Brechaxt, Picke
dolare bearbeiten, behauen; glätten
dolatura Streitaxt mit kurzem Stil, Hobeleisen; Schnitzmesser
dolaturium Axt zum Behauen
dolatus abgeglättet
dolendus schmerzlich
dolēre Schmerzen haben; betrauern, bedauern, Mitleid haben
dolescēre = dolere
dolium Faß; Gefäß, Behälter; d. Saturni Höllenschlund, Hexensabbat
dolorosus schmerzensreich
dolositas Verschlagenheit, Falschheit
dolus 1. List; 2. = dolor Schmerz
doma, atis (*griech.*) Dach; Haus, Hütte; Vogelbauer; ad doma nach Hause
domatus = domitus gezähmt, bezwungen
domesticare zähmen
domesticus häuslich, vertraulich; Verwalter der königlichen Domänen (zur Zeit der Merowinger); cervus d. ein gezähmter Hirsch
domi in der inneren Politik (*Gegensatz:* foris)
1. **domicella** Häuschen
2. **domicella** = dominicella (*frz.* demoiselle) Mädchen, Schätzchen; Ritterfräulein (*mhd.* vrouwelîn)
domicellus Knappe, Junker
domina (*Dat. Plur.* dominabus) Hausherrin; Dame; Königin im Schachspiel
dominari *mit Gen. oder Abl.* sich bemächtigen; *mit Dat.* herrschen, gebieten, befehlen; *als Anrede:* Ew. Herrlichkeit
dominatio Herrschaft; Eigentum; Engelchor
dominatus, us Herrschaft, Botmäßigkeit
dominella Fräulein
dominicus dem Herrn gehörig; königlich; dominica (*sc.* dies) Sonntag; dominica *sc.* curtis) Haupthof; dominica in palmis Palmsonntag; coena dominica Abendmahl; oratio dominica Vaterunser; corpus dominicum Hostie
dominium Herrschaft, Eigentum; Gewalt
dominus Gott der Herr; Lehnsherr, Herr, Baron; d. apostolicus Papst; terrenus d. Lehnsherr
domnus = dominus; meist der irdische Herr; domna = domina
domuncula Häuschen; Haus
domus, us Haus, Wohnung, Gemach; Kirche; Gut, Besitzung, Vermögen; Geschlecht

donare geben; verzeihen
donarium Gabe, Geschenk; Schatzkammer
donatio Schenkungsurkunde
donatium = donatio Schenkung, Verleihung
donativum Gnadengeschenk; Lehen
dorca (*griech.*) Reh
dormire schlafen; einschlafen, sterben
dormitans, antis schlafmüde
dormitatio Schlafen
dormitio Schlummer; Tod; d. Mariae = 15. August
dormitorium Schlafsaal, Schlafhaus der Mönche
dorsale, is Wandteppich, Wandumhang
dorsiloquium Afterrede, Verleumdung
dorsum Rücken; dorsa dare fliehen; dorso componere die Strafe der Geißelung erfahren
dorsus = dorsum
dorum (*griech.*) Gabe, Geschenk
dos, dotis Heiratsgut des Mannes, Morgengabe; Wittum; Gabe
dosinus aschgrau
dotalicium Gabe, Heiratsgut
dotare ausstatten
dotarius die Mitgift betreffend
dova Faßdaube
doxa (*griech.*) Glanz, Ruhm
draco, onis; *Abl. Sg.* draconta (*griech.*) Schlange; Teufel
draganteum Estragon, Kaisersalat
1. **dragma** (*griech.*) ein Gewicht; Drachme, Münze; Belohnung
2. **dragma,** atis Handlung; Geschichte, Gedicht, Psalm; Untersuchung
dramones = dromones schnellfahrende Schiffe (H. v. H.)
drappus Tuch, Lappen; d. ad discum Tischtuch
drasca; drascus (*wohl gall.*) Darrmalz
dri — tus — es drei — zwei — eins
dromedarius Dromedar
drungus (*germ.*) Kriegsschar
dubietas Zweifel; Ungläubigkeit
dubitare fürchten
dubium Furcht; sine dubio selbstverständlich; procul dubio ohne jeden Zweifel
ducalis herzoglich
1. **ducatus,** i mittelalterliche Goldmünze von verschiedenem Werte, Dukaten
2. **ducatus,** us Geleit, Führung, Führerschaft, Führerstelle; Herzogtum, Herzogsamt
ducellare zapfen
ducellum; ducellus Zapfen
ducenses die Herzoglichen
ducĕre führen; mitbringen; abrichten; verbringen
duciculus Zapfen, Spundpfropfen, Hahn
ducissa Herzogin
ductilis dehnbar, geschmeidig
ductor Führer, Heerfürst; Herzog
ductrix porcorum Mutterschwein
ductus, us Führung; Zugkraft
duculus = dux
dudum *Adv.* vor kurzem, einst; iam d. vorhin
duellis feindlich
duellum Zweikampf; Krieg
dulcamen Süßigkeit; Naschwerk
dulcare versüßen, erfreuen
dulcedo, inis Süßigkeit; Würze; d. Christi = Johannes, der Lieblingsjünger des Herrn
dulcēre = dulcescere süß werden; versüßen
dulciamen = dulcamen
dulcifer süß
dulcifluus süßfließend
dulcisonus lieblich klingend
dulcor die Süße, Süßigkeit; süße Flüssigkeit; würziger Duft; per dulzor (*frz.* par douceur) zur Lust — ein Trinkspruch wie unser „Zum Wohle" (CB.)
dulcorare versüßen, schmackhaft machen; wieder gut machen; geschmackvoll darstellen
dulia (*griech.*) Dienst; Anbetung
dulus (*griech.*) Sklave, Knecht, Diener
dum *Konj. mit Kj. u. Ind.* solange bis; wenn, wofern; sintemal, weil ja; während doch; = cum. dum — dum = sive — sive

dumetum Dickicht
dumtaxat *Adv.* wenigstens, nur, nämlich
dunus (*germ.*) Düne
duodenarius numerus die Zahl zwölf
duodennis = duodecennis zwölfjährig
duodenus der zwölfte; duodeni zwölf
duplare = duplicare verdoppeln
festum **duplex** Festtag höherer Ordnung
duplicior mehr als doppelt
duplus = duplex doppelt
durare härten; stählen; fortbestehen
duratio Dauer
durescĕre hart werden; verweilen
duritia Härte, Hartherzigkeit, Verstocktheit
duropalus Türpfahl, Schwelle
durus; *Adv.* duriter hart, steif; streng; ungestüm, plump
duum = duorum
dux, ducis Führer, Herrscher, Graf, Herzog; Anstifter(in); *Plur.* die Großen des Reiches

E (AE; OE)

eapropter *Adv.* deswegen
ebdom . . . *s.* hebdom . . .
ebeninus (*griech.*) aus Ebenholz
ebes = hebes
ebibĕre austrinken, aussaugen
ebriatus trunken
ebrietas Trunkenheit; berauschendes Getränk; Trinkgelage
ebullire heraussprudeln; im Sinnestaumel überschäumen
ebullitio Hervorsprudeln, Überschwemmung
ebur, oris Elfenbein; elfenbeinerner Griff
ecatontarchus = hecatontarchus
ecce *Adv.* anbei
ecclesia; ecclisia (*griech.*) Versammlung, Kirche (die christliche Gemeinde, das Kirchengebäude); e. maior Hauptkirche, Dom
ecclesialis zur Kirche gehörig, kirchlich
ecclesiastes Prediger; als Buchtitel: der Prediger Salomo
ecclesiasticus zur Kirche gehörig, kirchlich, geistlich; (als Buchtitel) d. Buch Sirach
ecclesiuncula kleine Kirche
eccum (am) da ist er (sie)!
echo; *Akk.* echon (*griech.*) Echo, Widerhall
eclipsis, is (*griech.*) Ausbleiben, Verschwinden, Untergang, Finsternis (der Sonne, des Mondes); Verminderung
ecliptio = eclipsis
ecloga (*griech.*) Hirtenlied, Ekloge
eco = echo
oeconomia Verwaltung
oeconomus (*griech.*) Verwalter, Schaffner
econtra *Adv.* gegenüber, in bezug auf; anderseits, im Gegenteil, dagegen, hingegen, wiederum
eculcĕre nach hinten ausschlagen; störrisch sein
eculeus = equuleus Pferdchen (Marterinstrument), Streckbank
oecumenicus (*griech.*) die ganze bewohnte Erde betreffend
edax, acis gefräßig; zerstörend
edentulus zahnlos, alt
edepol (beim Pollux) = wahrlich
edĕre sagen, reden
aedes, is; **aedis** Haus, Kirche, Kapelle; Gemach, Kammer; das „Gehäuse“, Schwertscheide; a. sacra Gotteshaus; aedem vacuare das Schwert ziehen (W.)
edhlingi (*germ.*) = nobiles die Edelen bei den Sachsen (Nith.)
edicĕre festsetzen; sagen, rufen, mitteilen
aedificare (geistlich) erbauen
aedificatio Bau, Gebäude; Erbauung
aedificatorium Erbauungsmittel
edigma, atis Wappen
edisserĕre eifrig erörtern, ausführlich vortragen, aufzählen
edissertare auseinandersetzen
editus entsprossen, geboren; Sproß; nuper e. neugeboren (Hr.)
aedituus Mesner, Glöckner, Küster
edoctus eingelernt
edomare in *m. Abl.* gewöhnen an, abrichten; bezwingen, bändigen

edonare die Ausfuhr gestatten
educare erziehen, züchten
educĕre aus der Scheide ziehen; se e. sich von einem Verdacht reinigen
edulcorare versüßen
edulium Nahrung, Speise, Leckerbissen
edus = haedus
ephebia (*griech.*) das erste Jünglingsalter
ephebus (*griech.*) mannbarer Jüngling
effatus, us Ausdrucksweise, Stil
effector Hersteller; Vollstrecker
effectuare wirksam machen, verwirklichen
effectus, us Ausführung; effectu durch die Tat; *Plur.* Wirkungen
efferre forttragen; hervorbringen, gebären; erheben; voce elata mit erhobener Stimme; e. gressum acrem rüstig ausschreiten
efferus wild, roh; streng
effervescĕre überkochen, zunehmen
effestucare unter feierlichem Halmwurf sich lossagen von etwas, etwas aufgeben; jem. entlassen
efficacia Wirksamkeit, Tätigkeit; Wirkung, Erfolg; e. posse die Kraft des Könnens (Hr.)
efficĕre machen; *Pass.* werden
effigiare nachbilden, abbilden; darstellen
effigies, ei Bild, Gestalt
effimerus (*griech.*) einen Tag dauernd, kurz dauernd; tückisch
effingĕre nachbilden, vortäuschen; speciem domini e. sich den Schein eines Herrschers geben
efflagitare dringend fordern
efflare herausblasen; durch Blasen etwas von seiner Stelle losreißen; ablassen; ausposaunen
efflorĕre aufblühen
effluentia Schwall
effluĕre herausfließen; Überfluß haben
effractor Einbrecher; e. legis Gesetzübertreter
effractura Einbruch
effremiscĕre lostoben
effrenis ungezügelt, nicht rechtzeitig angehalten
effrons unverschämt, verwegen
effugare in die Flucht schlagen, vertreiben
effugitare = effugĕre entfliehen
effugium Flucht
effundĕre ausschütten; *Pass.* sich gehen lassen, schwelgen; träufeln
effusio Ausgießen, Vergießen; Austreibung, Geburt
effusitivus ausströmend
effutire in den Tag hinein schwatzen
ephippium (*griech.*) Sattel
ephot (*hebr.*) ein priesterliches Kleiderstück bei den Juden; das priesterliche Gewand überhaupt; das Superhumerale
ephron (*griech.*) von Sinnen, unverständig
egenus, arm; arm an
aeger krank, erschöpft; aegre attritus arg mitgenommen
egerĕre herausführen, ausschaufeln, entfernen; von sich geben, verdauen
aegyptiacae dies Unglückstage
eglega; egloga = ecloga
egredi *m. Akk.* verlassen
egressus, us Ausmarsch, Landung
aegritudo, inis Krankheit, Heftigkeit
egumenus (*griech.*) Führer; Abt
ehe hallo!
ei mihi weh mir!
eia wohlan! o, ach!
eicĕre herauswerfen, umwerfen; e. de campo aus dem Felde schlagen, besiegen; fossas e. Gräben aufwerfen
eiulare heulen, jammern
elabescĕre entgleiten, entrinnen
elaborare sich abmühen; erarbeiten, erringen
elaces (*germ.*) = alces Elche
elambĕre ablecken; lecken; austrocknen
elargiri spenden
elata; elate (*griech.*) Dattelpalme; Wedel
elatio Hinaustragen; Hebung, Aufhebung; Übermut, Stolz
elatus hoch, überragend an Größe
electare 1. ausforschen; 2. auswählen
electarium Latwerge
electio Wahl, Kur; Königswahl, kirchl. Wahl; die Auserwählten

elector Wähler; Kurfürst
electrix Wählerin
electrum (*griech.*) eine Metallmischung, Messing
electuarium = electarium
electus erwählt, zur Weihe kommend (vom Bischof, der noch nicht ordiniert ist, vom Kaiser, solange ihm nicht das letzte Kaiserzeichen überreicht ist, gesagt)
eleemosyna (*griech.*) Almosen; Geschenk; Speisung
eleemosynarius Almosengeber; der Mönch, der aedi eleemosynariae vorsteht und die Almosen an die Armen verteilt
elefantiosus mit der Elefantiasis behaftet
elegus Wehklagen, Trauer; *Plur.* elegische Verse, Klagelied
elegiacum metrum elegisches Versmaß
elegicus; eleicus traurig
eleison (*griech.*) erbarme dich!
eleimosyna; elemosyna; elimosyna = eleemosyna
leve **elementum** Staub
elenchus (*griech.*) Prüfung; Widerlegung
elevare emporheben; e. mensam die Tafel aufheben
elevatio Thronerhebung (zur Zeit der Merowinger)
elevator Beschützer
elicĕre herauslocken; erschmeicheln, erschleichen; herausreißen
eligĕre herauslesen; auswählen, wählen; vorziehen, lieber wollen
elimare ausarbeiten, gehörig ausbilden
eliminare hinausstoßen, vertreiben; herausholen
elingere auslecken
elintres = lintres (H. v. H.)
eliquare klar machen; läutern; kund tun
elixus gesotten
ellinicus = hellinicus des Griechischen kundig
elluo = heluo Prasser
elogium 1. = eloquium. 2. Vorschrift, Verordnung; Friedensspruch
Eloy = Eloi (*hebr.* = mein Gott) Gott
Eloim (*hebr.*) Gott
elongare entfernen, fern halten; *Pass.* sich entfernen, fern bleiben
eloquentia Sprache, Aussprache; die Anwendung der Sprache in Kunstrede und Dichtung, Rede, Wort; Gebot; vulgaris e. das Dichten in der Muttersprache (D.)
eloquium Rede, Ausspruch, Zusage, Verheißung, Predigt; e. divinum Gotteswort; e. securum offene, feste Sprache
elucescĕre hervorleuchten; hell werden; sich zeigen
elucidare in helles Licht setzen
elucubrare (bei Licht) ausarbeiten, ans Licht ziehen
eludĕre verspotten, necken; beim Fechten ausweichen, parieren
elumbis lendenlahm, matt
elusor Spötter, Betrüger
elusorius betrügerisch, trügend
emanare herausfließen; ausgießen
emanatio Ausfluß
emasculare verweichlichen
emax kauflustig
emblema, atis (*griech.*) Einschiebsel; Mosaikarbeit
1. **emenda** Buße, Genugtuung, Geldstrafe
2. **emenda,** orum Waren
emendabilis sühnbar, verbesserlich
emendare flicken, wieder gutmachen, sühnen, büßen (eine Schuld); körperlich züchtigen; sich bessern
emendatio Besserung; = emenda 1.; emendationem subministrare bessern
emensio Ausführung
emensus (*v.* emetiri) abgelaufen
emergĕre emportauchen; anbrechen
emeritus ausgedient, der Ruhe pflegend; vergangen, glücklich beendet
emetiri ausmessen; ermessen; durchwandern, zurücklegen
emicare hervorleuchten; losfliegen (v. d. Lanze); emporspringen
emigrare auswandern; vertreiben
emina vini = hemina
de **eminentioribus** von oben
eminentia, ae Erhöhung, Höhe; Erhabenheit, Hoheit

eminulus ein wenig hervorragend
emiol . . . *s.* hemiol . . .
emisperium = hemisphaerium
equus **emissarius** Hengst
emissio Gebären; Sprößling; Pest
emoliri herausschaffen; sich entfernen
emollire erweichen; mürbe machen, schwächen
emologare = homologare (*griech.*) übereinstimmen; übereinkommen, zusagen; eingestehen
emologidare anerkennen; Buße zahlen
emolumentum das Erwirkte; Fortschritt, Vorteil; *Plur.* Einnahmen
emonēre mahnen; einfordern
emori rasch dahinsterben; sterben
empicus (*griech.*) lungenkrank
emplastrare vulnus eine Wunde zupflastern
emplastrum (*griech.*) Pflaster auf Wunden
emporium (*griech.*) Markt, Messe
empticius gekauft, käuflich, feil; ein gekaufter Knecht
empticus gekauft, käuflich
emptor Kaufmann
aemulari nacheifern; sich bemühen um
aemulatio Wetteifer; Eifersucht; Streit; aemulatione auf Betreiben
aemulus nacheifernd, begierig, gierig; Nacheiferer, Anhänger; Neider, Nebenbuhler, Konkurrent, Gegner, Feind
emunctorium Lichtputze, Lichtschere
emundare völlig reinigen, säubern, tilgen
emundator Schwertfeger
emungēre beschummeln, prellen
emunitas; emmunitas = immunitas
emutare ändern
en siehe; da ist; jetzt; anbei; en tibi da hast du
enarithmus (*griech.*) die in einer andern enthaltene Zahl; das Miteinbegriffene
enbipedare auf beiden Füßen hinken; schwanken (T.)
encaenia (*griech.*) Tempelweihe; Einweihung einer neuen Kirche
enceniare 1. = encaeniare einweihen; 2. viel essen
encenium = enxenium = xenium
encheridion = enchiridion (*griech.*) Handbuch
encomium (*griech.*) Lob, Lobrede
endeca . . . *s.* hendeca . . .
endroma, adis; endromis, idis (*griech.*) Überwurf, Überwurfkleid; Rock
energimum (*griech.*) Wirkung
energuminus = energumenus (*griech.*) (vom Teufel) besessen; gelähmt
enervare entnerven, entkräften, schwächen
enervus = enervis kraftlos, schwach, matt
aenesis (*griech.*) Beistimmung, Zustimmung
eneta = aneta Ente
aenigma, atis (*griech.*) Rätsel; Abbild; Züge (Gesicht)
enim *Konj. oft zur bloßen Versfüllung oder Satzverbindung*; = autem
enimvero *Adv.* allerdings, fürwahr
eniti sich herausarbeiten; gebären
enixus angestrengt; *Adv. Komp.* enixius inständig; voll Eifer
enodatus deutlich gemacht; enodatissime ganz deutlich
oenophorum (*sc.* vas) (*griech.*) Weingeschirr, Flaschenkorb
enormis regelwidrig, gottlos, verbrecherisch
enormium Unrecht
enotare auslegen, erklären
ensipotens schwertgewaltig
entheca (*griech.*) Behältnis für Geld u dgl.; Reisesack
enthymema (*griech.*) Gedanke; Schluß, Folgerung
entitas Wesenheit
enuchizare = eunuchizare
enucleare auskernen, öffnen; erklären
enucleatio Auslegung; Klarheit
enucleatus klar, deutlich
enutrire nähren
enxenium = exenium
eo *Adv.* deshalb; eo quod deshalb; weil
eodem *Adv.* = ibidem ebenda
eohe = eheu o! ach!
Eōus (*griech.*) Morgenstern; morgendlich; östlich

epar; epaticus *s.* hepar; hepaticus
eparchus (*griech.*) Kommandant
epicyclus (*griech.*) Nebenkreis
epicrocus dünn, morsch
epiphania, ae u. orum (*griech.*) Erscheinung; Dreikönigstag, Epiphanienfest
epiphiare = ephippiare (*griech.*) satteln
epinicion (*griech.*) Loblied; epinicia, orum Siegesfest
episcopium = episcopatus, us Bischofswürde, Bischofsamt, Bistum
episcopus (*griech.*) Bischof; e. comes Fürstbischof
epistola = epistula Brief; Briefaufsatz; Urkunde; Verzeichnis
epistolarius Geistlicher, der die Epistel verliest, Lektor
epistulare Briefsammlung
epythapium = epitaphium (*griech.*) Grabschrift, Grabstein, Grabmal
epithalamium (*griech.*) Brautlied
epitritus (*griech.*) das Verhältnis 4 : 3 einhaltend; epytrita vox die Quarte (Y.)
epotare austrinken, einsaugen
epothous = epogdous zum Verhältnis 9 : 8 gehörig (Hr.)
eptaticus = heptateuchus
epulare = epulari speisen; kosten
aequalis gleich, gleichlautend
aequalitas Gleichheit, Gleichmäßigkeit; Ebenmaß
aequanimiter *Adv.* gleichmütig, ruhig
aequare gleichmachen; gleichkommen; gleichmäßig einteilen
aeque *Adv. auch* = acque
eques, itis Ritter; = equus Roß; Springer (im Schachspiel)
equester, stris, stre beritten; Reiter, Reisige.
aequicolor gleichfarbig
equinus zum Pferd gehörig, Pferde-
aequipar völlig gleich
aequipedans = aequipedus gleichfüßig
aequiperare gleich machen, ebnen; ae. aliquem gleichkommen; gerecht werden
aequipollens gleich viel geltend, gleichwertig
aequisonus gleichklingend
aequitas Gleichmaß, Gleichheit; *Plur.* Rechtschaffenheit, alles was billig ist
equitarius Berittener, Reiter
equitatura Ritterwürde
aequivocare nennen, heißen
aequivocus gleich betitelt, gleichnamig; doppelsinnig, mehrdeutig
aequivox Namensvetter; Rufname
aequa manu ohne Entscheidung; ad aequum zugleich; ex aequo zu gleichen Teilen
aera Epoche; Jahr der Thronbesteigung
eradĕre abkratzen; vollständig vertilgen
eradicare entwurzeln, völlig vertilgen
eradicatio Ausreuten; Verwüstung
aeramentum Erz, Gebilde aus Erz, Glocke
aerarium Staatskasse, Fiskus; Schatzkammer
aeratus mit Erz beschlagen, erzbehelmt
erebus (*griech.*) Hölle
eremita (*griech.*) Einsiedler, Klausner
eremitare zum Einsiedler machen, heiligen
eremitorium Klause eines Einsiedlers
eremus (*griech.*) Einsamkeit, Einöde, Wüste, Wildnis; alles Land, das nicht im Besitz von Gemeinden oder Privaten war, Königsgut
aereus erz-, kupferbeschlagen, ehern
ergalium (*griech.*) Werkzeug; vertibile e. Winde
ergastulum Arbeitshaus, Gefängnis, Kerker; mundi e. irdisches Jammertal
ergasterium (*griech.*) Werkstatt; e. carnis Körper, Leib
ergo *Adv. oft bloß versfüllend*; ja (Ausdruck der Überraschung), nämlich; *m. vorangestelltem Gen.* = zufolge, halber: obsidis ergo als Geisel (W.)
ericius Igel; eine Belagerungsmaschine
erilis = herilis dem Herrn gehörig; Herr, Herrin
erinacius = ericius
erini (*griech.*) Friede (LB.)
erogare verausgaben, verkaufen, verteilen, spenden; erbitten
eroes = heroes
erogator Ausgeber, Spender; Helfer; Testamentsvollstrecker

erpex = herpex Egge
erraneus irrend, irrtümlich
erraticus umherirrend; trügerisch
erro, onis Vagabund; Schwarmgeist, Teufel
erroneus = erraneus
error Irrfahrt; Irrlehre
errovagari umherirren; beim Reden abschweifen
errovagus umherirrend; umschweifig
erubescĕre vultum erröten
eruca alba Gartenrauke
eructare; eructuare hervorströmen lassen, ausspeien; herausgrölen, sagen
eructuatio Auswurf
eruditor Lehrer, Erzieher
eruĕre herausgraben, roden, ausreißen; ausladen; erlösen
aeruginare rosten
aerumna Plackerei; Drangsal, Not, Trübsal; *Plur.* Jammer
aerumnosus mühselig, jammervoll, trübselig; niederdrückend
erumpĕre herausbrechen, anbrechen; cras erumpit der Morgen bricht an
eruncare ausjäten
es *indekl.* die Eins des Würfels
aes, aeris Erz; Geld, Münze; Glocke
1. **esca** (*zu* edere) Speise, Essen
2. **aesca** Äsche, ein Bodenseefisch
escamen Speise, Essen
escula Speise, Bissen; Verspeisen
esculentum Speise
esox Hecht; Salm, Lachs
esperiolus = speriolus Eichhörnchen
esse *m. Gen.* zeugen von; *m. Inf.* möglich sein, erlaubt sein
essentia Wesenheit, innere Beschaffenheit, Natur, Wesen
essentialis wesentlich
esterlingus (*germ.*) Osterling = engl. Silberpfennig (*mhd.* sterling)
estimare = aestimare abschätzen; denken, meinen, vermuten
aestimatio Abschätzung, Berechnung; Preis, Gehalt, Wert; Ertrag
aestivalis sommerlich
aestivari sich des Sommers freuen
aestivus sommerlich
aestuare; aestuari heiß sein, schwitzen, versengt werden; innerlich glühen, erglühen, vor Begierde brennen; unruhig sein, hin und her schwanken, sich ängstigen
aestuarium heizbarer Raum, Stube, Laube
aestuatio Unruhe des Gemüts
aestus, us Glut; Liebesglut; a. maris die Gezeiten des Meeres
esula Wolfsmilch
esuria Nahrungsmittel
esuries, ei Hunger
esurire Hunger leiden
esurpare entziehen, entreißen
esus, us Essen, Verschlingen; Speise
et = etiam auch
aetatula = aetas Zeitalter; Alter
etenim *Konj.* nämlich, denn; auch
etenimvero *Konj.* gewiß
aether, eris; *Akk. Sing.* aethra *u.* aethera (*griech.*) Himmel; *Plur.* aethera Gestirne
aethera = aether
aethereus = aetherius himmlisch
aeternalis ewig; *Adv.* im Jenseits
aeternitas ewiges Leben
aeternus ignis Höllenfeuer
etesius (*griech.*) jährlich
ethica (*griech.*) Sittenlehre
ethnicus (*griech.*) heidnisch; Heide
aethralis himmlisch
etiamtum – quamque et sowohl – als auch
etymologia (*griech.*) Etymologie, Wortableitung; ethymologiam habere a den Namen haben von
eu *Interj.* (*griech.*) schön! wohlan! o weh! eu vôhé der Bacchantenruf
euangel . . . *s.* evangel . . .
euax herrlich, juchhei, hurra!
eucharis (*griech.*) holdselig, freundlich
eucharistia (*griech.*) Danksagung; heiliges Abendmahl; Hostie
euphonia (*griech.*) Wohlklang; Gesang
euge = eu
eulogia (*griech.*) Geschenk, Gabe; Segen
eulogium (*griech.*) Gabe, Geschenk; treffende Antwort, geistreiches Wort

euloin (*verstümmelt a. d. Griech.*) segnen
eunuchizare (*griech.*) entmannen
eunuchos (*griech.*) Verschnittener; Kämmerling
eusebius (*griech.*) fromm
eutyches (*griech.*) glücklich
evacuare auslernen, leeren; abschaffen, vernichten, wertlos machen, für ungültig erklären; fidem e. sein Wort brechen
evagari abschweifen
evaginare aus der Scheide ziehen
evanescĕre vergehen, verschwinden, zugrunde gehen
evangeliarium Evangelienbuch, Evangeliensammlung
evangelicus (*griech.*) zum Evangelium gehörig; lectio evangelica Lesung aus dem Evangelium
evangelista (*griech.*) Evangelist; Prediger
evangelium (*griech.*) Evangelium, christl. Lehre; das Evangelienbuch
evangelizare (*griech.*) das Evangelium verkünden, frohe Botschaft bringen
evasio Entrinnen
evax = euax *Interj.*
evectio Ausfuhr, Handel
evenire herauskommen; werden; = pervenire gelangen zu
eventare erörtern, kritisieren
eventio Begebenheit; Erfolg
eventus, us Erfolg, Ausgang; Mißgeschick; Hergang; Ankunft
everrĕre ausfegen, reinigen; e. de sura gebären
eversor Zerstörer; Störenfried; Verschwender; Verführer
evidens ersichtlich; *Adv. Komp.* evidentius ganz offensichtlich
evigilare erwachen
evigorare entkräften
evincire fesseln
evindicare besetzen, einnehmen; = vindicare
eviscerare ausweiden, entleeren
evocare herausholen; töten
evocatio Herausrufen; e. divina Gnadenruf Gottes
evocaturia Einladung
evolvĕre herauswälzen; entwickeln; annus evolvitur das Jahr läuft ab
evomĕre ausspeien
aevum Ewigkeit; Lebensalter; Zeit; Welt; ab aevo von Anfang an; per aevum, in aevum in alle Zukunft, für immer, in Ewigkeit, zur ewigen Seligkeit
ewa (*germ.*) Band; Gesetz; Ehe
ex *Präp. m. Abl.*: aus, aus — heraus; infolge. — *Auch oft* = a: ex omni parte überall; = de: ex facto tatsächlich; = per: ex baptismo durch die Taufe; ex se an sich; = abl. instr.: ex opere peccare durch die Tat sündigen. — ex toto vollkommen; ex quo weil; sobald
exacerare durchsieben
exacerbatio Erbitterung
exacerbatus aufgebracht, erbittert
exactare eintreiben (vom Zins)
exactio Beitreibung, Einziehen von Geldern und Steuern; Steuer, Auflage; Zwangsdienst (= angaria)
exactor Vollstrecker, Mahner, Aufseher; Eiferer
exactorare = exauctorare
exagĕre = exigere beitreiben
exagitare aufjagen; verfolgen; belästigen
exaltare erhöhen; erheben; hoch und sicher stellen; *Pass.* sich erhöhen
exaltatio Erhöhung; Lobpreis; Überhebung
examen Schwarm, Menge; Untersuchung, Verhör, Gericht, Prüfung, Kritik; Gottesurteil, Urteil; ultimum e. das Jüngste Gericht
exametum; examitum = hexamitum (*mgriech.*) Seidenstoff, Samt
examinare untersuchen, prüfen; zur Rede stellen; synodalia e. die Untersuchung im geistlichen Gericht führen; e. ad crucem sich der Kreuzprobe unterwerfen
examinatio Untersuchung; e. ecclesiastica kirchl. Verfahren; examinationis iudicium Gottesurteil
examussim *Adv.* genau, vollkommen
exancillari ganz sklavisch dienen

exaperire völlig auflösen; deutlich ausdrücken
exarare durchfurchen; ausreuten, schreiben, beschreiben
exarēre trocken sein, verwelken
exasperare wildmachen, aufreizen, erbittern; wild werden
exauctorare absetzen; entlassen
exauditor Erhörer, Erbarmer; gütig
excalciare aliquem j. d. Schuhe ausziehen
excaecare blenden, verblenden
excedere herausgehen, fortgehen, ausziehen; überragen, das Maß überschreiten; einen Fehler begehen, sündigen; e. vitam aus dem Leben scheiden; numerum excedens zahllos
excellentia Vortrefflichkeit, Erhabenheit; hohe Stellung; e. vestra Ew. Hoheit
excellĕre hervorragen; *trans.* übertreffen
excelsus hoch, erhaben, hervorragend; ausgezeichnet; laut; excelsum Berghöhe
excepto ausgenommen; *auch m. Abl. Plur.* e. his qui mit Ausnahme derer, welche; e. si es sei denn daß
exceptorium Behälter, Reservoir
excerebrare enthirnen, abschlachten; sinnlos machen, betäuben
excessus, us Ausgang, Fortgang, Auszug zum Kampf, Feldzug; Ausschreitung, Vergehen, Fehler, Frevel, Sünde; Strafgebühr; e. mentis Ekstase; Gesicht, Vision
excire hervorlocken; wecken
excisus gebildet
excitare hervorrufen; e. ad vitam wiedererwecken von den Toten
excitatorius ermahnend, ermunternd
excludĕre ausschließen; auskriechen; e. vitium den Vorwurf der Lasterhaftigkeit, des Verbrechens entkräften
exclusa Schleuse
excolare durchseihen
excommunicamen = excommunicatio Kirchenbann, Exkommunikation
excommunicare ausstoßen, ausschließen (aus einer Gemeinschaft), in den Bann tun; excommunicans Gebannter
excoquĕre ad purum klarkochen, läutern
excoriare abhäuten, beschneiden; schinden; geißeln, tüchtig durchprügeln
excreare = exsecreare sich räuspern, ausspucken
excrecio = exsecretio Ausscheidung
excredicio Kreditierung
excrementum Abfall, Auswurf
excribrare aussieben
excruciare quälen, martern
excuba Wächter
excubare wachen, bewachen; besorgt sein; die Vigilien (im Kloster) halten; von Hause fort sein
excubiae Wachtposten; excubias celebrare die Totenwache halten
excudĕre herausschlagen; abjagen
exculpĕre = exsculpĕre
excursus, us Entwicklung; Tränenfluß
excusare entschuldigen; freischwören; ablösen; *Pass.* sich entziehen
excusator Entschuldiger; Beklagter
excusatorius rechtfertigend; excusatoriae litterae Entschuldigungsschreiben
excusatus, us Entschuldigung
excussus aufgerüttelt; geprüft, kraftvoll, laut
excutare pfänden
excutĕre losreißen, wegraffen, abjagen, abfangen; e. somno aus dem Schlafe rütteln; se e. emporschnellen; *Pass.* excuti abprallen
exe . . . *s. auch* exce . . . *und* exse . . .
exemplar, aris Abschrift, Kodex; Vorlage
exemplare als Beispiel anführen; nachbilden, abschreiben; *Pass.* nachahmen
exemplificare durch Beispiele erläutern
exemplum Vorbild; Predigtbeispiel, Gleichnis, Fabel, Geschichte, Sprichwort; sine exemplo ohnegleichen
exenium = xenium
exenodochium = xenodochium
exenterare ausweiden, ausnehmen
exaequare völlig gleichmachen, ein völlig gleiches Bild machen
exercēre handhaben, gebrauchen, pflegen; bestellen; heimsuchen
exercitaliter ire eine Heerfahrt unternehmen

exercitare Heeresdienste tun; ein Heer führen
exercitatus erprobt, bewandert; hart geprüft
exercitium Beschäftigung, Treiben; Bußübung; Prüfung; Werk, Gedicht
exĕre = ejicĕre herauswerfen
exerrare abirren
exestimare = existimare
exaestuare überwallen; schmachten
exesus mager, dürr
exfestucare = effestucare
exhac = posthac nachher, später
exhalare aushauchen, ausströmen, ausdünsten; sterben
exhereditare enterben; um das Erbe bringen
exhibēre beschaffen, darbringen, überreichen, erweisen, gewähren, ausliefern, zeigen; ausüben; Unterhalt gewähren, verpflegen
exhibitio Leistung
exhilarare aufheitern
exhilarescĕre heiter werden, sich wieder erheitern
exhinc *Adv.* seither
exhomologesis (*griech.*) öffentl. Bekenntnis; Buße
exhonorare entehren
exhortari pro ermahnen zu
exhortamen Mahnung
exhumare ausgraben
exigentia, ae Notwendigkeit
exigĕre herausholen; fordern; prüfen, aufpassen
exiguitas mea „meine Wenigkeit"
exi . . . *s. auch* exci . . . *und* exsi . . .
exin = exinde
exinanire ausleeren, berauben; se e. sich selbst entäußern
exinanitio Ausleerung, Entblößung, Erniedrigung
exinde *Adv.* darauf, dadurch, dabei
exire herausgehen; davonkommen; (das Grundstück) räumen; sterben; hominem e. = sterben
existimare meinen, glauben; beurteilen; fassen, begreifen
exitium Verderben, Unheil, Untergang
exitus, us Ausgang, Lebensende; Sterbegeld; Flurgrenze
exoccupare außer Beschäftigung setzen
exoculare der Augen berauben
exonerare entlasten; münden
exoptatus erwünscht
exorabilis nachgiebig, Bitten zugänglich
exorare (inständig) bitten, beschwören; beten; *Pass.* sich erbitten lassen
exorator Erbitter, Fürsprecher
exorbare blenden
exorbitare aus dem Geleise bringen; abweichen, sich entfernen
exorcismus (*griech.*) Teufelbeschwörung
exorcista Zauberer, Teufelsbeschwörer
exorcizare aliquem (*griech.*) aus jem. die bösen Geister austreiben, die Geister beschwören
exordinatio Unordnung
exormiston, i (*griech.*) eine Muränenart
exorsa, orum Einleitungen
exortus, us Ursprung; Quelle
exosor Hasser
exossare bis auf die Knochen aufzehren
exosus hassend, erbost; verhaßt; exosum habere hassen
exp . . . *s. auch* exsp. . . .
expandare verpfänden
expandĕre ausspannen, ausbreiten, aufschlagen
expatriare aus der Heimat fortgehen
expavefacĕre scheu machen
expectantia = exspectantia Erwartung
expedire entfesseln; besorgen; darlegen; expedit es ist förderlich; es ist besser; es hat keinen Zweck
expeditio imperialis Reichsheerfahrt
expeditus unbehindert, flink, gewandt, schlagfertig, gerüstet; rüstig, stattlich; ausgedient
expendĕre abwägen, auszahlen, aufwenden, verwenden
expendium Plünderung, Verwüstung
expensa (*sc.* pecunia) Ausgabe, Aufwand, Unterhalt, Fourage; *Plur.* expensae Vorräte; expensae in pauperes Mildtätigkeit

expensio Auszahlung; Kosten
expensum = expensa
expergefacere erwecken
experiens durch eine Probe versuchend; geschäftig; deutlich; sich bewährend
experimentum Versuch, Probe; Erfahrung, Wahrnehmung; Beweis
experiri versuchen, erproben; hören, erfahren, lernen; erprobt werden; e. adversus aliquem klagen
expers honoris ohne Wert
expetĕre begehren, verlangen; mit Bitten angehen
expiare sühnen, reinigen
expilare die Haare ausraufen; ausplündern
expingere (expegi, expactum) = expellĕre herausstoßen (Y.)
explanare ausbreiten, einebnen; erklären, klarstellen
expletio Sättigung; Erfüllung, Vollendung
explicare entfalten, ausleeren; erklären
explicit (liber) das Buch ist zu Ende — die stehende Formel am Schlusse der Handschriften
explumare der Federn berauben, rupfen
expolitus glatt und blank; fein und geistreich
exponĕre (das Schwert) ziehen; landen; bezahlen, Ersatz geben, verpfänden; = deponere ablegen; se e. ausfallen (W.)
exporgĕre = exporrigĕre ausstrecken; exporge frontem sei freundlich!
exposcĕre dringend fordern
expositio Auslegung, Erklärung
expostulare ab aliquo aliquid zur Rechenschaft ziehen wegen
expotare austrinken
expressare = exprimere
expresse *Adv.* ausdrücklich, deutlich
exprimĕre herausdrücken, auspressen; deutlich zum Ausdruck bringen; aussprechen
exprobrabilis schmähsüchtig; verächtlich
exprobrare zum Vorwurf machen; richten, strafen; beschimpfen
expropratio = exprobratio Vorwerfen, Tadel
expugnare bezwingen, besiegen; nachstürmen, verfolgen, vor sich hertreiben; angreifen, bestürmen, belagern
expugnatio = oppugnatio Bestürmung; Verfolgung
expurgare reinigen, auskehren; rechtfertigen; kritisieren, Vorschläge zur Besserung machen
exquisitio Erfindung; Untersuchung
exquisitor Erforscher
exscribĕre abschreiben
exsculpĕre ausmeißeln; ans Tageslicht bringen, ausfindig machen
exsecramentum die fluchende Beteuerung
exsecrare = exsecrari verwünschen, verfluchen
exsecratio Verfluchung, Bann
exsecutio Ausführung; tätige Führung
exseniolum = exeniolum = xeniolum
exseparare aus Brot und Pflicht tun
exsequi nachfolgen; im Auge behalten
exsequiae, arum Totengeleit; Totenfeier, Totenmesse; exsequias alicuius celebrare ein feierliches Leichenbegängnis für jem. veranstalten
exserĕre herausstrecken; ausstrecken, entfalten; entblößen; iram e. zürnen
exsiccare austrocknen; erfrieren
exsiliare verbannen; exsiliari in die Verbannung gehen, in d. Verbannung leben
exsilium Verbannung, Ausland, Fremde; Elend (*mhd.* ellende)
exsistĕre hervortreten; = esse
vocem **exsolvĕre** die Stimme verlieren
exspectare wollen
exspirare aushauchen; sterben
exspoliare (gewaltsam) entkleiden
exspoliatio Beraubung
exspuĕre ausspeien
exstare hervorstehen; = esse
exstasis, is (*griech.*) Außersichsein, Verzückung; Bestürzung, Schrecken
exstinctus ausgelöscht; verstorben
exstirpare ausrotten
bene **exstructus** wohlgerüstet
exsufflare fortblasen; anhauchen; verwerfen, beseitigen; Teufel austreiben; entsenden

exsul, exsulis heimatfern, verbannt; arm, elend; ausgeschlossen von; der Fahrende
exsulare aus der Heimat verjagen; fern von der Heimat, im Ausland leben, eine Auslandreise machen; heimatlos sein
exsulari = exsulare
exsultare aufspringen, sich tummeln
exsultatio Jubel
exsuperare übertreffen
exsurgĕre sich erheben
ext . . . *s. auch* exst . . .
exta, orum Eingeweide, Gedärme
extabescĕre gänzlich schwinden; umkommen
extemplo *Adv.* sofort, auf der Stelle; alsbald
extensio Ausdehnung, Ausbreitung
extensor Folterknecht
extenuare schwächen
exterius *Adv. Komp. von* extra: von außen
exterminare vertreiben; vertilgen, ausrotten; entstellen
exterminium Vertreibung, Zerstörung
externus fremd; Fremdling; externa, orum fremdes Gut
extimare = existimare
extimēre sehr fürchten
extimplo = extemplo
extimus der letzte
extinctivus Löschung bringend
extollentia Überhebung, Stolz, Frechheit
extolli sich rühmen, übermütig sein
extolneare Zoll bezahlen
extorquēre ausreißen, erzwingen, erpressen
extorris herumschweifend, heimatlos; ledig, bar; e. a regno factus abgesetzt
extra *Adv. u. Praep. m. Akk.* außerhalb, außer; jenseits; extra quod abgesehen davon, daß
extrahĕre tempus die Zeit verbringen
extraneus widersprechend; Ausländer
extravagantia Verschwendung; Übertreibung
extravagari unstet sein
extremitas das Äußerste, das Geringste; Ende; Landspitze
extremum das Ende, Tod; extrema cauda das Ende des Schwanzes; extrema dies Todestag
extricatus geschmeidig
extringĕre = stringere zusammenhalten
extrinsecus *Adv.* aus der Heimat vertrieben
extrorsum *Adv.* auswärts, nach außen
extrudĕre herausstoßen; auspfänden
extumēre anschwellen, aufblähen
extumescĕre anschwellen; sich aufblähen
extunc *Adv.* von da ab, seit dieser Zeit; = tunc damals, darauf; schon
exuberans überströmend, außerordentlich
exuĕre herausziehen; se e. sich entziehen
exu . . . *s.* exsu . . .
exundare herausfluten, über die Ufer treten
exuviae, arum Kleider; Reliquien; e. animae = Leib

F (PH)

faba Bohne; f. maior Saubohne; dicere fabas Possen (Unsinn) treiben; fabae nudae geschälte Bohnen
fabella Böhnchen
faber, bri Schmied; Goldschmied; f. ferramentorum Grobschmied
fabrefacĕre schmieden, künstlich verfertigen
fabrica Werkstätte, Schmiede, Bauhütte; Bau; (Schmiede-) Werk; f. ecclesiae Domfabrik, Bauhütte
fabricatus kunstvoll gearbeitet
fabrilia, ium Handwerksarbeit
fabula Sage, Märchen; Gerede
fabulari plaudern, schwatzen
fabulatio Erzählung, Gespräch, Geschwätz
fabulator Erfinder; Schwätzer; der (berufsmäßige) Märchenerzähler
facĕre aliquid sich mit etwas zu schaffen machen; f. alicui verleihen; *m. Inf.* lassen; male f. den Frieden brechen

facetia Schwank; Rednergabe, feiner Geist; f. mensae gutes Benehmen bei Tisch
1. **facetus** wohlgestaltet, nett, fein, beredt, witzig
2. **Facetus** Titel eines im Mittelalter weit verbreiteten Schulbuches über Anstandsregeln
facies, ei Anblick, Aussehen; Angesicht; a facie alicuius von, vor jem.; ante faciem, in facie vor jem.; contra faciem gegenüber, entgegen; super faciem auf, oberhalb; nova rerum f. die veränderte Sachlage; faciem abscondere das Antlitz verbergen = die Hilfe entziehen
facilis ad zugänglich, leicht empfänglich, bereitwillig; facile ut vielleicht, daß
factio das (boshafte) Treiben, Übeltat; Rotte; Partei; Verschwörung, Aufstand; Anstiften
factitare (oft) tun
de **facto** in Wirklichkeit
factor Schöpfer = Gott
factura das Tun; Bau, Bauweise; Schöpfung; Geschöpf; Mensch
facula Fackel; Lichtmeteor, Sternschnuppe
facultare ermöglichen
facultas, atis Vorrat, Ware, Hilfsmittel, Heeresmacht; Kraft; Disziplin; Recht; Fakultät; *Plur.* Habe, Vermögen
facundia überzeugende Redeweise, Schwung, Eleganz; Rede
facundus beredt
faga = phaga (*griech.*) das Nahrungsmittel schlechthin
fagifacetus = phagifacetus manierlich speisend; Titel eines vielgelesenen Schulbuches über Anstandsregeln bei Tisch
faida (*germ.*) Fehde; faidam levare, deponere eine Fehde beginnen, einstellen
faidosus fehdetragend
faila (*mhd.* faile) Mantel
phalanga (*griech.*) Knüppel, Stock; = phalanx
phalanx, gis (*griech.*) Schlachtlinie; Schar, Menge, Heer; Gefolgschaft; *Plur.* Dienstmannen
falcare; falcastrare mähen; beschneiden
falcastrum = falx Sense
falcho = falco, onis (*wohl nicht germ.*) Falke
falcona Falkaune, ein Geschütz
falconarius Falkner
falcus = falco Falke
faldao, onis (*germ.*) Armstuhl
faldo, onis (*germ.*) langes, wollenes Frauenkleid
falera = phalera (*griech.*) Metallbuckel; äußerliche Aufmachung, leerer Aufputz; *Plur.* (*Abl. auch* faleribus) Pferdeschmuck, Zaumzeug
phaleramenta, orum Brustschmuck
phalerare ein Pferd aufzäumen, mit Stirn- u. Brustschmuck versehen, schmücken; phaleratus prächtig aufgezäumt; geharnischt, waffentragend
phalernum = Falernum vinum Falernerwein; jeder gute Wein
fallacium Betrug, Spott
fallare = fallere täuschen, überlisten
fallax betrügerisch, lügenhaft; Betrüger, Fälscher
falli sich irren, Fehler machen
falsare verfälschen
falsarius Fälscher
falsidicus lügenhaft, lügnerisch, falsch
falsificare für falsch erklären
falsiloquus lügenhaft
falsitas Falschheit, Unwahrheit, Irrtum, Irrglaube
falsogravius (*germ.*) Pfalzgraf
faluppa Abfall, Strohabfall, Spänchen
falvus (*germ.*) falb, rötlichgrau
fama Gerede, Gerücht; Rede, Gebet
famare berühmt machen, loben, empfehlen
famelicus ausgehungert, abgezehrt, hungrig
famella Dienerin
famellus = famulus Diener
famen Rede, Wort; Gerede, Leumund; f. divinum Gebet

famidicus schwatzhaft; Schwätzer
famiger kündend; rühmlich, anerkennend
familia Gesinde, Hofstaat; Schwarm; f. Christi die christliche Gemeinschaft; minor f. die Hörigen
familiaris vertraulich, geläufig, vertraut, zuverlässig; f. locus Lieblingsort; *Plur.* das Gesinde
famulamen Dienst, Bedienung
famulare knechten; famulari dienen, dienstbar sein; famulari ad dienen zu
famulatus, us Dienstbarkeit, Knechtschaft; Bedienung, Dienst, Heeresfolge
famulentus hungernd, hungrig
famulitium Gefolgschaft
fanaticus begeistert; Tempeldiener
fano (*germ.*) Tuch; Fahne
phantasia (*griech.*) Gedanke, Einbildung; Sinnesbild, Halluzination
phantasma, atis (*griech.*) Erscheinung, Trugbild, Sinnestäuschung, Gespenst; Bild, Vorstellung
phantasmaticus auf Einbildung beruhend, trügerisch
phantasticus nur in der Phantasie bestehend
fanum Tempel; Kapelle
far, farris Spelt; Mehl, Brot, Mehlbrei
fara (*germ.*) Geschlecht (PD.)
pharetra (*griech.*) Köcher
pharetratus Köcher tragend, mit Köcher und Bogen
fari = dici, referri
farina Mehl
farinarius Mehlmühle; Müller
farinula eine Handvoll Mehl; (feines) Mehl
phariseare trennen
phariseus pharisäisch; getrennt; Pharisäer; Scheinheiliger, Heuchler
farmatia (*griech.*) Arznei, Heilmittel
farrago, inis Mengfutter; Bagatelle; Schüler
pharus (*griech.*) Insel bei Alexandrien; Leuchtturm, Leuchtfeuer; Licht; Meerenge
fartor Wurstmacher
fartus (*v.* farcire) gestopft
fasanus = phaseanus Fasan
fasceola = fasciola
fascia Binde, Wickelband; Windel
fasciare Ruten binden; umwickeln, verbinden; fasciatus mit Windeln
fasciculus Bündel, Büschel
fascinare behexen, betören, verführen
fasciola; fasciolum Binde, Band; Schuhriemen; Gamasche
fascis, is Bündel, Last, Garbe; Macht, Gewalt; *Plur.* Rutenbündel; Ehrenerweisung, Ehrungen
phase (*griech.*) Erscheinung
phaselus (*griech.*) Bohne; leichtes Fahrzeug, Boot
phasiana; phasianus Fasan
fasiolus = phaseolus Faseole, Gartenbohne
fassio, onis Anerkennung
phasma, atis (*griech.*) Erscheinung, Gespenst
fastidire sich ekeln, verschmähen, zurückweisen; fastiditus wählerisch
fastiduum Ekel, Überdruß; Langeweile
fastigiatus mit einem Giebel versehen
fastigiosus gehoben (D.)
fastigium Spitze, Gipfel, Thron; oberste Würde
1. **fastus** eingebildet, hochmütig; töricht; = faustus
2. **fastus,** us Hochmut, Hoffart, Stolz; Würde; f. regius königl. Hochsinn
fatare prophezeien; fatatus sum mir ist vom Schicksal verhängt
fatens = fatiscens ermattend, müde
fatēri gestehen; offen hervortreten, offenbaren
fatidicus Weissager
fatiga Mühe, Anstrengung
fatigare belästigen, überlaufen; se f. aliquo sich irgendwohin bemühen
fatigatio Ermüdung; Heimsuchung, Notlage; Bemühung
fatiscēre unschlüssig sein; ermatten
fatoclus dummer Bauer
fatuitas Albernheit, Einfalt, Dummheit; fatuitates terpentes albernes und laues Zeug

fatum Spruch; Schicksal; Tod. fata vulnerum Todesstreich; in fata collabi sterben
fatuus albern, geschmacklos, nüchtern; Tor, Narr
fauces, ium Schlund; Mündung
fauctor = fautor
faunus Waldschrat
faustus beneidenswert, glücklich; = fastus
fautor Gönner; Anhänger, Mitschuldiger
fautoria Gunst, Zustimmung
favellus = falvus
favēre begünstigen; huldigen; sich freuen; f. alicui de jem. etwas gönnen
favilla Asche
favor Begünstigung; Gefälligkeit, Anhänglichkeit; Beifall, Jubel
favus Wabe, Wachs; Holzscheibe; f. melleus Honigkuchen
faxo (*archaist. Fut. exakt.*) = fecero
Phebea (= Phoebea) lux Licht des Apollo
febrifugia Tausendgüldenkraut
febricare fiebern
febricitare im Fieber liegen
Februus = Februarius Februar
faecula Weinstein, Weinsteinsalz
faeculentus schmutzig, scheußlich, gemein
fecundare fruchtbar machen, schwängern; züchten
fecundus fruchtbar, ergiebig; schwanger; fecundus filiorum kinderreich
fedalis = feudalis
fedare = foedare verunstalten, entstellen, schänden; foedatus blutbefleckt
foederari sich verbünden
1. **foedus,** eris Bündnis, Bund; Sühne; f. transigere Vergleich schließen
2. **fedus** = foedus (*Adv.* foediter) unrein, widrig, schmachvoll
feltrum = filtrum
femen = femur
feminalia, ium Binden um die Oberschenkel; Unterhosen, Beinkleider
feminare in ein Weib verwandeln
femineus weiblich
femur, femoris Oberschenkel
femoralia, ium Beinkleid, Hose um Hüfte und Oberschenkel (*mhd.* bruoch)
fenestella; fenestra Fenster, Vertiefung
feneus aus Heu; welkend; nichtig
fenicolum = feniculum Fenchel
fenifer Spucknapf
fenigraecum = fenum graecum Hornklee, Steinklee,
fenile, is Heuboden; Heubündel, Heuhaufen
phoenix (*griech.*) Laute
fenum Heu
fenus, oris Ertrag, Zinsen; Gewinn; Wucher
feodalis; feodum = feudalis; feudum
feodotarius ein Belehnter
fera Wild; f. domorum Haustier
1. **feralis** wild, bösartig; equus f. Wildpferd; f. hostis Teufel
2. **feralis** todbringend; Leichen-, Toten-
feramen Wild; *Plur.* Wildbestand
ferarium Wildpark
fercia (*pers.*) Königin im Schachspiel
ferculum Auftragebrett für Speisen, Schüssel; Gericht, Gang; Speise
fere *Adv.* fast, beinahe; kaum
feretrum Bahre; Heiligenschrein
Ferezeus = Phariseus
feria (*frz.* foire) Markt, Wochentag, Gebetsfeiertag; f. secunda usw. Montag usw.; f. secunda der 2. Feiertag
ferialis täglich; festlich; f. dies Wochentag
feriari feiern, müßig sein
feriatio Fest
feriatus feiernd, müßig; festlich
ferica = fercia
ferinus von wilden Tieren; wild, grimmig; ferina Wildbret
ferire schlagen; treffen
ferita Schlag, Hieb
feritas Wildheit
ferme = fere ungefähr
fermentum Gärstoff; Sauerteig
ferocire wüten, toben
ferramentum Werkzeug; Hufbeschlag; eiserne Spitzen, Stacheln; *Plur.* die eisernen Geräte, Waffen
ferrare mit Eisen beschlagen
fossa **ferraricia** Eisenbergwerk, Hütte

ferrarium Eisenhammer, Schmiedewerkstatt, Eisenhütte
ferre tragen, ertragen, bringen, hintun; antun; davontragen; entreißen, wegnehmen; verkünden; *Pass.* schleichen über; graviter f. übel vermerken; fertur = dicitur; sententia fert ein Gerücht geht
ferripileus Eisenhut
ferrugo, inis die braune Farbe
ferrum Messer, Schere, Schwert; f. candens Gottesurteil des glühenden Eisens
ferto, onis „Vierding", der 4. Teil einer Mark
ferula Rute, Magisterrute, Hirtenstab, Bischofsstab
fervēre sieden, dampfen; strahlen; darauf brennen; ferventi aestu bei günstigem Winde
festinabundus eilig
festinantia Eile, Hast
festinare beschleunigen; sich beeilen; sich befleißigen
festinato *Adv.* eilig
festīnus eilend, eilig, rasch
festivare festlich machen, schmücken
festivitas Festlichkeit, Festtag; f. praecipua hohe Fest, Weihnachten
festuca Halm; Splitter, Stäbchen
festus festlich, feierlich; dies festa Festtag; Sonntag; festum Feiertag, Fest
fetare befruchten; brüten, säugen; *Pass.* voll sein
foetidus übelriechend, stinkend, räudig
fetilus fruchtbar
foetor Gestank, Modergeruch
fetosus fruchtbar
fetura Zucht; Nachwuchs, Nachkommenschaft; Geschöpf; extrema f. = der Mensch
1. **fetus,** us Befruchtung; Wachstum; Nachkommenschaft, die Jungen
2. **fetus** schwanger, trächtig; voll von
feudagium Lehenschaft, Lehensvertrag
feudalis zum Lehen gehörig; Vasall; feudalia bona Lehnsgüter
feudare belehnen
feudum (*germ.*) Dienst; Lehen
faex, faecis Bodensatz; Hefe, Auswurf; Roheit; f. vini Weinstein
phiala (*griech.*) Trinkschale, Becher
fiber, bri Biber
fibex Weißbirke
fibra Faser; Sehne; Wurzel; *Plur.* Stimmbänder
fibula Nadel, Agraffe
fibulatus mit Spangen versehen
ficedula Feigenesser; Grasmücke
ficetum Feigenpflanzung
ficticius erdichtet, erlogen
fictilis irden, aus Ton
fictor Bildhauer; Schöpfer, Urheber; Betrüger, Heuchler
fictus (*v.* fingĕre) angenommen; erdichtet, erlogen; nicht aufrichtig; non f. unverfälscht
ficulnea (*sc.* arbor) Feigenbaum
ficus, i. u. us Feige, Feigenbaum
fidedicĕre aliquem für jem. gutsagen
fidedignus glaubwürdig
fideiussio Bürgschaft
fideiussor Bürge; Glaubenslehrer
fidelis treu, ergeben; gläubig, rechtgläubig; der Christ; Untertan, Vasall; *Plur.* Umgebung
fidelitas Treue, Lehnstreue; Treueid; fidelitatis ius, sacramentum Treueid
fidenter *Adv.* getrost, zuversichtlich
1. **fides,** ei Vertrauen, Treue, Zuverlässigkeit, Bürgschaft, Sicherheit, Schutz; der christliche Glaube, Glaubensbekenntnis; f. publica freies Geleit; bona fide gewissenhaft
2. **fides,** is Saite; Saiteninstrument
fidetenus *Adv.* mit Handschlag
fidicen, inis Saitenspieler
fiducia Zuversicht; Unschuld; Schutzabkommen; ex f. im Vertrauen auf
fiducialiter *Adv.* zuversichtlich, frei
1. **fidus** vertraulich mitgeteilt, geheim; = fidelis; f. de spe zuversichtlich
2. **fidus** = foedus 1.
figmen Bildung
figmentum Gebilde, Geschöpf; Erfindung, Dichtung, Erdichtung; Lüge, Hirngespinst; Trugschluß

figulus Töpfer; Verfertiger, Arbeiter
figura Gestalt; Buchstabe; Sinnbild, Trugbild, Verhüllung
figurare bilden, gestalten; schmücken
figurate *Adv.* bildlich
figuratio Gestaltung, Darstellung
figurative *Adv.* bildlich, allegorisch
phylacterium (*griech.*) Amulett; Liebestrank
philanthropos (*griech.*) Menschenfreund
filare spinnen
philargyria (*griech.*) Geldgier, Habsucht
philax fett, dick
filectum = filictum
filetum Garn
filex = filix, licis Farnkraut
filia Babylonis Einwohnerschaft Babylons
filialis kindlich
filiastina dilectio väterliche Liebe zu den Kindern
filiastra Stieftochter
filiatio Sohnschaft
filictum Gruppe von Farnkräutern, ein mit Farnkräutern bewachsener Ort
filietas Sohnschaft; Abstammung des Sohnes vom Vater
filiolus Söhnchen; Täufling
filius mulieris = Mensch
fillo, onis Schlingel, Spitzbube, Schurke
philocopus (*griech.*) gern prahlend
philomena = philomela Nachtigall
philomenare lieblich singen
philosophari in aliquo an jem. die Kraft seines Geistes zeigen (Helm.)
philosophus (*griech.*) Gelehrte
domus **filtrina** Zelt (H. v. H.)
1. **philtrum** (*griech.*) Liebestrank
2. **filtrum** (*germ.*) härenes Tuch, Wolldecke, Filz; Matratze; Seihtuch, Filter
filum Faden, Garn; Lebensfaden; feines Gewebe; fila trahere spinnen; inter fila beim Spinnen
fimare düngen, misten
fimbria Troddel, Franse, Saum; Besatz
fimus Dünger, Mist
finalis am Ende befindlich; endgültig; *Adv.* finaliter bis ans Ende
finetenus *Adv.* bis ans Ende
fingĕre bilden; erheucheln; aures asini f. Eselsohren machen (Spottgebärde); canem f. die Zunge herausstecken
finipolis, is Grenzstadt
finis, is Ende, Enderfolg; Schlußgesang
finitivus endgültig
finitus benachbart
finsare zwitschern (von der Schwalbe)
firmamentum Befestigung, Himmelsgewölbe
firmare befestigen, bestätigen, abschließen; fest behaupten; wetten
firmatio Bürgschaft, Versprechen; Wette
firmitas Festigkeit; Gültigkeit; Befestigung; Sicherheit, Versprechen, Vertrag
fiscalinus Gutsuntertan
fiscalis der Krone gehörig, staatlich
fiscare konfiszieren
fiscatus Höriger
fiscella Körbchen
fiscus Korb; Geldkasse, Staatskasse, Staat; Eigentum; die königliche Domäne, Lehen
physica (*griech.*) Naturlehre, Physik, Medizin; Philosophie (*Gegensatz*: Theologie); Arznei
physicus (*griech.*) Naturforscher; Arzt
physiologicus naturwissenschaftlich
physis, is (*griech.*) Natur
fissilis spaltbar
fistuca = festuca
fistula Röhre; Panflöte, Pfeife
phitonissa = pythonissa (LB.)
fixura Einschlagen, Heften; f. clavorum Nägelmal
fixus fest, fest eingestoßen
flabellum Fächer, Wedel; Blasebalg
flaccēre schlaff sein
flaccescēre schlaff werden
flado, onis (*germ.*) breiter Kuchen, Fladen
flagellarius; flagellator Geißlerbruder
flagellum Geißel, Geißelhieb; Strafe; *Plur.* Plagen, Unglücksfälle; Folterqualen
flagitare dringend bitten, anflehen
flagrantia = fragrantia
flagrum Geißel, Peitsche
flamen Windhauch; Herausstoßen des Atems; der Heilige Geist; Priester

flamma Flamme, Glut; Siedehitze
flammatus zornig
flammivomus feuerspeiend, funkensprühend, flammend
flare blasen, wehen; mit dem Mund blasen; „psten", „bsten"
flasca; flasco, onis (*germ.*) Weinkrug, Flasche für Wein
flatrix Blasinstrument, Trompete
flatus, us Wind; geistiger Hauch; Lebensodem, Seele, Geist; der Heilige Geist
flavescĕre goldgelb werden
flavicomans gelbhaarig = aus Kamelhaar
flebotomare = phlebotomare (*griech.*) die Ader öffnen, zur Ader lassen
flebotomia = phlebotomia Aderlassen
flebothomus; phlebotomum Aderlassen; Aderlaßeisen, Lanzette
flectare = flectĕre biegen; lenken
phlegma, atis (*griech.*) Schleim
flĕre weinen; bekümmert sein
flexus (*v.* flectĕre) sich zusammenschmiegend, sich duckend
floccus Flocke, Faser; flocci pendere; putare, facere für nichts achten, geringschätzen
florenus; florinus Gulden
floridus blühend, frisch; geschmückt
flos, floris Blume; blühendes Aussehen
flosculus Blüte
fluctivagus die Fluten durchstreifend
fluctuabundus schwankend; ängstlich
fluctuare treiben (vom Schiff); schwanken
fluctuatio Schwankung
fluens feucht
fluentum Strömung, Strom
fluĕre fließen; hin- u. herwogen, schleichen
fluidus fließend; vergossen
fluitare dahinfließen, schwimmen
fluor Strömung, Fluß; Flüssigkeit
fluxibilis = fluxilis flüssig, schwankend
foca (*griech.*) Seehund
focaria Küchenmädchen, Köchin
focarius Heizer, Küchenjunge
focum = focus Feuerstelle, Herd; Feuer
fodina Grube, Bergwerk
fodire; fodĕre graben, aufwühlen
fodrare (Kleider) abfüttern
fodratura Pelzfutter (in Kleidern)
fodrum (*germ.*) Futter, Futterlieferung; die außerordentliche Steuer bei Feldzügen des Königs
folium Blatt; Laub; Blatt eines Buches
folliculus testiculorum Hodensack, Gemächt
follis 1. Schlauch; Blasebalg; Balg, Magen; f. testiculi Hodensack; 2. = follus
follus Narr, Tor, Windbeutel
fomentum Erhitzung, Reiz; Zunder; f. ignis Feuerung
fomes, itis Zunder; Nahrung des Feuers, Reisig; Wärme, Glut, Funke, Feuer; Nahrung, Fütterung
phonicus (*griech.*) Sänger
fons Quelle; Taufe; f. vivus Jungbrunnen, Quelle des ewigen Lebens; fontes capitales die (7) Hauptsünden
fontana Quelle
fontifer wasserspendend
foramen Öffnung, Loch
foraminulum kleine Öffnung
foraneus außen befindlich, ländlich
forari = forare durchbohren
foras 1. *Adv.* nach außen, hinaus. 2. *Präp. m. Akk.* außerhalb; f. mittere vertreiben; f. exire an die Öffentlichkeit treten
forasticus außerhalb befindlich; fremd
forbannire = forisbannire verbieten; ächten
forceps, cipis Zange, Schere
forconsiliare = forisconsiliare sich verschwören
forefacĕre = forisfacere
forensis draußen befindlich; Markt-; forense = forum
foresta; forestum = forestis
forestarius Forstbewohner; Forstbeamter
forestis, is die Forst, Jagdwald des Königs; = forensis
forfex, ficis Schere
forinsecus *Adv.* von außen, im Freien; auswendig. *Auch Adj.* forinseca bella auswärtige Kriege

1. **foris,** is Türflügel, Tür
2. **foris** 1. *Adv.* draußen; in der äußeren Politik; nach außen; 2. *Präp. m. Akk.* außerhalb

forisfacĕre außerhalb des Rechtes, der Befugnis handeln, sich vergehen, übeltun, Schaden zufügen

forisfamiliare aus Brot und Pflicht tun

forisiurare etwas abschwören

forma Form; Wortlaut, Formel, Norm, Ordnung; Geschöpf; f. peccati Kleid der Sünde = der Leib; sub forma mit dem Schein

formare bilden, gestalten; unterrichten, unterweisen

formaticum; formaticus Käse

formatio Schöpfung

formatus geformt; kanonisch; organisiert

formidare in Angst sein, erschrecken vor; sich scheuen

formido, inis Grausen, Schrecknis

formidolosus zaghaft; grausig

formosulus hübsch

formula Gestalt, Art; Verfahren; Regel, Vorschrift; Glaubensformel

formularius Formelbuch

fornacula; fornaculum Ofen, Herd

fornax Ofen, Backofen, Schmelzofen; f. Erebi Höllenfeuer, -glut

fornicare; fornicari huren; fornicatus daemon unreiner Geist

fornicatio Hurerei, Unzucht

fornicator Hurer, Lüstling, Lotterbube

fornix Gewölbe; Bordell

forpex, icis Feuerzange

forrare = fodrare

1. **fors** Glücksfall; Mißgeschick; *Abl.* forte = aliquando einmal
2. **fors** etwa, vielleicht, vermutlich

forsan *Adv.* = forsitan vielleicht

fortalicium Befestigungswerk, Festung

fortia, ae, Tapferkeit, Macht, Kraft, Stärke; Gewalttätigkeit

fortilitia = fortalicium

fortis fest, tüchtig, stark, kräftig; lang; Held; fortior aetas das reifere Alter; *Adv. auch* forte

fortiter sehr, völlig, nachdrücklich, ganz und gar; *Komp.* fortius allzusehr

fortitudo, inis Tüchtigkeit, Tapferkeit; Befehlsgewalt, Streitmacht; Befestigung, Festung; f. exercitus Kern des Heeres; fortitudinem dare zu Hilfe kommen

fortuito *Adv.* durch Zufall, durch ein glücklich Geschick

fortuna Sturm

fortunata, orum Glück

fortunium Geschick; Wagnis und Gefahr, Turnier, Abenteuer; Glück; Wurf, Schwung

fortunius glücklich, schön und gut

forulus Geldkiste, Börse; Bücherschrank

forum Platz, Marktplatz, Gerichtsort; Marktflecken

forus Uferrand; Theater; = forum

phosforeus licht, himmlisch

phosforus (*griech.*) Morgenstern

fossa Graben; Grube; Bergwerk; Grab

fossare = fodĕre graben

fossatum Grab, Graben; Wall

fossio Graben; Grube; Bergwerk

fossisicius ausgegraben

fossorium Grabscheit; Hacke

fossor = fossarius Gräber, Totengräber

fotor Pfleger

fovea Grube, Vorratsgrube; unterirdischer Gang; ein in der Erde gefundener Schatz

fovēre wärmen; sich laben; hegen, in sich tragen; f. gremio auf dem Schoße halten

1. **fracta** Zaun, Gehege
2. **fracta,** orum Bruch

fractio; fractura Zerbrechen; Bruch

fragantia = fragrantia

fragilis zerbrechlich, gebrechlich

fraglamen = fragrantia

fraglare = fragrare

fragmen Bruch, Bruchstück; *Plur.* Überreste, Gebeine

fragmentum Bruchstück; Überrest

fragor Krachen, Getöse, Brausen

fragrantia Glut; Räucherduft, Wohlgeruch; Begeisterung

fragrare duften, riechen; wittern
fragum Erdbeere
framea (*germ.*) fränkische Lanze; Speer; Schwert
Francigena Sohn Frankreichs; Franzose
francigenus aus Frankreich stammend, französisch
francisca fränkische Streitaxt
francus der Freie; frz. Goldmünze
franius dem Herrn (*mhd.* vrône), dem König gehörig
frascia Krug, Flasche
frater Bruder; Vetter, Verwandter, Mitchrist; Mönch, Ordensbruder; *in der Anrede* = lieber Freund; fratres die Klosterbrüder; fratres minores die Minoriten, Franziskaner; fratres praedicatores Predigermönche
fraternalis = fraternus brüderlich; dem Mönche geziemend
fratricidium Brudermord
fratruelis, is; fatruus Bruderssohn
frauda = fredum
fraudare betrügen, berauben, schmälern; vorenthalten
fraudulenter *Adv.* betrügerisch
fraudulentia Betrug, Betrügerei, Schurkerei
fraudulentus prahlerisch; gaunerisch
fraus, fraudis Betrug; Beschädigung, absichtliche Schadenzufügung; Teufel
fraxinus Esche
fredare die Strafsumme einfordern; belästigen
fredum (*germ.*) Friedensgeld, Strafbuße
fredus = fredum
fremĕre dumpf tosen, lärmen; laut verlangen nach
frenare zügeln, bezähmen
frendĕre mit den Zähnen knirschen, fauchen, grunzen; Zähne fletschen
frendescĕre = frendĕre
frendor Knirschen
phrenesia = phrenesis (*griech.*) Wahnsinn
freneticus = phreneticus wahnwitzig
frequentare vermehren; häufig anwenden; feiern; dedicationes f. nacheinander hingeben; laudes f. immer von neuem das Lob jem. singen
frequentatio Besuch
frequentia große Menge
frequentius *Adv. Kompar.* = frequenter in Menge; oft
fresum = frisum
fretum Flut des Meeres, Meerenge; ponti freta Meerestiefen
fretus durchwandert, durchschifft
fribolus = frivolus
fridus = fredus
frigerare kühlen
frigĕre kalt sein; erkalten
frigiditas Kälte
frigoreus = frigidus kalt
frilingi, orum (*germ.*) die Freien bei den Sachsen
fringellus = frigellus Fink
friskinga (*germ.*) Frischling
frissingus = friskinga
frisum; frisium (*germ.*) Franse, Zipfel; Kleiderbesatz (*mhd.* borte)
fritinnire zwitschern; quietschen (von den Rädern)
frivolus zerbrechlich, wertlos, fade; nichtsnutzig, anmaßend; lustig; frivolum ein kleiner Makel; frivola, orum dummes Zeug
frixuria Tiegel
frixus 1. (*v.* frigĕre) geröstet; 2. (*v.* fricare) gerieben
frondĕre Laub haben; sich belauben
frondifer belaubt
fronesis = phronesis (*griech.*) Einsicht, Klugheit
frons (*auch masc.*) Stirn; Gesicht, Antlitz; Überschrift, Anrede; sine fronte ohne Scham; zaghaft
fronticula = frons
frontosus dreist
fructa, orum die Gutserzeugnisse
fructificare Frucht tragen, fruchtbar sein
fructuarius Nutznießer
fructus, us Frucht, Gewinn; Schiffslast; *Plur.* Einkünfte
frudare = fraudare

frugalitas Wirtschaftlichkeit, Sparsamkeit, Mäßigkeit
frui congesta das Erworbene genießen
frumen = frumentum
frustare zerfetzen; geißeln
frustatim *Adv.* stückweise
frusticulum = frustulum ein bißchen
frustra *Adv.* ohne Ursache, unrechtmäßig, leichtfertig
frustrare; frustrari umsonst tun; täuschen; vereiteln, parieren; hinhalten; fidem **f.** Eid brechen
frustratorius zwecklos
frustum Stückchen, Brocken, Stück
frutectum Gebüsch, Strauchwerk
frutex Strauch, Gesträuch
fruticosus voll Gebüsch
phthisis (*griech.*) Schwindsucht
fucare versetzen (vom Wein)
fucus Drohne
fuga Flucht; Abschied, Abreise
fugire = fugĕre fliehen
fugitivus Ausreißer; abreisend
fulcire(*Perf.* fulcii; *Part.* fulcitus) stützen, befestigen, verstärken
fulcrum Stütze, Gestell; Bett(stelle)
fulgetra = fulgetrum Blitz
fulgidus glänzend
fulgur, uris = fulgor das Blitzen, Blitz
fulica Bläßhuhn
fuligo, inis Ruß
fulina Küche
fullo; fulo, onis Walker, Tuchbereiter
fulminare blitzen und donnern, losdonnern
fultus (*v.* fulcire) ausgestattet, geziert
fumaria = fumarium Rauchfang
fumigabundus rauchend
fumigare rauchen, dampfen; räuchern
functio Verrichtung; Zahlung
functus gestorben, tot
funda Wurfnetz; Beutel, Geldtasche; Schlag, Ohrfeige
fundamen der Grund
fundare bauen; gründen
retro **fundĕre** rücklings niederwerfen
fundator Gründer, Stifter
littera **fundatoria** Stiftungsurkunde
fundibularius Schleuderer
fundibulum Schleuder
fundicolus grundbewohnend
fundicus Bauplatz, Hof; = fundus
fundum Wurfgeschoß
fundus Grund und Boden, Acker, Erde; Lehm; de fundo gründlich
funestus mit Blut befleckt, verderbenbringend
fungi gebrauchen, genießen, essen; in Ehren halten; **f.** die = sterben
fungus = *griech.* spongus Schwamm, Pilz
funiculus Schnur, Seil; Meßschnur; Anteil; Weg, Pfad; Meeresküste
funis Seil, Strick, Tau; Anteil
funus, eris Leichenbegängnis, Leiche; Tod
furare; furari stehlen
furatura = fodratura
furca Gabel; Galgen; Gestell; *vielleicht* Krückstock (R); Wegteilung
furcula Geweih; ein zweizackiges Horn beim Bock (Y)
furfur, ris Kleie
furfurare (mit Kleie) weißen
furibundus wütend
furnus Ofen, Kamin; Warmbad
furo = fur, furis Dieb
furonia Diebsweib
furrare = forrare
furtim *Adv.* verstohlen, unbemerkt
furtivus gestohlen; heimlich; furtivo vulnere laesus hinterlistig verwundet
furtum Diebstahl; das entwendete Gut
furvus dunkel, finster
fuscare verdunkeln; anschwärzen
fuscinula kleine dreizackige Gabel; Klaue, Kralle
fusorius zum Gießen gehörig
fustigare mit Knütteln schlagen, stäupen
fustis, is Knüttel, Stock, Pilgerstab
fusura Gießen, Schmelzen
1. **fusus** Spindel, Spinnrocken
2. **fusus** (*v.* fundere) weitläufig, ausführlich
futurus bevorstehend, künftig; der nächste

G

gaccula = caccula Dohle
gades, ium Grenze, Ende, Ziel
gaida Kleidersaum
gaisdo = waisdo Färberwaid
galanga (*arab.*) Galgant (eine Ingwerart), ein erhitzendes Getränk und mittelalterliches Arzneimittel
galastra Milcheimer
galaxia = galaxias (*griech.*) Milchstraße
galbanus; galbanum (*griech.*) Galban, Mutterharzkraut
1. **galĕa** Helm
2. **galēa** (*mgriech.*); galeacea großes Ruderschiff, Galeere; Raubschiff
galeida = galēa
galera 1. = galēa; 2. = galerus
galerus Kappe, Mütze
galla Gallapfel
gallicanus Wetterhahn
gallicinium Hahnenschrei; Grauen des Tages
gallicula Mütze, Hut; = calicula kleiner gallischer Holzschuh; Stiefel
galliculus Hähnchen
galliger Hahnräuber = Fuchs
galumna = calumna (*griech.*) Hülle, Decke
gama Frau, Herrin
gamba (*griech. oder gall.*) Fessel; Bein
gamberia Beinharnisch
gameraticus zuchtlos
ganea Kneipe, Bordell; Dirne
ganeo, onis Schlemmer
ganga (*mhd.* ganc) Abtritt
ganymedare zum Ganymed machen
Ganymedes der Mundschenk des Zeus; Knappe, Geliebter (in üblem Sinne)
gannatura; gannum Verspottung
gannire kläffen, bäffen
ganta (*germ.*) Gans
garantizare garantieren, verbürgen
garcifer Koch, Küchenjunge; Diener
garcio, onis Knappe, Diener
gardi .... *s.* guardi ...
gariofilum = caryophyllum (*griech.*) Gewürznelke
garrire schwatzen, plaudern; singen, tirilieren
garritus, us Gezwitscher
garrulitas Schwatzhaftigkeit, Geschwätz, Singsang, Rauschen (des Wassers)
garum (*griech.*) gegorenes Getränk, Gärwein; köstliche Brühe
gasacio, ionis (*germ.*) Widersacher
gastadius; gastaldius ein höherer, im Domänenwesen beschäftigter Beamter; Verwalter; Lehrer
gastrimargia (*griech.*) Schlemmerei
gatta (*ital.* gatta); **gatus** = catta
gaudenter *Adv.* mit Freuden
gaudēre *m.* de *oder* in *u. Abl. oder bl. Abl.* sich freuen; *m. Inf.* etwas gerne tun
gaudia, orum sinnlicher Genuß
gaudimonium Freude
gaudiosus freudenreich
gausape, is Friesdecke, Tischtuch
gaza; gasa Schatz
gazophylans Schatzkiste
gazophylacium (*griech.*) Schatzkammer, Opferkasten, Tempelschatz
gehenna (*hebr.*) Hölle; Höllenstrafen
gehennalis höllisch
gelima eine Handvoll, Bündel, Garbe
gelu, us Frost, Winter
gemare = hiemare überwintern (*Nith.*)
gemebundus seufzend, stöhnend; zu beseufzen
gemellus doppelt; Zwilling; gemelli, orum Zwillinge; beide
geminus doppelt; je zwei, zwei; Zwilling
gemiscĕre seufzen
gemma Knospe; Edelstein, Kleinod; g. salis Salzsäule
gemmarius zum Edelstein gehörig; der Steinschneider
gemmatus mit Edelsteinen verziert
gemmula kleine Knospe; (kleines) Juwel; Erstling
gena Wange
genealogia (*griech.*) Geschlecht, Sippe. Abstammung; Geschlechtsregister

genecium; genicium = gynaecium
gener, eri Schwiegersohn; Schwager
generalis allgemein; öffentlich, gemein; Dirne; generale Universität; *Adv.* generaliter insgesamt
generare erzeugen, verursachen
generatio Familie, Sippe; Generation, Menschenalter; *Plur.* Geschlechter, Lebensalter, Menschenalter, Geschichte
generosus edel, ehrwürdig
genesis, is *u.* eos (*griech.*) Schöpfung; Geschlecht, Natur; die Genesis (das 1. Buch Mose)
genetalicius = genethliacus (*griech.*) zum Geburtstage gehörig; Horoskopsteller
genialis lieblich, Lust erregend
geniculum Knie; Glied, Verwandtschaftsgrad
genimen Gewächs, Frucht; Brut
genitalis zeugend, fruchtbar; angeboren; solum genitale Heimaterde, Vaterland
genitivus = gignens erzeugend; tatkräftig; Geschlechtsteil; g. pluralis *scherzhaft:* mehrfacher Abhängigkeitsfall = vieler Leute Gefolgsmann
genitor Vater; Gott; g. mortis = Teufel
genitrix = genetrix, Mutter; g. puellaris die Jungfrau Maria
genitura Zeugung; Nachkommenschaft
gens, gentis Leute, Mannschaft, Heer; Heidenschaft; *Plur.* Heiden
gentaculum Frühstück
gentilicius zum Volke gehörig, angestammt, der Volkssitte entsprechend, dem Volke eigentümlich
gentilis heidnisch; Heide
gentilitas Heidenschaft, Heidentum; gentilitatis error heidnischer Unglaube
genu, us Knie, Kniescheibe
genucliens = geniculans knieend, anbetend
genuflectĕre die Knie beugen; anbeten
genuflexio Kniefall
genuinus angeboren, ursprünglich
genus, eris Stand, Klasse, Abstammung; Art und Weise
geodesia (*griech.*) Erdvermessung
geometer (*griech.*) Feldmesser; Lehrer der Geometrie
geometricus geometrisch; geometrica Geometrie, Mathematik
gerarchia = hierarchia (*griech.*) Priesterherrschaft, Kirchenregiment
se **gerĕre** cum sich beschäftigen mit
germanitas Gesamtheit
germaniter *Adv.* brüderlich, wie Brüder
germanitus *Adv.* brüderlich; aufrichtig, echt
germanus leiblich, verschwistert; brüderlich, schwesterlich; Bruder; germana Schwester; germana manus Brüderschar
germen Keim, Sproß, Knospe, Stamm; Sohn; g. divinum Christentum; magnum g. Baumstamm
germinare hervorsprossen, aufkeimen; hervorsprießen lassen, hervorbringen
gerra 1. (*griech.*) Gerte; *Plur.* Gitter, Gatter; 2. = guerra
gerula Wärterin; Tragbahre
gerulphus (*germ.*) Werwolf
gerulus Trägĕr, Bote
gerundivus pacis friedenbringend (T.)
gesta, orum Taten; Lebensbeschreibungen
gestamen Führung; Tracht, Bürde; Bahre
gestare tragen; bei sich erwägen; (Wohnung) beziehen; g. personam eine Rolle spielen, auftreten als
sella **gestatoria** Tragsessel
gestatrix Trägerin
gestire sich herzlich freuen, aufjubeln, frohlocken; heftig verlangen; sich rühmen; prahlen
gestus, us Haltung, Gebaren; Ausführung; *Plur.* die Taten
Geta antiker Sklavenname; Betrüger, Lump
gibberosus bucklig
gibbosus höckerig; verwachsen
gibbus; gibus (*griech.*) Buckel, Höcker
Gyezitae, arum Leute wie Giezi (Luther: Gehasi), der Diener des Elisäus (= Elisa), = Simonisten
giga (*germ.*) Geige
gigans = gigas
giganteus riesenhaft, gewaltig
gigare geigen

gigarius Geiger
gigas, antis (*griech.*) Riese; Recke, Reisige; more gigantis nach Sitte der Recken
gignĕre erzeugen, gebären
gilda; gildo, onis (*germ.*) Bruderschaft, Gilde
gildonia Gilde, Innung
gilo, onis Bauer
gymnasium (*griech.*) Schule, Universität
gymnasophista (*griech.*) der verständige Schüler
gymnicus (*griech.*) gymnastisch
gynaecium (*griech.*) Frauengemach, Arbeitsraum der Frauen, Serail
gingiber = zingiber Ingwer
giometer = geometer
gipperosus = gibberosus
gipsa Holzbein, Stelzfuß (IW.); Schlange
gipsare tünchen
gypsum (*griech.*) Gips
girare = gyrare (*griech.*) drehen, wenden, lenken; einen Kreis bilden, die Runde machen bei, herumgehen, einkreisen, zusammentreiben; sich wenden, sich im Kreise drehen; g. cornipedem das Pferd herumwerfen, im Kreise tummeln; g. navigio kreuzen
girator Herumtreiber, Landstreicher
girgillus Haspel, Garnwinde
girovagus umherschweifend, „fahrend", Wander-; Vagabund
gyrus (*griech.*) Kreis, Drehung; Panzerring; in girum collectus zum Kreise geringelt
git (*indekl.*; *aram.*) Schwarzkümmel
glaber, bra, brum kahl, glatt
glabrio, onis Weichling, Stutzer, Milchbart
glacialis eisig; glaciale frigus Frost
gladiator Lohnfechter; Schwertfeger, Waffenschmied
gladiolus Siegwurz, Schwertel
gladius Schwert; Macht
glando, inis = glans Eichel; *Plur.* Geschwüre, Geschwülste
glandula Mandel, Drüse
glans, glandis Eichel; Geschützkugel
glarea grober Sand, Kies
glaucoma, atis (*griech.*) Trübung der Augen, Star; g. somni Schlaf (W.)
glaucus (*griech.*) bläulich, graublau
gleba Erdscholle
glera = glarea
glirio, onis = glis Haselmaus
1. **glis,** gliris Haselmaus, Maus; Hermelin
2. **glis,** glissis Lehm, Ton
3. **glis,** glitis Distel, Klette
gliscĕre in Brand geraten; begehren, wünschen; zunehmen, wachsen
glissera Tisch
globus Kugel; Reichsapfel
glocidare; glocire glucken
glomerare zu einem Knäuel zusammenballen, aufwickeln; versammeln; crurum volumina g. stolz die Beine werfen
glomeratio Haufe
gloria Ruhm, Ehre; Jubel, Freude
gloriari in Ruhm gewinnen durch
glorificare rühmen, preisen, verherrlichen; zu Ehren bringen; *Pass.* sich verherrlichen, sich groß erweisen
glorificatio Lobpreis; Ansehen, Anerkennung
gloriola ein bißchen Ruhm; = gloria
glorius = gloriosus rühmlich, prahlend
glos, gloris Schwägerin (= des Mannes Schwester); des Bruders Frau
glosa; glossa (*griech.*) Glosse, Erklärung einer Textstelle, Kommentar
glosare; glossare eine Stelle im Text erklären
glosatura Erklärung
gluten, inis Band, Verbindung; Leim
glutinum Leim
glutire = gluttire verschlingen
glutto, onis Schlemmer, Schmarotzer
gnanus = nanus Zwerg
gnarus kundig; der seine Kunst versteht
Gnatho, onis Name eines nichtswürdigen Schmarotzers bei Terenz; Schmarotzer
gnavus = navus emsig, tüchtig
gobelinus (*mhd.* kobolt) Kobold
gobio, onis = gobius (*griech.*) Gründling
gophus Peitsche, Geißel

goliardus Schmarotzer, Schlemmer, Vielfraß; Spaßmacher; der Goliarde
Golias, ae Goliath; Teufel
gorgias absichtliche Umbildung aus golias, dem Schutzpatron der Vaganten
grabatus (*griech.*) Ruhebett, Sänfte, Bahre
gracculus = graculus Dohle; Saatkrähe
gracilis schlank, zierlich
gracillare gackern
gradale = graduale
gradatim *Adv.* Schritt für Schritt; vorsichtig
gradis vornehm
graduale, is Staffelgesang, Stufengebet
gradus, us Stufe, Treppe; Rang; Steigerungsgrad; Schritt, Vormarsch; *Plur.* Kanzel; g. coniugalis Ehestand
grafia Grafschaft
graphiare schreiben
graphiarius Schreiber
grafio, onis (*germ.*) Graf
graphium; graphius (*griech.*) Griffel; Schreibstube; Amt des Schreibers
gramen Grasstengel, Gras, Trift, Wiese; Pferdefutter
gramineus grasig
gramma, atis (*griech.*) Buchstabe; Grammatik
grammaticalia, ium die Elemente der lateinischen Sprache
grammaticare lateinisch sprechen
grammaticus grammatisch; lateinisch; literarisch; grammatica (vox) Grammatik; die lat. Sprache; Literatur
granarium Kornspeicher
granatum (*sc.* malum) Granatapfel
grandes (wohl = grandines) Striemen; Geißelung
grandaevus hochbetagt; grandaeva vita Greisenalter
grandificare groß machen
grandiloquus großprecherisch; voll und tief, laut
grandinare verhageln; züchtigen, geißeln
grandis groß, gewaltig, stark; großartig, feierlich; Erwachsener
grandisonus laut klingend, weithin vernehmbar, brausend
grando, inis Hagel, Eis
granea Scheune
graneum Kornfeld
grangia; granchia Landgut, Vorwerk; Wirtschaftshof eines Klosters
grangium Vorratshaus, Scheune
granica; granicum Getreidekasten, Speicher
granum Korn; Weizen
grassari schreiten; auf etwas (in aliqua re) losgehen; anfechten, hart verfahren; herumstreichen; um sich greifen; superbe g. es übermütig treiben
grassator Müßiggänger; Wegelagerer, Feind
gratanter *Adv.* = gratis
gratari freudig danken, sich freuen
grates agere, dare, habere, referre Dank sagen; g. facere danken
gratia Anmut, Liebenswürdigkeit; Gunst, Huld, Gnade; Lohn, Liebesgabe; Dank; g. veris Lenzeswonne, Mai; g. dei von Gottes Gnaden; gratiam facere begnadigen; gratiam exhibere Dank abstatten; annus gratiae Jubeljahr; *Plur.* Gnadenerweisungen; Bitten um Gottes Gnade; Loblieder
gratificare aliquem jem. erfreuen; begnadigen, sich erkenntlich zeigen; gern leisten; entsprechen, danken
gratificus willfährig, freudig; gefällig, artig
gratiola Huld, Gnade
gratiosus Gunst erweisend, gefällig, artig
gratis *Adv.* umsonst; freiwillig, gern; mit Absicht, ohne Grund, durch ein Wunder; obendrein, zum Dank; ohne Schaden, wohlbehalten
gratuitus ohne Entgelt, umsonst, uneigennützig; gratuitum Geschenk
gratulabundus gern
gratulare; gratulari sich freuen, frohlocken; Glück wünschen; g. de freudig danken für (VS.)
gratulatorius glückwünschend
gratus lieblich, wohlgefällig; freundlich zu; grati regis = Vasallen; sine grato wider Willen (R)

graulus = graculus Saatkrähe, Dohle
graus (*griech.*) altes Weib
gravamen drückende Last, Beschwerlichkeit, Bedrückung; sine gravamine gern
gravare beschweren, bedrücken, belästigen schlecht behandeln
gravedo, inis Gewicht; Schwierigkeit
gravidare belästigen; schwängern
gravidus schwanger; schwer; bepackt
gravio = grafio Graf
gravis (*Adv. auch* grave) schwer, wuchtig; schwerfällig; ehrwürdig
gravitas Schwäche; g. mentis Schwermut
gravitudo Schwere
graecisare = graecissare (*griech.*) griechisch sprechen
Graecismus mittelalterliches grammatisches Lehrbuch in lat. Versen, verfaßt von Eberhard von Béthune (1212)
graecologus des Griechischen kundig
gregari sich versammeln
gregarius gewöhnlich, gemein
gregatim *Adv.* haufenweise
gremiale, is Schoßtuch
gremium Schoß; Kleiderbausch
gressor Gänger
gressus, us Schritt; Fuß
grypho = gryps
grillare zirpen (von der Grille)
gryllus Grille
gryps, grypis (*griech.*) Greif
griseus; grisius (*germ.*) grau; = Zisterzienser; griseum Grauwerk
grossa Reinschrift
grossarius faber Grobschmied
grossities, ei Dicke
grossitudo, inis Dicke, Größe; dicker Stoff
1. **grossus** Spätfeige
2. **grossus** dick; groß, breit; gewöhnlich, grob; grossus (*sc.* denarius) Groschen; ad grossum in der Größe
gruarius Kraniche (grues) fangend
grucingarius (*mhd.* grinzinc) Weizenbier
grundare triefen
grundatorium Rieselbecken
gruĕre „krähen" (vom Kranich)
grunitus, us = grunditus Grunzen; Murren
grus, gruris Kranich
guardia (*germ.*) Bewachung, Geleit; Wächter
guardianatus, us Oberaufsichtsamt in den Franziskanerklöstern
guardianus Wächter, Aufseher; Guardian
guastare = vastare verwüsten
guastum (*ital.*) Verwüstung
gubernare steuern, leiten; in der Schlacht kommandieren; erhalten
gubernator Steuermann; Lotse
gubernium Regiment, Regierung
guerra (*germ.*) Kampf, Streit, Krieg
guerrare Krieg führen
guerrinus Kriegs-
gula Schlund, Kehle; Gaumen, Rachen; Gierschlund; Völlerei; *Plur.* die kleinen Stückchen aus Fell, die als Schmuck der Mäntel getragen wurden und im MA. gewöhnlich rot gefärbt waren; gula Cerberi Höllenschlund
gulatus mit rotem Pelzwerk versehen, purpurgesäumt
gulositas Gefräßigkeit
gulosus gefräßig, gierig, durstig
gunna (*gall.*) Pelz (als Gewand); kurzes mit Pelz besetztes Kleid
gunnatus aus Pelz gefertigt; mit der gunna bekleidet
gurdus dumm, töricht, tölpelhaft
gurges, gitis Wasserstrudel, Flut
gurgitulus ein bißchen Meer
gurgulio Gurgel; Gemächt
gustamen Kostprobe; Geschmack
gustare kosten, genießen; inne werden, erfahren
gustum = gustus, us Genuß; Gier; Bissen
gutta Tropfen; Gicht; Name eines wohlriechenden Harzes
guttatim *Adv.* tropfenweise
guttur, uris Gurgel, Speiseröhre
guza = gussa eine Kriegsmaschine
gwerra, gwerrare = guerra, guerrare

H

Wörter mit h suche auch unter den hinter h folgenden Vokalen.

habena Riemen, Zügel; Leitung
habēre sich gehaben, sich befinden; *auch das Futurum umschreibend:* dicere habemus = dicemus; = debere: cantare habes du mußt singen; *Pass.* sich befinden; behandelt werden; habitus bewirtet; omne habere die ganze Habe
habitaculum Behausung, Wohnung, Herberge; Wohnort
habitatio Wohnung; Einwohnerschaft; Eigenschaft
habitatrix Bewohnerin
habitio Besitz
habitualiter *Adv.* aus Gewohnheit
habituare gestalten; gewöhnen
habitudinalis angeboren
habitudo, inis das Äußere, Gestalt, Haltung; Ähnlichkeit, Verhältnis
habitus, us Aussehen, Handhabung, Haltung, Lage, Zustand, Lebensweise, Gewohnheit; Art, Gesinnung; Tracht, Gewand; Rüstung; h. religiosus, religionis Ordenskleid; habitum mutare in den geistlichen Stand eintreten
ex **hac** danach
hactenus *Adv.* bis hierher; bisher; insofern, noch
hagiographa, orum (*griech.*) die Hagiographen
hagius (*griech.*) heilig
hai Interjektion des Schmerzes = hei
hairo, onis (*germ.*) Reiher
halitus, us Hauch, Atem; h. agius der Heilige Geist
halucinatio gedankenloses Reden
hamare angeln, fangen; hamata lorica Kettenhemd, Ringpanzer
hamula kleiner Wassereimer, Krug, Schale
hamus Haken; Angel, Wolfsangel
hanappus (*germ.*) Napf, Schale; Becher
hansa (*germ.*) Menge, Schar; Vereinigung der Kaufleute; Handelsabgabe
harder, dris (*germ.*) Meeräsche, Meeralant
haracium (*arab.*) Gestüt
haragius Zauberer
haranea = aranea Spinne
harenga (*germ.*) Hering
hariolari in den Tag hinein reden, faseln; vermuten
hariolus Wahrsager; Zauberer
harmonia (*griech.*) Zusammenklang; Tonfolge; Eintracht
harmonizare in Einklang bringen
harnascha (*altfrz.; mhd.* harnasch) Rüstung; Harnisch
harpa (*germ.*) Harfe
harpare Harfe spielen
harpator Harfner, Spielmann
haruspicium Opferschau, Weissagekunst
hashardus (*arab.*) Glückspiel, Zufall
haspa (*germ.*) Haspel
hasta Stock, Speer, Lanze; = contus
hastatus mit Lanzen bewaffnet
hastile, is Lanzenschaft
hastiludēre ein Turnier veranstalten
hastitudium Lanzenstechen, Turnier
hastilusor Turnierkämpfer
haurire schöpfen; verstehen
haustus, us Trinken, Trunk
hava (*germ.*) Habe
he = heu Interjektion der Furcht
hebdomada = hebdomas
hebdomadarius Mönch, der den Wochendienst hat
hebdomadatim *Adv.* wöchentlich
hebdomas, adis (*griech.*) Woche
hebēre stumpf sein; ohne Leben sein
hebes, etis stumpf; blöde, schwachsinnig; Trottel
hebetudo, inis Stumpfheit, Gefühlslosigkeit
hecatontarchus (*griech.*) Anführer von 100 Mann, Hauptmann
haedinus von jungen Ziegenböcken
hei = ei Interj. des Schmerzes: ach! weh!
helenare schön machen (HS.)
heliotropium (*griech.*) Sonnenwende (eine Pflanze)

campi **Helysei** = campi Elysii die himmlischen Gefilde
hellingus (*germ.*) Halbpfennig
hellinicus des Griechischen kundig
Heloim = Eloim (*hebr.*) Gott
hemicrania (*griech.*) Kopfschmerz, Migräne
hemina (*griech.*) ein Gefäß für Flüssigkeiten
hemiolus; hemioleus = hemiolius (*griech.*) anderthalbfach; im Verhältnis 3:2
hemispherium; hemisperium = hemisphaerium (*griech.*) Halbkugel
hemitheus (*griech.*) Halbgott
hemmete ein größeres Getreidemaß, „Himpten" (Helm.)
hemus (*griech.*) Rede (*vgl.* prohemium)
hendecas = hendecasyllabus (*griech.*) Elfsilbler
hepar, atis (*griech.*) Leber
hepaticus die Leber betreffend; hepatica Leberader
heptaticus (*griech.*) Heptateuch
hera = era Herrin
heraldus (*germ.*) Herold
herbicolor grasgrün
herbidus kräuterreich, grasreich, grün
herbularius Arzneigarten
hereditare erben; vererben; als Erben einsetzen
hereditarius ererbt, geerbt
hereditas Erbschaft; die liegenden Güter (im Gegensatz zur fahrenden Habe)
herem . . . = erem . . .
haerēre alicui an jem. hangen, jem. nahe sein
heresiarcha (*griech.*) Haupt einer Sekte, Irrlehrer, Ketzer
heresis = haeresis, is (*griech.*) Ketzerei, Irrlehre, Sekte
hereticus ketzerisch; Ketzer
heribannus (*germ.*) Heeraufgebot, Aufforderung zur Heerfahrt
herilis = erilis
haerita (*griech.*) Häretiker, Ketzer
hermaphroditare hermaphrodieren
hermelinus Hermelin-
hernia Leistenbruch
herodio, onis; herodius (*griech.*) Reiher
heros, ois (*griech.*) Held; Herr. — *Akk. Plur.* heroas (Liudp.)
herpica; herpex, picis = irpex Egge
herus = erus Herr, Besitzer, Herrscher
haesitare hängen bleiben; wankend werden, schwanken, zögern, zweifeln
haesitatio Stocken im Reden; Zaudern, Bedenken
hespera; hesperus (*griech.*) Abend; Abendstern; Mond
heus *Interj.* he! höre!; = heu (*auch zweisilbig!*) ha, ach, weh!
hyacinthus (*griech.*) Rittersporn
hyalinus (*griech.*) gläsern; glasgrün
hyalus (*griech.*) Glas; Trinkglas
hiare klaffen; schnappen, gierig sein; den Mund aufsperren (im Tode)
hiarus = hierus
hiatus, us Schlund, Gier; Gähnen, Hiatus; After; h. patulus großes Loch
hibernalis winterlich
hibernaticum (*sc.* opus) Wintersaatarbeit
hibernum Winter
hibiscum (*griech.*) Eibisch (eine Malvenart)
hibrida Mischling, Bastard von zahmer Sau und wildem Eber
1. **hic** *Adv.* hier; auf Erden; hierhin
2. **hic,** haec hoc 1. zu fast bedeutungslosem Artikel abgeschwächt; 2. irdisch; haec et haec alles mögliche; hoc est nämlich
hiccine = hicine an jenem Orte
hicherus = escarus der Hausen (huso)
hydra (*griech.*) Wasser
hydria (*griech.*) Wasserkrug
hydromellum = hydromeli (*griech.*) Met
hydropicus wassersüchtig
hydropisis Anlage zur Wassersucht
hydrops, opis (*griech.*) Wassersucht; = hydropicus
hydrus (*griech.*) Hyder, Schlange
hyemalis = hiemalis winterlich
hiematus = hiemalis
hiems Winter; Sturm
Hierosolymita (*griech.*) Einwohner Jerusalems; Jerusalempilger

hierus (*griech.*) heilig
hilarare aufheitern, fröhlich machen
hilarescĕre fröhlich werden, heiter sein
hilaris vergnügt, heiter, fröhlich
hyle (*griech.*) Materie, Urstoff
hymenaeum = hymenaeus (*griech.*) Hochzeitslied
hymnidicatus gefeiert
hymnidicus Hymnen singend
hymnificare Loblieder singen
hymnire Hymnen singen
hymnista Psalmensänger
hymnizare; hymnologizare (*griech.*) lobpreisen
hymnum; hymnus (*griech.*) Lobgesang; Lob; h. trisagius das Dreimalheilig (Jes. 6, 1 ff.)
hinc *Adv.* davon, dadurch, daher, damit; seitdem; diesseits; hinc et inde auf beiden Seiten; hinc inde von allen Seiten; hinc—hinc das eine Mal — das andere Mal
hinnire wiehern
hinnulus junger Hirsch; Maulesel
hyopa, ae = Iopas (Gestalt aus Verg. Aen. I 740)
hyoscyaminus aus Bilsenkraut
hyoscyamus (*griech.*) Bilsenkraut
hyperaspistes, ae (*griech.*) Schildknappe; Leibwächter
hyperboreus (*griech.*) nördlich
hypocausterium Heizungsanlage
hypocaustum (*griech.*) Heizraum; die ausgetrocknete Kehle
hypocrisis, is (*griech.*) Heuchelei, gleisnerisches Wesen
hypocrita = hypocrites, ae Heuchler; Geizhals; gleisnerisch
hypogaeus (*griech.*) unterirdisch
hypostasis, is (*griech.*) Persönlichkeit; Vermögen
hypothesis, is (*griech.*) Voraussetzung, Annahme; Stoff, Inhalt, Gegenstand; per hypothesin im Scherzspiel
hippodromus (*griech.*) Reitbahn
Hippolythus griech. Sagengestalt, Vorbild der Keuschheit, Weiberfeind
hippus (*griech.*) Pferd

hircaritia Bockhaltung; Bockherde
hirnia = hernia
hyron . . . = iron . . .
hirpus Wolf
hirsutus = hirtus
hirtus struppig, rauh, buschig
hirudo, inis Blutegel
hirundella = hirundo, inis Schwalbe
hiscĕre klaffen
hispidus rauh, borstig; klippenreich
historia Begebenheit; Geschichtswerk; nihil historiae nichts Wissenswertes
historialis geschichtlich; *Adv.* historisch erklärt
historiographus (*griech.*) Geschichtsschreiber
historiola Geschichte, Geschichtserzählung
histrio Gaukler, Spielmann; Narr
hoba = huba
hol . . . *s. auch* ol . . .
holocaustum (*griech.*) Brandopfer, Opfer
holovitreus gläsern
holzmarcha (*germ.*) Holzungsrecht
homagialis Vasall
homagium Huldigung, Lehnseid; Mannschaft
sub **Homero** in Dichtung und Wissenschaft erzogen
homicidium Totschlag, Mord; hohe Gerichtsbarkeit
homilia (*griech.*) Predigt
hominaticum Lehnseid
hominium Ergebenheit, Lehnsdienst, Lehnseid, Lehnsmannschaft; h. exhibēre den Lehnseid schwören
homo; *Akk. Sg.* homonem (W.) Mann (*Gegensatz*: femina); Lehnsmann, Vasall, Untergebener, Untertan; hominem mortalem exuere sterben
homullula Mädchen
homullus ein Menschlein, Schwächling; Mensch
homuncius = homuncio Menschlein
honestare ehren; bereichern; ausrüsten, in guten Verteidigungszustand setzen
honestas Ehre, Ansehen; Reichtum
honestus ehrenhaft, ehrlich; reich

honor Ehre, Ehrenstelle; Ehrerbietung, Auszeichnung, Geschenk; Amt, Lehen, Stellung, Fürstenamt; Recht

honorabilis ehrenvoll, ehrenhaft; honorabilem esse erga ehren

honorificare ehren, zu Ehren bringen; (mit Geld) unterstützen

honorificentia, ae Ehrerweisung, Ehre, Würde, Hoheit

honorus ehrenvoll; geehrt, vornehm

1. **honus** = honor

2. **honus** = onus

honustus = onustus beladen; lästig

1. **hora** Stunde; hora (*sc.* canonica) die Stunde, in der täglich Gottesdienst abgehalten wird; h. nocturna das Stundengebet zur Nachtzeit; ab h. ad horam einmal am Tage

2. **hora** = ora

horama, atis (*griech.*) Gesicht, Erscheinung

hordeum Gerste; Getreide

hordeaceus aus Gerste

horno = hoc anno heuer

horologium (*griech.*) Uhr

horologus stundenansagend

horoscopium (*griech.*) Horoskop

horrēre starren; drohen; horrens schrecklich

horridicus schrecklich, entsetzlich; feindselig, feindlich

horripilare sich sträuben, sich entsetzen

horripilatio Emporstarren der Haare

horror Grausen, Entsetzen; Drohung; Schreckensnachricht

hortalicium Garten

hortamentum Ermahnung

hortanus im Garten gelegen

hortulanus Gärtner

hosa; hossa (*germ.*) Hose, Gamasche

hosanna (*hebr.*) *Jubelruf* = Heil!

hospes, itis Fremder, Gast; Wirt; Freund; h. animae Seelengast

hospitalarius Spitalinsasse; Johanniterritter

hospitalis gastlich, gastfrei; Gast; = Johanniterritter; hospitale Herberge, Krankenhaus

hospitare gastlich aufnehmen; *Pass.* Quartier nehmen, zu Gast bleiben; wohnen, lagern; gastlich aufgenommen werden

hospitatrix Gastwirtin

hospitium Gastfreundschaft; Gastrecht; Obdach, Herberge

hospitus = hospitalis; hospita Wirtin

hostia Schlachtopfer; das ungesäuerte Brot beim Abendmahl, die Hostie

hostialis zum Kriegsbedarf gehörig

hosticus feindlich

hostilitium Fleischlieferung an das Heer

hostis, is Feind; Teufel; Kriegsheer, Lager; Feldzug; antiquus h. Teufel

hostium = ostium

huba (*germ.*) Hufe

hucusque *Adv.* bis hierher; bisher, bis jetzt

hulcia Überzug, Pferdedecke

humanari Mensch werden

humanitas Menschlichkeit, Menschenart; Unterhalt

humanitus *Adv.* nach Menschenart

humanus menschlich; humana militia die streitende Christenheit; humana basilica Kaiserpalast

humectare = umectare befeuchten, benetzen

humerale (*sc.* vestimentum) leinenes Schultertuch des Priesters, das Humeral

humerinus auf der Schulter getragen

humerulus kleine Achsel; Eckleiste, Zäpfchen

humerus Achsel, Schulter

humiliare erniedrigen, demütigen, unterwerfen

humiliatio Erniedrigung

humilis demütig

humilitas Niedrigkeit; demütiges Wesen, Demut; Schwachheit

humitenus *Adv.* bis zum Boden

humlo, onis; humulus Hopfen

humlolaria; humularium Hopfengarten

hupa Hopfen

huso (*germ.*) der Hausen (ein zum Störgeschlechte gehörender Fisch)

hutica; huticum Kasten, Kiste; Backtrog

I (J; Y)

iacĕre werfen; hin-, fortwerfen
yacintus = hyacinthus
iactanter *Adv.* stolz
iactantia Prahlerei, Prahlsucht
iactare werfen; ausstoßen; sich brüsten
se **iactitare** sich großtun, sich aufspielen
iactura Verlust; Zins und Zinseszins
iactus, us Wurf, Schlag, Stoß
iaculari werfen, schleudern; getroffen werden
iaculatio das Werfen, der Wurf
iaculus das Geworfene; Schießschlange
iam *Adv.* ehemals, vordem; noch; nahezu; weiterhin, hinfort; gleich, jetzt, dann; iamiam schon; iamque nun; iam iamque bald, eiligst; iam tunc damals
iambicare hinken
ianitor Pförtner, Küster; i. coeli Himmelspförtner = Petrus; i. silentum = Cerberus
ianthinus (*griech.*) veilchenfarbig, violett
ibex, ibicis Steinbock
ibidem *Adv.* = ibi dort, daselbst; dorthin
ibis, ibidis Storch
ybris 1. = hibrida; 2. = hybris (*griech.*) Übermut, Frevel
ycona; iconia (*griech.*) Bild
iconisma, atis (*griech.*) Abbild; Bild, Vergleichung
yconom . . . = oeconom . . .
ictericus = hictericus (*griech.*) gelbsüchtig
ictuare treffen, niederschlagen
ictus, us Stoß, Schlag, Hieb, Wurf; i. cordis Verzückung des Herzens
id ipsum = idem dasselbe; in id ipsum zugleich
idea (*griech.*) Urbild, Idee; Bild
idem = is, hic, ille
idemptitas = identitas Übereinstimmung, Einheitlichkeit
ideoque = ideo darum, daher
ideota = idiota (*griech.*) Laie; Stümper
idioma, atis (*griech.*) das Eigentümliche im Ausdruck; Mundart, Sprache
idolatra = idololatra
idolatrare den Götzen opfern
idolium (*griech.*) Götzentempel
idololatra = idololatres, ae (*griech.*) Götzendiener, Heide
idololatria Götzendienst; Geldgier
idololatris, is Heide
idolothytum (*griech.*) Götzenopfer
idolum (*griech.*) Abbild; Götzenbild
idoneare tauglich machen; se i. sich reinigen (von einem Vorwurf)
idoneitas Tauglichkeit, Geschicklichkeit
iehenna = gehenna
iehennalis = gehennalis höllisch
ieiunare nüchtern bleiben, fasten
ieiunium Fasten, Fastenzeit; i. solvere vom Fastengebot lösen; caput ieiunii Aschermittwoch
ieiunus nüchtern, hungrig; entbehrend, frei von
igena = hyaena Hyäne
igitur (*auch am Satzanfang*) nun
ignarus unwissend, nicht vorbereitet auf, unversehens
ignavia Trägheit; niedrige Gesinnung
ignavus träge, kraftlos, wirkungslos; mutlos, feige
ignescĕre Feuer fangen
ignicomus mit feurigem Schweife
ignicremus verzehrend, lodernd
igniculus Feuerchen
ignipotens Herr über das Feuer
ignire warm machen, erhitzen
ignis, is Feuer; Höllenfeuer; Gottesurteil der Feuerprobe
ignitus feurig, glühend; leuchtend
ignivomus feuerspeiend
ignobilitas Niederträchtigkeit
ignominia Schimpf, Brandmarkung
ignorantiae Beweise von Unwissenheit
ignotus unbekannt; unwissend
IHS (*griech.*) Abkürzung für Jesus
il = aliquid
ilex, icis Steineiche
ilia, ium Eingeweide, Lenden, Weichen

ilico; illico *Adv.* auf der Stelle, alsbald, sofort
ill. = illustrissimus erlaucht; = ille
illabi sich ergießen in, auftauchen vor
illaborare sich abmühen; ausarbeiten
illambĕre hineinlecken
illamentatus unbeklagt
illaqueare verstricken, umgarnen, im Garn fangen, fesseln
ille = is; = suus; = Artikel; der und der
illecebra Lockung, Lust
illegitimus ungesetzlich, unrechtmäßig, nicht ehrlich
illaesus unverletzt
illex, licis Verführer, Verführerin
illibare einweihen
illibatus unbeschränkt; ungeschwächt, unversehrt, unberührt, keusch
illic *Adv.* dort; dorthin
illicitare verlocken
illicitus unerlaubt
illidĕre anschlagen; zerstoßen; i. gemmis aurum Gold und Edelsteine aneinanderklingen lassen
illigare banno mit dem Bann belegen
illinc *Adv.* jenseits; *auch Präp. mit Gen.*
illinire = illinĕre mit etwas bestreichen, einschmieren, beschmutzen, besudeln
illisus (*v.* illidĕre) wund
illiteratus ungeschult, unwissend; Laie
illo *Adv.* dorthin; dort
illorsum *Adv.* dorthinwärts
illucescĕre = illustrare
illudĕre übel mitspielen, betrügen
illuminari licht werden
illuminatio Erleuchtung
illusio Täuschung, Verspottung, Ironie
illustrare ans Licht bringen; beleuchten; leuchten, erleuchten; verherrlichen
ima, orum Unterkörper
imaginarius phantastisch; eingebildet; imaginariae relevationes Eingebungen der Phantasie
imaginatio Einbildung; Anschlag
imago, inis Bild; Gebilde, Form; Darstellung; i. mortis Scheintod, todesähnliche Erstarrung

imbannire exkommunizieren
imbellis unkriegerisch; unbewaffnet
imberbis bartlos
imbrex, icis Hohlziegel
imbreviare vereinfachen; verzeichnen
imbrifluus benetzt, triefend
imbrigare in Streit verwickeln
imbuĕre benetzen, befeuchten; mit etwas ausstatten, erfüllen; unterrichten
imbursare einstreichen (das Geld)
ymena = hemina
imitari nachahmen; folgen; gleichen
immaculatus unbefleckt, rein; unversehrt
immadidare benetzen, befeuchten
immanitas ungeheure Größe
immantare mit dem Pallium schmücken, mit dem Papstmantel bekleiden
immarcescibilis unverwelklich, unvergänglich
immaturus unreif, noch nicht erwachsen
immediatus unmittelbar; ungekünstelt
immerito *Adv.* unverdient, ohne Grund
immersio Taufe
imminens plötzlich eintretend; in imminenti in der Nähe
imminutus numerus Zahl, bei der die Summe sämtlicher Faktoren kleiner ist als die Zahl selbst (z. B. 8)
immissor tempestatum Wettermacher
immitis unsanft, rauh, ungnädig
immittere anstiften
immo *Adv.* noch mehr
immobilitas Unbeweglichkeit, Unveränderlichkeit
immoderabilis unerbittlich
immoderantia Maßlosigkeit
immodicum *Adv.* unmäßig
immodum *m. Gen.* = in modum nach Art
immolare (*frz.* immoler) opfern; Preislieder anstimmen
immonitus unaufgefordert
immorari verweilen, verbleiben bei
immorsus, us das Zubeißen
immotus unbewegt; ununterbrochen; passibus immotis stehenden Fußes
immunditia Unsauberkeit, Unreinheit, Häßlichkeit; Unanständigkeit
immundus unrein; sündhaft

immunis unversehrt; frei von; unbeschenkt
immunitas abgesteckter, gefreiter Raum; Schutz, Asyl, Asylrecht; Abgaben-, Zollfreiheit, Privileg
immutare verändern; wiederholen; culpam in poenam i. die Schuld entgelten lassen
imon (*griech. Gen. v. Pron. pers.*) = unser
impacatus voll Unfrieden
impagatus unbezahlt
impalam = in palam
impar ungerade; unterlegen
impassibilis empfindungslos, Leiden nicht unterworfen; unmöglich
impassibilitas Empfindungslosigkeit
impatiens *m. Gen.* unzufrieden mit
impatientia Ungeduld; Zügellosigkeit
impeditio Hemmung, Hindernis
impeiorare verschlimmern, schlechter machen
impendĕre aufwenden, schenken, opfern; auferlegen; se i. sich wenden gegen; sich angelegen sein lassen; promptam mentem i. ein geneigtes Ohr leihen; iura i. Rechte ausüben
impoenitens unbußfertig
impensa Abgabe, Opfer; Zutat
impense *Adv.* angestrengt, eifrig, sehr
impensum das Geschenkte, Gabe (*mhd.* diu gift)
imperialis kaiserlich; herrlich, prächtig; Herrscher(in)
imperiosus kaiserlich; Reichs-; herrschend; herrlich
imperitare Kaiser sein; befehligen; befehlen
imperium Befehl; Kaisertum; Regierung; Reichsoberhaupt, Träger des imperium
impermeabilis undurchschreitbar
impersonare zu Amt und Würden bringen
impertaesus unverdrossen
impertire zukommen lassen, zuteilen, gewähren, verteilen; widmen
impervius unwegsam
impetĕre losgehen auf, Angriff machen; se i. sich stürzen auf; duello i. zum Zweikampf fordern
impetitio Forderung, Anspruch; Überfallen, Bedrängen
impetrator Erlanger, Auswirker
impetuose *Adv.* ungestüm, heftig
impexus ungekämmt, rauh; i. paliurus Dorngestrüpp
impiger unverdrossen; rührig, schnell
impignerare; impignorare verpfänden
impignoratio Pfändung
impingĕre an etwas stoßen; aufschlagen; hineinstoßen, -hauen, -stecken; i. terram stranden
impinguare; impinguari fett machen; salben
implanare vom geraden, ebenen Wege abbringen; täuschen, betrügen
implēre erfüllen; *Pass.* eintreffen, eintreten; impletum habere vollbringen
impletio Ausfüllung; Ausflicken
implexare aufgreifen, festnehmen
implicare verwickeln; se i. sich einlassen auf; implicatus darin enthalten
impluvium = pluvia Regenwetter
impollutus unbefleckt
imponĕre einsetzen; anstimmen; zuschreiben; zum Vorwurf machen; hineinlegen, täuschen
importabilis unerträglich
importunitas Aufdringlichkeit; das inständige Bitten, Drängen; Rücksichtslosigkeit
importunus schroff, rücksichtslos, ungestüm; i. hostis = Teufel
impositio Auflegung, Rücksichtslosigkeit; Auflage, Steuer; i. manuum Weihe
impossibilis unmöglich; ohnmächtig
impostor Betrüger
impostus, us = impostura Betrug, Trug
impotabilis nicht trinkbar
impotionare vergiften
impotus ungetrunken
imprecamen Wunsch; Verwünschung
imprecari anwünschen; verwünschen, fluchen
impraegnare schwängern; beschweren, belasten
imprehensibilis unbegreiflich; untadelhaft

impraemeditatus unvorbereitet; unklug; unversehens, ohne Überlegung

impraesentiarum = in praesentiarum

impresse *Adv.* nachdrücklich

impretiandus unschätzbar

imprime = imprimis *Adv.* zuerst; vor allem; schleunigst

imprimĕre litteras schreiben

improbare Vorwürfe machen, tadeln, schmähen; sich etwas nicht gefallen lassen

improbitas Untüchtigkeit, Unredlichkeit, Schlechtigkeit, Frechheit; i. laboris übermäßige Anstrengung

improbus schlecht; unermüdlich

improperare = improbare

improperium Schimpf, Makel; Verspottung, Schmähwort; Vorwurf

improvide *Adv.* = improviso unversehens

improvisus unversehens, jäh, plötzlich; unklug, unpassend

impugnans böswillig

impugnare in die Faust nehmen; angreifen, bekämpfen

impugnatus uneingenommen

impulsus, us Angriff; Stoß

impura Wahrsagerin, Hexe

imputare anrechnen; zuschreiben; einschneiden

imputribilis unverweslich; unverwest

imus *oft als Positiv* = hoch, tief; unterer; *auch* = intimus; in imo unten (auf der Erde)

in *Präp. m. Akk. und Abl.* (*nicht streng geschieden!*) in; zu; innerhalb; in terga im Rücken; in pistrino dare in die Tretmühle schicken; in damno zu seinem Schaden; in mercedem zum Lohn; in pedes zwischen die Füße; in uxorem ducere als Gattin heimführen; in via *m. Gen.* nach Art; in tantum so sehr; in quantum soweit. — *Oft statt des Ablativs: instrumental:* in gladio mit dem Schwert; *modal:* in cursu velox flink im Laufen; *temporal:* in tempore parvo = nicht lange

inacceptus = non acceptus nicht erwünscht, nicht angenehm

inaccessibilis unzugänglich

inactus unverhandelt; *Adv.* unverrichteter Dinge

inadvertens unachtsam

inadvertentia Unaufmerksamkeit

inaltare erhöhen; aufhäufen

inalterabilis unveränderlich

inamandus unangenehm, widerlich

inamarescĕre bitter werden

inambustus unverbrannt, unversehrt

inamoenus reizlos, ohne Anmut

inanire leer machen, erniedrigen

inanis leer, eitel; inane iudicium Gewalturteil

inantea *Adv.* vorher; nach vorn, in Zukunft

inaquosus wasserlos, wasserarm; inaquosum Wüste

inargentatus versilbert

inauditus nie gehört

inaurare vergolden; übertreffen (*mhd.* übergulden)

inauris, is Ohrring; *Plur.* Ohrgehänge

inauxiliatus nicht unterstützt

inb . . . *s.* imb . . .

inbeneficiare zu Lehen geben; belehnen

inberbes = imberbis bartlos

incalescere 1. warm werden; 2. = incallescere dickhäutig werden

incallidus unklug

incantatio Zauberei, Zauberspruch

incantator Zauberer

incantatrix Zauberin, Hexe

incapax nicht fassend, nicht empfänglich; unfähig

incappare mit dem Mantel bekleiden; mit der cappa doctoralis bekleiden

incarcerare einkerkern

incarnatio Menschwerdung (Christi)

incarnatus fleischgeworden, menschgeworden

incassabilis unvernichtbar

incassare 1. = incapsare in den Heiligenschrein aufnehmen; 2. vernichten, zuschanden machen

incassus vergeblich, unnütz

incastellare befestigen; ins Gefängnis werfen

incastratura Ausschnitt
incausare anklagen
incausterium Tintenfaß
incaustrum = incaustum
incaustum = encaustum Tinte
incautus unvorsichtig, töricht
incendĕre aliquem das Haus jem. verbrennen
incendiarius Mordbrenner; Räuber
incendium Brandlegung; Scheiterhaufen
incenis hungrig
incensare beräuchern (mit Weihrauch)
incensum Weihrauch; Weihrauchopfer, Brandopfer
incentivus anstimmend; anregend, reizend; incentivum Entfachung
incentor Anstimmer; Anstifter
inceptio Anfangen, Beginnen
incessabilis unaufhörlich, ohne zu ermüden, ständig
incessanter *Adv.* unablässig, unaufhörlich
incessus, us Einhergehen, Gang, Trab
incestivus = incestus
incestus unzüchtig, blutschänderisch; incestum Blutschande; incesta, orum Lasterleben
inchoatio Beginnen, Vorbereitung
incidenter *Adv.* noch dazu kommend, gelegentlich, nebenbei, gegebenenfalls
incidĕre einschneiden, zuschneiden; niederhauen; trennen, abbrechen
incinerare in Asche verwandeln, verbrennen; *Pass.* zu Staub werden
incircumcisus nicht beschnitten, nicht jüdisch; ungebildet, hartherzig
incircumscriptus unbegrenzt, unendlich
incisor Zerschneider; Schneider
incisus ein-, angeschnitten; ungeschnitten
inclamare dringend anflehen
inclemens hart, schonungslos, wild
inclinare sich zu Boden werfen; geneigt machen; i. alicui sich vor jem. verneigen
inclinatio Unterwerfung
inclines, is sich bückend
inclitus = inclutus vielgenannt, berühmt; als Ehrenprädikat: erlaucht
includi Klausnerin werden
inclusa Klausnerin, Nonne
inclusive *Adv.* einschließlich
inclusor Juwelier
incognitis (*sc.* causis) ohne Untersuchung
incohare = inchoare anfangen
incoinquinatus unbefleckt, unbesudelt
incola der Einheimische
incolatus, us Aufenthalt, das Verweilen; Verbannung; der irdische Aufenthalt, Pilgrimschaft
incommoditas Unbequemlichkeit; Nachteil, Ungemach, Schaden
incommunicabilis nicht mitteilbar
incomparabilis unvergleichbar
incompetens unpassend, ungehörig
incomprehensibilis unbegreiflich
inconceptibilis unfaßbar
1. **inconditus** ungewürzt
2. **inconditus** ungeordnet
inconductus ungeleitet
inconfractus unverbrüchlich
inconfusibilis unbeirrbar
incongruus unangemessen, unpassend, nicht übereinstimmend
inconsideratio Unbedachtsamkeit
inconsolatus ungetröstet
inconsultus unüberlegt; unversorgt, notleidend; inconsulto ipso ohne ihn zu Rate zu ziehen
inconsummatio Unvollkommenheit
inconsutilis ohne Naht, aus einem Stück
incontinens unenthaltsam, unmäßig
incontinenti *Adv.* sofort
incontrectabilis unbetastbar
inconvenienter *Adv.* unschicklich; fälschlich
inconvulsibilis unzerreißbar, unverletzlich
inconvulsus unerschüttert, ungestört, ungeschwächt, unangetastet, unzerrissen
incoriosus = incuriosus
incorporare einverleiben, einfügen
incorporatus Leib geworden
incorporeus unkörperlich
incorruptela Unverweslichkeit
incorruptibiliter *Adv.* ohne zu verderben
incorruptio Unvergänglichkeit, Unverweslichkeit; sittliche Reinheit

incrassare verdicken; incrassatus dick, fett, feist; verhärtet, gleichgültig
incredibilis unglaublich; ungläubig
incredulitas Unglaube
incredulus ungläubig; unglaublich
incrementum Wachstum, Förderung, Gedeihen, Zuwachs; Saat
increpatio Schelten, Tadel; Warnung
increpĕre = increpare lärmen, toben; schelten, tadeln
increpitare schimpfen, tadeln; schlagen
incrocare an einem Haken aufhängen
incubare auf etwas liegen, lasten auf; bedrängen, treiben
incubitor Schrat
inculcatio das Einprägen
inculpabilis tadellos, ohne Schuld, unsträflich, ohne Schuld zu ernten
inculpare anschuldigen, beschuldigen
incultus ungepflegt, entstellt
incumbĕre sich auf etwas legen; hereinbrechen; consiliis i. Pläne schmieden
incunare wiegen
incunctanter *Adv.* unverzüglich
incuria Sorglosigkeit, Unachtsamkeit
incurialitas Unhöflichkeit
incuriosus sorglos, gleichgültig, nachlässig; i. rerum ohne Teilnahme für den Inhalt
incurrĕre geraten, verfallen in; unterliegen; i. iram sich den Zorn zuziehen; i. mortem sterben; i. poenam sich eine Strafe zuziehen
incursare angreifen
incurvare krümmen; niederbeugen
incurvus krumm; taumelnd
incus, udis Amboß
incusare sich beschweren; anklagen
incussus ungeschlagen, ohne Prügel
incutĕre hineinschlagen
incutescĕre sich mit einer Haut bekleiden, reif werden
indagator Aufspürer, Forscher
indago, inis Aufsuchung, Forschung, Überlegung; indagines silvae Verhaue im Walde
inde *Adv.* davon, infolgedessen, darauf
indebitatus verschuldet
indebitus unverschuldet, nicht gebührend
indecens unanständig, ungehörig, roh
indecisus unbestimmt
indecoris unrühmlich; unbeschenkt, ohne Honorar
indecorus unanständig, unmöglich
indefectivus unvergänglich
indefessus unermüdet, unermüdlich
indeficiens nicht abnehmend, unerschöpflich, unablässig
indemnitas Schadloshaltung
indĕre hineintun, hinzufügen; anvertrauen; nomen i. den Namen geben
indesinenter *Adv.* unaufhörlich, unablässig
index Anzeiger; Zeigefinger; Verzeichnis; vox i. ein hinweisendes Wort
indicibilis unaussprechlich, unsagbar
indicium Anzeichen; Kennzeichen
indictio Ansage, Ankündigung; Steuer; Aufgebot, Mannschaft; *beliebte ma. Zeitangabe* („da die erste Indiktion 3 v. Chr. beginnt, so findet man die Indiktion eines Jahres, indem man 3 zur Jahreszahl nach Christi Geburt hinzuzählt und die so gewonnene Zahl durch 15 teilt, der Rest ist die Indiktionszahl; z. B. 814+3=817:15=54, Rest 7; also indictio VII. Bleibt kein Rest, so ist 15 selbst die Indiktion.")
indictor Verkünder
indiculus; indiculum Brief
indicus indisch, schwarz; color i. Indigo
indies = in dies täglich
indifferenter *Adv.* unterschiedslos
indigena einheimisch; Eingeborener
indigentia Bedürfnis; Mangel
indigĕre aliquid etwas nötig haben; indigetur amplius (minus) man gebraucht mehr (weniger) (BR.)
indigeries, ei Übersättigung, Unmäßigkeit, Mangel an Verdauung
indignans unwillig; unwürdig, kränkend; *Adv.* indignanter mit Verachtung
indignare unwert machen, entwürdigen; *Pass.* unwert werden, sich entrüsten
indignatio Unwille, Geringschätzung; ob indignationem in verächtlicher Weise

indignatus voll Verachtung
indigne *Adv.* unverdient
indigus bedürftig, hilfsbedürftig
indipisci erfassen; erreichen, erlangen
indisciplinatus unordentlich, liederlich, zuchtlos, zügellos
indiscretus ausgelassen, unbesonnen; allgemein; liederlich, *Adv.* indiscrete ohne Unterschied
indiscussus unerörtert
indisputabilis unbestreitbar
indissolubilis unauflöslich
indissolutus unversehrt
inditus innewohnend
individuatio Unteilbarkeit
individus ungeteilt
individuus unteilbar; individuum Einzelding
indivinus Prophet
indoles, is Geschlecht, Art
indominicatus mansus nicht zu Lehen gegebenes Gut
indonatus unbeschenkt
indubitanter *Adv.* ohne Besinnen; zweifellos
indubius unzweifelhaft
induci . . . *s.* induti . . .
inducĕre verleiten; veranlassen, bewegen; zitieren; animum i. nach etwas streben
indulcare süß machen, süß reden
indulgentia Nachsicht, Schonung; Erlaubnis; Ablaß; Lossprechung vom Bann
indulgentiarius Ablaßhändler
indulgĕre nachsichtig sein, verzeihen, vergeben; sich hingeben; i. aliquid abwarten; zurücklassen; genio i. sich gütlich tun
indultor Begnadiger, Begünstiger, Spender
indultum Gnade; Ablaß
indultus, us Erfüllung
indumentum Kleidungsstück, Gewand; *Plur.* Schuhe
induperator = imperator
indurare erhärten, hart werden
indus indisch; morgenländisch
industria Fleiß, Mühe; Nachdruck; Weisheit, weise Lehre, Klugheit
industriosus fleißig, arbeitsam
indutiae Waffenstillstand, Friedensverhandlung; Gerichtsverhandlung; Termin; Bedenkzeit, Frist; Freizeit, Ferientag
indutiare; indutiari verabreden, festsetzen; Frist geben; i. aliquid ad aliquem übertragen
induviae Kleider, Anzug
induvium Gewand
inebriare berauschen; mit Liebesglut erfüllen; *Pass.* sich berauschen; freudetrunken werden
inedia Fasten, Nichtessen; Hunger, Not
inedicibilis unaussprechlich, groß
ineffabilis unaussprechlich, unsagbar; unzählbar, ungeheuer
ineffrenatus zügellos
ineffugibilis unvermeidlich
inemendabilis unverbesserlich, unheilbar; ungebüßt
inemendatus unverbessert; ungesühnt
inenarrabilis unbeschreiblich, unaussprechlich, unerklärlich
ineptus ungewandt, unpassend, unmöglich, albern
inaequalis ungleich; unvollkommen
inaequiperabilis unvergleichbar
inerguminus = energuminus
inerrare in sich verirren zu
iners, ertis ungeschickt, untüchtig; träge; Schwächling
ineruditio Mangel an Bildung
inescare anködern, mit Lockspeise versehen; anlocken, verlocken
inesse alicui innewohnen, anhaften; beiwohnen; obsequio domini i. dem Könige zu Diensten sein
inaestimabilis unschätzbar, unberechenbar
inexauditus unerhört
inexesus unvergänglich
inexorabilis unerbittlich
inexterminabilis unausrottbar, unvergänglich, ewig
inextimabilis unschätzbar
inextinguibilis unauslöschlich
infallibilis unfehlbar

infamare ins Gerede bringen, anschuldigen
infamis berüchtigt, übel beleumundet
infandus schändlich, bemakelt
infans unmündig; Kind; Knabe, Page; Prinz; Chorknabe
infantula Mädchen
infantulus Säugling, kleines Kind
infarcire; infercire hineinstopfen
infatuare betören; verhindern; infatuatus töricht
infectio Beeinflussung
infelix unglücklich, unselig; erfolglos
infensus erbittert, feindlich gesinnt, verfeindet
infeodare (*germ.*) = infeudare belehnen
inferius *Adv.* weiter unten; zutiefst, von Grund aus; = interius weiter innen; i. stare weiter zurückstehen (W.)
infernalis unterirdisch; teuflisch, höllisch
infernicula Höllenbewohner, Teufel
infernus unten befindlich; Teufel, Hölle; infernum (*auch Plur.*) Hölle
inferre versetzen, erwidern, sagen; verba i. Worte vorbringen; poenas i. Strafen beantragen
infertor Speiseträger, Truchseß
infestare aliquem angreifen, bekämpfen, anstürmen gegen; peinigen; infestari alicui feindlich gesinnt sein
infestatio Anfeindung, Beunruhigung, Feindseligkeit, Angriff, Einfall
infeudare (*germ.*) belehnen
inficĕre vergiften, anstecken
infictus ungeheuchelt, zuverlässig, echt
infidelis unzuverlässig, treulos; ungläubig, heidnisch
infidelitas Unglaube
infidia Treulosigkeit
infigĕre aufheften, beibringen
infinitivus unbegrenzt viel
infinitus unbegrenzt, zahllos
infirmare schwächen; krank sein, erkranken; *Pass.* krank werden
infirmaria (*sc.* domus) Krankenhaus
infirmarium Krankenstube
infirmarius Siechmeister, Krankenmeister
infirmitas Schwäche, Krankheit, Seuche
infirmitorium Krankensaal (im Kloster)
infirmis = infirmus schwach, krank; *Adv.* infirmiter kraftlos; ohne Halt
infit er beginnt zu reden
infitiari quin leugnen
inflare hineinblasen; *Pass.* aufgeblasen werden
inflatio Aufschwellen, Blähung; Ohrensausen; Aufgeblasenheit, Hochmut
inflatus aufgeblasen, stolz, eitel
inflictum Anstoß, Sünde
inflictus, us Zuschlagen (der Tür)
influus einfließend
informare *m. Abl.* unterrichten, unterweisen in; aufklären; prägen
infortiare verstärken, befestigen
infortis sehr tapfer
infortunium Unglück, Ungemach
infortunius unglücklich, böse, schlimm
infra 1. *Adv.* nachstehend; 2. *Präp. m. Akk.* unterhalb; = intra innerhalb, binnen, zwischen; longe infra metam weit vom Ziel; infra se bei sich
infractura Einbruch (um zu stehlen)
infractus ungebrochen, unverletzt
infrangibilis = infragilis unzerbrechlich
infrigidare abkühlen
infringĕre zerbrechen, verletzen; brechen mit; i. ictus Hiebe versetzen
infronitus = infrunitus albern, einfältig; unmäßig, anmaßend
infrontatus schamlos, frech
infruticare sprießen
infula Stirnbinde; Mitra, Bischofshut, Tiara
infulare mit der Infula schmücken, zum Bischof machen
infundĕre eingießen, einflößen; zurückstrahlen; se i. sich hingeben
infurĕre wütend anfallen
infurtunia = infortunia Unglück
infusorium Kanne
ingemescĕre = ingemiscĕre aufseufzen, seufzen; bedauern
ingeminare verdoppeln
ingeniare scharfsinnig ausdenken, ersinnen

ingeniarius; ingenierius Festungsbaumeister, Geschützkommandeur (*mhd.* antwercmeister)
ingeniator = ingeniarius
ingeniolum geringe Begabung, kleines Talent
ingeniosus erfinderisch; sinnreich; trügerisch
ingenitus ungeboren, aus dem Mutterleib geschnitten; angeboren
ingenium Klugheit, Scharfsinn, Eingebung, kluger Einfall, Idee; Wille, Absicht; List, Tücke, Kunstgriff; Technik; kunstvolle Maschine, Geschütz; ingenio auf künstlichem Wege; ingenio omni mit aller List; per i. im Geiste; sine malo ingenio ohne Hinterhalt, aufrichtig
ingenuilis = ingenuus; einem Freien gehörig; der Freie
ingenuitas edle Abstammung, adliges Geschlecht
ingenuus einheimisch, freigeboren; der freie Bauer, Gemeinfreie; *Plur.* die Geschlechter (in den Städten)
ingerĕre hineintragen, einstoßen, vorbringen, mitteilen; se i. sich einmischen, sich aufdrängen; teilnehmen
ingloria Schande
inglorius ruhmlos, ohne Ansehen
inglutire hinunter-, verschlucken
ingluvies, ei Gefräßigkeit, Völlerei; Bauch
ingrandinare züchtigen (wie mit Hagelschlägen), geißeln
ingrassari verheeren
ingratitudo Undankbarkeit
ingratus unangenehm; ungefällig, unnütz; widerwillig
ingravare querelam Beschwerde führen
ingredĕre = ingredi angreifen
ingremiare im Schoß begreifen
ingressus, us Betreten, Eintritt; Begräbnis; Eingang
ingruĕre hereinbrechen, anstürmen, befallen
inguen, inis Leistengegend, Schamglied
inguinaria pestis Leistenpest
ingurgitare hineingießen, sich voll und toll fressen und saufen; potibus ingurgitatus berauscht
inhabilis untauglich, ungeeignet
inhabitare wohnen
inhabitatio das Bewohnen; Wohnung
inhiare den Mund aufsperren, begierig trachten nach, die Augen werfen auf; inhians versessen auf, gierig
inhibēre verbieten
inhonestare entehren, erniedrigen
inhonor Unehre
inhonorare entehren, verachten; geringschätzen
inhormis = inormis
inhorrēre emporstarren; auf jem. losfahren; gegen jem. rasen
inhorrescĕre campis auf den Feldern starren, zu starren anfangen
inibi = ibi daselbst
inimicari feindselig gesinnt sein
inimicitia = inimicitiae Feindschaft, Fehde
inimicus Feind; Teufel
ininterpretabilis unerklärlich
iniquare unwillig machen, ungünstig machen, zu Fall bringen
iniquitas Ungleichheit, Abnormität; Ungerechtigkeit; Sündhaftigkeit, Missetat, Sünden
initiare weihen, anfangen; reden von
initium Anfang; Vorrang
iniungĕre hinzufügen; auferlegen, auftragen, befehlen
iniure mit Unrecht
iniuria Unrecht; Rache, Rachegefühl
iniuriare; iniuriari gewalttätig behandeln, übermütig begegnen; Unrecht tun an
iniuriosus ungerecht, frevelhaft; verletzend
iniustitia Ungerechtigkeit, ungerechte Strenge; Unrecht; *Plur.* Ungerechtigkeit, Unrecht
inl . . .; inm . . . s. ill . . .; imm . . .
innisus ausgestattet mit
inniti sich stützen auf; beruhen auf
innocent[i]um puerorum Tag der Unschuldigen Kinder = 28. Dez.

innocuus unschuldig, rechtschaffen
innodare (in einen Knoten) verknüpfen, hinein verstricken, einfügen; banno, excommunicationis sententia i. in den Bann tun
innotescĕre bekannt werden, sich offenbaren; bekanntmachen, berichten, melden, verkünden
innovare erneuern, verändern
innuĕre zuwinken, zunicken; bewilligen, anerkennen; raten
innumerandus = innumerus
innumerus unzählig, zahllos; innumeri = wenige
inoboediens ungehorsam, widerspenstig
inoblitus 1. nicht uneingedenk; 2. unvergessen
inocciduus unvergänglich
inoffensus ungehindert
inofficiosus pflichtwidrig, lieblos
inolescĕre einwachsen, sich einbürgern
inolitus (*v.* inolescere) eingewurzelt
inopia ac fames Hungersnot
inopinus unvermutet
inops mentis ratlos
inordinanter *Adv.* ordnungs-, rechtswidrig
inordinatio Unordnung
inormis übermäßig groß; gottlos
innoxius unschuldig
inquam *auch vor und nach der indirekten Rede; Part. Präs.* inquiens
inp . . . *s.* imp. . . .
inquantare versteigern
inquietare beunruhigen, belästigen; inquietari aliquem jem. lästig fallen
inquietatio Beunruhigung
inquietudo, inis Unruhe, Geräusch; Anfechtung, Belästigung, Störung
inquilinus von anderen übernommen
inquinamentum Schmutz, Unrat
inquinare beflecken; verwickeln
inquirĕre de fragen nach, gerichtliche Untersuchung vornehmen; heimsuchen; i. aliquem forschen nach
inquisito nach erfolgter Untersuchung
inquisitum Frage
inr . . . *s.* irr. . . .

insaginare zur Mast bringen
insanire unsinnig sein, Torheiten verüben; den Verstand verlieren; dichten
insanus wahnsinnig; verzückt, begeistert; insanum caput Hexe
insatanatus vom Teufel besessen
insatietas Unersättlichkeit
inscindĕre zerfleischen
insciolus unwissend
inscissura Einschnitt, Schlitz (in Kleidungsstücken)
inscissus unzerrissen, heil
inscrutabilis unerforschlich
insculpĕre einschnitzen; plastisch darstellen
insecabilis unteilbar
insectari folgen; verfolgen; angreifen
insectilis unteilbar
insector Bedränger, Verfolger
inseminatus nicht besät
insensatus unvernünftig, sinnlos, gefühllos; Hohlkopf
insensibilis gefühllos; ohne Sinne
inseparabilis unzertrennbar
insequenter *Adv.* unmittelbar darauf
inserĕre 1. hineinsäen, einpflanzen; 2. einfügen, entgegenwerfen; scriptis i. aufzeichnen; insertus fune an einem Stricke befestigt
insertare hineinstecken
insertor = infertor Truchseß
inservire aliquem jem. zum Sklaven machen
insidĕre = insidĕre sitzen
insidia = insidiae Hinterhalt, Hinterlist
insidiare; insidiari lauern auf, nachstellen; in mortem alicuius i. jem. nach dem Leben trachten
insidiator Feind
insidiosus eingehend, peinlich
insignare = insignire
insigne Abzeichen, Eigentümlichkeit; Wappen; Meisterstück; insignia regalia, imperialia Reichsinsignien
insignire bezeichnen, kenntlich machen, aufzeichnen; versehen mit; zum Ritter schlagen; insignitus ein ganz besonderer

insignium = insigne
insimul *Adv.* zusammen, zugleich
insimulatus unzweideutig
insinuare in den Busen stecken, einimpfen, einpflanzen; mitteilen, beibringen, lehren, verkündigen, offen aussprechen, offenbaren
insinuatio Einschmeichlung
insipidus unschmackhaft; ungelehrt
insipientia Unverstand, Torheit
insistĕre eintreten für, darauf bestehen, eifrig betreiben; divinis servitiis i. Gottesdienst begehen
insitivus angeboren; vis insitiva eingesäte Sproßkraft
insitus (*v.* inserĕre) 1. begabt; 2. veredelt
insolentia Ungewohntes; Keckheit, Übermut; i. loci Holprigkeit des Bodens
insopilis schlaflos
insons unschuldig, schuldlos
insonus geräuschlos; stumm
inspirare einhauchen, eingeben; begeistern
inspectivus zuschauend
inspector Zuschauer; Hineinschauer = Gott
inspiratio Eingebung, Erleuchtung; Lebensodem
inspiratus 1. angeboren; 2. = insperatus unverhofft; ex inspirato unverhofft
instagnare, instagnari sich stauen, über die Ufer treten
installare bestellen, (in ein Amt) einsetzen
installire = installare
instans drängend, dringend, inbrünstig, fleißig; unstet; Augenblick; *Adv. Komp.* instantius sofort
instantia Ausdauer, Beharrlichkeit, Eifer; Drängen, Befehl; Bedürfnis; Instanz; Urteil; ad instantiam auf dringendes Bitten
instar (*indekl.*) Abbild, Abschrift; Vorbild; gleichwie; i. esse alicuius jem. gleichen, so viel gelten wie; i. habere gleichen; ad i. ganz so wie
instare noch bestehen; in der Nähe sein, eindringen, nachdrängen; jem. zusetzen, bedrängen; sich an etwas machen; sich abmühen, flott betreiben, nicht ablassen; es dahin bringen
instaurare instand setzen, rüsten; erneuern, wiederholen; se i. sich erholen
instigare anstacheln, antreiben, anreizen, hetzen
instillare einträufeln
1. **instinctus,** us Antrieb, Anstiften; Eingebung, Trieb
2. **instinctus** (*v.* instinguĕre) angefeuert, getrieben
instita Besatz; Binde, Streifen
institor Aufseher, Unternehmer, Kaufmann
instituenter *Adv.* nach Anweisung
institutio Einrichtung; Satzung; Schöpfung
institutum Absicht; Anweisung, Festsetzung, Erlaß
instrepitare anrauschen; erzwingen
instructio Ausrüstung; Unterweisung
instrumentum Werkzeug, Belagerungsgerät; Baustoff; Urkunde; das (Alte und Neue) Testament
insubiectus nicht unterworfen
insudare in Schweiß kommen; i. alicui bei etwas schwitzen, etwas eifrig betreiben
insudus trocken
insufflare einblasen, anhauchen
insulsus unschmackhaft; albern
insultus, us Angriff
insuperatus unüberwunden, unwiderleglich, unumstößlich, gewiß
insurgĕre sich erheben
insursare heimsuchen
insuspicabilis unvermutet
insusurrare einflüstern, heimlich flüstern
ex **integro** völlig
integraliter *Adv.* unversehrt, unbescholten; vollständig
integritas Unversehrtheit; Jungfernschaft; Heiligkeit; ex integritate ausschließlich; sub integritate völlig
intellectualis geistig; gedacht
intellectus, us Erkennen, Verständnis; Sinn; Lehrgedicht

intellegibilis verständlich, denkbar; verständig
intelligentia Einsicht; Einvernehmen
intelligĕre verstehen; beachten, zu Herzen nehmen
intemeratus unverletzt, unverfälscht, unbefleckt
intemperantia Unmäßigkeit; Mißverhältnis
intemperies, ei schlechte Witterung; Rauheit; Unmäßigkeit, ungezügelte Begierde
intempesta nox tiefe, stille Nacht
intempestativus = intempestivus unzeitig
intemporius unzeitig, zur Unzeit
intendĕre hinlenken auf, ansehen; aufpassen; eifrig betreiben, sich beschäftigen; i. in aliqua re trachten nach; vultum i. fest ins Auge schauen; i. in elatione sich in Stolz erheben
intentare ausstrecken, drehen, sich daran machen; sich beschäftigen
intentio Aufmerksamkeit, Anstrengung, Fleiß, Absicht; Geistesrichtung; Klage
intentus sich zuwendend, bestrebt
intepescĕre lauwarm werden
intercapedo, inis Unterbrechung, Entfernung, Abstand
interceptio Wegnahme; i. pacis Kriegserklärung
intercessio Fürsprache; Verwenden
intercessor Widersprecher; Vermittler, Bürge
intercipĕre auffangen, aushalten, einen Hieb parieren, unschädlich machen; ausschalten, beseitigen
intercisio Zerhauen, Trennung
intercrassari inzwischen dick hervorbringen
intercurrĕre hin- und herlaufen
intercus, utis unter der Haut befindlich; morbus aquae intercutis Wassersucht
interdictum Verbot, Einsprache, Interdikt
interdictus mit dem Interdikt belegt
interdonatio gegenseitige Schenkung
interdum *Adv.* = interea
interea *Adv.* unterdessen, in diesem Dasein; indessen, jedoch
interemptor Verderber, Henker
intergressus, us das Dazwischentreten
interiectio Tötung, Ermordung
interim *Adv.* vorläufig
interitio Untergang; Niedergang
interius *Adv. Kompar.* von Herzen, in tiefster Seele
interlinearis zwischen den Zeilen befindlich
interlocutorius vorläufig, provisorisch
intermicare hervorschimmern
interminabilis unbegrenzt, unendlich
interminari androhen
interminus unbegrenzt; unendlich; ewig
intermiscēre mischen unter
internicio = internecio völliger Untergang, Vernichtung, Tod
internuntius Unterhändler, Vermittler
interpellare anrufen, sich an jem. wenden, unterhandeln; beklagen
interpellator Kläger
interpolare einschieben, verfälschen; unterbrechen
interponĕre einschalten, einschieben; sich einschieben, vermitteln; verfälschen; *Pass.* teilnehmen; paucis interpositis bald nachher
interpositio Schutzwehr; Fürsprache, Fürbitte; interpositione sacramenti mit eidlicher Bekräftigung
interpositor Mittler, Fürsprecher
interpretamentum Deutung; Verdeutschung
interpretari auslegen, übersetzen, bedeuten, heißen; *auch passivisch!*
interrare beerdigen
interrasilis durchbrochen gearbeitet
interrogatum Frage
interserĕre dazwischen pflanzen, dazwischen fügen; einfließen lassen, äußern
intersidĕre durch Sitzen trennen
intersignum Zeichen, Merkmal; Denkzeichen, Beweis; Siegel
interstare dazwischenstehen, -treten
interstitiare absetzen, unterbrechen

interstitiosus Unterbrechung bietend
interstitium das Dazwischentreten; Absatz; Zwischenraum
intertiare in dritte Hand legen
interula Hemd
interventio = interventus, us Beisein; Vermittlung, Fürsprache, Beistand
interventrix Vermittlerin, Fürsprecherin
intestinum Darm; *Plur.* Eingeweide
inthronizare feierlich einsetzen, auf den päpstlichen Stuhl, auf den Thron setzen
intibum Endivie (Salatpflanze)
intimare mitteilen, melden, erzählen, beschreiben, in eine Urkunde aufnehmen
intimus innerst; innerlich; medicus i. Seelenarzt; intima cordis innerstes Herz; *Adv.* intime genau; von Herzen
intingĕre eintauchen, taufen; i. in undis taufen
intolerantia Unduldsamkeit; Unerträglichkeit
intonare donnern; ausbrechen (in die Worte), anstimmen, laut ausrufen
intonsus ungeschoren; intonsi montes dichbewaldete Berge
intorquēre hindrehen, verwenden; verrenken
intoxicare vergiften
intoxicator Giftmischer
intra *Präp.* unter, unterhalb
intralia, ium Eingeweide
intrare lectum zu Bett gehen
intrepidus unerschrocken, unerschütterlich
intricare in Streit verwickeln, verwirren; *Spielerausdruck*: „einseifen", „ausnehmen"
intrinsecus *Adj.* inwendig, innerlich; *Adv.* einwärts, im Innern, inwendig
intro *Adv.* = intus
introitus, us Einmarsch, Eingang; Eintrittsgeld; Eingangsgebet bei der hl. Messe, Introitus; Einsetzung
intromittĕre hineinlassen; einrechnen; se i. sich einfallen lassen, sich unterwinden; sich einmischen
intruncare verstümmeln
intrusio Eindrängen; das Einkerkern
intuba = intibum
intueri hinschauen, hinblicken, hinzielen
intuitus, us Anblick, Blick; Gesicht; Beurteilung; Rücksicht; intuitu *m. Gen.* im Hinblick auf, um — willen
intus *Adv.* nach innen, in den Kreis hinein; *mit Gen.* innerhalb
inundare überlaufen; inundatus überströmt
inungĕre bestreichen, salben
invadabilis nicht passierbar
invadĕre aliquem auf jem. zu kommen, überfallen; i. aliquid widerrechtlich in Besitz nehmen
invadiare; invadiari verpfänden
invalescĕre erstarken, überhandnehmen, heftiger werden
in vanum vergeblich
invasio Einfall; Ansturm, Aufstand
invasor Eindringling, Eroberer
invasorius zum invasor gehörig; räuberisch
invectio Angriff, Anfall; Streit, Zank; Tadel, Scheltrede
invenire wiederfinden
inventio crucis Fest der Auffindung des hl. Kreuzes = 3. Mai
inventrix crucis Wiederauffinderin des hl. Kreuzes = Helena, die Mutter Konstantins des Großen
inventorium = inventarium Verzeichnis eines Nachlasses
inverecundus unverschämt, schamlos
invernare grünen, blühen
inverrĕre aliquid aliqua re über etwas mit einem stoßenden oder reibenden Werkzeug hinfahren
investigabilis 1. erforschbar; 2. unerforschlich, unergründlich
investigare durchforschen, untersuchen
investigator canis Spürhund
investire bekleiden; belehnen
investitura Besitz, Besitzrecht; Investitur; i. imperialis = die Abzeichen der Kaiserwürde
inveteratus 1. (darin) alt geworden, veraltet; 2. ungealtert, „wie neu"

invicem *Adv.* abwechselnd, gegenseitig, untereinander; ab i. voneinander; umgekehrt, dagegen; ad i. *mitGen.* anstatt
invictricius unbesiegbar
invictus unüberwunden; unbefleckt, rein
invidēre hassen, verachten; neidisch vorenthalten
invidiosus neidisch; karg
invidus neidisch = der Teufel
invigilare wachen
invincibilis unüberwindlich
inviscerare tief einprägen
invisibilis unsichtbar
1. **invisus** nicht gesehen
2. **invisus** verhaßt; gefürchtet. — *Auch aktivisch*: invisa marito der Gatte war ihr zuwider (Helm.)
invitatorium = psalmus invitatorius *d. i.* Ps. 94
invitus unangenehm, lästig, verhaßt
invium das Ungangbare; Irrweg
involare hineinfliegen; angreifen; wegnehmen, stehlen
involitare auf etwas flattern, schweben
involumentum Hülle, Decke
iocale, is Schmuck, Kostbarkeit, Kleinod
iocare; iocari scherzen, sich freuen; saltando iocans durch lächerliche Sprünge
iocator Spaßmacher, Gaukler, Spielmann
iocosus scherzhaft; erquickend
ioculanter *Adv.* scherzend, nach Art eines Spaßmachers
ioculari scherzen; foppen; geigen
ioculariusi = iocularis scherzhaft, spaßhaft
ioculator (*frz.* jongleur) = iocator
ioculatrix = *mhd.* spilwîp Gauklerin
ioculentus scherzhaft, spaßig
iocundare = iucundare erheitern
iocunditas Bereitwilligkeit
iocundus = iucundus scherzhaft, froh
iocus Scherz, Spaß; Spiel, Kampfspiel; iocum dare Spaß machen
iosum *Adv.* = iusum
Iovis *als Nom. im späteren MA.* = Jupiter

yp . . . *s.* hyp. . . .
ypapanti (*mgriech.*) Begegnung Simeons mit Maria und dem Jesuskind = purificatio Mariae (2. Febr.)
ypothamus = hippopotamus (*griech.*) Flußpferd, Nilpferd
ipotesis = hypothesis
ipse = ille, is, idem; = *best. Artikel*; *zuweilen überflüssig*; ipsissimus höchstselbst; et ipse auch seinerseits; ad hoc ipsum gerade zu diesem Zwecke; in id ipsum zugleich
ir = chir (*griech.*) Hand
ira Feindschaft (*mhd.* haz)
irasci in aliquem zürnen auf
ire in werden zu; i. in placitum beschließen
iricius = ericius
iris, idis (*griech.*) Regenbogen
ironia (*griech.*), feiner Spott, Ironie; per ironiam scherzend, ironisch
ironice *Adv.* spöttisch; höhnisch
irquus Augenwinkel; Scheelblick
irradēre hineinschaben
irradiare hineinstrahlen, bestrahlen
irrationalis; irrationabilis unvernünftig, unberechtigt; irrationabilia Tierwelt
irrecuperabilis unersetzlich
irrediturus um nicht wiederzukehren
irremeabilis nicht zurückgehbar
irremediabilis nicht wieder gutzumachen, unheilbar, böse
irremissibilis unverzeihlich, ewig
irremissus ungelockert, unnachsichtlich
irreprehensibilis untadelhaft
irreprensus = irreprehensus untadelhaft
irreputandus unschätzbar
irrequisitus unaufgesucht, nicht gebeten
irretire (im Netze) fangen, fesseln, verstricken, umgarnen
irretitor der Umgarner
irreverens; irreverentialis unehrerbietig
irriguus bewässert
irrisor Spötter
irrisorius spöttisch
irritamentum Reizmittel; i. gulae Leckerbissen
1. **irritare** reizen, erbittern

2. **irritare** zunichte machen; pactum i. Vertrag brechen
irritus ungültig; in irritum deducere für ungültig erklären
irrogare beantragen; auferlegen, zufügen; i. calumniam alicui gegen jem. eine Klage erheben
irruĕre hereinstürzen; i. in aliquem jem. überfallen; i. super aliquem über jem. herfallen
irrugire aufstöhnen
irrumpĕre umstoßen
irrutilare rötlich schimmern
yrsutus = hirsutus
1. **is** = suus
2. **is** (*hebr.*) Mann
ysagoge (*griech.*) Einleitung
ischyros (*griech.*) stark, kraftvoll
isdem = idem
issa (*hebr.*) Frau
iste = hic, ille, suus; der folgende; der genannte
ysopus = hysopus (*griech.*) Ysop (als Sprengwedel dienend)
istorsum *Adv.* dahin
itaque *Adv.* = igitur daher; nun
item *Adv.* ebenso; ferner; abermals
itemque *Adv.* und noch einmal
iter Weg; Heerfahrt, Kreuzfahrt; Heimgang, Tod; i. peregrinationis Pilgerfahrt; uno eodemque itinere ohne Aufenthalt
iterare 1. wiederholen, fortsetzen; 2. marschieren, reisen
iterato *Adv.* = iterum abermals
iteri = itineri (W.)
itidem *Adv.* ebenso, ebenfalls
itiner = iter
itinerare; itinerari reisen
itinerarius marschfertig
iuba Mähne
iubar, aris Glanz, Schein; strahlendes Licht
iubēre *m. Dat.* befehlen; mahnen
iubilamen = iubilatio
iubilare schreien, jauchzen, jubeln, vor Freude singen
iubilatio Jubeln, Frohlocken, Lobpreis
iubilaeus (*hebr.*) (*mit und ohne* annus) Erlaßjahr bei den Juden; Jubeljahr
iubilus = iubilum Jauchzen, Jubel; *Plur.* textlose Melodie, Neumen
iucundare ergötzen; iucundari sich freuen, sich vergnügen, scherzen
iucunditas Annehmlichkeit; i. principum die Blüte der Großen
iucundulus heiter, erfreulich
iudaicus jüdisch; morgenländisch
iudaismus Judentum
iudaizare nach Art der Juden leben, dem jüdischen Glauben zugetan sein
iudex Richter, Totenrichter; Amtmann, Verwalter, Stadtrichter; richterlich
iudicare richten, urteilen, Recht schaffen, hinrichten; berichten, verfügen, herrschen; vermachen
iudicarius Schöffe
iudicatum Urteilsspruch; Gerichtsurkunde
iudicium Urteilsspruch, Verurteilung; Gottesurteil; das Jüngste Gericht; Gerechtigkeit, Gesetzmäßigkeit, Vollkommenheit, Tugend; manifestum i., i. dei Gottesurteil; i. offae Broturteil (ein Ordal); iudicio stare, sistere vor Gericht treten
iugalis, is Gatte, Gattin
iugare jochen; verknüpfen, verbinden, verehelichen
iugerum Morgen Landes, Acker; Joch; Höhenzug, Gebirgszug
iugis zusammengefügt; fortdauernd, beständig, ewig; *Adv. auch:* sofort
iugitas Dauer, Beständigkeit, Eifer
iugitatus beständig, dauernd
iugulare die Kehle abschneiden, ermorden
iumentum Zug-, Lasttier; Maultier, Stute
iunceus aus Binsen; schlank, zart (wie eine Binse); iuncearum curatura = ancilla Kinderwärterin
iuncetum Ort voller Binsen
iunctio Verbindung
iunctura Verbindung, Fuge; Gelenk
iuncus Binse
iungĕre verbinden, einspannen; se i. ad sich begeben zu; se i. alicui verkehren

mit; iungi alicui, ad aliquem verkehren

iunior Jüngling; Unterbeamter, Amtsdiener; iuniores ecclesiae Kirchendiener

iuppa (*arab.*) Joppe, Jacke

iuramen Eidesleistung

iuramentalis Eideshelfer

iuramentum Eid, Schwur, Versprechen; i. praestare einen Eid leisten

iuratio Eid, Vereidigung

iurator Schwörender; Eideshelfer

iuratus Geschworener, Schöffe

iurgium Zank; iurgiorum disceptatio Zänkerei

iuridice *Adv.* rechtlich

iurisdictio Gerichtsbarkeit, Gerichtshoheit

iurista Jurist

1. **ius,** iuris Recht; Gewohnheit, Sitte; das (rechtmäßige) Eigentum, Rechtstitel, Rechtssatzung; ius feretri Bahrrecht; ius postliminii der Rechtssatz, nach dem die zurückgekehrten Kriegsgefangenen wieder in ihre frühere rechtliche Stellung eintraten; iura stolae Stolgebühren; iura fidei reservare die Treue halten; iuri stare sich verantworten; aequo iure zu gleichen Teilen; de iure rechtmäßig

2. **ius,** iussis Brühe, Suppe, Tunke

iuscellum = ius 2

iusquiamus = hyoscyamus

iussare furzen

iussio Befehl, Geheiß; Bescheid; Zustimmung

iussor Diktator

iussum Furz

iussus anbefohlen

iusta = iuxta

iustificare aliquem recht handeln gegen jem.; rechtfertigen

iustificatio Einrichtung, Gesetz; Rechttun, Unschuld; Rechtfertigung; *Plur.* gerechte Handlungen

iustitia Gerechtigkeit, Satzung, Gerechtsame; Gottgefälligkeit; iure dictante aus gerechten Gründen; saeculares iustitiae weltliches Gericht, weltliche Rechtspflege; iustitiam reddere jem. sein volles Recht angedeihen lassen

iustus rechtmäßig, gehörig, herkömmlich; nimium i. zelotisch; iustissimus wohlangebracht

iusum *Adv.* = deorsum abwärts

iutta ein Milchgericht (aus Milch und einer Kornfrucht bereitet)

iuvamen Hilfe

iuvare (*Perf.* iuvavi) unterstützen; erfreuen; iuvat quod es ist gut, daß

iuvenari jung werden, übermütig werden

iuvencalis Stier-

iuvencula ein junges Mädchen, Mädel

iuvenculus junger Mann; junger Stier

iuventa Jugend, Jugendzeit

iuxta *Präp. m. Akk.* neben, nahe bei; bei; gemäß, nach; i. tentoria an den Zelten vorbei; i. meum posse nach Kräften; iuxta quod weil, in Gemäßheit, wie

L

labare wanken, schwanken; erlahmen

labarum die (von Konstantin d. Großen eingeführte) Reichsfahne; Fahne

labellulus = labellum Lippe

laberinthus = labyrinthus (*griech.*) Labyrinth

labes, is Fall, Sturz; Schmutzfleck, Makel, Sünde

labi gleiten, entwischen; niedersteigen, straucheln, sündigen

labia; labea = labium Lippe

labilis leicht gleitend, schlüpfrig

laborare in, contra aliquid sich abmühen, sich quälen, bedacht sein; l. in opus suum bei seiner Arbeit sein; plus quam mortale l. sich übermenschliche Mühe geben

laboratio Anstrengung; Ertrag, Betrag

laboratus, us Arbeit; Wirtschaftsbetrieb

laborerium Arbeit

laboriperus Mühe und Arbeit schaffend

laboriosus mühsam, beschwerlich; peinlich

laborintus = labyrinthus
laboritium Arbeit
labrum Lippe; Rand
labrusca die wilde Rebe
lacerare zerreißen; mißhandeln, quälen
lacerti, orum Muskeln
lacerus = lacer zerfetzt, zerfleischt; (von Schmerz) zerrissen
lacescĕre = lacessere reizen; angreifen
lachanum (*griech.*) Gemüse
lacrimabilis jammervoll, kläglich; weinend
lacrimare; lacrimari weinen, beweinen
lacrimascĕre zu weinen anfangen
lacrimator der Weinende
lacrimosus voll Tränen, leicht zu Tränen gerührt
lactare Milch geben, säugen; saugen; puls lactata Milchbrei; lactatum Speise aus Mandelmilch (*mhd.* mandelmuos)
lacteolus milchweiß, milchzart, zart
lacterida Wolfsmilch, Springwurz
lactes, ium die Milchen
lactescĕre sich mit Milch füllen
lacteus aus Milch, weiß wie Milch, hell
lacticinia, orum Milchspeise
lactificare Milch geben
lactitare säugen
lactivus milchgebend
lactuca Lattich, Garten- oder Kopfsalat
lacuna Vertiefung; Höhle; l. maris Lagune
lacus, us See; Quelle; Pfuhl; Zisterne; Grube; Grab
laphus = elaphus (*griech.*) Hirsch
laganum (*griech.*) Kuchen; Plinse
laguena = lagoena Gefäß; „Fäßchen", Lägel; Flasche, Krug
laguncula kleine Flasche
lagus (*griech.*) Hase
laicalis = laicus
laicari aus dem geistlichen Stande in den Laienstand zurückkehren
laicus (*griech.*) zum Volke gehörig, weltlich, ungeweiht; Laie; Laienbruder
lama (*germ.*) = piscina Teich (PD.)
lamentare wehklagen, weinen, beklagen; lamentari vor Gericht Klage führen
lamentatrix Klageweib
lamentum Klagen, Weinen
lamina Blatt; Klinge
lampada = lampas, adis (*griech.*), Fackel, Leuchte, Lampe
lampadarium Lampengestell
lampare leuchten, glänzen
lampreda Lamprete, Meerpricke, Neunauge
lana Wolle; Schaf
lancea Lanze, Speer
lanceare die Lanze schwingen; mit der Lanze treffen
lanceatus mit einer Lanze versehen
lanceola kleine Lanze; Lanze, Pfriem
lancifer Lanzenträger
lancinare 1. zerfleischen; 2. schnellen
laneum wollenes Gewand
langor = languor
languena = laguena
languēre matt sein, krank sein; schlafen; verkümmern, schlaff werden, ermüden
languidulus matt; gestus languiduli Zärtlichkeiten
languor Ermattung Abspannung; Schwäche, Krankheit, Siechtum; Lässigkeit, Lauheit; Not
laniare zerfleischen, zerreißen; loshacken auf, heimsuchen
lanifica Wollspinnerin
lanificium Wollarbeit, Verarbeitung der Wolle
lanilegus Wollarbeiter
lanius Fleischer; Henker
lantgravia Landgräfin
lantgravio; lantgravius (*germ.*) Landgraf
lanugineus wollartig, wollig
lanugo Wolle, das Wollige; tenera lanugine mala = Quitten
lanx Schüssel; Waagschale; aequa lance zu gleichen Teilen
lapicida Steinmetz; Maurer
lapidare Steine werfen, steinigen
lapillus Steinchen; Edelstein; Schiefer
lappatus (*v.* lappa Klette) klettig
lapsus, us Fall; Sünde; Sündenfall
laquear, aris getäfelte Decke, Holzdecke; Gebälk; Täfelung
laqueare verstricken; fesseln

laquearium = laquear
laqueus Schlinge, Verschnürung, Strick; Netz
lardare mit Speck zubereiten, schmackhaft machen
lardum = laridum Pökelfleisch; Speck
lares, um = penates der heimische Herd
largare erweitern, verlängern
largifluus reichlich fließend, freigebig
largiri spenden, verteilen; leihen; verkaufen
largitas Spende, Gabe; Freigebigkeit
larus Möwe
larva Gespenst; Schrat; Teufelsrock
lascivire übermütig, ausgelassen sein
lascivus mutwillig, keck, frech, geil; leichtsinnig; lasciva puella Dirne
lassare 1. müde machen; = lassescere; 2. entlassen, lassen
lassescĕre müde werden, ermatten
1. **lassus; lazzus** = litus
2. **lassus** müde, matt
lastadium; lastagium (*germ.*) Ballast
latebrae Versteck; in latebris insgeheim, verborgen
lateralis einer Seitenlinie angehörig; Begleiter, Genosse
lateraliter *Adv.* seitlich, nach der Seite hin, beiseite
Lateranae (*sc.* aedes) Lateran, die päpstliche Residenz
latēre verborgen sein; verbergen
latericeus = latericius aus Ziegeln
laternifer Laternenträger
latex (*griech.*) Flüssigkeit, Wasser
latialis 1. lateinisch; 2. geheim
latiari ins Lateinische übertragen
latibulum Schlupfwinkel, Versteck
latinari = latinare lateinisch übersetzen; lateinisch sprechen
latitanter *Adv.* insgeheim, heimlich
latitare sich verborgen halten, sich verbergen; vorhanden sein
latitia = latitudo Breite
latomus (*griech.*) Steinmetz
lator Träger, Überbringer; Zeuge; l. legis = Moses; l. apicum Briefbote
latrare bellen; lärmen, toben
latria (*griech.*) Dienst, Verehrung
latrinium = latrina Abtritt
latrix Überbringerin
latro, onis Strolch, Schächer
latrocinari plündernd umherstreifen, umherstreifen
latrocinium schweres Eigentumsverbrechen, Straßenraub
latrunculus Straßenräuber
latum Festigkeit, Stärke
latus, eris Seite (auch eines Buches), Flanke; Oberkörper
laudabile carmen Epos
laudamentum Gelöbnis, Versprechen; Rat, Urteil, Zustimmung
laudare festsetzen, geloben, versprechen; einen Rat geben, anempfehlen, Zustimmung zur Wahl geben; ausrufen, ansagen; *Pass.* sich rühmen; frohlocken; l. in commune allgemein billigen; l. ac ferre lobpreisen
laudatio Lobrede; Zustimmung
laudator Leumundszeuge
laudes, um Lobgesang; Stundengebet des Geistlichen am Morgen nach der Messe; l. divinae Gottesdienst; l. matutinae Mette; l. vespertinae Vesper; l. immolare Lobgesänge anstimmen
laudila = alauda Lerche (CB.)
laudis; laudum Schiedsspruch
laureola = laureolum Kranz, Krone; Scheibe
laus, dis Lob, Ruhm; gerichtl. Spruch
lautus stattlich, ansehnlich, üppig, köstlich
lavacralis laena Bademantel
lavacrum Bad; Waschung; Taufe; Waschschüssel
lavander; lavandarius Wäscher
lavator Wäscher der Kleider
lavatorium Baderaum
lavina = labena Sturz, Felsrutsch
laxare lockern, sich erholen lassen, erleichtern, befreien, lösen, löschen, vertilgen; erweitern, ausbreiten, erklingen lassen; debita l. Sünden vergeben; l. aliquem certamine jem. den Kampf erlassen

laxus schlaff; frei von
leaena (*griech.*) Löwin
lear, aris Widder oder Milchferkel
lebes, etis (*griech.*) Becken, Kessel
leccator Schlemmer, Schmarotzer, Schnorrer, eitler Schwätzer, Narr; Spitzbube
leccacitas Schlemmerei
lechitus = lecythus (*griech.*) Krug, Ölkrug
panni **lectaricii** Polstertücher
lectarium Bettdecke; Bettstelle
lecticantare aus der Bibel oder andern erbaulichen Schriften bei Tisch im Kloster im Vorleseton vorlesen
lecticare = lectitare vorlesen
lectio Vorlesen; Vorlesung, Predigt; bibl. Leseabschnitt, Perikope, Text; Buch; Wissenschaft; l. sacra theologische Vorlesung; Vorlesung eines Bibelabschnittes
lectionarium Perikopensammlung, Verzeichnis der zur Verlesung kommenden Schriftabschnitte; eine Schrift mit Lektionen aus der Apostelgeschichte und den Briefen des Paulus
lectionarius Vorleser; = lectionarium
lectisternium Bett, Polster, Bettdecke, Kissen
lectistramentum Bettstroh; Matratze
lector Vorleser; Lehrer
lectorium Lesepult
lectulum Bett; l. infirmitatis Kranken-, Siechbett
lectum = lectus Bett
lectus (*v.* legĕre) auserlesen
legalis = legitimus rechtmäßig
legamen Botschaft
legare entsenden; verfügen, anordnen; l. ad aliquem testamentarisch vermachen
legatarius Gesandter; Königsbote
legatio Sendung; Gesandtschaft; die gesamte Tätigkeit des missus dominicus; Markgrafschaft
legatus Sendbote, Legat (des Papstes); Vorsitzender des geistlichen Gerichts; Mittelsperson
legenda kirchl. Lesung; ein einzelner Leseabschnitt, Geschichte, Heiligenerzählung
legendarium Sammlung von Legenden
legĕre sammeln; auswählen; (Trauben) lesen; Vorlesungen halten; ultima fila l. das Ende des Lebensfadens spinnen; l. et cantare (canere) die Messe zelebrieren
legifer Gesetzgeber
legio Heerschar, Heerbann; = Unmenge
legirupa Gesetzesübertreter, Störenfried, Ehebrecher
legislator Gesetzgeber; Rechtskundiger
legista Rechtskundiger, Jurist, Richter
legitimus gesetzmäßig; der Mönchsregel gemäß lebend; legitima Ehefrau; legitima, orum Gesetze, Einrichtungen, gesetzliche Abgaben, rechtmäßige Einkünfte; Vorrechte
legumen Hülsenfrucht, Gemüse, Bohne; nascentia leguminum frische Gemüse
leha (*germ.*) Ferkel, Bache
lemma, atis (*griech.*) das lat. Stichwort
1. **lena** Kupplerin
2. **laena** (*griech.*) Mantel, Decke
3. **lena** = leaena
lenire lindern, besänftigen; streicheln
lenis sanft; ruhig, gutmütig
leno, onis Verführer, Kuppler
lenocinium Verführung, Kuppelei; Lockmittel
1. **lens,** lendis das Ei einer Laus
2. **lens,** lentis Linse
lentescĕre nachlassen; sich mildern
lenticula Linse; Schale, Krug
leporarius zum Hasen gehörig; Jagdhund (auf Hasen und Kaninchen)
leporinus vom Hasen
lepos, oris Anmut, Liebenswürdigkeit
lepra (*griech.*) Aussatz
leprosorium Krankenhaus für Aussätzige
leprosus aussätzig
lepusculus Häschen, Hase
lequa = leuca
laesio Verletzung; Beleidigung
laesura Verletzung; Beeinträchtigung
laetabundus voll Freude, ausgelassen

letalis tödlich
laetamen Dünger
laetanter *Adv.* freudig, wohlgemut
letania = litania
leteus = letalis
lethargicus (*griech.*) schlafsüchtig; lethargica pestis = Vergeßlichkeit
lethargus (*griech.*) Schlafsucht
lethaeus (*griech.*) Vergessenheit bringend; Schlaf
letifer todbringend, tödlich
laetificare erfreuen; *Pass.* frohlocken
laetificus fröhlich, erfreulich, freudespendend
laetitia Freude; freudiger Anlaß
letus = litus
leuca; leuga (*kelt.*) Meile
leudes (*germ.*) Kronvasallen (in der merowingischen Zeit)
leudis (*germ.*) Strafsumme für einen Mord
leudus (*germ.*) Lied
leuwa = leuca
laevus link; ungünstig; laeva, orum Unglück
levamen Linderungsmittel; das Auffliegen
1. **levare** erleichtern, aufheben, emporschrauben, erheben, erregen; l. de fonte aus der Taufe heben; mensam cenae l. die Tafel aufheben; seditionem l. eine Empörung anstiften
2. **lēvare** glatt machen, polieren
leviare frei machen, erleichtern
Leviathan (*hebr.*) Nilkrokodil (Hiob 40, 25 ff.); Teufel
leviga ein Werkzeug zum Glätten
levigare 1. glätten; 2. erleichtern; abwerfen
levipendere gering schätzen
1. **lēvis** glatt; ohne Bart, jugendlich; reizend
2. **lĕvis** leicht; geschwind; leichtfertig; dürftig
levisticum Liebstöckel
levita = levites (*hebr.-griech.*) Levit; Priester, Diakon
levitas Leichtsinn, Leichtfertigkeit
leviticus priesterlich; das 3. Buch Mose
lex Gesetzesparagraph; Gesetz, die gesetzliche Buße; das Alte Testament, die Heilige Schrift; l. mortis des Todes Bann (Röm 8, 2)
lexis, lexeos (*griech.*) Wort
libamen Opferspende, Opfer
libanus (*griech.*) Zeder vom Libanon; Weihrauch
libare kosten, genießen, schlürfen; spenden, opfern
libatorium (*sc.* vas) Trankopferschale
libellus Urkunde, Pachtvertrag, Klageschrift
libens geneigt, willig, gern; eifrig, sorgfältig
libentia Fröhlichkeit, Vergnügen, sinnliche Lust
1. **liber** de frei von; ungebunden; unbeteiligt
2. **liber** = Bacchus, Gott des Weines
3. **lĭber,** bri Bast, Rinde; Buch; Bibel
libera = libra
liberalis hochherzig, edel; freigebig, freundlich; liberalia studia Beschäftigung mit den artes liberales; artes liberales die sieben vornehmen Wissenschaften: Grammatik, Rhetorik (Stilkunde), Dialektik (Logik) (= Trivium; die grundlegenden Fächer), Musik, Astronomie, Geometrie, Arithmetik (= Quadrivium; die aufbauenden Fächer)
liberalitas Edelmut; de mera liberalitate aus freien Stücken
liberare befreien; freisprechen; ausliefern, spenden; fuga se l. sein Heil in der Flucht suchen
liberatio Befreiung; Straflosigkeit
liberi Kinder, Nachkommen; Gemeinfreien
libertare befreien, freilassen
libertas Freiheit; Privilegium; Freimut
libertinus lockerer Gesell, leichtsinniger Bursche; Zecher
libertus Freigelassener; Diener; frei
libet es ist erfreulich
libitum = libitus

libitus, us Gelüste, Wunsch, Belieben; pro libitu nach eigenem Gutdünken, ohne richtige Regel; ad libitum wunschgemäß

libra Waage; karol. Silberpfund

libramen Schwung; Umschwung, Wende; Überlegung

librare wägen; schwingen, schleudern; l. arbitrium fidei das Religionsedikt aufrechterhalten; l. vulnus a vertice weitausholend das Schwert zum Hiebe schwingen (W.)

librarius Bücherschreiber; Bibliothekar

libratio Gleichgewicht, ausgeglichene Haltung

liburna; liburnus Schnellsegler, Segeljacht, Kogge

libum Kuchen; Opfer

licea Palisade

licens ungehindert

licentia Freiheit, Erlaubnis (zu gehen), Urlaub; Willkür; alicui licentiam dare entlassen

licentiare Urlaub geben, entlassen, verabschieden, verjagen; Vollmacht geben; licentiari Erlaubnis erhalten

licentiate *Adv.* mit Erlaubnis

licentiosus erlaubt; ausgelassen, übermütig

licet *m. Konj. u. Ind.* = quamvis obwohl, wenn auch; zwar

lychnuchus (*griech.*) Lichthalter, Leuchter

lychnus (*griech.*) Leuchte, Lampe

liciatorium Weberbaum

licinium Faserwerk; Docht

licisca = lycisca Weibchen der Bracke; Hündin

licitalis = licitus erlaubt

licitari auf etwas bieten

licite *Adv.* = licito

licito *Adv.* mit Recht; mit Erlaubnis

licium Faden

lycnus = lychnus

lictor Diener, Helfershelfer; Henkersknecht, Büttel; Mörder; Totengräber

lidius Spielmannslied

lidus = litus

lieus = lyaeus (*griech.*) Sorgenlöser, Beiname des Bacchus; Wein

ligamen Band, Leine; Schenkelbinde; Bund, Warenballen; Knebelung, Fesselung

ligare verbinden; binden, fesseln

ligatura Band, Fessel, Schenkelbinde, Verband; Bündel

ligius Lehnsmann

lignamen Bauholz

lignarium Brennholz oder Holzhof (Cap.)

lignum Holz; Baum, Galgen, Schandpfahl; Kreuz; l. fissum das gespaltene Holz, eine Art Vogelfalle

ligula (kleine) Zunge; Zipfel

ligurius = lyncurius Luchsstein

ligurrire lecken, naschen; verlangen, lüstern sein

ligurrium Gezwitscher

ligustrum Liguster, Rainweide

lilia = lilium Lilie

liliare weiß machen

lima Feile

limatura Feilstaub, Staub

limbatus besäumt, verbrämt

limbus Streifen, Saum, Besatz

limen Schwelle; *Plur.* = Haus; limina apostolorum die Kurie; Apostelgrab (in Rom); limina sancti Petri Peterskirche in Rom

limes, itis Grenzlinie, Feldrain, Grenzscheide, Grenzwall; Mark; limite pergens auf dem Wege vordringend = sich den Weg bahnend

limpha Wasser; l. sacra Taufwasser

limphare mit Wasser mischen

limigenus schlammentsprossen

liminare 1. = limen; 2. = limitare

limitare abgrenzen, begrenzen

limitaris Schwelle

limosus schlammig; aus Erde

limpido, inis Klarheit

limpidulus hübsch sauber

limpidus klar, rein

limus Kot, Schlamm; Lehm, Erde; irdene Form

linceus = lynceus luchsäugig; scharf sehend

lincus = lynx
1. **linea** Schnur, Richtschnur; Regel; Reihe, Geschlecht
2. **linea** leinenes Untergewand; die Alba; in lineis bis aufs Hemd ausgezogen
lineare eine Handschrift ausmalen
linearium; liniarium Lineal
lineola Linie
lingua Zunge; Sprache; Ausspruch, Angabe; l. Celtica Kauderwelsch (W.); *Plur.* die Zipfel, Lappen der Fahne
linguagium Sprache, Idiom
linguatus beredt, geschwätzig, schwatzhaft
lingula = ligula
linguosus geschwätzig; ars linguosa Redekunst
linire = linĕre aufschmieren, salben
linitio Beschmieren, Salben
linquĕre zurücklassen; entlassen; fahren lassen
linteamen = linteum
linteola = linteolum Leinentüchlein
linteum Leinwand, Leinenkleid, Bahrtuch, Laken; Schurz
linum Flachs, Lein; Faden, Schnur
lynx, cis (*griech.*) Luchs
lipperus 1. triefäugig; 2. (*griech.*) üppig
lippescĕre = lippire triefäugig sein
lippitudo, inis Augenentzündung, Augentriefen; blöder Blick, mattes Auge
lippus triefend, triefäugig
liquamen Flüssigkeit, Getränk
liquare flüssig machen, schmelzen; reinigen, klären, durchseihen
liquaster, ri Schwätzer
liquentia, ium ruhiges Wasser
liquescĕre flüssig werden, schmelzen, tauen
liquidus flüssig; hell, klar, rein; unbescholten; *Adv.* liquido bestimmt, zuverlässig, mit Sicherheit; ad liquidum mit Gewißheit
liquor vitalis = Lebenshauch; l. piscium Fischtunke
1. **lyra** (*griech.*) Harfe, Laute, Fiedel
2. **lira** Ackerbeet; Furche
lyrator Lautenspieler
lyricus (*griech.*) Spielmann; = lyrator
lis, litis Streit, Zank; *Plur.* Vorwürfe
lisca (*germ.*) Lieschgras
lisis = lysis (*griech.*) Mühsal, Arbeit
lista (*germ.*) Streifen
listes (*griech.*) Räuber
litania (*griech.*) Litanei; l. minor Bußprozession, Bittgang an den drei Wochentagen vor Christi Himmelfahrt; litaniae maiores Bittgänge am Feste des hl. Markus (25. April)
litare opfern (von der Meßfeier gesagt)
litigiosus zänkisch
litigio, onis = litigium Streit, Zank
litoralis an der Küste gelegen
litra (*griech.*) ein Flüssigkeitsmaß
littea Band, Streifen
littera Buchstabe; Grabschrift; Brief; Urkunde; l. prisca die Schriftsteller der Alten (HS.); ad litteram buchstäblich
litteralis zur Schriftsprache gehörig; buchstäblich, schriftlich, urkundlich
litteratorius literarisch; gelehrt, wissenschaftlich; litteratoria disciplina Wissenschaft der Grammatik
litteratura Brief; Grammatik; wissenschaftliche Bildung
litteratus schriftkundig; wissenschaftlich, akademisch gebildet; gelehrt; Student, Akademiker; vir l. Geistliche
litterulae = litterae Schriftstück; Werk
litus (*v.* linĕre) beschmiert, bedeckt
litus (*germ.*) der „Lide", Halbfreier (Freigelassener, der zwar rechtsfähig ist, aber keine Freizügigkeit genießt und oft zu Frondiensten verpflichtet ist)
lituus der Krummstab des Bischofs
livio Schmutz; Sünde
livor Flecken, Schlag, der blaue Flecken macht; Mißgunst, Neid
livorare jem. braun und blau schlagen
lix, licis Lauge
lixa Koch, Aufwärter, Marketender
lixare kochen
lixis Aufwärter
lixus = elixus gesotten
lobium (*germ.*) Galerie; Speicher

locagium Miete, Zins
localis örtlich; räumlich begrenzt
locare stellen, legen; verbannen; se l. sich begeben
locatio Vermietung, Verpachtung, Vergebung von Ländereien
locator Unternehmer (einer dörflichen oder städtischen Anlage)
locellum = locellus Kästchen, Sarg; = locus
lociservator Statthalter
loculus Kästchen, Beutel, Geldbörse; Fach (eines Schrankes); Sarg; = locus
locumtenens Stellvertreter
locupletatio Bereicherung, Besitz
locus Ort, Raum; Stellung, Herkunft; Gelegenheit; Beweisgrund; in loco sofort; locum tenēre Platz greifen; *Plur.* loca, orum Güter
locusta Heuschrecke
locutare kaufen
locutio Reden, Sprache, Aussprache; Ansprache; gedankenloses Gerede, Faselei
locutorium Sprechzimmer, Empfangszimmer
lodderpfaffus Lotterpfaffe, verkommener Geistlicher
lodex; lodix gewebte Decke, Bettdecke
logica; *Gen. Sing.* logices (*griech.*) Logik
logicus (*griech.*) Philosoph; Student
logus (*griech.*) Wort; Vernunft; Rechnung; der Logos
logotheta (*griech.*) Kanzler; Generalpostmeister; Revisor
loyca; loycus = logica; logicus
lolium Lolch; Haß, Feindschaft
lomentum Bad; Hülse des Getreidekorns
longanimis langmütig
longare verlängern
longe *Adv.* weit entfernt; lange Zeit; a longe von fern; *Adv. Komp.* longius immer weiter, von weiter her; künftig
longaevitas Langwierigkeit; langes Leben
longaevus langjährig, hochbetagt
longibardus (*germ.*) langbärtig
longiturnus lang andauernd
longus lang, hochgewachsen; *auch mit Gen.:* medii cubiti l. eine halbe Elle lang; longum *Adv.* weithin, laut

loqui sprechen; ausdrücken, zeigen; l. alicui mit jem. reden; l. aliquem jem. preisen; l. in unum sich unterreden
loquela Reden, Rede; Redegewandtheit
lora Nachwein, Tresterwein
loramentum Riemenzeug; Verband, Gefüge
lorandrum = oleander Oleander
lorica Panzer; Geharnischter
loricare panzern; *Part.* loricatus Ritter und Ritersknecht
lorifrangēre sich sträuben
loripes, edis schleppfüßig, stelzfüßig
lorum Riemen, Zügel; Gürtel
lota Flußtrüsche
lotrix, icis Wäscherin
lotum; loth (*indekl.*) der 16. Teil einer Mark
lotus = lautus (*v.* lavare) gewaschen
lubricare schlüpfrig, glatt machen
lubricatio Glätte, Schlüpfrigkeit
lubricitas Schlüpfrigkeit, Schamlosigkeit
lubricus schlüpfrig; sündhaft, liederlich; unruhig; vergänglich; lubrica, orum Geschlechtsteile
lucellum Gewinn; Wert
lucēre leuchten; leuchten lassen, leuchtend verkünden (Y.)
lucerna Licht, Leuchter; Leuchtfeuer
lucessēre = lucescēre hell werden, leuchten
lucidare erleuchten; erklären, aufklären
luciditas Klarheit, Deutlichkeit
lucifer Venus, Morgenstern
lucificus leuchtend
lucifluus lichtdurchflutet; himmlisch
lucinium = licinium
lucisator Lichtspender
lucius Hecht
lucivomus lichtspendend
lucrari gewinnen, profitieren; lucratus erworben
lucriosus gewinnsüchtig
lucrum Gewinn, Vorteil; Entschädigung; Wucher; Besitz
lucta Ringkampf
luctamen Ringen, Anstrengung, Kampf
luctare; luctari ringen, sich abmühen

lucubratio Nachtarbeit; Erläuterung
luculentus hübsch, hell, lichtvoll; vortrefflich, tüchtig
lucus Hain, Park, Tiergarten
ludĕre spielen, sich vergnügen; spotten, übel mitspielen; im Scherz streiten; ictus l. den Schlägen ausweichen
ludicris = ludricrus spaßig, unzüchtig
ludicrum Kurzweil, Spielzeug; Trost: Liebesgedicht; ludicra vana Kampflisten, Finten
ludificare; ludificari sein Spiel treiben mit jem., foppen, necken; täuschen
ludificatio Neckerei, Verspottung; trügerische Erscheinung
ludium = ludus; Martis l. Kampfspiel
ludus Spiel; Kampfspiel; Schule; l. annulorum Spielrad; l. tabularum Brettspiel; ludi exercitia-Turnier; ludi magister Schulmeister
lues, is Seuche, Pest, Krankheit
lumbare (*sc.* vestimentum) Lendenschurz
lumbus Lende; Dotter; Mittelstück, Hauptteil
lumen Licht; Auge, Augenlicht; lumina dare Anblick bieten; lumina ecclesiae = Kirchenväter
luminar, aris Licht, Leuchte, Leuchter; *Plur.* Sternbild, Gestirn; Kandelaber
1. **luminare,** is = luminar
2. **luminare** erhellen, erleuchten; leuchten
luminosus lichtvoll, hell
luna Mond; Hufeisen; l. novella der zunehmende Mond, Mondsichel; lunae dies Montag
lunaticus mondsüchtig, epileptisch; kurz dauernd, flüchtig
lunatus (*sc.* panis) halbmondförmiges Brot
lunula ein kleiner Halbmond (als Zierat)
lupa Wölfin; Dirne
lupanar, aris Bordell
luparius Wolfsjäger; Wolfsbuch; Wolf
lupellus Wölflein, Wolf
lupicida Wolfstöter
lupilulare schreien, „kecken" (von der Krähe)
lupinus von Wölfen, Wolfs-; caput lupinum gerere für wolfsfrei gelten
lupulus 1. kleiner Wolf; 2. Hopfen
1. **lŭpus** Wolf
2. **lūpus** Hecht
lurica = lorica
luscinia Nachtigall
luscus schielend; einäugig
lusorium Spiellied
lusorius zum Spiel gehörig, Spiel-
lustrare hell machen, beleuchten; sehen; mustern, durchforschen; durchwandern; erjagen
lustrator Erleuchter; Durchwanderer; Reiniger, Sühner
lustrivagus in der Wildnis umherschweifend; „Stromer der Wildnis"; Schmutzfink
lustrosus schlupfwinkelreich
1. **lustrum** Morast, Wildlager, Versteck; Bordell
2. **lustrum** Reinigung; Jahrfünft; Jahr
lusum = lusus, us Spiel
lusus (*v.* ludere) betrogen, verführt
1. **luter,** eris (*griech.*) Waschbecken
2. **luter,** tri = lutra Fischotter
luteus schlammig, lehmig, schmutzig
lutosus voll Schmutz
lutrinus von der Fischotter
lutulentus beschmutzt, befleckt
lutum Kot; Sumpf
luvio Unreinigkeit, Unflat
lux Licht, Sonnenlicht; Leben; l. caelestis Tageshelle; ab hac luce von dieser Welt
luxuria Üppigkeit, Schwelgerei; Weichlichkeit, Unzucht; luxuriae ludus weltlich eitles Streben
luxuriare Unzucht treiben, unkeusch sein
luxus, us Ausschweifung, Schlemmerei, Unkeuschheit

M

macarellus Makrele
macellare töten
macellarius Fleischwarenhändler; Metzger
macellum Fleischmarkt, Fleischbank; Metzgerei
macerare mürbe machen, entkräften, schwächen
maceratio Mürbemachen, Drangsal, Kasteiung, Qual
maceria; maceries, ei Mauer
macescĕre mager werden, schwinden
machalum Feld- oder Kornschuppen
machera (*griech.*) Schwert
machina Kriegsmaschine; Vorrichtung; Kunstwerk; m. aenea Glocke
machinamentum Werkzeug, Kunstgriff, Hirngespinst
machinare = machinari erdenken; sich bemühen; auflauern
macidus mager, dürr
macies, ei Magerkeit
macilentia Magerkeit
macilentus abgemagert
macillena = macinella Mühlstein, Mühle
macina Mühlstein
macinare mahlen
macio (*germ.*) Maurer
mactus gepriesen, selig
macula Loch; Fleck, Makel; Sonnenflecken oder Merkurdurchgang; maculis variatus scheckig; Panzerschuppe
maculamen Gebrechen
maculosus gefleckt, bunt
madēre naß sein, voll sein; befeuchten
Madius Mai
madrinus = mardrinus
madrus Mantel aus Marder (R.)
magalia = mapalia, ium Hütten der Hirten
mage *Adv.* = magis
magia (*griech.*) Magie, Zauberei; *Plur.* magische Künste, Zaubereien
magica = magia
magicus zauberisch; Zauberer
magirus (*griech.*) Koch; Bäcker
magis mehr; lieber; mehr wert; *auch temporal:* weiter; magis ac magis immer mehr; sed magis vielmehr
magister Meister; Werkmeister; Vorgesetzter, Vorsteher; Lehrer, Professor; Rat; m. cantandi Sänger; m. ostiariorum Oberzeremonienmeister; m. mensae Truchseß; primi magistri Elementarlehrer; m. pistorum Obermeister der Bäcker; m. sapientum = Aristoteles
magisterium Lehramt, Fach, wissenschaftliche Hilfsmittel; Vorsteheramt, militärische Führerschaft, Magisterwürde; Zucht
magistra Äbtissin
magistrare belehren; Magister werden
magistratus Befehlshaber
magnalis großartig; magnalia, ium, Großtaten; große Dinge, Wundertaten
magnaminis = magnanimus hochgemut; übermütig
magnas, atis Häuptling; Vornehmer
magnatus vornehm; Häuptling
magnificare; magnificari in Ehren halten, sich viel daraus machen, verherrlichen, preisen, frohlocken
Magnificat (*indekl.*) Lobgesang der Maria (Luk 1, 46—55)
magnificentia Hochherzigkeit; *als Titel:* Ew. Hoheit
magnificus großartig; hoch preisend
magnitudo Größe; m. vestra *als Anrede:* Ew. Herrlichkeit
magus Magier; Wahrsager, Zauberer; Astronom; der Gelehrte, Gebildete; magi = die Hl. 3 Könige
maiestas dei Bild Gottes
maior der Alte; Vornehme, Vorgesetzte, Hauptmann; Schaffner, Meier; m. domus Hausmeier; m. villae Meier
maiorare vergrößern, den Ausschlag geben
maiorennis erwachsen
maioritas Erhöhung; Vorsitz, Vorrang; Mündigkeit

ad maius höchstens
malagma, atis (*griech.*) ein erweichender Umschlag, Pflaster
malamium schwarzer Kümmel
maldrum; maldrus (*germ.*) Malter (Getreidemaß)
male *Adv.* = non; zu jem. Unglück
maledicĕre *m. Akk.* schmähen, lästern, verfluchen, verwünschen
maledictum Verwünschung, Fluch
malefactor Übeltäter, Bösewicht, Verbrecher; m. et raptor patriae = Raubritter
malefica Hexe, Zauberin
maleficium Übeltat, Frevel; Zauberei
maleficus gottlos; Zauberer, Giftmischer; herbae maleficae giftige Kräuter
male fidus unzuverlässig, unredlich
malendrinus Lump, Bösewicht, Räuber
male sanus toll, wahnsinnig
male suasus übel ratend, übelberaten
maligenus aus Apfelbaumholz
maliger unheilbringend
malignare; malignari böswillig handeln
malignus boshaft; Teufel; maligna, orum schadhafte Stellen
malitia Schlechtigkeit, Bosheit, Tücke; Beschwerde, Plage, Notlage, Unheil
malivolus = malevolus boshaft, mißgünstig
mallare ansprechen, klagen; vor Gericht laden
malle gern wollen, wollen
malleator Hämmerer, Schmied
malleus Hammer; Klöppel
mallobergus; malbergium (*germ.*) der Malberg, die ordentliche Stätte des Volksgerichts
mallum; mallus (*germ.*) öffentliche Gerichtsversammlung, Thing = *ahd.* mahalstat
malogranata Granatapfelbaum
malogranatum Granatapfel, Granatapfelbaum
1. **mālum** = malus Apfelbaum
2. **mălum** Übel, Ungemach; Marter; *Plur.* mala, orum Sünden
malus sündhaft
mamburnus Verweser
mamilla Brust; Mut, Geist
mamma (*griech.*) Brust; Mutter, Amme; Knospe
mammona (*sem.-griech.*) Reichtum, Vermögen, Geld
mammoneus gewinnsüchtig
mana (*mgriech.*) Mutter (Liudp.)
manamen Strömung
mancare verstümmeln
mancipare fangen, fassen; hingeben, zu eigen geben, in Gottes Dienst stellen; einsperren, fesseln, verstricken; mancipatus ergeben, dienstbar; m. in aliquid dienstbar machen für; custodiae mancipari in Gefangenschaft geraten
mancipatio custodiae enge Haft
mancipium Kauf; Sklave; *Plur.* Gesinde; die Unfreien
mancus gelähmt; (Hand)krüppel
mandamen Botschaft; Beschwörung
mandare herbeirufen, entbieten, vorladen; verkünden, mitteilen, befehlen; mandare ad schicken nach
mandatela Botschaft
mandator Auftraggeber; Eilbote
mandatum Auftrag, Befehl, Gebot; Botschaft; addere in mandatis befehlen, gebieten; contra formam mandati gegen den Wortlaut der Instruktion; de mandato alicuius auf jem. Befehl
mandĕre kauen; essen, verzehren
mandibula Kinnbacken
mandrita (*spätgriech.*) Hirt; Mönch, Abt
mandrogeron, ontis alter Mönch
mandrus = mandra (*griech.*) Hürde; Herde; Kloster
manducare kauen; essen, fressen
mane *subst. indekl.* Morgen, Tagesanbruch; m. novo, primo, summo am frühen Morgen; a m. frühmorgens; usque m. bis zum Morgen
manēre wohnen; gegenwärtig sein; = esse; manentes = Landleute
maneries Behausung; Gewohnheit, Manier
manerium Wohnung; Lustschloß

manga; mangana = manganum (*griech.*) Werkzeug, Wurfmaschine, Hebelgeschütz
manglavita (*griech.-lat.*) eine Art Geißel, Knute; Knutenträger
mango, onis Hausierer, Kaufmann
mangonellus = manganum
mania (*griech.*) Torheit; Wut
maniacus besessen
manica Ärmel; Manschette; Handschuh; Halsschiene; Schiff der Kirche
manicare frühmorgens kommen
manicatus weite Ärmel tragend
manifestare sichtbar machen; eine Offenbarung zuteil werden lassen
manifestatio Offenbarung; Mitteilung
manifestus bekannt; manifestum iudicium Gottesurteil; in manifesto in der Öffentlichkeit
maniplus = manipulus eine Handvoll, Bund, Bündel; Haufe, Schar
manipulus seidener Streifen am linken Arm des Meßgeistlichen; Armschiene
manna (*hebr.*) das Manna der Juden
manninus mannaartig
mannire (*germ.*) vor Gericht laden
mansa = mansus
mansio Raum, Wohnzimmer, Wohnung, Haus, Herberge, Marschstation, Aufenthalt; mansionem facere haltmachen, Quartier nehmen
mansionarius angesiedelter Knecht; Reisemarschall, Quartiermeister des Hofes; Mesner, Küster
mansionaticos prendere, accipere Herberge und Verpflegung fordern, nehmen
mansionilis, is Vorwerk
mansium Haus
mansiuncula Behausung; Kämmerlein, Kajüte; Hütte
mansor Bewohner; Gast
mansuarius Ackersmann, Bauer, Hintersasse, Zinsgutbauer
mansuetare zähmen, unschädlich machen
mansuetudo, inis Freundlichkeit, milde Stimmung
mansuetus zahm; wohlgesittet
mansurnus Jahr
mansus; mansum Hufe; das zur Domäne gehörende Gut, Zinsgut
mantellus; mantella; mantellum Mantel
mantica Quersack, Ranzen
mantile = mantele, is Hand-, Tischtuch
Mantuana fistula Hirtenlieder nach Art Vergils
mantus, mantum ein kurzer Mantel; Papstmantel; Altardecke
manuale Handtuch; Handsteuer
manuatim *Adv.* an der Hand
manubiae (Kriegs-) Beute
manubrium Griff
manucupare bürgen
manuducĕre an der Hand führen
manufactus von Händen gemacht
manumissio Freilassung
manus, us Handfeste, Urkunde; m. mortua unveräußerlicher Besitz; m. accipere Versprechungen, Zusicherungen empfangen; m. alicui applicare Kriegsdienste nehmen bei; m. dare sich unterwerfen, huldigen; m. iungere Gemeinschaft machen; manum mittere in sich stürzen auf; manu quarta se expurgare sich mit drei Eideshelfern reinigen; de manu stückweise
manusmolaris, is Handmühle
manutenēre beschützen, bewahren
manutenus *Adv.* mit Handschlag
manutergium Handtuch
manzer (*hebr.*) unehelich; Hurensohn
mapa = mappa
mapalia, ium Hütten, Katen
mappa Tuch, Tischtuch; Landkarte
mappula kleines Mundtuch, Taschentuch
maranatha (*aram.*) = unser Herr komme (*vgl.* I. Kor. 16, 22): anathema m. Fluch, Kirchenbann
1. **marca** = marcha
2. **marca** Mark (Münzart); m. argenti ein Pfund Silber; *Plur.* Geld
marcescĕre welken
marcha (*germ.*) Grenzland; Gemarkung; m. orientalis Ostmark, Österreich
marchia 1. Markgrafschaft, Grenzmark; 2. Markgräfin
marchio Markgraf; Grenzbewohner

marcolfus (*germ.*) Häher
marcomannus Grenzbewohner
marculus Hämmerchen
mardelinus; mardrinus = marturinus
marescalcus; mariscalcus (*germ.*) Pferdeknecht, Heerführer, Marschall
margila (*gall.*) Mergel
margo, inis Rand, Küste
margravius = marcgravius Markgraf
marhmannus = marcomannus
Mariae candelarum = 2. Febr.
marina Sturmflut
marinarius Schiffer, Matrose
marinum vinum übers Meer geholter Wein
mariscus (*germ.*) Sumpf, Morast
maritagium Mitgift
(se) **maritare** alicui sich vereinigen mit
maritatus verheiratet
maritima Küstenstrich, Gestade
marpahis; marepahis (*germ.*) Stallmeister, Marschall
marpicus = marsopicus Schwarzspecht
marquisius (*frz.* marquis) Markgraf
Mars März; Martis dies Dienstag; caeco Marte in blinder Wut
marscalcus = marescalcus
marsupium (*griech.*) Sack, Beutel, Börse
martalus; martarus (*germ.*) = martur
martellus = martulus Hammer
martialis kriegerisch
Martinalia, ium Martinsfest, 11. November
martyr, yris (*griech.*) Blutzeuge, Märtyrer
martyrium Martertod, Blutzeugnis
martyrizare zum Märtyrer machen; quälen; martern; *Pass.* den Märtyrertod erleiden
martorlogium = martyrologium Märtyrerverzeichnis
martur, uris (*germ.*) Marder; Marderfell
marturinus Marder-
mas, maris männlich; der Sohn; das männliche Glied
masca (*wohl arab.*) Gespenst, Hexe
masculare in einen Mann verwandeln
masculus männlich; kräftig; Männchen
massa Teig; Verwaltungsbezirk
massaritia; massaritium Hausgerät
massarius der Meier
masticare kauen
mastiche; mastix (*griech.*) wohlriechendes Harz
mastigia Peitsche; Mantelschnur, Gürtelriemen
mastruga = mastruca Schafpelz
prima, vetus **mater** = Eva
materia; materies, ei Stoff; Eiter; Bauholz, Holz; Rechtsstoff, Inhalt; Mannschaft
materialis aus Erde, weltlich
materiamen Bauholz
materiari Ärgernis bereiten
materiarius Zimmermann
matertera Tante (Schwester der Mutter)
mathesis (*griech.*) Mathematik; Astrologie
matratium (*arab.*) Matratze, Polsterbett
matricularius niederer Beamter der Kirche ohne Lateinkenntnis; Pflegangehöriger eines Klosters
matrimonialiter *Adv.* ehelich
matrina 1. Patin; 2. = matrinia
matrinia Stiefmutter
matrona Haushälterin, Wirtschafterin; Gattin; Dame
matta Matte, Decke aus Binsen
mattare mattsetzen (beim Schach)
maturare zur Reife bringen, beschleunigen; reifen, reif werden
maturatus frühzeitig
maturus reif; reiflich; schnell; **aetas** matura hohes Alter;
matutinalis Morgen-; m. sinaxis Frühgottesdienst
matutinus morgendlich; morgenländisch; matutina (*sc.* hora) Morgenstunde; Mette; matutinum (*sc.* officium); matutini (*sc.* cursus, cantus) Mette
mausoleum; mausolium (*griech.*) Grabmal; Grab
maxilla Kinn, Wange
meatim *Adv.* nach meiner Art
meatus, us Wanderung, Lauf (eines Flusses); Verlauf, Ausgang; m. astriferi Himmel; m. aurium Gehörgang

mechanicus (*griech.*) Handwerks-; Handwerker
mechari; mecari = moechari Unzucht treiben; umbuhlen, verführen
moechia (*griech.*) Ehebruch, Unzucht
meda = medicina Arzneikunst; Heilmittel
medela; medella Heilung; Heilmittel
medelifer Heilung bringend
medēre = mederi heilen
medialis mittägig, Mittags-; halb
mediamen Insel im Fluß, Werder
medianus halb; mediana quadragesima (*frz.* mi-carême) Mittfasten = 3. Mittwoch nach Aschermittwoch
mediare halb sein, zur Hälfte vorbei sein; in der Mitte stehen, vermitteln; mediante vespere bei Anbruch der Nacht; mediante die zur Mittagszeit; mediante aliquo durch Vermittlung; mediante quadragesima zu Mittfasten
mediastinum Schandpfahl
mediastinus durchschnittlich; Durchschnittsmensch (D.)
mediator Mittelsperson, Mittler
medicamen Heilmittel, Arznei; Spezerei
medicare = medicari heilen
medicinosus heilkräftig
medietas Hälfte; Pacht
mediocris ziemlich groß, von bescheidener Herkunft
mediocritas Mittelmaß
meditamen Denken auf etwas, Vorbereitung
meditare; meditari bedenken, planen, meinen; aussprechen; sich erinnern; sich geistlichen Betrachtungen hingeben
meditatio Nachdenken, Betrachtung, Erwägung; in meditatione esse planen, vorhaben, in Erwägung ziehen
meditullium Mitte, ein in der Mitte gelegener Ort; = vitellum Eidotter
medium Hälfte; Öffentlichkeit; Tafelrunde (W.); in medio relinquere unentschieden lassen; in m. proferre vorbringen, vorlegen
medius halb; die Hälfte
medo, onis; medus (*germ.*) **Met**
medullare mit Mark erfüllen
medullatus markig, fett; vortrefflich
medullitus *Adv.* innig, bis ins Mark
mei (*Gen. poss.*) = meus, a, um mein
meisa (*germ.*) Meise
melica Buchweizen
melicus (*griech.*) lyrischer Dichter = Simonides
meliorare verbessern, bereichern; *Pass.* (gesundheitlich) besser werden
meliores die Angesehenen, Vollbürger
melius mehr; = bene vortrefflich
meliuscule *Adv.* etwas besser
mellescēre zu Honig werden, süß sein
melleus aus Honig; süß
mellifluus honigfließend, lieblich redend; lieblich tönend
mellitus honigsüß, aus Honig bereitet
melodes, is (*griech.*) Sänger
melodus (*griech.*) gesangreich, melodisch, schön klingend
melos, odis (*griech.*) Lied, Gesang; Geschrei
1. **melota; melote** (*griech.*); **melotis,** idis Schaffell, Schafpelz
2. **melota; melotes,** ae Dachs
melus = meles, is Dachs
membra, orum Körper
membrana Haut, Fell; Urkunde
membratim (*Adv.*) Glied für Glied
meminere = meminisse sich erinnern, wissen
memorabile Denkwürdigkeit
memorare in Erinnerung bringen; erzählen, sprechen, erörtern; eingedenk sein, wähnen; *Pass.* sich erinnern, eingedenk sein
memoratus eingedenk; vorhererwähnt
memoria Andenken; Denkschrift; Grabmal, Gedächtnisstätte, Reliquienschrein; Totenfeier; in memoriam exire auf die Nachwelt kommen
memoriale, is Erinnerung, Andenken, Gedenkfeier, Denkmal, Gedenkbuch
memorie = memoriter *Adv.* auswendig
menceps unsinnig
mencla = mentula das männliche Glied

mendacium Lüge, Trug; Fehler
mendicantes, ium Bettelmönche
mendosus lügenhaft; mendosa cantilena Schelmenliedchen, Lügenstück
moenia, ium Gebäude; die Gesamtmasse der Gebäude einer Stadt; Königsburg
mens guter Wille; Verstand und Wille; m. belli mihi est es gelüstet mich zu kämpfen; mente simulata mit Hintergedanken, sich verstellend; sine mente ohne Besinnung; improvida mente unvorhergesehen
mensa Tisch, Tafel, Mahlzeit; mensae secundae Nachtisch; mensas tenere Tafel halten
mensale Tischtuch; Mundtuch
mensis iuvenum Juni
mensula Tischchen
mensura ein abgemessener Raum; Normalmaß (Cap.); m. hordei Gerstensack; m. nonalis Trunk zur Vesperzeit
mensurabilis meßbar, kurz
mensurare messen, abmessen; mensuratus gut passend
menta; mentha Gartenminze
mentastrum Krauseminze
mentionare erwähnen
mentiri lügen, heucheln; sein Wort brechen; fälschlich nennen
mentula das männliche Glied
meraca der bittere Nieswurztrank; Bitterkeit
mercalis käuflich; handeltreibend
mercandizare Handel treiben
mercantia Handel
mercari Handel treiben; mit Recht erwerben, verdienen; dürfen; mercatum ducere zu Markt bringen; mercatum habere feilhalten
mercatio Handelsbetrieb; Ware
mercator Kaufmann; Marktberechtigter, Bürger
mercatum = mercatus, us Handel, Verkehr; Markt, Marktzoll, -platz; Ware
mercennarius geldnehmend; um Sold gedungen; Krämer, Lohndiener; mercennaria multitudo Soldtruppen
merces, edis Lohn; Gnade, Barmherzigkeit
mercimonium Ware; Handel, Geschäft, Kauf
mercipolis Handelsstadt
mercis = merces, edis Lohn
merda bovina Ochsenmist
merere; mereri für würdig befinden; verdienen; erlangen, bekommen
meretricare Buhlerei treiben (*auch vom Mann gesagt*)
meretricius dirnenhaft
mergendus Täufling
mergulus = mergus Taucher, ein Wasservogel
meridionalis im Süden gelegen, südlich
meritorium Bordell
merops, opis Specht
maeror Trübsal, Trauer
mersare eintauchen, versenken
merula 1. = merulus Amsel; 2. Mauerzinne
merum; merus Wein, Most
mespilarius = mespilus Mispelbaum
messio Mähen, Ernte; Vernichtung
messes colligere ernten
maestificare betrüben, traurig machen
maestitia = maestitudo, inis Traurigkeit, Trauer
meta Heuschober, Getreidehaufe; Grenzstein, Grenze, Ende, Ziel; m. vitae Tod
metaphorice *Adv.* vergleichsweise
metallum Metall; Gold, Schätze; m. eximium Feingold; *Plur.* Gestein, Bergwerk
metare; metari abstecken; Wohnung nehmen; um ein Mal (meta) herumlaufen; castra metari ein Lager aufschlagen
metator Quartiermeister; m. Christi = Erzengel Gabriel
methodicus (*griech.*) methodisch, auf bestimmten Grundsätzen beruhend
meticulosus voller Furcht, furchtsam; Furcht einflößend
metiri messen; gemessen werden
metreta (*griech.*) Tonne

metricanorus im (epischen) Versmaß singend
metricus (*griech.*) metrisch
metropolis (*griech.*) Hauptstadt, Stadt eines Erzbischofs
metropolitanus Erzbischofs-; Vorsteher einer Kirchenprovinz; Stadtvogt; Burggraf
metrosus versgewandt
metrum (*griech.*) die dichterische Form; Versmaß; nach antiker Weise gebaute Verse
mezanus eine paduanische Münzart
mica Krümchen, Brocken, Bissen; Brosamen
micax leuchtend
microcosmus (*griech.*) die kleine Welt, der Mensch
micros (*griech.*) klein
migale (*griech.*) Spitzmaus; Hermelin
migalinus aus Fellen; aus Hermelin
migma, atis (*griech.*) Mischung, Gemengsel; Glühwein (W.)
migranea (*griech.*) Kopfschmerz, Migräne
migrare wandern, wegziehen; sterben; verpflanzen; m. ad Christum sterben
miles Krieger, Ritter; Lehnsmann, Vasall; Läufer (im Schach); multus m. ein großes Heer
milia, ium Meilen
miliare Meile, Meilenstein; Wegstunde
miliarium; milliarium tausend Schritt; Meile, Meilenstein; ein Tausend
milica = melica Buchweizen
militare zum Krieger machen; dienen, Lehnsdienste leisten; kämpfen; vorrücken; trachten nach
militaris zum Ritter gehörig; ritterlich
militia Hofdienst, Amt, Kriegsdienst; Kriegführung; Heer, Ritterschaft; Schwertleite; ritterliches Tun; m. coelestis die himmlischen Heerscharen
milium (*griech.*) Hirse
milleformis tausendförmig
numerus **millenarius** das Jahr 1000
millenus tausendfach; milleni tausend
milvus der Weih (Falkenart)
mimica, orum Mimenspiele
mimus (*griech.*) Spielmann
mina griechisches Gewicht, Münze
minare (*frz.* mener) treiben, antreiben, führen
minera (*frz.* minière) Bergwerk; Mineral; m. argentea Silberbergwerk
mingĕre harnen; beharnen
minister, tri Diener; unfreier Lehnsträger, Dienstmann; Hofbeamter; Truchseß; Begleiter, Genosse; m. angelicus Engel
ministerialis unfreier Diener; Ministeriale
ministerium Dienst, Bedienung; Hilfsgerät; Amtsbezirk; Amtssprengel; Gottesdienst, Messe
ministrare bedienen, auftragen, einschenken; bei der Messe helfen
ministrator Diener; Mundschenk
minitare = minitari drohen; bevorstehen
minorare verringern, vermindern; erniedrigen, niederschlagen; *Pass.* Mangel leiden
minoratio Verminderung, Mangel
minorativus vermindernd
minores = minoritae
minoritae Minoriten, Franziskaner
minosus gefahrdrohend
minuare = minuĕre vermindern; zur Ader lassen
minurrire zwitschern (v. Schwalben)
minus *Adv.* = non; ad m. wenigstens
minutia, orum kleine Dinge
minutim *Adv.* in kleine Stücke, stückweise; m. transpungere ein kleines Loch stechen
minutor Bader, Aderlasser
minutus ganz klein, gering; gens minuta das geringe, arme Volk; res minutae Kurzwaren; minutum Scherflein
mira, orum Wundertaten, Heldentaten
mirabilia, ium Wundertaten
mirabilis der Wunderbare = Christus
myrias, adis (*griech.*) Myriade
myrica (*griech.*) Tamariske; Gesträuch, Unkraut; Heidegesträuch, Heide
mirificare wunderbar verherrlichen
mirificus wunderbar, außerordentlich; mirifici actus Großtaten

mirra = myrrha (*arab.-griech.*) Myrrhe
myrrhatus mit Myrrhe gewürzt
myrrhinus aus Myrrhen bereitet
myrteus (*pers.-griech.*) kastanienbraun
myrum (*griech.*) wohlriechende Salbe
mirum fit (est) alicui es wundert jem.
mis = mei (*Gen. Sing.*)
miscere mischen; einschenken, zu trinken geben; ludum in unum m. zu einem Spiel sich vereinigen
misellus gar elend; aussätzig; armer Schlucker
miser elend; schwach, arm; gering; töricht, dumm
miserator Beklager; Barmherziger, Erbarmer
miseries, ei Not, Unglück
misericordia Mitleid; Gunst
misericorditer *Adv.* barmherzig, mitleidig
mismalva (*vermutlich aus wismalva verschrieben*) Eibisch (Cap.)
mispilus = **mespilus** (*griech.*) Mispelbaum, Mispel
missa; missae, arum Messe; Feiertag eines Heiligen; missas agere Messe lesen; missarum sollemnia feierliche Messe, Hochamt
missale Meßbuch
missaticum Reisebezirk des königlichen Sendboten; Auftrag, Gesandtschaft
missile Geschoß
missilis carta Sendbrief
missio Freilassung, Abschied, Urlaub
missor tempestatum Wettermacher
missus Bote, Gesandter, Vertreter, Königsbote; Legat; Engel
mysterium (*griech.*) Geheimnis; geheime (symbolische) Bedeutung; Mysterienspiel; mysteria cordis Plan; mysteria divina Messe; mysteria futura Zukunft
mysticus (*griech.*) geheimnisvoll; mystica dicta Kernsprüche; mystica margarita = Weisheit
mitare = metare
mititia Milde, Sanftmut
mitra (*griech.*) Kopfbedeckung, Hut; Mitra, Bischofshut
mitrare mit der Mitra schmücken
mittĕre setzen, stellen, legen, führen; proelium m. entbieten
mixtim *Adv.* gemengt; miteinander, ohne Sonderung
mixtum Imbiß
mixtura Mischung, Vereinigung
mna = mina
mobilia, ae bewegliche Habe
mobilitas Bewegung; Leichtsinn
moderamen Regierung; Richtschnur
moderari ein Instrument stimmen
modernus jetzt geltend, jetzt lebend
modestia Mäßigkeit
modicellus = modicus
modicus klein, unbedeutend; angemessen; bescheiden; post modicum nach einer Weile; modicum Bagatelle; *Adv.* modicum ein wenig, kurze Zeit; modice 1. leise 2. = modicum; modicum ridens lächelnd
1. **modius** Scheffel, Malter (zur Zeit Karls d. Gr. etwa 52 l), Metze
2. **modius** = modicus
modo *Adv.* nur, bloß; eben erst; jetzt, nunmehr, auf der Stelle; alsbald, bald einmal, künftighin
modulamen Melodie, Wohlklang
modulare = modulari (taktmäßig) singen, (ein Instrument) spielen, begleitend einfallen
modulatio Melodie, Rhythmus, Gesang, das rhythmisch abgefaßte Lied
modulus Maß, ein „Mäßchen"; Melodie, Sangesweise, Vers
modus Maß, Art und Weise; Melodie; Umstände; Inhalt; ein nach Art der Sequenzen in Strophen durchkomponiertes Lied; post modum später, danach; iuxta modum nach Maßgabe; supra modum unmäßig; ex toto modo, völlig; modis omnibus in allem; überhaupt; magnum in modum sehr
mola Mühlstein, Mühle; m. asinaria Mühlstein (einer von einem Esel getriebenen Mühle); m. versatilis Mühle
molare = molĕre
molaris, is Mühlstein; dens m. Backzahn

molendinare wälzen, rollen
molendinum; molendina, ae Mühle
molĕre mahlen; kauen
moles, is Masse; Mühe, Erdennot; m. Hadriani Engelsburg
molestare; molestiare belästigen, beunruhigen
molestia Unlust, Seelenpein
molestum facere aliquem = molestare
molimen Anstrengung, Wagestück; molimina impietatis gottlose Ränke
molinarius Müller
molinum = molina Mühle
moliri unternehmen, wagen
molitio Unternehmen; Anstrengung
mollia, ium weiche Gewänder
mollificare erweichen
mollis zart; jugendlich; Wollüstling
molossus canis ein Molosser, starker Rüde vom Schlage der Bullenbeißer
momentaneus augenblicklich, zeitlich
momentum Augenblick; Bedeutung, Wichtigkeit; per momenta von Zeit zu Zeit
monacha (*griech.*) Nonne
monachalis = monachilis
monachari Mönch werden
monachicus mönchisch; einfach
monachilis mönchisch, klösterlich
monachus (*griech.*) Mönch; m. griseus Zisterziensermönch; m. niger Benediktiner-, Kluniazensermönch
monacordum = monochordum
monarcha = monarchos (*griech.*) Herrscher; Bischof
monas, adis (*griech.*) Einheit
monasterialis klösterlich
monasteriolum Klösterlein
monasterium (*griech.*) Kloster, Abtei; Klosterkirche, Münster, Dom
monasticus (*griech.*) klösterlich, Mönchs-
monedula Dohle
monēre mahnen, warnen; erzählen
moneta Münze; Münzprägestätte
monetare ausmünzen
monetarius Münzmeister
monialis (*verkürzt aus* sanctimonialis) Nonnen-; Nonne
monile Halsband
monimentum Andenken; Erinnerung; Kennzeichen; *Plur.* = **Trümmer**
monire = munire (Liudp.)
monitare nachdrücklich erinnern, mahnen
monitrix Mahnerin
monochilis = monachilis
monochordum (*griech.*) Musikinstrument mit einer Saite, das Monochord; einstimmiger Gesang
monomachia (*griech.*) Einzelkampf, Zweikampf
monothalmus (*griech.*) einäugig
monstrantia Monstranz
monstrare vorzeigen; ein Buch vorlegen
monstrifer = monstruosus
monstrum Untier; Gespenst; Abenteuer; Untat
monstruosus scheußlich; abenteuerlich, wunderbar
montana, orum Gebirgsgegenden, Berg
montaninus des Gebirglers
monticulus kleiner Berg
montuosus gebirgig, bergig
1. **mora** *v.* morus (*griech.*) die Närrin
2. **mora** (*ital.*) Brückenpfeiler
3. **mora** Aufschub, Verzug, Frist, Zeit; moras, moram facere sich aufhalten; nec mora alsbald, unverzüglich
moracetum = moratum
moralitas die sittliche Erziehung
morare; morari verweilen, verbleiben; nil moratus ohne Verzug
morarius Maulbeerbaum
moratum (*ahd.* môrât) Maulbeerwein (Getränk aus Maulbeeren und Honig)
morbidus krank, siech; Krankheit verursachend
morbus regius Aussatz, Lepra
mordacium; mordacius Spange
mordax fressend, beißend; bissig, verbissen
mordēre beißen; auf jem. losfahren
mordicare beißen
mordicus beißend
mordrita Mörder
mordrum (*germ.*) Mordtat
moretum = moratum

morgangeba (*germ.*) Morgengabe
moriens tot
moriger Sittenprediger
morigeratus wohl gesittet, wohl gesinnt
morigerus willfährig; gewöhnt an
morio, ionis Hofnarr
moriturus im Sterben liegend; sterblich
1. **mōrōsus** sittsam; pedantisch; mürrisch, übellaunig; verwünscht
2. **morōsus** voll Verzug, langsam
mors Tod; Todesart, ewiges Verderben; m. utraque zeitl. u. ewiger Tod
morsellum; morsellus Stück, Stückchen, Bissen
morsor Beißer
mortariolum Pfanne, Rauchpfanne
mortalitas sacra = Pest
mortarium Mörser; Mörtel
morticinium Leichnam, Aas
morticinus gestorben, verreckt
mortifer den Tod in sich tragend, leblos
mortificare töten, ertöten; quälen
mortificatio Abtötung; Tod
mortificator Henker
mortualia, ium Gebühr für die Totenfeier
morula = mora 3
morum (*griech.*) Brombeere, Maulbeere
mos Sitte, Beispiel; Art, Umstände; *Plur.* Lebenswandel; Befähigung; quo more = quomodo
motabilis beweglich
motivum Beweggrund
motus erregt, empört
mox *Adv.* kaum, schwerlich; sofort, alsbald; mox ubi, mox ut sobald als; quam mox so schnell wie möglich, bald darauf
mucor Schimmel (des Brotes)
mucro, onis Spitze, Dolch
muculentus rotzig, schleimig
muffulae (pelzgefütterte) Fausthandschuhe
mugil, ilis Meeräsche, Meeralant
mulcēre einschmeicheln, ergötzen; freundlich zusprechen, raten
mulcta = multa Strafe, Buße
mulctare = multare
mulctralis viel Milch gebend
mulctrale, is Melkfaß
muliercula Weiblein, Weib
mullo = mullus (*griech.*) Meerbarbe, Meeräsche, Meeralant
multari = multare strafen, züchtigen
multicavus weithöhlig
multifarius mannigfaltig, mancherlei, verschieden
multiformis vielförmig
multigenus mannigfach
multiloquium Vielrederei, viele Worte, Geschwätz
multimodus vielfach, mannigfach
multiplicitas Vielfältigkeit, bunte Menge
multisonus wortreich; lauter Schreier
multivagus viel umherschweifend
multivolus viel wollend, lüstern
multo = muto, onis
multotiens = multoties *Adv.* vielfach, oft
multra = mulctra Milch
multum *Adv.* sehr
multus miles = magnus exercitus
mulvinus Falken-
mulvus Weih, Falke
mundanus weltlich, irdisch; mundana miseries das irdische Jammertal; mundana musica Sphärenmusik
mundare reinigen, säubern; reuten, ausjäten; mundare delictum sühnen; *Pass.* rein werden
mundatio Reinigung; Taufe
mundatrix Reinigerin, reinigend
mundialis weltlich, irdisch
mundiburdium (*germ.*) Schutz, Schutzgewalt, Schutzverhältnis
munditia Reinheit; Lauterkeit
mundium (*germ.*) Schutz
1. **mundus** rein, sauber
2. **mundus** Welt; irdische Welt; maior m. Makrokosmus, minor m. Mikrokosmus;
munerare aliquem, alicui aliqua re beschenken
mungĕre schneuzen; prellen, berauben
munimen Befestigung, Schutz, Bollwerk; Schutzhülle; öffentliche Urkunde, Privilegium
munire schützen, bekräftigen
munitates, um Freiheiten

munitio Kloster, Burg, Bollwerk, Festung
munitiuncula kleine Befestigung
1. **munium** Befestigung; *Plur.* munia Burg
2. **munium** Leistung, Verrichtung; munia cordis Gebet; munia laudis das pflichtmäßige Lob
munus, eris Dienst, Gnade; Schutz; Lohn; Geschenk zur Bestechung; Kostbarkeit; *Plur.* Schenkungen, Opfer; wunderbare Heilungen; Bachicum m. Weingelage, Fest
munusculus (kleines) Geschenk
murare mit Mauern versehen; mauern; muratus ummauert
murator Maurer
murcatus zerbrochen, zersprungen
murcus verstümmelt
murex, icis Purpurschnecke; Purpurröte, Purpur
murilegus Kater, Katze
murinus von Mäusen; pelles murinae Mäusefelle; Marder-, Hermelinfelle
murmorium = murmurium
murmur, uris Gemurmel; Mißgunst; m. facere murren
murmurare; murmurari murmeln, murren
murmuriosus mürrisch
murmurium Murren
mus, muris Maus; Kindchen
musac (*indekl.; hebr.*) Opferstock; Tresor
musca Fliege; Schmuckgehänge
muscidus voller Moos
muscipula Mäuschen; Mausefalle, Fallstrick; Katze
muscula kleine Fliege
muscus Bisam, Moschus
musica, ae *u.* orum Musik; m. mundana sive caelestis Sphärenharmonie
musio (*germ.*) Katze
musitatio = mussitatio Flüstern
mussare murmeln, flüstern; brummen, nörgeln, Zeit vertrödeln
mussitare = mussare
mussula (*germ.*) Moos
mustum Most
1. **muta** (*germ.*) Zoll, Maut
2. **muta** Mauser, Federwechsel der Vögel
mutare bewegen, fortbringen, ablegen, beseitigen, stürzen; ändern, Geld wechseln; habitum m. Mönch, Geistlicher werden
mutatorius zum Wechseln bestimmt; mutatorium (*sc.* vestimentum) Umziehkleid
mutilatio capitis Abhauen des Kopfes
mutire; muttire mucksen, sich rühren; winseln; verstummen
muto, onis Hammel, Schaf; Widder
mutuare borgen
mutuus wechselseitig; vergeltend; mutuum Geldanleihe
mutus stumm; gestorben.

N

nablum (*griech.*) Harfe
nactus (*v.* nancisci) erlangt, erhalten
naphtha (*griech.*) Naphtha
nam *Konj.* dann, ja; nun; *oft ohne kausale Bedeutung, nur anknüpfend*
namque *Konj. als Flickwort* = nämlich, d. h., übrigens, und zwar; nun, nunmehr; dabei; aber
nanus (*griech.*) zwerghaft, kurz; Zwerg
nappa (*germ.*) Napf, Becher, Humpen
napus (*griech.*) Steckrübe; *Plur.* Rübenfelder; *Abl. auch* napibus
nardus (*griech.*) Narde, Nardenbalsam
naris, is Nasenloch; Nase
narramen Erzählung
narrare aliquem von jem. berichten
nasale, is das (die Nase verdeckende) Helmvisier
1. **nascentia,** ae Geburt, Wehen
2. **nascentia,** ium Gewächse
nascĕre erzeugen; = nasci entstehen; natus *m. Inf.* geschaffen zu
nasitergium Schnupftuch
naso Näsling (Süßwasserfisch)
nassa Fischreuse
nasturtium Kresse
nata (*Abl.* natabus) Tochter
natabilis, is Fisch

natalis (*sc.* dies) domini Weihnachten; natale (*sc.* festum) Geburtstag, Gedächtnistag; Tag des Amtsantritts; *Plur.* natales; natalia Geburt, Geburtsrang, Herkunft, Stand; natale Johannis baptistae = 24. Juni
natalicium Geburtstag; Todestag eines Heiligen; Empfängnistag
natatus, us Schwimmen
natio Geschlecht, Herkunft; Heidenschaft
natineus (*hebr.*) Tempelknecht; Diener; niederer Geistlicher (= acolythus)
nativitas Geburt; Entstehung; angeborene Natur; n. dominica Weihnachten; n. Iohannis baptistae = 24. Juni; n. sanctae Mariae = 8. September
natura syllabarum Quantität der Silben
naturabilis von der Natur gesetzt
naturare schaffen
nauclearius = nauclerus (*griech.*) Schiffspatron, Reeder; Lotse
naucum Nußschale; nauci esse nichts wert sein
naufragare; naufragari Schiffbruch erleiden; verderben
naula; naulum (*griech.*) Fährgeld, Schiffsgeld
nausia = nausea Seekrankheit; Übersättigung; Ekel; nausiam alicui parere anwidern
nauta Lotse
nautalis Schiffs-
navalia, ium Werft
navector Fährmann
navicula Nachen; Weihrauchschiff (schiffförmiger Behälter zum Aufbewahren des Weihrauchs)
navigium Schiffahrt; Flotte; schiffbares Wasser
navis, is Kirchenschiff
navus (*Adv.* naviter) emsig, tüchtig; gelehrt, weise, klug
ne *auch* = so daß nicht
neasillabus = eneasyllabus (*griech.*) Neunsilbler (D.)
nebris (*Akk.* nebrida) Fell des Hirschkalbes; Fell
nebula; nebulum Nebel, Staubwolke; blauer Dunst, Trug, Schwindel
nebulo Windbeutel, Schalk, Taugenichts
nebulonizare wie ein nebulo handeln
nec; neque nicht, auch nicht, nicht einmal; *auch* = neve *gebraucht;* nec — non = nec — nec; nec — nec nisi nicht — sondern nur; nec dum noch nicht; nec non und, auch, ebenso, und auch; nec non et und auch, auch
necare ermorden; ertränken; *Pass.* ertrinken
necdum = non dum *Adv.* noch nicht
necessaria naturae leibliche Bedürfnisse
necesse (*indekl.*) die Not
necessitare zwingen
necessitas großer Mangel, Armut; Notwendigkeit; *Plur.* Nöte; ex necessitate mit berechtigtem Grunde
necne *Konj.* und
nectar, aris; **nectare** (*griech.*) Nektar; das Angenehme, Liebliche
nectus = necatus getötet (Liudp.)
nedum *Konj.* geschweige denn; vielmehr
nefrendus Spanferkel
1. **negare** leugnen; sich weigern; entkräften
2. **negare** = necare töten
negativa Verneinung; perseverare in n. immer wieder verweigern (H. v. H.).
negativum Verneinung
neglectum; neglectus, us Nachlässigkeit, Vernachlässigung, Versäumnis
neglectus lässig
neglegĕre zurücktreten lassen, verstreichen lassen, zurücklassen
negotiatio Großhandel
negotium Tat; Fall; n. belli Kriegshandwerk; n. publicum Staatsdienst, weltliches Gericht; n. incidit es tut not
nempda (*schwed.*) Schöffe
nempe *Adv.* freilich, allerdings; ja, nämlich; *oft nur Versfüllsel*
nenia Lied, Loblied; Schrift; Kinderei
neophytes, ae; **neophytus** (*griech.*) Neuling; Neubekehrter; der neue Gast
neomenia (*griech.*) Neumond
Neoptolemus *meton.* = Sohn

neotericus (*griech.*) neu; der Neuerer
nepos, otis Enkel; Neffe, Vetter; Verwandter
nepta = nepeta Katzenminze
neptis, is Enkelin; Base, Nichte; Verwandte
nequam nichts taugend; vergeblich
nequaquam *Adv.* keineswegs
nequitatrix Torheiten begehend
neronior schlimmer als Nero
neronizare sich wie Nero gebärden, rasen
nerviceus aus Sehnen gefertigt
nervus Riemen; Gefängnis
nesciolus unwissend; Dummerchen
nescire aliquem jem. nicht kennen; nescio quasi vielleicht
nescitare dauernd unwissend sein
nescius zweifelhaft, zweifelnd
neta (*griech.*) die unterste Saite, der letzte Ton
neuma (*griech.*) Gesang ohne Worte, Gejudel; die einzelne musikalische Note; *Plur.* Melodie; neumas agere den Takt schlagen; neumas pedibus variare nach dem Takt tanzen
neumare mit Noten versehen, komponieren; singen
neumatizare mit Noten versehen
neupma 1. = neuma; 2. = pneuma
neuter kein Geschlecht habend, Eunuch
neutrim *Adv.* von keiner Seite
neva = naevus Fleck, Makel
naevosus voll Mängel; sündhaft
naevus Muttermal; Makel
nex, necis Tod; Leiche
nexus, us Fessel
ni = nisi nur; ausgenommen, daß
nicromanticus = necromanticus (*griech.*) Zauberer, Schwarzkünstler
nictare zwinkern; blinzeln; (die Nacht durch) wachen
nycticorax (*griech.*) Nachtrabe
nyctimene Nachteule, Käuzchen
nidifacĕre = nidificare nisten
nigellus schwärzlich, dunkel
nigrans dunkelfarbig
nigrare verdunkeln
nigredo, inis Schwärze, schwarze Farbe
nigromantia *Volksetymologie für* necromantia = die schwarze Kunst
nihil est quod es ist unmöglich, daß
nihilare zunichte machen, beeinträchtigen, vernichten
nihilominus et und außerdem
nihilum *Adv.* in keiner Hinsicht; ad n. = nihilum
nihilus einer, der nichts ist; isti nihili diese Nichtse
nimbus Regenwolke
nimpha = nympha (*griech.*) Mädchen
nimietas Überfluß, Übermacht; n. aestatis allzusehr drückende Sommerhitze
nimirum *Adv.* allerdings; sicherlich
nimis *Adv.* zu sehr; sehr; *als Subst.* = immoderatio Maßlosigkeit
nimius über das Maß hinausgehend; allzunahe; zu früh; groß, üppig
nisi; nisi quod es sei denn daß, ausgenommen daß; aber
1. **nisus,** i Adler, Jagdfalke
2. **nisus,** us Schwung, Kraft, Trotz
nitela Glanz, Schimmer
nitentia Glanz
nitedula Haselmaus
niti sich bemühen; trachten nach; econtra n. Einspruch erheben
nitidus glänzend; sauber, blank, reinlich
nitor Glanz, Sauberkeit; Vortrefflichkeit
niusaltus Pökelfleisch
nivalis des Schnees
niveus schneeweiß
nobilista, ae Edelmann
nobilitare adeln, berühmt machen
nobilitas Geburt, Herkommen
nocēre (*auch mit Acc.*) schaden, beschädigen; nocet es ist schade; *Pass. auch persönlich*
nocimentum; nocumentum Schaden
nocticulus nächtlich
noctua Käuzchen
nocturnum = nocturna (*sc.* hora) die Nokturn, Teil des kirchlichen Offiziums
nodare bursam den Beutel zuknüpfen; nodatus mit Knoten versehen
nodus Knoten; Band, Fessel
nola Glocke, Schelle

nolens volens wider Willen
nolus nicht wollend
nomen Namen; Benennung; (bei Zahlen) Multiplikator; Person; Ruf, Ruhm; Rang, Würde; Grund; n. christianitatis Christenheit; hoc nomine in diesem Sinne; ex nomine im Namen
nomia (*griech.*) Gesetz; das Gesetz des Alten Bundes, das Alte Testament
nominatus namhaft, gefeiert
nominetenus *Adv.* dem Namen nach
nomisma, atis (*griech.*) Münze; Gepräge der Münze
nona (*sc.* hora) None, der klösterliche Nachmittagsgesang
nonagenarius ein Neunzigjähriger
nonna Nonne
nonnulli viele
nonnus Mönch; *als Anrede* „ehrwürdiger Vater" (BR.)
nonque = neque
noris wisse (W.)
norga Nasenschmutz
norma Ordnung; Pflicht; Kloster-, Ordensregel; Lineal; normam fidei promissam corrumpere die gelobte Treue brechen
normula Richtschnur, Regel
noscĕre wissen, kennen; erfahren
nosse *subst. Inf.* Wissen, Kenntnis
nostras, atis zu uns gehörig, inländisch, heimisch; *Plur.* unsere Leute
nostratim *Adv.* in unserer Sprache
nostri; nostrum (*Gen. poss.*) = unser: nostri iussio = iussio nostra
nota eine bekannte Sache, Begebenheit; Kennzeichen; Anmerkung, Notiz, Konzept; Makel, Schuld; Hohn, Spott; notam incurrere den Anschein erwecken
notare sich merken; hören, beobachten, betrachten, vernehmen; bedeuten, versinnbilden; mit Noten versehen, in Musik setzen; kenntlich machen, bezeichnen; einprägen; tadeln
notarius Abschreiber, Gerichtsschreiber, Schreiber (der deutschen Kaiser)
nothus (*griech.*) unehelich; Bastard
notificare kundtun, melden, anzeigen
notitia Marke, Etikett, Sorte; Ruf, der große Name; Gerichtsurkunde; in notitia est es ist bekannt
notorius kundtuend; offenkundig
notula kleines Zeichen; Anmerkung
1. **notus** bekannt; bewußt; wohlbewährt
2. **notus** (*griech.*) Südwind
3. **notus** = nothus
novalia, ium bebautes Land
novellare bearbeiten
novellus neu, jung; Anfänger
Novembrius = November November
novennium Jahrneunt
novercalis stiefmütterlich; feindlich; ungewöhnlich
novercari alicui jem. stiefmütterlich behandeln
noveris wisse
novicius Neuling, Novize
novissimus der letzte; dies novissima der Jüngste Tag; novissima, orum die letzten Dinge; novissime *Adv.* zuletzt, endlich
novitas Neuheit; Neuigkeit; *Plur.* Neuerscheinungen
noviter *Adv.* kürzlich, neulich
noxa Vergehen, Missetat; Schaden, Strafe
noxialis schädlich, verderblich; schuldig
noxium = noxa; *Plur.* Unkraut
nubecula Wölkchen
nubĕre zusammenbringen; sich vereinigen; n. cum aliqua heiraten (vom Manne gesagt)
nubes, is Dunkel; Hülle
nubilis heiratsfähig, mannbar
nubilosus bewölkt; düster
nubilum Wolke, Dunkel
nucarius Nußbaum
nucerinus aus Nußbaumholz
nucha; nuca (*arab.*) Rückenmark
nudare enthüllen, zeigen, an den Tag legen; finden; verecundiam vultus rubore n. vor Scham erröten (Liudp.)
nudipes, pedis barfuß
nuditas Blöße; gänzlicher Vermögensverlust

nudius (= nunc dies) tertius vorgestern
nuĕre winken
nuga Nichtigkeit; *Plur.* Possen; Windbeutel
nugacitas Eitelkeit, Lächerlichkeit, Possenhaftigkeit
nugare verspotten, verhöhnen
nugatio leeres Gerede
nugatorius wertlos, nichtig, unnütz
nugax lächerlich; lüderlich; unnütz, unbrauchbar
nugosus lächerlich, eitel, lügenhaft
nuigerulus = nugigerulus Lügenbote, Windmacher
nulla (*sc.* res) nichts
nullatenus *Adv.* keineswegs, auf keinen Fall
nullificare gering schätzen, vernichten
nulligenus von keiner Art, keinerlei
nullitas Ungültigkeit
nullo nirgendwohin; ex nullo in keiner Hinsicht
nullorsum *Adv.* nirgendwohin
nullus (*Dat. auch* nullo) = nemo, neuter
numen die göttliche Wundermacht, das göttliche Walten; Begehren; numina aquae Dämonen des Wassers
numeratus in Ordnung aufgestellt
numerositas Zahl, Menge
numerosus zahlreich; abgemessen, Maß haltend
numerus Zahl; Summe; Heeresabteilung; Rhythmus; numerorum rationes astronomische Berechnungen
numisma = nomisma (*griech.*) Münze
nummatus mit Geld versehen; reich; nummata (*sc.* pecunia) Geldwert, Bezahlung, Zeche
nummivorax geldverschlingend
nummulus etwas Geld
nummus Heller, Pfennig
numne = nonne
numquid = num; = ne; doch nicht etwa; warum; n. non = nonne
a **nunc** von jetzt an
nuncupare nennen, benennen; genannt werden
nundinae Woche, Markt; = tirocinium
nundinarius Markt-; Händler
nundinatio Markt; Handel, Schacher
nuntium = nuntius Nachricht; Bote, Gesandte
nuper *Adv.* kürzlich, soeben; ehemals, vor Zeiten; demnächst; n. editus neugeboren
lex **nuptialis** Ehe
1. **nuptus**, us Vermählung
2. **nuptus** vermählt; nupta Ehefrau, Gattin; Braut, Jungfrau
nusca (*germ.*) Spange
nusquam *auch* = nunquam niemals
nutare schwankend machen; schwanken
nutricius Erzieher
nutrimen Fürsorge
nutrimentum Nahrungsmittel, Unterhalt; Pflege, Erziehung; Vorwort
nutritor Ernährer, Erzieher
nutritura Nahrung; Erziehung
nutritus aufgewachsen, erzogen, gebildet
nutus, us Nicken, Winken, Verbeugung; Wink, Befehl, Wille; Verlangen; n. domini Fügung Gottes
nux, nucis Nuß; Kern, Inbegriff

O

o = Ω (= omega); a et o Anfang und Ende = Christus (vgl. Off. Joh. 1, 8)
ob *Präp. m. Akk.* wegen; entgegen, zu — hin; ob quod deswegen
obambire entgehen, vermeiden
obambulare auf und ab gehen
obaudire gehorchen; überhören
obauditus, us das Hinhören
obba Karaffe; Topf
obbrutescĕre verblöden, vertieren
obcaecare = occaecare
obdĕre verschließen
obdormire einschlafen; entschlafen, sterben
obdormiscĕre = obdormire
obducĕre einhüllen, überziehen

obdulcare süß machen
obdurare verhärten
oboedientia Gehorsam; die auferlegte Arbeit; Anhang, Anhangsgebiet
obeditus, us = oboedientia Gehorsam
oberrator Irrfahrer
obesus abgenagt, angegessen; fett, feist, gedrungen
obex, icis Wall, Uferrand
obf . . . s. off . . .
obiecta, orum Vorwürfe
obiectio Einwand, Entgegnung; Tadel, Makel
obiex, obicis = obiectio
obire verlöschen (von Lampen, Treu und Glauben); streiten; eingehen auf
obiter *Adv*. schnell
obiurgare schelten, zurechtweisen
oblata Hostienbrot; Gebäck
panis **oblaticus** = Hostie
oblatio Darreichung; Opfergabe, Spende; Hostienbrot; Anerbieten; o. sacra das hl. Abendmahl; oblationes defunctorum Kirchenspenden für Tote
oblationarius Subdiakon
oblectamen Trost-, Beruhigungsmittel
oblidĕre drücken, zerquetschen; o. dentes die Zähne zusammenschlagen
obligare anbinden, verpflichten; verpfänden; *Pass*. sich verpflichten
obligatio Verpflichtung; Fessel
obligatus pfandweise, lehnsweise gegeben
obliquare schräg einherlaufen
obliquus schräg gehalten; ex obliquo zufällig
oblivisci *auch* vergessen werden
oblivium = oblivio Vergessenheit
oblocutor Verleumder
oblongare vorwärts gehen
obloquium Widerspruch
oblucescĕre Tag werden
obluctari sich widersetzen
obmittĕre = omittere
obmutescĕre verstummen, mit Schweigen über etwas hinweggehen
obnixus sich anstemmend, sich entgegenstemmend; *Adv*. obnixe inständigst, dringend, beharrlich, treu
obnoxus = obnoxius verfallen, unterworfen; schuldig, straffällig
obnubilare umwölken
obolariae mulieres gemeine Weiber, Dirnen (Liudp.)
obolus (*griech*.) Heller, Hälbling
obpilare = oppilare verstopfen, verschließen
obpingerare verpfänden
obproprium = opprobrium Vorwurf
obrigescĕre erstarren, hart werden; entgegenstarren
obrivare überströmen, sich ergießen
obryzum (*griech*.) Gold, Edelmetall
obryzus fein, lauter, rein
obruĕre überschütten; überfallen
obscenus scheußlich, garstig
obscurare verdunkeln; sich verfinstern, Abend werden
obscurus dunkel, trübe; verächtlich; obscura, orum Dunkel der Nacht
obsecrare beschwören; ermahnen
obsecratio inständiges, feierliches Gebet
obsequa Magd
obsequela Willfährigkeit, Gebrauch
obsequi beistimmen, recht geben
obsequiare sich anschließen, dienen
obsequium Willfährigkeit, Folgsamkeit, Dienst, Huldigung; Gefolge; Abgabe; Zeremonie; o. exhibere Dienst leisten
obserare verschließen, verriegeln
observantia Übung, Beachtung (einer Regel); Kulthandlung, Gottesdienst
observare hüten, besetzen, sichern
observatio Übung, Gewohnheit; Religionsübung, Religion; Gottesdienst
obsessus besessen
obsidatus, us = obsidium Geiselschaft
obsignare zusiegeln; zuweisen
obsistentia Widerspruch
obsitus (*v*. obserĕre) bedeckt, umhüllt
obsoletus abgetragen; alltäglich
obsonium Zukost; Mahlzeit, Speisen; Tafel- und Tischsteuer der Pfarrer an den Bischof
obsorbēre verschlingen
obsordescĕre schmutzig werden
obstaculum Hindernis

obstamen Widerstand; o. scuti der entgegengehaltene Schild
non **obstante (obstantibus)** *m. Abl.* = trotz
obstetricare Hebammendienste tun, entbinden
obstrangulare würgen
obstrepĕre übertönen
obstruĕre verbauen, verschließen; verklausulieren
obstrusus gedrängt, kurz
obstuppare verschließen, verstopfen
obsurdescĕre das Ohr verschließen
obtenebrare verdunkeln, verfinstern
obtenebrescĕre dunkel werden
obtentus, us Vorwand, Deckmantel; Hindernis; Drängen, Ansuchen, Verwendung; Schutz; obtentu im Hinblick auf, wegen
obtinēre innehaben, besetzt halten, einnehmen, erlangen, erreichen; siegen; die Erlaubnis erhalten
obtruncare abschneiden
obtrusus (*v.* obtrudĕre) gedrängt, eng
obtuitus = obtutus
obtundĕre stumpf, heiser machen; blenden (v. d. Sonne)
obtutus, us Blick; Auge, Gesicht
obumbratio Überschattung; Verdunkelung
obversari cum anwesend sein bei
obulus = obolus
obventio Gewinn, Einkommen
in **obviam** alicuius jem. entgegen
obviare begegnen, entgegengehen, entgegentreten, sich widersetzen; erwidern, entsprechen
obvius im Wege liegend, entgegnend; obvia, orum Hindernisse; obvium habere aliquem jem. treffen, jem. begegnen; sibi obvii fiunt sie begegnen sich
occa Egge; Furche, Zeile
occare eggen, stoßen, verstümmeln
occasio Gelegenheit; Veranlassung, Ursache, Vorwand; Unbill; occasione aus Anlaß, kraft
occaecare blenden, verblenden
occidualis = occidentalis westlich, abendländisch
occiduus untergehend, restlich; orbis o. Abendland
occipitium Hinterkopf
occisio Mord, Totschlag; Schlachtbank; oves occisionis Schlachtschafe
occubitus, us Tod, Untergang (der Sonne)
occulĕre verbergen
occultator Hehler
occupari in aliqua re sich beschäftigen
occursare = occurrĕre entgegengehen, begegnen, erscheinen; einfallen, in den Sinn kommen
occursio Besuch; Anfechtung
occursus, us Hilfe; in occursum pergere begegnen
oceanus (*griech.*) Nordsee; Unmenge; oceanae undae die Fluten des Ozeans
ocius *Adv. Komp.* schnell, hurtig
ocrea Beinschiene, Gamasche, Stiefel
octava (*sc.* dies) der 8. Tag nach einem Feste, wobei der Tag des Festes selbst mitgezählt wird: octava epiphaniae Domini (6. Jan.) = 13. Jan., in octavis Paschae am Sonntag nach Ostern; octava ein Zeitraum von acht Tagen; die Festwoche
Octobrius Oktober
octuarius der achte
octuennis achtjährig
oculatus mit Augen versehen, sehend; sichtbar; oculata fide als Augenzeuge, mit eigenen Augen
oda (*griech.*) Lied, Liedweise; Gesang, Tanzlied, Danklied; Rede, Predigt
odibilis hassenswert; gehässig, haßerfüllt
odire = odisse hassen
odium Haß; Verdruß; in o. alicuius jem. zum Tort
odopericum = hodopericum (*griech.*) Reisebeschreibung (H. v. H.)
odoramentum Spezerei, Rauchwerk
odorare duften, riechen
odorifer stinkend
offa Bissen, Kloß, Klößchen; iudicium offae Broturteil (ein Ordal)
offare schlürfen

offendĕre anstoßen, treffen, angreifen, überfallen
offendiculum Anstoß, Bedenken
offensa Anstoß, Zorn, Ungnade; Sünde; Streit; offensam alicuius incurrere sich jem. Ungnade zuziehen
offensare anstoßen; in der Rede stocken; stammeln
offensibilis leicht anstoßend
offensio Anstoß; Beleidigung, Kränkung; Bosheit, Sünde
offensor Beleidiger; Feind = Teufel
offensus ungnädig, übel gewogen
offerenda Opfergabe, Spende
offerre anbieten, darbringen, spenden, opfern; preisgeben; auflassen
offertorium Opferstätte; Darbietung, Opfer, Opferungsgesang, -gebet (bei der heiligen Messe)
officĕre entgegentreten, im Wege stehen
officialis Beauftragter, Beamter; weltlicher Diener (= scutifer, ministerialis); Geistlicher (im Range des capellanus), bischöflicher Gerichtsvogt
officiare Gottesdienst halten
officiarius Hofbeamter
officiatus Beamter
officina Werkstatt; Wirtschaftsgebäude; Keller
officiosus diensteifrig; gebührend
officiperdus (der die Höflichkeitspflicht verletzt) undankbar, unhöflich
officium Dienstleistung, Verrichtung, Amt; Lehen; die pflichtmäßigen Gebete der Kleriker; Amtspersonal; o. divinum altaris Gottesdienst, Dienst am Altar; o. matutinum Morgenandacht; o. stellae Fest der Heiligen Drei Könige
offirmare festigen, kräftigen, sichern
offula ein Stückchen, ein Bissen
offuscare verdunkeln, trüben, schwärzen, anschwärzen
offuscatio Verdunklung; Beschmutzung
oleaster, tri der wilde Ölbaum
oleatus mit Öl getränkt
oleum Öl; Ölkrug
olfactoriolum Riechfläschchen
olibanus (*arab.*) Weihrauch
olifer oliventragend
olim *Adv.* ehemals, neulich, vorhin; dereinst
olympias, iadis (*griech.*) vier Jahre
olympicus (*griech.*) himmlisch
olisatum = olusatrum Schwarzkohl
olitanus ehemalig
oliva Olive; Öl, Ölzweig; Friede, Geduld
olivetum Ölbaumpflanzung
olla Topf
ollicula kleines Gefäß
ollus; olle *alte Form für* ille
olus, eris Küchenkraut, Kohl, Gemüse
olusculum Gartengewächs, Kohl
omega (*griech.*) das lange o, der letzte Buchstabe des griech. Alphabets
omelia = homilia
omen Anzeichen, Vorbedeutung; Glück, Gelegenheit; pro omine habere, accipere Gelegenheit bekommen
ominaliter mit schlimmem Vorzeichen
omittĕre überlassen, hingeben; hingehen lassen, nachsehen
omnias *Adv.* in seiner Gesamtheit
omnicolor von allen Farben
omnicreator = omnicreans allerschaffend
omnifarius allseitig, allerlei
omnigena = omnigenus alles erzeugend; allerlei, von aller Art
omnimodus allseitig; gänzlich, vollkommen; verschieden; omnimodis in jeder Hinsicht, auf alle Weise, in erste Linie; omnimodis precibus mit Bitten aller Art
omnino *Adv.* ganz: o. delibilis ganz schwach
omnipater Allvater
omnipotentia Allmacht
omnis: omne = omnia; per omnia in allem, in jeder Beziehung
omnitenens allbeherrschend, allmächtig
omonimus = homonymus (*griech.*) gleichnamig
onager, gri Wildesel; Elch
onerator Belaster (*Gegensatz:* adiutor)
onerifer Lasten bringend
onicha (*griech. Akk.*) der Onyx

onocrotalus (*griech.*) Kropfgans, Schneegans
onorificabilitudo = honorificabilitudo Ehrwürdigkeit
onus, ĕris Last, Bürde; Belästigung
onustare stark beladen, belasten
op ... *oft* = opp ...
opacitas Dunkelheit, Undurchsichtlichkeit
opacus schattig; opaca, orum Waldesdunkel
operare; operari wirken; ausüben, verfertigen; (ein Lied) spielen; Almosen geben; operari in aliquem jem. Gutes tun
operarius Arbeiter, Handwerker
operatio Arbeit, Wirken, Gewerbe; o. genesis Schöpfungswerk
operator Arbeiter, Verfertiger, Schöpfer
operatrix Verursacherin; Spinnerin
operculum Decke, Wagendach
operiri 1. = opperiri erwarten; 2. sich bekleiden
opermentum = operimentum Decke; Überkleid, Mantel
operosus mühevoll, mühsam; kunstvoll gearbeitet
opicus banausisch
opificium Herstellung; divinitatis o. göttliche Gnade
opimus reichlich; herrlich, prächtig; segensreich
opinabilis vermutlich, eingebildet; wünschenswert, angenehm; glaubhaft, berühmt
opinatus berühmt
opinio Ruf, Gerede; Lehrmeinung
opiparus prächtig, köstlich, herrlich
opitulamen Hilfe
opitulatio Hilfeleistung
oppandĕre ausspannen, ausstrecken
opperire = opperiri warten, erwarten
oppetĕre entgegengehen; fallen, sterben
oppidaneus städtisch; Bürger
oppidinarius = oppidanus Städter, Einwohner
oppido *Adv.* sehr, ganz; allerdings
oppidulum kleine Stadt
oppidum Vorstadt, Außenstadt; Kastell; Dorf, Gehöft, Landsitz
oppilare verstopfen, verschließen; zum Schweigen bringen
opplēre anfüllen; überschwemmen
opponĕre vorlegen, hinstellen, verpfänden; vorhalten, Vorwürfe machen
opportunus gefällig, freundlich
oppositio Widerstand, Widerspruch
oppositum Gegensatz
oppressio Unterdrückung; Leiden; gewaltsame Besitzergreifung
opes, um (*v.* ops Macht) Reichtum, das irdische Gut; Landgüter
optio Recht zu wünschen; Wahl; Gewährung
optimitas = optimum (HS.)
optimates, um Edelinge, Großen des Reiches
optitare sehnlich wünschen
opus, eris Tätigkeit, Haushalt, Betrieb Beruf; Kunstwerk, Bauwerk; werktätige Reue; *Plur.* Anschläge; o. dei Gottesdienst; o. beneficii Almosen; ad o. nostrum zu unserem Nutzen
1. **ora** (= hora) Gebet
2. **ora** Küste; Gegend, Land
oraclum = oraculum Weissagung, Eingebung; Gotteshaus, Heiligtum; Königsurkunde
oralogium = horologium
orama = horama (*griech.*)
oramen Gebet; Gespräch
orare sprechen, bitten, beten
1. **orarium** die Stola des Priesters
2. **orarium** Schweißtuch
oratio Sprache, Reden; Gebet; o. dominica das Vaterunser
orator Redner, Wortführer; Beter, Bittgänger, Wallfahrer
oratoria (*sc.* ars) Rhetorik
oratoriolum Kapelle
oratorium Betzimmer, Kapelle; Gebet
orbatus, us = orbatio Beraubung
orbicola Mensch, Erdenbewohner
orbiculare umherstreifen, umherziehen
orbiculus ein kleiner Ring, Scheibe
orbigena Erdenkind, Mensch

orbis, is Kreis, runde Fläche, Schildrund, Schild; die tägliche Sonnenbahn; Kreislauf; *Plur.* Augen
orbita Wagengeleise, Bahn, Pfad
orbitas Verlassenheit
orbs = orbis
orbus beraubt; der Augen beraubt, blind
orcestra; orchestra (*griech.*) hohes Kirchenamt (vom Bischof aufwärts)
orchidium (*griech.*) Hoden
orcus Hölle
orde *s.* horde . . .
ordinare ordnen, regeln, anordnen, regieren; einordnen; zubereiten; einrichten, gründen; zum Priester machen, ordinieren; militem o. zum Ritter schlagen
ordinarius der zuständige Bischof
ordinatim *Adv.* nach der Reihe
ordinatio Anordnung, Befehl; Ordnung, Ausführung; Einsetzung, Weihe, Bischofsweihe, letztwillige Verfügung
ordinatus geordnet, schön angeordnet; o. ad gerichtet an (VS.); ordinatissime in aller Ordnung
ordo, inis Anordnung, Befehl, Ordnung, Reihenfolge, Alphabet, Rangordnung, Stand, Abteilung; Regel, Zucht, Mönchorden, Kloster; o. divinus göttliche Fügung; o. doctrinae Methode; o. missae Meßordnung; o. Rachelis ein Rachelspiel; ordines maiores (minores) die höheren (niederen) Weihen; per ordinem genau, von Anfang an
ordus = sordidus schmutzig
oretenus *Adv.* mündlich
orexia Essen im Übermaß
orexis (*griech.*) Verlangen, Appetit; Erbrechen
orphanus (*griech.*) verwaist; die Waise; kinderlos
orphus (*germ.*) Orfe, Goldorfe
organicus (*griech.*) musikalisch; mehrstimmig singend
organizare die Orgel spielen
organum (*griech.*) Körperorgan, Werkzeug; Blasinstrument, Orgel; Gesang (der Vögel); *Plur.* Orgel
oricus Schwätzer
originalis ursprünglich, uranfänglich; ererbt; originale die Originalurkunde
ornamentum Schmuck; Prachtgewand; ornamenta pontificalia Amtstracht des Bischofs; o. missale Meßgewänder, Meßgeräte
ornativus schmückend
ornix (*griech.*) Henne, Huhn
oroma = horama (*griech.*) Vision
orsa, orum (*v.* ordiri) Anfang (einer Rede); Rede, Worte
ortalicium = hortalicium Garten
orthodoxus (*griech.*) rechtgläubig
orthographus (*griech.*) richtig schreibend; = orthodoxus
ortivus aufgehend
ortus = hortus Garten; Gartenfrüchte
orvo (*germ.*) Orfe, Rötling; *auch* Goldkarpfen
os, oris Mund; Beredsamkeit; os gladii Schneide; in ore gladii durch das Schwert; ore vario durch seine wechselnden Mienen; suo ore selbständig
osa = hosa (*germ.*) Hose
osanna = hosanna (*hebr.*) Hosianna; = Palmsonntag
oscillum = osculum Mündchen; Kuß
oscitare gähnen; lechzen
osculari küssen; verehren
osor Hasser; Schwarzseher, Pessimist
ossosus = ossuosus voll Knochen, knochig
ostendĕre sehen lassen; hinzeigen auf; kundgeben
ostensio Zeigen, Sehenlassen; Darstellung, Nachweis; Zeichen
ostensus = ostentus (*v.* ostendĕre)
ostensor Anzeiger
ostentamen das Gepränge
ostentatio Ehre, Ruhm
ostiarius Türhüter, Pförtner; summus o. Zeremonienmeister
ostiolum Türchen, Tür; *Plur.* Doppeltür
ostium Tür, Eingang; Flußmündung
ostrifer Purpurträger
ostrum kostbarer Seidenstoff; Purpur
otiositas Nichtstun, Muße, Müßiggang; Beschaulichkeit

Otto (*Gaunersprache*) Spitzname für einen Neuling
ovanter *Adv.* frohlockend; gern, freudig
ovare; ovari alicuius u. in aliqua re sich freuen, frohlocken; preisen; beglückwünschen
ovile Schafstall; Herde; Kloster; o. puellare Nonnenkonvent
ovinus vom Schaf, Schafs-
oxytonare als Oxytonon betonen
ozima, orum Gericht aus Kaldaunen
ozoycaysice = o zoycaysice (W. v. Ch.)

P

pabulare = pabulari füttern
pabulum Futter, Nahrung; „Kanonenfutter"
pacatum esse alicui im Frieden leben mit
pacho = baco Schinken
paciarius Friedensstifter
pacicanus Frieden verkündigend
pacificale Reliquientäfelchen zum Küssen
pacificare besänftigen, versöhnen; se p. cum sich in Güte vergleichen
pacificus Frieden stiftend; friedlich, beruhigt, gütlich
pacisci sich ausbedingen; sühnen; pactus verabredet, versprochen
pactare einen Vertrag schließen, sich einigen; dingen
pactio Vertrag, Abkommen; sine omni pactione se reddere sich auf Gnade u. Ungnade ergeben (Wipo)
pactum Vertrag; Pacht; Bedingung
pagamentum Zahlung
pagania heidnischer Brauch
paganicus heidnisch
paganismus Heidentum
paganus heidnisch; Mohammedaner
pagare = pacare zum Frieden bringen; bezahlen (*frz.* payer)
pagatim *Adv.* in Dörfern
pagensis Bauer, Gaugenosse, Einwohner
pagina Baststreifen, Papier, ein Blatt Papier, Seite eines Buches; Schriftwerk, Urkunde, Gedicht, Buch; die Heilige Schrift; p. divina, sacra Bibel
pagus Grafschaftsgau; ein größerer oder kleinerer Bezirk; pagi agrorum ländliche Gaue
pala Grabscheit, Spaten; p. ferrea Karst, Feldhacke
palafredus = paraveredus
palam *Adv.* offen, öffentlich; offenkundig, bekannt; in palam vor den Leuten, in der Öffentlichkeit
1. **pālare** = palari einzeln umherschweifen, sich zerstreuen, fliehen
2. **pălare** = palam facere veröffentlichen
palatha (*griech.*) Fruchtmus, Marmelade
palatim *Adv.* allenthalben
palatinus zum palatium gehörig, fürstlich, königlich; Hofbeamter, Pfalzgraf; Paladin, Held; p. comes Pfalzgraf; palatini ministri Palastgesinde; palatina Pfalz; palatinae principatus Pfalzgrafschaft
palatium Residenz, Hof des Königs, Kaiserpfalz; Palast; comes palatii Pfalzgraf; praefectus palatii Hausmeier; palatia coeli Jerusalem; viva palatia = ewiges Leben
palatum Gaumen, Mund; Geschmack; palato tacito premere mit schweigendem Munde verschließen = schweigen
paldones = faldones
palea Spreu, Stroh; Getreide
paleare = palliare
palefredus; palefridus = palafredus
palaestra (*griech.*) Ringschule; Übung
palaestrare in der Schule arbeiten
paliurus (*griech.*) Hagedorn
palla 1. Reichsapfel; 2. ein weißes Leinentüchlein, mit dem der Kelch bei der Messe bedeckt wird
pallēre blaß, bleich sein
palliare umhüllen, verdecken, verbergen, bemänteln; zum Rock machen; äußerlich zur Schau tragen; mit dem Pallium schmücken, als Erzbischof einkleiden; palliatus mit dem Pallium, mit Seide bekleidet; palliatus ordo = die Mönche

palliatio Bemäntelung, Vorwand
palliger Palliumträger = Erzbischof
pallingus Pfahl, Stock, Knüttel
palliolum feines, weißes Leinentuch; = pallium
pallium Tuch, Stoff, Mantel, Obergewand; Pallium (Abzeichen des Bischofs); Vorhang; Decke, Bettuch, Matratze; *Plur.* Gepäck
pallor blasse Farbe, Blässe, Bleichsucht
palma Hand; Palme, Sieg, Ruhm; palmam parĕre um den Sieg ringen; in palmis am Palmsonntage
palmatus mit Palmen geschmückt; der Pilger, der glücklich aus dem Heiligen Lande heimkehrt
palmes, itis Rebschoß, Weinstock; Rebe; Zweig
palmitare keimen
palmula die flache Hand; Ruderschaufel, Ruder
palpabilis berührbar, betastbar
palpanista Schmeichler
palpare antasten; streicheln; freundlich stimmen, schmeicheln, liebkosen
palpebra Augenlid
palpitare zucken, zittern, zusammenfahren; = palpare
palpo, onis Schmeichler
paludamentum weites Obergewand, Mantel; fürstliches Gewand
palumbes, is; **palumbis** Holztaube
1. **palus** Pfahl
2. **palus,** udis Sumpf; Teich, Weiher
sibi **pambizare** sich freuen
Pamphilus Name eines Liebhabers bei Terenz; „typischer Name für einen leichtsinnigen und verliebten jungen Mann"
pampineus von Weinlaub; pampineae comae Laub der Reben, Weinlaub
pampinus Weinranke, Weinlaub
pandare pfänden
pandectes, ae (*griech.*) der alles in sich fassende (enthaltende)
pandĕre ausbreiten; verkünden
pandox Bummler, Herumtreiber
pangĕre zusammenfügen; verfertigen, abfassen, dichten, besingen; erschallen lassen, singen
panicium = panicum Fenchelhirse
panifica Brotbäckerei
panificare Brot bereiten
panificus = paniceus aus Brot gemacht
panigum = panicum
panirium = pannerium
panis Brot, Brotfrucht; p. lunatus Kipfel; panis missi Botenbrot; panem quaerĕre betteln gehen; p. angelicus Himmelsbrot; Manna; Abendmahlsbrot
pannerium Banner, Panier
pannicida Gewandschneider
panniciosus zerlumpt
panniculus Tuchlappen, Lumpen, Fetzen; Windel
pannifer Kuttenträger, Mönch
pannosus zerlumpt, in Lumpen gehüllt
pannuceus; pannucius zerlumpt; pannucia, orum Lumpen
pannulus Lumpen
pannus Lappen, Windel, Schurz; Leinen, Tuch; Kleid, Mönchskutte
pantes (*griech.*) alle
panthema = anathema
panthera (*griech.*) Panther
pantocrator (*griech.*) der Allmächtige
papa Vater; Bischof, Papst
papalis bischöflich, päpstlich, päpstlich gesinnt
papare = pappare
papas, ae (*griech.*) = papa
papatus, us Papsttum
papaver, eris Mohn
papae *Interj.* (*griech.*) potztausend!
papellardus Heuchler, Schmeichler
papilio Schmetterling; Zelt, Pavillon
papilla Zitze, Brust
papyrio Papyrusgeröhr, Röhricht
papista Anhänger des Papstes
papisticus päpstlich
pappa Kinderbrei
pappare pappen, essen, verschlingen, einlöffeln
paptismus = baptismus

papula Blatter, Bläschen; Pestbeule
par, paris gleich, angemessen, geeignet, richtig, gerade (Zahl); Genosse, Standesgenosse, Ehegatte, Partner; Abbild; absque pare ohnegleichen; *Plur.* paria Paar; pares Franciae die Großwürdenträger Frankreichs
parabola (*griech.*) Gleichnis, Parabel; Rede, Wort; Zustimmung, Erlaubnis
parabolisare schönreden
parakinumenus (*griech.*) Oberkämmerer, Oberkammerherr
paracletus; paraclitus (*griech.*) Tröster, Heiliger Geist
paraclisis, is (*griech.*) Trost
paradigma, atis (*griech.*) Beispiel
paradisiacus paradiesisch
paradisus(*pers.-griech.*) Tiergarten, Park; Paradies, Wohnsitz der Seligen, Himmel; die Säulenhalle vor der Peterskirche in Rom; Vorhalle einer Kirche, Vestibül
paradoxa, orum (*griech.*) Wunder
parafernalia=paraphernalia, ium (*griech.*) nicht zur Mitgift Gehörendes, Brautgeschenke
paraphonista Vorsänger, Sänger
paraphrasis (*griech.*) Kommentar
parafredus = paraveredus
paralysis (*griech.*) Lähmung der Glieder, Krampf, Schlagfluß; morbus p. Gicht
paralyticus (*griech.*) gelähmt, auf Lähmung beruhend
parallelus (*griech.*) parallel
paramentum Zierstück, (kirchl.) Schmuckgegenstand, Kirchenschmuck, Altargerät
paranymphus (*griech.*) Brautführer; der neben dem Könige stehende Diener; (*sc.* Mariae) = Erzengel Gabriel
parapsis = paropsis
parare schmücken; sich anschicken, sich vorbereiten
parasceue (*griech.*) Zurüstung; Rüsttag; dies parasceues = Karfreitag
paratella Sauerampfer
parathalassitis (*mgriech.*) *wohl* = Admiral
parator Schöpfer (*mhd.* macher); Schneider, Gewandkünstler
paratura Zubereitung, Ausrüstung, Mobiliar; kirchl. Gewänder, kirchliche Schmuckgegenstände
paratus bereit; bar
paraveredus (*frz.* palefroi) Beipferd, Vorspann; Reitpferd, Damenpferd
parcĕre alicui, de aliquo sparen, schonen; Rücksicht nehmen, sich hüten; verzeihen, begnadigen; p. irae sich in seinem Zorn mäßigen
parcitas Schonung; Sparsamkeit, Knauserei; Unfreundlichkeit; Geiz, Habgier
parcus sparsam, mäßig, geizig, knickerig; schonend, gnädig
parduna Klette
pardus (*griech.*) Panther, Leopard
paroecia (*griech.*) Pfarrgemeinde, Kirchspiel, Parochie, Diözese
parens Blutsverwandter, Angehöriger; parentes Eltern; Vorfahren
parentare die Seelenmesse lesen
parentatio Totenfeier, Seelenmesse
parentatus von guter Verwandtschaft, aus großer Familie
parentela Verwandtschaft, Abstammung; Heirat
parentelus elterlich
parenthesis (*griech.*) Zwischensatz
parēre erscheinen; gehorchen
parientia Gehorsam
paries, etis Wand, Mauer; Geländer
parilis gleich, gleichförmig; ebensoviel; p. lanx Schwesterschüssel; pariles ursi Bärenpaar (R.)
parisyllaba, orum Verse von gleicher Silbenzahl (D.)
pariter *Adv.* zugleich, zusammen, miteinander; p. et zugleich auch
parix Meise
parlatorium Gesprächsraum im Kloster
parma (*griech.*) ein kleiner runder Schild
paro, onis Barke
parochia = paroecia
parochianus; parrochianus Pfarrkind
parochus (*griech.*) Pfarrer
paropsis, idis (*griech.*) Schüssel

parricus = parcus Pferch, Wildgehege; Kornspeicher
pars Teil; Seite, Abschnitt; Partei; p. extrema Nachhut; partes, ium Gegend, Landstrich; a, ex parte von seiten, im Namen; ex parte non modica zu einem nicht geringen Teile; per partes in Auswahl; pro parte zum Teil; in partem cedere beiseite schleichen
parsimonia Sparsamkeit; Fasten
partialis, is Anhänger einer Partei
partialitas Partei, Parteinahme
partica Rute (Längenmaß); Vogelstange (im Bauer)
participare teilnehmen; mitteilen; *Pass.* participari alicui verkehren mit, teilhaben an, teilhaftig werden
participatio Mitteilung; Anschluß, Gemeinschaft; Teilnahme
particula Teilchen; Teil
partificare teilen
partire; partiri teilen; partiri cum aliquo jem. mitteilen, sich mit jem. teilen
parturire zur Welt bringen; Mutter werden
1. **partus** erworben; zubereitet, bereitstehend; p. mori bereit zu sterben
2. **partus,** us Gebären, Geburt; Leibesfrucht; solvi in partum sich blütentreibend erschließen
parum *Adv.* etwas, wenig, ein Weilchen; *Subst.* die geringe Habe, Kleinigkeit
parumper *Adv.* etwas, kurz, ein wenig
parvipendĕre geringschätzen, mißachten
parvitas Kleinheit, Wenigkeit; geringe Anzahl
parvulus klein; selten; Kind
parvus (*Superl.* parvissimus) klein; parvi = wenige
pasca = pascha
pascĕre weiden lassen, ernähren
pascha (*hebr.*) Osterfest, Ostern; Osterlamm; in octavis paschae am Sonntag nach Ostern; p. festivum Festmahl
paschalis österlich, Oster-; agnus, victima p. Osterlamm = Christus
pascua (*sc.* terra) = pascuum Weide
pascualis auf die Weide gehend
pascuarium Weidezins, Hutgeld
passagium Furt; Fähre, Überfahrt; Kreuzfahrt; Abgabe
passatus vergangen
passer, eris Sperling
passibilis der Empfindung fähig, leiden könnend
passim *Adv.* fortwährend, langsam; nach allen Seiten; ohne Unterschied
passio Leiden, Schwäche; Leidensgeschichte (Christi); p. dominica Passion
passionale Buch mit Märtyrergeschichten
passivus leidend
passum (*sc.* vinum) Wein
pasta (*griech.*) Klumpen; Teig; „Gericht von gemischten und eingebrockten Speisen"
pastellus = pastillus Kügelchen (aus Mehl); Pille; Pastete
pastinaca Pastinak (Gemüse und Viehfutter)
pastinare (einen Weinberg) umgraben
pastophorium (*griech.*) Kapelle; Vorhalle einer Kirche
pastor Hirt; Fuhrknecht; Seelsorger, Bischof
pastoralis seelsorgerisch, geistlich
pastorella Hirtin
1. **pastus** gemästet
2. **pastus,** us (*auch* i) Weiden; Weide, Futter, Mahl; Unmäßigkeit im Essen
patefacĕre öffnen, offen halten, an den Tag legen, beweisen
patella Schüssel, Pfanne, Salzpfanne
patena (*griech.*) Kelch-, Oblatenteller
patenter *Adv.* offen, offenbar
pater Vater, Taufpate; Ehrenname geistlicher Personen; patres Vorfahren, Kirchenväter
patera Schale
paterellus; patherellus = petrarium
paternitas Vaterschaft, Vaterwürde, Vaterliebe
paternoster (*indekl.*) das Vaterunser, der Rosenkranz
patescĕre sich öffnen; öffnen
pathicus (*griech.*) unzüchtig
pati *oft* = den Märtyrertod erleiden

patibulum Block, Halsblock, Marterholz, Galgen, Querholz des Kreuzes, Kreuz
patina Schüssel
patrare durchsetzen, vollbringen, herstellen, verschaffen
patratus, us Einwirkung
patria Vaterland; Erde, Land, Gegend, Welt; Verwaltungsbezirk, Grafschaft
patrianus Gaugenosse
patriarcha (*griech.*) Stammesoberhaupt, Erzvater, Patriarch
patriarchalis zum Patriarchen gehörig
patriarchatus, us Patriarchat
patriare heimkehren
patriciare die Würde des patricius erteilen
patricius Schirmherr, Stellvertreter; hoher Ehrentitel seit Konstantin dem Großen
patrimọnium Vatergut, Erbgut, Eigentum; p. Petri Kirchenstaat
patrinus Taufpate
patriota Landsmann
patrissare = patrizare (*griech.*) dem Vater nacharten, den Vater spielen
patrius väterlich; vaterländisch; heimatlich; patrii coloni Landsleute; patrium Vatererbe, Vermögen
patrocinari alicui beschützen
patrocinium Schutz; Reliquie
patronisare beschützen, beschirmen
patronus Schutzherr; Eheherr, Gatte; Advokat an den Gerichtshöfen der Kurie; Schutzheiliger; = Christus
patruelis Neffe (Bruderssohn), Vetter
patruus Oheim; Vetter, Vetterssohn
patulus offenstehend, ringsum offen; weit, breit; patulum fieri geöffnet werden
pauciores die Minderheit
paucissimi sehr wenige
paucula, orum ein paar Worte
paulatim *Adv.* allmâhlich; langsam, gemächlich, zögernd
paulisper *Adv.* ein wenig, ein Weilchen
paulo minus *Adv.* beinahe, fast; ziemlich klein
pauper arm, ärmlich; politisch rechtlos; dumm
pauperculus sehr arm, armselig
paupertas Armut; Schuldknechtschaft
pausa (*griech.*) Pause, Ruhe, Ende
pausanae, arum Waffenstillstand
pausare eine Pause machen, ausruhen, ruhen, schlafen; verweilen
pausatio Innehalten; Aufenthalt; Grab; p. Mạriae Marias Tod = 15. August
pauxillum *Adv.* ganz wenig, ein klein wenig
pavagium Pflastergeld
pavefacĕre erschrecken
pavimentum steinerner Fußboden, Estrich
pavionum Zelt
pavitare in Angst sein, heftig zittern; fieberkrank sein; hastig eilen (R.)
pavonarius Fasanenwärter, -wächter
pavor Furcht, Entsetzen; Gegenstand der Furcht
pavorosus furchtsam
pavus = pavo Pfau
1. **pax,** pacis Friede, Waffenruhe; Friedenskuß; p. castrensis Burgfriede; extra pacem ponere für friedlos erklären; pacem dare et accipere gegenseitig Urfehde schwören
2. **pax** *Adv.* kurz und gut, nur
panis **paximacius;** paximacium (*griech.*) Schiffszwieback
peccamen Fehler, Sünde
peccarius; peccarium = bicarium Kelch, Becher
peccator Sünder
peccatum Sünde, Sündenstrafe, Sündopfer; p. mortale Todsünde
pecharius „Becherer", Trinker
pecia; petia Stück; Bissen
pecten, inis Kamm; Scholle (Seefisch); p. ferreum ein Marterwerkzeug
pectinus lanina Wollkamm, Weberdistel
pectorale Brustkreuz (des Bischofs und Abtes)
pectus, oris Brust; Herz, Seele, Geist, Gesinnung, Stimmung; arens pectore sehr durstig; pectore constanti zuversichtlich; de pectore promĕre (aus der Brust) erschallen lassen

pectusculum Brüstchen; Bruststück (vom Opfertier)
res **pecuaria** Viehzucht
pecuinus tierisch, viehisch
peculiaris eigen, erbeigen; besonder; peculiare Privateigentum; genus peculiare das auserwählte Volk, „das Volk des Eigentums“ (5. Mos. 7, 6); vinum peculiare gewöhnlicher, Landwein (Cap.)
peculium Vermögen; Vieh *als Zahlungsmittel;* Fleisch
pecultus unehrenhaft, schamlos
pecuniosus voll Geld, wohlbemittelt
pedagium Zoll, Wegegeld
paedagogium Schule
paedagogus (*griech.*) Führer, Erzieher, Lehrer
pedaneus = pedalis zum Fuß gehörig; einen Fuß lang, breit usw.; pedaneum Fußschemel
pedare gehen; = pedĕre
pedaticum = pedagium
paedeia (*griech.*) Bildung, Erziehung
pedellus = bedellus Büttel
pedĕre furzen
pedes, itis Bauer im Schachspiel
pedetemptim *Adv.* Schritt für Schritt
pedica Fußschlinge, Fessel; Zehe
pedicare Knaben schänden
pediculus Läuschen, Laus
pedinus Bauer (im Schachspiel)
pedire = pedĕre
pedissequa Kammerfrau
peditare kommen
peditemptivus = pedetemptivus vorsichtig; unverzüglich
peditura = pedatura Raum von der Ausdehnung eines Fußes
pedo, onis Fußsoldat; Bauer im Schachspiel
peducosus = pedicosus voller Läuse
pedules, ium Strümpfe, Gamaschen
pedum Hirtenstab
pedunculus = pediculus
Pegasea lora Zügel, mit denen Pegasus gebändigt wurde (CB); dea Pegasea die Göttin der Wissenschaft (W. v. Ch.)
peierare falsch schwören, lügen
peyon = paeon, onis (*griech.*) Arzt
peiorare schlechter machen, verschlimmern; sich verschlimmern
pelagus (*griech.*) Meer; p. orientale Ostsee
pelicanus (*griech.*) Pelikan; Kropfgans; pius p. Pelikan der Liebe = Christus
pellex = pelex, icis Kebsweib
pelliceus; pellicius aus Fellen gemacht
pellicĕre verlocken, verführen
pellicia; pellicium Pelzwerk, Pelzrock, Pelzmantel; p. vervicinium Schafpelz
pellicula kleines Fell; Haut; *Plur.* Pelzverzierung
pellifex Kürschner
pelliparius Kürschner, Gerber
pellura Pelzwerk
pelvis Schüssel, Bütte, Kübel
poena Strafe, Buße; Qual, Mühe, Schwierigkeit; Folter; *Plur.* Folterqualen, Höllenstrafen
poenalis peinlich, qualvoll, voller Pein, schwierig; sträflich
penates, ium Haus
poenator Peiniger; Folterknecht
1. **pendĕre** aufhängen; abwägen; bezahlen; verbüßen; parvi p. geringschätzen
2. **pendĕre** ex abhängen von
pendiosus kostbar
pendulus herabhangend; schwankend
penes *Präp. m. Akk.* bei, nahe bei, in; gemäß
penetrabilis durchdringend, schneidend
penetral, alis das innere Gemach, das Innere; penetralia, ium Innere, Herz
penetrare hineindringen, durchdringen
penicillus Pinsel
peniculus Bürste; Taktstock
paenitenter *Adv.* reuevoll
poenitentia = paenitentia Reue, Buße; Bußübung; poenitentiam agere Buße tun; poenitentiam dare Buße auferlegen
psalmi **poenitentiales** Bußpsalmen
poenitentiarius Beichtvater
paenitēre; paenitēri (*auch persönlich gebraucht*) Reue empfinden, bereuen, büßen; paenitens Büßer

paenitudo, inis Reue, Buße; Erbarmen
penitus *Adv.* (*Komp.* penitius) im Innersten; völlig, ganz, durchaus; von weitem; p. *m. Akk.* = penes
pennatus geflügelt, befiedert
pennellus Windfahne, Fahne
pennescĕre Federn bekommen
penniger befiedert
pennula kleiner Flügel; Zweiglein
poenosus schmerzhaft
pensa Waage
pensare wägen; erwägen, beurteilen; rechnen, sinnen, meinen; entschädigen; p. de denken an
pensio Wägen; Zinszahlung
pensum Tagesarbeit, Pensum
pensus wiegend; erwogen; überdacht; nihil pensi keine Hoffnung; nihil pensi habere gleichgültig sein, kein Gewicht legen
pentacontarchus (*griech.*) Hauptmann
pentapolis (*griech.*) Fünfstadt
pentarchus (*griech.*) Unterbefehlshaber
pentasyllabus fünfsilbig; Fünfsilbler
pentathlum (*griech.*) Fünfkampf
pentecoste, es (*griech.* der 50. Tag) Pfingsten
penu = penus, us
paenula Reisemantel
penuria Mangel, Not, Elend, „Todespein"; p. in Mangel an
penus, us u. oris Speisevorrat, Speisekammer; penoris custos Kellermeister; p. episcopalis die Vorratskammer des Bischofs, die mensa episcopalis
peplus; peplum (*griech.*) Gewand, ein weites Oberkleid; Schleier, Kopftuch
pepo, onis (*griech.*) Pfebe (eine Art Melonen)
per *in Zusammensetzungen* = gründlich, völlig, sehr; *oft* = prae ...
per *Präp. m. Akk.* (*selten Abl.*) durch; über — hin, während; mittels, kraft; von — wegen, um — willen; *oft auch*: = *abl. instr*: per verba durch Worte; = von *beim Passiv* (handelnde Person); = an (*limitativ*): per membra paratus an allen Gliedern gerüstet; = unter (*symbolisch*): per pisces intellego unter „Fischen" verstehe ich ...; = wegen: per culpam wegen der Schuld; per hoc darum; per quod damit; = nach, im Sinne von, in (*zur Angabe des Prinzips*): per hoc numero nach dieser Zahl; per visum sichtbar; per gyrum im Kreise; per partes in Stücke; per diem täglich; per singulos für jeden, einzeln
pera (*griech.*) Ranzen, Quersack, Tasche
peragĕre durchführen, vollenden, leisten; p. vota Andacht verrichten; p. ut dahin bringen, daß
peragrare durchwandern, durchziehen; durchsuchen
perantea = antea *Adv.* vorher, früher
perapertus ganz offen
peraptare anfertigen
perarícius = pirarius Birnbaum (Cap.)
perca (*griech.*) Barsch (ein Fisch)
percantare durch Gesänge bezaubern
percelebrare anhäufen; zu Ende feiern
percellĕre zu Boden werfen, umstoßen; perculsus durchbohrt
percerte *Adv.* ganz sicher
percipĕre in Besitz nehmen; erfassen, erfahren, vernehmen
percitus sehr eilig
percolare durchseihen
percommodus überaus angenehm
percontari fragen, sich erkundigen; *auch passivisch gebraucht*
percursor Durchgänger (v. Pferd gesagt)
percussor Totschläger, Bandit; Münzer
percussura Schlag, Stich, Stoß; Mal, Wundmal; Ausschlag
percutĕre durchstoßen, durchbohren, zerhauen; niederwerfen, abschütteln; (Münzen) prägen
perdĕre vernichten; ins Unglück stürzen; verschwenden, vertun; verlieren; zum Tode verurteilen
perdiscĕre in Erfahrung bringen
perditio Verderben, Untergang, Zerstörung, Verwüstung; Verlust; Sündenschuld, Üppigkeit; Höllenstrafe, Hölle; *Plur.* Elend

perditus ruchlos, verderbt; perditum Sünde
perdius den Tag über
perdix (*griech.*) Rebhuhn
perdonare verzeihen; einräumen
perdurare aushalten, sich halten; ausreichen; = esse; abhärten
perefridus = paraveredus
peregre *Adv.* in der Fremde, von Land zu Land, als Pilger
peregrinare = peregrinari in der Ferne, Fremde weilen; wallfahren, pilgern
peregrinatio Aufenthalt in der Fremde, Wanderschaft, Pilgerschaft, Pilgerfahrt, Kreuzfahrt; Übersiedlung
peregrinus fremd, ausländisch; umherschweifend; Pilger, Kreuzfahrer; pericula peregrina die Gefahren auf der peregrinatio
peremptor Vernichter
perendinare bleiben
perennare viele Jahre fortdauern
perennis das ganze Jahr dauernd, unvergänglich; *Adv.* perenne; perenniter immer, für immer
perfectio Vollendung; Vollkommenheit
perfectus vollendet, reif; p. numerus Zahl, die gleich der Summe aller ihrer Teilfaktoren ist (Hr.); perfectum Vollendung
perferre über sich ergehen lassen, dulden
perfidia Ungläubigkeit; Heidentum
perfidus treulos; ungläubig; schädlich
perfinire beendigen
perflare hindurchblasen; tubam p. ins Horn stoßen
perforare durchlöchern, durchbohren
perfurĕre weiter wüten
perfusus überströmt
pergamenum Pergament
pergĕre fortsetzen, weiterziehen, vorrücken; wandern, gehen; sich aufmachen, davongehen; ablaufen
pergraecari in Saus und Braus leben
perhennare; perhennari = perennare
perhenniter = perenniter
perhibĕre darbieten; sagen, nennen, behaupten
perhumanus sehr leutselig, sehr höflich
peribolus (*griech.*) Umgang, der Flur
periclitari einen Versuch machen; in Todesgefahr kommen, gefährdet sein; ausgleiten
periculum Versuch, Probe; Gefahr, Untergang, Tod; p. facĕre alicuius rei etwas preisgeben, aufs Spiel setzen
perierare = peierare
perigĕre dahin bringen; natalem domini celebre p. das Weihnachtsfest feiern
periermenia = perihermenia (*griech.*) Umdeutung
perindie *Adv.* tags vorher (O. v. F.)
periniurius ganz ungerecht
peripsema, atis (*griech.*) Unreinigkeit, Unrat
perire verlorengehen, Schaden erleiden
periscelis, idis (*griech.*) Schenkelspange, Kniespange
periurare = peierare
periurium Meineid
perivolium (*griech.*) Tiergarten, Brühl
perizoma, atis (*griech.*) Gürtel; Schürze
perlepido *Adv.* sehr hübsch
perlucĕre hell leuchten
perlustrare überblicken, bescheinen; sühnen
perlustrium Tageshelle
permagnificus sehr prächtig
permanendus dauernd
permeabilis gangbar, überschreitbar
permissio Anheimgeben, Erlaubnis; Fügung, Schickung
permittĕre; permitti erlauben; *Pass. auch persönlich*: permittor mir wird gestattet
perna Hinterschinken
1. **perniger** ganz schwarz
2. **perniger** Schinkenträger
pernimius allzu groß; *Adv.* pernimium sehr; gar sehr viel
pernix ausdauernd; behend, hurtig
pernocĕre sehr schaden
pernoctare; pernoctari übernachten; über Nacht ruhen
pernox, octis die Nacht hindurch wachend
pero, onis Stiefel
perorare zu Ende sprechen

perorridus = perhorridus ganz starrend
perosus voll Haß; überdrüssig; sehr gehaßt
perparum *Adv.* sehr wenig
perpavidus äußerst verzagt, feige
perpendĕre genau abwägen, erwägen; erproben
perpendiculum Senkblei; Aufschub
perperam *Adv.* falsch, fälschlich, hinterlistig
perpes, etis beständig, ununterbrochen, ewig
perpeterare = perpetrare
perpetiare sich überwinden können
perpetim *Adv.* ununterbrochen, immer
perpetrare durchsetzen; vollbringen, ausführen, verüben
perpetuitas vitae das ewige Leben
perpetualis immerwährend, ewig; allgemein = katholisch
perpetuare dauernd belassen
mihi **perplacidum** est es gefällt mir gut
perplexitas Verworrenheit, Verwicklung
perplexus verflochten; verworren; tiefsinnig
perplures sehr viele; die meisten
ut **perprimo** = ut primum
perprius = prius *Adv.* früher
perquirĕre genau erforschen; energisch fordern
perreria Schleuderstein
perriparius Rinderhirt (?)
perscindĕre zerreißen
perscopare ausfegen mit dem Besen
perscribĕre zu Ende schreiben (Hr.)
perscrutari durchforschen
perscultare aufmerksam (bis zu Ende) anhören
persecutio Aufeinanderfolge; Verfolgung, Leiden
persenilis hochbetagt
persentire durchschauen
persequax verfolgungssüchtig
persequĕre = persequi verfolgen
persequi verfolgen, sich rächen; verfolgt werden
persero *Adv.* sehr spät; allzu spät
perserpĕre darüberkriechen; beschleichen
persicarius Pfirsichbaum
persicus (*griech.*) Pfirsichbaum; persicum Pfirsich
persitire sehr dürsten
persona Maske, Figur, Person; Stellung, Rang, Würde, geistliche Würde; „Mädel“; tres mille personae 3000 Mann; personam non accipere kein Ansehen der Person kennen; personam gerere die Rolle spielen; ex persona alicuius in jem. Namen; in p. alicuius betreffs
personalis persönlich
personare laut erschallen lassen; hell anstimmen, blasen, spielen
1. **personatus** vollfrei
2. **personatus,** us Würdigkeit; Persönlichkeit; höheres Amt im Kapitel; Gestalt
perspatiari einherspazieren
perspicax scharfsichtig, scharfsinnig, einsichtsvoll, auffassungsfähig; scharf und durchdringend
perstare feststehen bleiben; ausharren; = esse
perstrepare = perstrepĕre großen Lärm machen; schreien, laut singen; preisen
perstringĕre fest zusammenziehen; kurz erzählen
persuadĕre raten; reden
persuadi = persuadēri
persuabilis leicht überzeugend, einschmeichelnd
persuasio Überredung; Meinung
persuasorie *Adv.* zuratend
persuasus aufgehetzt
pertemptare; pertentare erproben, versuchen; erforschen
pertendĕre durchsetzen
perterebrare durchbohren, in etwas ein Loch bohren
pertaesus überdrüssig
pertica Stange, langer Stock; Rute (Feldmaß)
perticare an einer Stange aufhängen, perticatus mit Stangen, Gittern versehen

pertinēre sich erstrecken; gehören zu; zufallen; pertinet ad me de aliqua re etwas geht mich an, kümmert mich
pertinentia Vorwerk
pertingĕre überall berühren; sich hinerstrecken, gelangen
pertractare überall befühlen; überlegen, durchdenken
pertransire hindurchziehen, kreuzen, durchdringen; weiterziehen, seines Weges gehen; p. oras bis an die Küsten vordringen
pertrarium = petrarium
pertremiscĕre erzittern, erbeben
perungĕre salben; mastice perunctus mit Harz bestrichen = geglättet (R.)
pertrusus (*v.* pertrudĕre) ganz durchlöchert
perurgēre sehr drängen, hart zusetzen
pervadĕre durchdringen; angreifen; sich in Besitz setzen
pervasus, us Angriff
perventio Hinkommen; Besuch
perversus verkehrt, böse, schurkisch; höllisch
pervertĕre um u. um kehren; umstimmen; p. iudicium ein unrichtiges Urteil fällen
pervicax beharrlich, hartnäckig
pervigil, ilis stets wachsam; der treue Wächter
pervincĕre völlig besiegen, überwinden
pes, pedis Fuß, Pranke; Fundament, Grund, Grundlage; Bauer im Schachspiel; pedem dare = Hilfe bringen
pessimare ganz verderben
pessulus Riegel
pessum *Adv.* zu Boden, zugrunde
pessundare = pessum dare vernichten, umbringen; vergeuden
pesticosus die Pest in sich tragend, verpestet
pesticus = pesticosus
pestificus verderblich
pestis Pest; Verberben, Untergang, Qual; p. famis Hungersnot
peta Torf
petacium = pittacium
petĕre beten; p. aliquem bitten, werben um, suchen nach, jem. belangen; p. alicui aliquid jem. bitten um etwas
petitio Bitte, Gesuch, Verlangen; Aufforderung, Klage; Urkunde
petorritum (*kelt.*) Kalesche
petra (*griech.*) Stein, Felsen
petrarius für Steine bestimmt; petrarium Steinwurfmaschine
petrosilinum = petroselinon (*griech.*) Petersilie
petrinus aus Stein
petrosus felsig, steinig; petrosa (*sc.* loca) felsige Gegend, steiniger Boden
petulantia Leichtfertigkeit, Keckheit
petulcus mutwillig, ausgelassen
pexus (*v.* pectere kämmen) schmuck
piaclum; piaculum Sühneopfer, Sühne; böse Tat, Sünde
piacularis Sühne heischend
picta (*aus* pictavina) kleine (poitevinische) Münze
picosus elsterartig (?)
picturare malen; sticken
pictus ausgemalt, bunt, zierlich
picula Pech
pietantia Verbesserung d. Mönchskost
pietas, atis Frömmigkeit; Liebe, Milde, Güte, Gnade; Mitleid; Almosen; p. vestra *als Anrede*: Euer Gnaden; p. vestra est es ist sehr gütig von euch
vas **pigatum** ausgepichtes Faß
pigellus träge
pigēre verdrießen; *auch persönlich gebraucht:* verdrießlich sein
pigmentare färben, schminken; würzen; einbalsamieren; pocula pigmentata Becher voll Würzwein
pigmentarium Gewürzschrank, -raum
pigmentarius Salbenhändler, Spezereienhändler; cella pigmentaria Schmuckkästchen
pigmentum Farbe, Farbstoff; Gewürz, gewürzter Wein (Trank aus Honig, Wein und Gewürzen), Kräutertunke, Kräutersaft; Schmuck
pygmaeus zwergenhaft, zwergähnlich; Pygmaei, orum (*griech.*) Pygmäen, Däumlinge

pignorare = pignerare verpfänden, pfänden; pignerari ad sich verpflichten
pignoraticius = pigneraticius das Pfand betreffend; verpfändet
pignus, oris u. eris Pfand; Unterpfand der Liebe = Kind; *Plur.* Reliquien
pigredo, inis Trägheit
pigritari lässig sein; zögern, bummeln; non p. sich etwas nicht verdrießen lassen
1. **pĭla** Ball; = pillula Pille
2. **pīla** Mörser; Mörserkeule
3. **pīla** Pfeiler; Wirtshaus
1. **pilare,** is; pilarius Pfeiler
2. **pilare** rupfen, plündern
pileator Hutmacher
pilentum Kutsche
pileum; pileus Hut, Kappe, Mütze
pilorium Halseisen; Schandpfahl, Pranger
pilosus behaart, haarig; Waldschrat, Kobold
piltrum = filtrum
pilula Ball; Ballspiel; Kügelchen, Pille
pilus Haar, Härchen
pincerna (*griech.*) Mundschenk, Schenk
pincernare kredenzen
pincillus = penicillus
pinguedo, inis Fettigkeit, Fruchtbarkeit, Fett; Salbung
pinguis fett, feist, fruchtbar, reich, stolz, plump
pinnaculum Zinne; Giebel, Dach; Turm
pinnula die kleine Feder, Flaumfeder
pinsare; pinsĕre zerstoßen, zerstampfen, keltern; backen
piper, eris Pfeffer; Gewürz
piperare pfeffern, würzen
pipilare schreien (vom Raubvogel)
pyr (*griech.*) Feuer
pyra Scheiterhaufen; Haufe
pyrale Warmraum, der (heizbare) Kapitelraum
pyramis, idis (*griech.*) Pyramide; (spitzer) Hut
piraterium (*griech.*) Seeräuberzug, Raubfahrt
piratica (*griech.*) Seeräuberei
piratium Birnenwein
piratura Seeräuberei; Brot in besonderer Form (R.)
pyretium = birretum
piretum Birnmost
pyropus (*griech.*) eine Metallmischung, etwa Goldbronze
pirum Birne; p. lapidosum Holzbirne
pisa = pisum Erbse
pisale, is = pensale Tagesarbeitsraum der leibeigenen Frauen; das halbunterirdische Wärmehaus; jeder heizbare Raum
piscamen Fischfang, Fang
piscarium; piscaria Fischmarkt; Fischgrund
piscarius Fischhändler
piscatio Fischen, Fischerei
piscator Fischer; = Petrus; annulus piscatoris Siegelring des Papstes
piscatura das Fischen, fischreiche Stelle
piscatus, us Fischfang; Fische
pisciculus Fischchen, Fisch
piscina Fischteich, Weiher, Teich; Schlammgrube
piscinula kleiner Teich
pistare stampfen; backen
pistatio Backen
pisticus (*griech.*) echt, unverfälscht
1. **pistillum** Reibekeule
2. **pistillum** kleiner Kuchen
pistrinum Bäckerei; Backofen
pistus (*v.* pinsĕre) gestampft
pisus = pisum (*griech.*) Erbse
pytho, onis (*griech.*) Python; Wahrsagegeist, Wahrsager
pythonicus (*griech.*) wahrsagerisch, zauberisch
pythonissa (*griech.*) Wahrsagerin
pittacium (*griech.*) Läppchen, Fleck (auf dem Schuh), Pflaster; Brief, Urkunde
pius fromm; gütig, gnädig, mitleidig; gerecht
pix, picis Pech
pyxides = pyxis, idis (*griech.*) Büchse; Kasse
placabilis versöhnlich; wohlgefällig, gefällig

placare beschwichtigen, versöhnen; sich versöhnen; p. vultum reginae Gnade finden vor der Königin; placatus gnädig

placenta Kuchen; p. commenta kunstvoll zubereiteter Kuchen (LB.)

placenter = placide *Adv.*

placentula kleines Gebäck

placidus still, sanft, friedlich, ruhig; p. omnibus beliebt bei, freundlich zu allen

placitare einig werden; etwas verabreden, beraten, verhandeln

placitus 1. gefallend, angenehm; 2. =placidus

placitum Verhandlung, Versammlung, Gerichtstermin; Beschluß, Übereinkommen, Entschluß, Verfügung; Wunsch; bene p. Wohlgeneigtheit; p. comitiale Grafengericht; p. regis Königsgericht; p. generale Reichstag, Maifeld; ire in p. auf den Entschluß eingehen

placor Wohlgefallen

1. **plaga** (*griech.*) Schlag, Hieb; Wunde; Schmerz, Plage, Niederlage, Verheerung; Tod

2. **plage** Garn, Decke; Gegend, Landschaft, Bezirk, Ort; Nebentonart, die Quinte des Grundtons

plagare schlagen, verwunden

plagiarius Dieb

planare eben machen, ebnen, (das Wachs) glätten

planca Bohle, Brett, Planke

planctus, us laute Trauer, Wehklagen, Totenklage, Klagelied

plane *Adv.* deutlich, ausdrücklich

planeta (*griech.*) Planet; die Kasula, das geschlossene Obergewand des Priesters, Meßgewand

planificare ebnen, eggen

planta Pflanze; Fußsohle; plantis advolvi sich zu Füßen werfen

plantago, inis Wegerich

plantare bepflanzen, pflanzen

plantarium Plantage

planus eben, flach; klar, verständlich

plasma, atis (*griech.*) Gebilde, Geschöpf, Schöpfung

plasmare bilden, schaffen

plastes, ae (*griech.*) Bildner, Plastiker

plastrum = emplastrum

plastus (*griech.*) geschaffen; Geschöpf; p. primus = protoplastus

platea (*griech.*) Straße, öffentlicher Platz; Bevölkerung

platocervus (*griech. u. lat.*) Elch; Damhirsch

platonicus breit

platonior weiser als Plato

platta Platte; Glatze

plaudare = plaudĕre

plaudĕre klatschen, Beifall spenden, loben, preisen; jubeln, sich freuen; p. triumpho triumphieren; p. in aliquem sein Mißfallen äußern

plausibilis lobenswert, anerkennenswert

plausor der singende Tänzer (D.)

plaustrare auf Wagen laden, fahren

plaustrata; plaustratum Wagenladung

plaustrum Wagen

plebanus Pfarrer

plebecula Volk, Pöbel, Gesindel

plebeus; plebeius gemein, niedrig; ärmlich; plebeia multitudo Bauernheer

plebigena von bürgerlicher Herkunft

plebiscitare prozessieren

plebium Verantwortung, Haftung, Bürgschaft, Obhut

plebs, plebis Volk; Gemeinde, die Laien; Heer, Gefolgschaft; p. infra das niedere Volk; p. beata Schar der Seligen

plecta (*griech.*) Seil, Tau

1. **plectĕre** flechten; *Pass.* = complecti umfassen

2. **plectĕre** strafen, büßen; leiden; p. capite enthaupten

plectoricus = plethoricus blutreich

plectrum (*griech.*) Zither, Laute; Fiedelbogen; Gesang; p. linguae Anschlagen der Zunge (FR.)

plectum Schale

plegium Bürgschaft

plemen Riß, Wunde

plenaliter *Adv.* völlig

plenarium Behälter für kirchl. Gegenstände (Reliquien)
plenarius vollständig, eingehend; voll
plenipotens allmächtig; bevollmächtigt
plenitudo, inis Fülle, Menge, Stärke; Vollständigkeit; millenarii p. numeri die Erfüllung des Jahrtausends
plenus *m. Abl. oder* de; *Adv. auch* pleniter voll; abgelaufen; ad plenum völlig; plene scire genau wissen; plenissime dicere vollständig erzählen (R.)
plēre = implēre füllen
plerumque *Adv.* sehr oft
ples = plebs (Liudp.)
pleuresis = pleuritis, idis (griech.) Seitenstechen; Rippenfellentzündung, Brustfellentzündung
plexibilis geflochten; dunkel, unergründlich
plexilis verwickelt
Plias, adis = Pleias (*griech.*) Siebengestirn
plicabilis zusammenklappbar
plicare falten; biegen
pliris (*griech.*) Mittel gegen Herzkrankheiten
plodĕre = plaudĕre
ploratorium Wehklagen; Klagehaus
pluĕre regnen; strömen lassen
pluma Flaumfeder; Rockfutter
plumare rupfen
plumarium opus Federstickerei
plumatia; plumatium Federkissen
plumaticum Federkissen
plumbare aus Blei herstellen; löten
fossa **plumbaricia** Bleigrube
plumbatus bleiern; plumbata Bleikugel; plumbatae, arum = plumbatum Geißel mit Bleikugeln
plumbescĕre zu Blei werden
plumbum Blei; Bleibulle
plumeum Flaumbett
plumula Flaumfederchen
pluralis mehrfach; Inhaber mehrerer Benefizien
pluralitas Vielheit, Mehrzahl
pluraliter *Adv.* an vielen Stellen; vielfältig
plures die Starken; viele; quam plures = quam plurimi, permulti
pluries *Adv.* mehrmals, oftmals
plus *Adv.* mehr (*auch statt* magis); weiter, darüber hinaus; länger, fürderhin; lieber; *zur Umschreibung des Komparativs*: plus fortis = fortior; non plus nicht mehr; plus harpa noch eine Harfe mehr (R.); plus iusto über Gebühr; plus atque minus viel oder wenig
pluvia Regen, Regenguß
pluviale Regenmantel; Chormantel, Rauchmantel
pneuma, atis (*griech.*) Wehen, Blasen, Hauch; der Heilige Geist
pocillator Mundschenk; **Zechgenosse**
poculentum Trank, Getränke
poculum Becher; Trank, Leidenskelch
podager fußkrank, lahm
podagra (*griech.*) Fußgicht, Zipperlein
podagricus an Fußgicht leidend
poderes; poderis, is (*griech.*) langes priesterliches Gewand
podi(s)cus Arschwisch
podismus (*griech.*) Fuß-, Schuhmaß; Gang
poesis (*griech.*) Dichtkunst
poetare; poetari Dichter sein, dichten
poeticus dichterisch; chorus p. Musenchor
poetria (*griech.*) Dichterin; Dichtkunst; Poetik; Gedicht
poire (*griech.*) dichten
polecticum = polyptychum
poledrarius Fohlenwächter, Gestütsbeamter
poledrus; polidrus Fohlen; Pferd
polenta; polentum Gerstengraupen; Grütze, Milchbrei
poletrinus = poledrinus (unbändiges) Fohlen
polia (*griech.*) Schar, Versammlung; Herde; Reichtum
polyandrium; polyandrum (*griech.*) Friedhof
polychronius (*griech.*) lange dauernd, lange lebend
policus = polinus

polyphagus (*griech.*) Vielfraß
polymetare buntfädig machen
polymitarius damasten; Damastweber
polymitus (*griech.*) vielfädig gewirkt, damasten; buntgewirkt
1. **polinus** zum Pol gehörig, himmlisch, überirdisch
2. **polinus** = pullanus Füllen
polypes = pediculus Laus
polypticum = **polyptychum** (*griech.*) Verzeichnis der Besitztümer
polypus (*griech.*) Auswuchs in der Nase, Nasenpolyp
polis (*griech.*) Stadt
polysyllabus (*griech.*) vielsilbig
politor gladiorum Schwertfeger
pollen, inis Mehl
pollēre stark sein, sich auszeichnen, übertreffen, hervorragen, in Herrlichkeit thronen
pollex Daumen
pollicēre; pollicēri versprechen
pollicitamen Versprechen
pollicitare; pollicitari versprechen, verheißen, geloben
pollicitus versprochen
pollinctor = pollictor Leichenwäscher; Leichenbestatter, Totengräber
polluěre besudeln, schänden
pollutio Unkeuschheit, Ehebruch
polus Pol, Himmelsgewölbe, Himmel, der nördliche Sternenhimmel; arx poli Himmelsburg, Himmel
pomarius Apfelbaum
pomaticum; pomatium Apfelwein; Obstwein
pomerium = pomarium Baumgarten, Obstgarten
pompa (*griech.*) Geleit, Prozession; Pracht, Prunk; Hoffart; Gefolgschaft; pompam ferre einen Aufzug veranstalten; cum pompa dicere mit Salbung sprechen
pompare etwas mit Pracht machen; jem. öffentlich an den Pranger stellen
pompaticus prächtig, Aufsehen erregend
pompositas Pracht
pondarium; pondarius Waage
ponderare abwägen; wiegen; se aequaliter p. das Gleichgewicht halten
ponderatio Abwägen; Nachsinnen, Nachdenken
pondo Pfund
pondus, eris Gewicht; Nachdruck; pondere iusto mit dem rechten Ernst
pone 1. *Adv.* hinten, hinterdrein; 2. *Präp.* hinter; nahebei
poněre setzen, legen, belegen, vorsetzen, schenken; machen zu, halten für; rechnen auf; begraben; modum p. ein Maß angeben; animam p. sterben; p. sub hac spe davon erhoffen
pons, pontis Brücke; Türbalken; *Plur.* Bretter; Brückenzoll
pontaticus Brückengeld
ponticus herb, scharf
pontifex Bischof, Erzbischof, Papst; p. maximus, summus Erzbischof, Papst
pontificalis bischöflich, vom Bischof geschenkt; päpstlich; pontificalia, ium Bischofsornat
1. **pontificare** eine Brücke bauen.
2. **pontificare; pontificari** das Bischofsamt bekleiden, Papst sein
pontificatus, us Priestertum; Regierungszeit des Papstes; Papstwürde; Diözese
pontificium Gewalt, Befugnis eines Bischofs
pontificius päpstlich; Anhänger des Papstes
pontificus Brücken bauend
pontus (*griech.*) Tiefe, Meer
popa Opferdiener; Fettheit, Fett; fett
popare = pappare essen
popellus Pöbel; Volk
popina Küche
poples, itis Kniekehle
populabundus verwüstend
populares, ium Landsleute
populatio Bevölkerung; Volksmenge
populatrix Verwüsterin
1. **populatus** bevölkert
2. **populatus,** us Verwüstung
populositas Menge, große Haufe; Volk
populosus volkreich

populus Menge; Volk, Gemeinde; die freien Krieger, der Adel; *Plur.* Menge, Leute, Bevölkerung; p. dei Christenheit
porcaritia Schweinezucht; Schweineherde
porcarius zum Schwein gehörig, Schwein-; Schweinehirt
porcellus Ferkel, Schwein
porcus (*griech.*) Schwein, Eber
porphyrogenitus (*griech.*) im Purpur geboren, Kaisersprößling
porgĕre = porrigĕre; p. Orco zur Hölle schicken
porisma, atis (*griech.*) Öffnung (am menschlichen Körper)
porniogenitus im Ehebruch erzeugt
porrectus ausgedehnt; porrecta, orum Fläche
porrigĕre ausstrecken; darbieten; *Pass.* sich ausdehnen, sich erstrecken; se p. sich heranmachen, sich anschicken
porro *Adv.* ferner, und; nun aber, doch, gleichwohl
porrum; porrus Lauch, Porree
porta Tür; Paß; Torsprengel
portabilis erträglich
portanarius = portarius Pförtner
portare tragen; ertragen
portaticum Torgeld, Hafengeld
portendĕre ankündigen, verkündigen; aufweisen; *Pass.* portendi = protendi sich erstrecken (Helm.)
portentuosus = portentosus unnatürlich, mißgestaltet
porticus, us Säulengang; Gang
portio Teil; Erbteil, Erbschaft
portionuncula = portiuncula Stückchen; kleine Portion
portitor Fährmann; Träger, Überbringer
portuarium = portorium Hafengeld
portus, us Hafen; Fähre; Torgeld, Zoll
pos = post (Hr.)
poscĕre aliquem bitten, beten zu; auf jem. losgehen, erstreben; p. pro bitten für jem.
positio Lage; Aussehen, Gestalt
positura Stellung, Lage; Wohnung
positus *Ersatz für Part. Präs. von* esse

1. **posse** können; leisten, bedeuten
2. **posse** (*indekl. Subst.*) Können, Vermögen, Gewalt, Kraft, Macht, Geschicklichkeit; pro posse suo nach seinem Vermögen

possibilitas Möglichkeit, Fähigkeit, Vermögen, Kraft; iuxta possibilitatem nach besten Kräften
possidĕre in Besitz nehmen, gewinnen
post 1. *Adv.* später, nachher; hinten. — 2. *Präp. m. Akk., selten Abl.* nach, hinter, seit, nächst. — post tergum auf dem Rücken
postabbas, atis der spätere, nachmalige Abt, Nachfolger des Abtes
postcommunio Schlußgebet
posteaquam *Konj.* nachdem; hernach
postergare zurückweisen, verschmähen, hintansetzen, beiseite lassen
posteri, orum Nachkommen
posterior der hintere, letzte; posteriora, um Rückseite, Rücken, Hinterer (podex)
posteritas; posterioritas Spätersein; Nachwelt; Nachkommenschaft
posterula Hinterpförtchen
posthabēre hintansetzen
posthinc *Adv.* = posthac hernach; von nun an, künftig
postilla Randbemerkung zum Bibeltext, Kommentar; Predigtsammlung
postillare Erklärungen über die Evangelien schreiben; erklären, auslegen
postillator Postillenschreiber
postis Pfosten, Haus
postliminium Grenzort; Rückkehr in die Heimat
postmodum *Adv.* = postmodo bald darauf, später
postquam *auch m. Kj.* nachdem; *m. Ind.* wenn
postsequetaneus ständiger Begleiter
postulamen Forderung
postulare fordern; beten
postumus nachgeboren; nach dem Tode folgend; hinterlassen
potaculum Trinkgelage
potagium Verpflegung

potare trinken; tränken; potari *m. Abl.* tränken

potaticus Trinker-

potens Gewalthaber; p. esse = posse

potentare sich bemächtigen

potentatus, us Vermögen, Kraft, Macht, Gewalt; Übermaß

potentialiter *Adv.* kräftig, nach Vermögen; wunderbar, durch göttliche Macht

potesse = posse (LB.)

potestas Herrschaft, Herrschaftsgewalt, Obrigkeit, Majestät; Herrschaftsgebiet, Reich; Machthaber, Podesta (Bürgermeister des ital. Städte im MA.), Fürstlichkeit; p. praefectoria Grafenwürde; p. publica König

potestativus mächtig; *Adv.* potestative mit Gewalt, unter der Gewalt

poticula Fläschchen

potio Trank; Arzneitrank, Abführmittel, Tränklein; = verbera Mißhandlungen (Y.)

potionare tränken; ausschenken; trinken

potiri erreichen; gebrauchen, genießen; verrichten; potitus *auch* = erobert

potis *Adj.* vermögend, mächtig; *Komp.* potior vorzüglicher; vorzüglich; besonderer; potiores Kerntruppen; potis est es ist möglich; potius malle lieber wollen; potius quam anstatt; quin potius sogar

potus, us Trinken, Trank; p. salsi Tränen

practicus (*griech.*) tätig, wirksam; erfahren

prado Schinkenfleisch, Schinken

pragma, atis (*griech.*) Geschäft; Prozeßsache

pragmaticum Privaturkunde

prahsina; brahsina (*ahd.* brahsa) Brassen, ein Fisch (R.)

prandĕre frühstücken, speisen

prandium Frühstück, Mahlzeit nach der Frühmesse

pravare ärger machen, verunstalten

pravilegium verkehrtes Recht; Versündigung

pravus verkehrt; lasterhaft, verrucht; verkrümmt, mißgestaltet

praxis, is (*griech.*) Tun, Verfahren, Amt

prae. . .*bei guten Latinisten immer nur zum Guten steigernd; oft statt* per . . .

prae 1. *Adv.* vorher, vorn; 2. *Präp. m. Abl.* vor; im Vergleich mit, gegen. — prae gaudio vor Freude; prae manibus in den Händen

praeallegare vorher anführen

praeambulus Vorläufer

praebenda der festgesetzte Lebensunterhalt; Pfründe

praebendarius Pfründner, Inhaber einer Pfründe

praebitio Darreichen; Ausrüstung und Aufführung eines Schauspiels

praeblandiri erst freundlich tun

precamen Bitte, Gebet

praecantatio Bezauberung, Vorspiegelung

praecantator Besprecher; Zauberer

precari aliquem aliquid jem. um etwas bitten

precarius bittend; bloß aus Gefälligkeit gewährt; von fremder Gabe abhängig, unsicher, notdürftig; zu Lehen gegeben

precaria, iorum die verzinslich-nießbräuchliche Landleihe

praecarus kostbar

precatiuncula kleines Gebet

precator Fürbitter

precatus, us = precatio Bitte, Gebet

praecavēre *m. Akk.* abhelfen, sich schützen

praecedĕre vorangehen; übertreffen; vorbeigehen

praeceler sehr schnell

praecelerare überholen, vorauseilen

praecelsus hochragend; erhaben

praecentor Vorsänger

praeceps, cipitis abschüssig, steil; schnell; se praecipitem dare sich (kopfüber) stürzen; praeceps ad arma kampflustig

praeceptio die königliche Satzung (der merowingischen Zeit); Königsurkunde

praeceptum Befehl; Königsurkunde

preces, cum Bitten; Gebet, Fürbitte; Bußgebete; die (7) Bußpsalmen

praecessor Vorgänger; Anführer, Herr

praecidĕre vorn abhauen; anhauen

1. **praecinctus** umgürtet, bewehrt; zugeschnürt
2. **praecinctus,** us Kleidung, Tracht; Rüstung
praecinĕre voraussagen, weissagen
praecipĕre vorschreiben, befehlen; praecipere, ne verbieten; mihi praecipitote = *mhd.* gebietet mir, *Abschiedsgruß*
praecipitare herabstürzen; irreführen
praecipitium die steile Höhe, ein schroff vorspringendes Felsstück; Sturz in die Tiefe
praecipuus hervorragend, vornehm; vernehmlich (von der Stimme); praecipua festivitas Weihnachten
praeclarescĕre klar werden, zur Kenntnis kommen
praeclaritas hoher Ruhm, Auszeichnung
praecluus = praecluis sehr berühmt
praeco Herold, Verkünder; Fronbote, Scherge, Beamter, Vogt, Bürgermeister; praecones stivae Ackersknechte
praecolligĕre vorbeiberechnen
praeconari rühmen, preisen; bekanntgeben
praeconium Bekanntmachung; Verkündigung; Lob, Preis, Ruhm
praeconizare ankündigen, verkünden
praecordia, orum Zwerchfell, Herz
praecordialis herzlich, aufrichtig
precula Bitte, Gebet
praecursor Vorläufer (des Herrn) = Johannes der Täufer; Morgenstern; Spürhund; Prologsprecher
praecustodire Vorsichtsmaßregeln treffen
praedamen = praeda Raub, Beute; Plünderung
praedare; praedari rauben, berauben, plündern, Jagd machen auf, erbeuten
praedecessor (Amts)vorgänger
praedestinatio Vorherbestimmung, Plan
praedicamen Verkündigung, Lob
praedicamentum Eigenschaft
praedicare verkünden, bekanntmachen; predigen; laut bekennen, preisen; raten, ermahnen, belehren; betreiben
praedicatio Predigt; Ausspruch, Urteil
praedicator Prediger; fratres praedicatores = Dominikaner
praedicatorius Prediger-; ordo p. Dominikanerorden
praedicĕre vorher sagen, vorher erwähnen, vorsprechen; einschärfen, voll Stolz aussprechen; praedicens sich vermessend
praedictor Weissager
praediffinire vorausbestimmen
praedilectus sehr geliebt
praedistinare = praedestinare im voraus bestimmen
praedistinatio = praedestinatio
praeditus begabt, versehen; vorgesetzt, vorstehend; erwähnt
praedocēre anzeigen, hinweisen
praedoneus; praedonius räuberisch; Räuber
praedotare vor aller Welt hingeben, weihen
praedulcis süß, lieb
praedurare sehr härten, anhärten
praedux Wegweiser, Führer; den Vortritt habend
praeeligĕre auserwählen, vorziehen; praeelectus auserlesen
praeeminentia Vortrefflichkeit
praefabricare vorher herstellen
praefatio Vorrede; Präfation (feierliches Gebet vor dem Kanon der Messe)
praefatus obengenannt; = idem
praefectus Burggraf, Festungskommandant; p. aulae Hausmeier; praefectorum vices Grafenämter
praeferre vor sich her vortragen; vorbringen, vorlegen; an die Spitze stellen; se p. sich rühmen; praeconiis p. rühmen
praeficere voranstellen; kundtun; legem p. Entscheidung fällen
praefigĕre anheften; ansetzen, bestimmen; einstecken
praefigurare vorherbilden; vorher andeuten, bedeuten
praefingere vorher kunstgerecht bilden
praefinire festsetzen, bestimmen
praefinitio Vorherbestimmung; Beschluß, Vorschrift

praefocare ersticken, erwürgen
praefragilis sehr zerbrechlich; schwach
praefreměre vorher grollen
praefrigidus sehr kalt
praefugěre voranfliehen; vorher entfliehen, entwischen
praefurnium Schürofen
praegnans schwanger, trächtig; voll, groß
praegnare schwängern; gebären
praegrandis sehr groß
praegravare überbürden, bedrücken
praegustare vorher kosten; kosten; Vorgeschmack haben; vorausschicken
prehenděre fassen; angreifen; abnehmen
praeinmediatus der vorletzte
praeire vorangehen, übertreffen; vorbeigehen
praeiudicare vorläufig richten
praeiudicium Vorurteil; Nachteil, Schaden
praeiurare feierlich schwören
praelata Äbtissin
praelatio bevorzugte Stellung, Amt; geistliches Amt, geistliche Würde; Vormundschaft, Bevormundung
praelatura Prälatur
praelatus (kirchl.) Vorgesetzter, höherer Geistlicher, Kirchenfürst, Prälat; p. dioecesanus Bischof
praelegěre vorlesen, Vorlesung halten
preliator = proeliator Kämpfer, Fechter, Krieger
preliatura = proeliatura, orum Hilfstruppen
praelibare ausgießen, kredenzen; vorwegnehmen, vorausschicken (in der Darstellung); vorher anrufen; praelibatus vorher erwähnt; vorgeschult
praelinquěre aufhalten
praelocutor Sprecher des Prologs
praeloquium Vorrede, Vorwort
praelucidus voranleuchtend; hell leuchtend; berühmt
praeluděre vorher (Kampfspiele) üben
praeludium Vorspiel; Ursprung
prelum Presse, Kelter; Kreuz Christi
praemactus hochgepriesen
praemaximus sehr groß
praemeditare; praemeditari vorher bedenken, planen; vorsorgen für; praemeditatus überlegt, erheuchelt
praememorare; praememorari eingedenk sein, denken an
praemiare belohnen
praeminēre = praeeminere hervorragen
praemirari sich sehr wundern
praemollis sehr weich, gewinnreich, sehr gewinnend
praemonēre (vorher) erinnern, warnen
praemortuus halbtot
praemunire 1. schützen, bewahren; 2. = praemonere warnen, vorher unterrichten
prendere = prehenděre
praenitēre hervorstrahlen
praeniti *m. Inf.* = praeoptare
praenobilis sehr berühmt, hochgeehrt
praenominare benennen; vorher erwähnen
praenoscěre vorher wissen
praenosticare prophezeien
praenotare bezeichnen, betiteln
praenotio Erkenntnis im voraus
prensio Ergreifen
prensor Fänger, Häscher
praeoccupare zuvorkommen; überfallen
praeoptare wünschen; lieber wollen
praeordinare vorherbestimmen, im voraus anordnen
praeostentatio Beispiel
praeparamentum Priesterornat
praeparare vorbereiten; zur Verfügung stellen
praeparatio Einrichtung; Stütze, Halt
praeparatura Vorbereitung; p. regia Königsornat
praeparvus sehr klein; sehr wenig
praepauci; praepauculi ganz wenige
praepedire verhindern, hemmen, aufhalten
1. **praependěre** überwiegen, den Vorzug haben
2. **praependěre** vorziehen
praepes, etis vorauseilend; schnell
praepollentia Überlegenheit

praeponderare durch sein Übergewicht erdrücken, überlasten; mehr wiegen als, den Vorzug haben vor
praeponĕre vorsetzen, vorlegen; über etwas setzen
praepositio Behauptung, These
praepositura Amt eines Vorgesetzten; Propstei; ordo praepositurae Amt des Priors
praepositus Vorgesetzter, Vorsteher, Vogt, Schulze, Propst; p. mensae Truchseß; p. camerae Kämmerer
praeposteratus verkehrt
praeposterus unzeitig, verkehrt, verfehlt, falsch; nachfolgend
praepotens sehr mächtig, vornehm, in Amt und Würden
praepulcher sehr schön
praeputium Vorhaut
praeradiare überstrahlen; übertreffen
praerimari vorher ausforschen, vorher sich erkundigen
praerogativa; praerogativum Vorzug, Vorrecht, Vorrang; Verdienst
praeruptus, us steiler Pfad
pres (*wohl* = pretiosus) reich
praesagare = praesagire vorher anzeigen
praesagium Vorzeichen; p. vaticinii prophetische Weissagung
praesagus voraussagend, weissagend; Prophet
presbyter, eri (*griech.*) Ältester; Priester, Leutpriester, Pfarrer
presbyterari Priester sein, Priester werden
presbyteratus, us priesterliche Würde
presbyterium Priesteramt, -würde
praescientia Vorherwissen, Voraussicht
praescire vorher wissen; *Pass.* bekannt werden
praescriptus vorhererwähnt, beschrieben
praesens gegenwärtig; irdisch; vorhergenannt; ad p. augenblicklich, zur Zeit, vorläufig; per p. gerade; de praesente sofort, sogleich
praesentalis gegenwärtig
praesentare darreichen, darbieten, zeigen, vorführen, verschaffen, schenken; *Pass.* erscheinen, sich darstellen, sich einstellen
praesentia Gegenwart; Geschenk; in praesentiarum (*aus* in praesentia harum [rerum]) gegenwärtig, heute; ad praesentiam in Gegenwart, vor
praesentialiter *Adv.* leibhaftig, persönlich
praesepe, is; **praesepium** Krippe
praeservatus wohlbehalten, gerettet
praeses, idis Aufseher; Vorsitzender bei der Tafel; Statthalter, Landpfleger, Graf, Markgraf; praesides ecclesiae = Kirchenfürsten
praesiccus verdorrt
praesidiatus, us Grafenamt, Grafschaft
praesidium Mittel; Schutz, Bedeckung; Besatzung; befestigter Ort, Pfalz
praesignare vorher anzeigen, künden; p. ad im voraus hinweisen auf
praesilire aliquem vor jem. herspringen
pressura Druck, Drangsal, Bedrängnis; Wehe; Keltern; p. lactis Käse
pressus gedrängt voll; fest
praestabilis vorzüglich, erhaben; durch Bitten erlangbar; bereitwillig
praestans vorzüglich, wertvoll
praestare 1. vollbringen; darbieten, schenken, überweisen, leihen; *Pass.* von Vorteil sein; 2. den Vorsitz führen, die Leitung beim Spiel haben; sorgen; praestante deo mit Gottes Hilfe
praestatio Gewährleistung; Leistung, Bezahlung
praesternĕre vorher zurechtmachen
praestigium Zauberei, Blendwerk, Betrug
praestimonium Geschenk
praestis = praestes, itis Vorsteher, Schützer
praestita, orum Gebührendes, Gewährleistetes, Darbietungen, Darlehen
praesto esse bereit, bei der Hand sein
praestolare; praestolari bereitstehen; erwarten, harren
praestringĕre zuschnüren, vereinigen; oben streifen, berühren
praestructio Verhau
praestruĕre vorher zubereiten; = instruere unterweisen, anweisen, hinwei-

sen; p. vias Wege anlegen; se p. sich zur Abwehr bereit machen
praestus gegenwärtig, zur Hand
praesul, ulis jeder hohe Geistliche: Bischof, Prälat, Erzbischof, Patriarch, Papst; Fürst
praesularis bischöflich; fürstlich
praesultor Vortänzer
praesumĕre im voraus an sich nehmen, sich vornehmen, beanspruchen, sich anmaßen, sich erdreisten, wagen, über sich gewinnen, sich unterfangen; voraussetzen; berauben; p. de hoffen auf
praesumptio Anmaßung, Dünkel; Verwegenheit, Frechheit; Vorurteil
praesumptiosus = praesumptuosus kühn, vermessen
praesumptive *Adv.* keck, vermessen
praesumptor verwegen, dreist; Wagehals; Übeltäter
praesumptuositas = praesumptio
1. **praesumptus,** us Verwegenheit, Frechheit
2. **praesumptus** kühn, frech
praesupponĕre zugrunde legen
praetaxare vorher abschätzen; vorher nennen
praetemptare vorher erforschen
praetendĕre vorziehen; ausspannen; zur Schau stellen; praetensus anspruchsvoll
praeter *Präp. m. Akk.* vorbei, vorüber; über — hinaus, gegen, entgegen, im Widerspruch zu; unabhängig von, abgesehen von, ohne; praeter quod außer daß, nur
preteria = petrarium Steinwurfmaschine
praeterire vorübergehen; untergehen, vergehen; vereitelt werden
praetexta (prunkvoller) Kriegsrock
praetextu coniugii unter dem Vorwand einer Verbindung
pretiare; pretiari schätzen, verkaufen
praetinnire einläuten, läuten zu . . .
pretiosus wertvoll, kostbar
praetitulare betiteln, bedeuten; praetitulatus vorgenannt
pretium Preis, Geld; Lösegeld; Besitzgegenstand
pretius = pretiosus
praetor Graf
praetoriolum ein kleines Herrenhaus (Landhaus)
praetorium Versammlungsraum, Rathaus; Palast, Thron
praevalēre sehr stark sein, sich stark fühlen, Kraft haben, vermögen; übertreffen, den Sieg davontragen
praevalidus sehr stark
praevaricare; praevaricari übertreten, sündigen
praevaricator gewissenlos; Übertreter, Sünder; Gegner
praevenire zuvorkommen; zu Hilfe kommen; übertreffen; *Pass.* vorher ereilt werden
praevertĕre aliquem zuvorkommen, voraustreiben
praevidēre voraussehen; im Auge behalten, gut sorgen; abrichten
praevignus voreingenommen; knauserig
praevilegiare als Vorrecht einräumen
praevilegium = privilegium
praevius vorangehend, vorig; den Weg weisend, führend; schlau
praevolare schnell auf die Beute losstürzen
praevulgare vor aller Welt zeigen
prex, precis Bitte, Gebet; alicui precem dare anbeten
pridem *Adv.* vor Zeiten
prima (*sc.* hora) die erste Stunde; Frühgottesdienst um 6 Uhr
primas, atis der Erste nach dem Könige; Edeling, Fürst; Vornehmster, vornehm; *Plur.* Engelchor
primarius 1. = primus; 2. = protoplastus; lapis p. Grundstein
primatia = primatus, us die erste Stelle; Vorrecht, Vorrang
primaeva Stammutter; = Eva
primicerius der Erste, Oberste; Chef der notarii; Pfalzrichter; p. cantorum Vorsänger; p. scholae cantorum Vorsteher des Sängerchors
primiloquium das erste Sprechen
primipilaris Hauptmann, Anführer

primis = imprimis
primiscrinius Vorsteher der Kanzlei
primitiare anfangen
primitiae, arum Erstlinge der Früchte, Erstlingsgaben, -taten
primitivus der erste in seiner Art, ursprünglich; Erstling, Erstgeborener; primitiva ecclesia Urkirche
primitus *Adv.* zuerst, zunächst; zum ersten Male; früher; p. quam = priusquam
primo ut; ut primo = ut primum sobald als
primogenitus erstgeboren; primogenita, orum Recht der Erstgeburt
primoplastus = protoplastus
primores die Vornehmsten; die Ahnen
primule *Adv.* erstens; zuerst
primum atque eher als, bevor
primus der erste; der älteste; der frühere; in primis gleich zuerst, anfänglich
princeps, cipis Herr, Fürst, König, Kaiser; p. pistorum Oberbäckermeister; p. mundi = Teufel
principalis was zum princeps gehört; hervorragend; Vorsteher; Haupt-; principalia regna Fürstenreiche, Weltreiche; p. dominica paschae der erste Ostersonntag; *Adv.* principaliter im Ursprung, hauptsächlich
principari herrschen, regieren
principatus, us die erste Stelle; Herrschaft, Regierung; Befehl, Kommando, Würde; Fürstentum; Fürstenschaft
principiare anfangen, beginnen
principissa Fürstin
principium Anfang, Zeitanfang; Prinzip; a principio anfangs; in principio an der Spitze
prinus (*griech.*) Steineiche
prior Prior, Vertreter des Abtes, Klostervorsteher, Abt; priores 1. = primates; 2. Vorgänger
priora, um Vergangenheit
prioratus, us Priorat, Würde des Priors
prioritas Frühersein
privatim *Adv.* heimlich
privatio Beraubung
privatus abgesondert, menschenscheu; Privatmann, ohne Amt; persönlich; vertraulich; gewöhnlich, der Mann aus dem Volke; privatum aliquem facere jem. des Thrones entsetzen; privati homines einfache Kriegsleute; privata Abort
privignus Stiefsohn, Stiefbruder; privigna Stieftochter
privilegium Vorrecht, Vergünstigung; Unrecht; *Plur.* Papsturkunden
1. **pro** *Interj.* o, ach; pfui; p. dolor o weh!
2. **pro** *Präp. m. Abl.* vor; für; anstatt; im Verhältnis zu. — *Auch* = aus — heraus: pro pietate aus Frömmigkeit; = wegen: pro peccatis wegen der Sünden; = zu, um — willen: pro solacio zum Trost. — pro tempore zur Zeit; pro posse et nosse nach bestem Wissen und Können; pro carcere wie ein Kerker; pro dignitatis causa um der Zierde willen; mittere pro schicken nach
proabbas, atis Abtstellvertreter
proastium (*griech.*) Vorstadt
proaulium Vorraum, Nebenraum
probabilis annehmbar, glaublich; löblich
probare prüfen; sich zufrieden erklären, billigen, genehmigen; berichten, beweisen; erlernen, erkennen; erleben; *Pass.* sich erweisen; probatur man sagt
probata, ae (*griech.*) Herde
probaticus (*griech.*) zur Schafherde gehörig, Schaf-
probatio Anerkennung; Beweis
probatus erprobt; vinum probatum alter Wein
probitas Biederkeit, Tüchtigkeit, Rechtschaffenheit; Freigebigkeit (*mhd.* milte); Heldentat, Abenteuer; *Plur.* Proben der Tapferkeit, Heldentaten
probrosus schmachvoll
probrum Schandtat, Schimpf, Schmähwort
probulus wacker
probus rechtschaffen; mutig, beherzt, tapfer; freigebig

procans = procax dreist, unverschämt; geil; hartnäckig
procare; procari verlangen; um jem. Gunst bitten, umwerben
procarius Schweinehirt
procedĕre vorrücken; zum Vorschein kommen, ans Land gehen; in Prozession gehen; vorkommen; procedit *m. Dat.* es besteht ein Unterschied zwischen
procella Sturm, Wirbel; stürmische Zeit
procellosus stürmisch
proceres, um die Vornehmen; diversarum p. dignitatum verschiedene hohe Würdenträger
proceritas Höhe, Länge; Stattlichkeit, hohe Gestalt
procerus hoch, schlank
processio feierlicher Einzug, Umgang, Prozession; Kirchgang
processionaliter *Adv.* prozessionsweise
processor Prozessionsteilnehmer
processus, us Prozeß
prochdolor = pro dolor o weh!
procidĕre niederfallen, zu Füßen fallen
procinare vor Gericht fordern
procinctualis zum Kampf bereit
procinctus, us Gürten, Aufbruch zum Kampfe; Heer, Kriegszug; Gurt, Wehrgehänge, Rüstung; procinctum movere zur Heerfahrt aufbrechen
proclamare laut rufen; Beschwerde führen; verklagen
proclamatio Ausrufen; Appellation, Beschwerde
proclamator „Einschreier", Prologsprecher
proclivus abwärtsgehend, abschüssig; willig
procolpus Schlag
procreare erzeugen, hervorbringen
procul dubio ohne Zweifel
proculus = procus Freier, Verlobter
procumbĕre zu Boden fallen; am Boden liegen
procurare besorgen, versorgen; verwalten, verwesen; veranlassen, ein Buch schreiben lassen; *mit Inf.* lassen
procurator Bevollmächtigter; Schaffner; Leichenwäscher; p. ecclesiae Verweser einer Kirche
prodecessor Vorgänger
prodĕre hervorbringen; angeben, offenbaren, zeigen, (einen Schrei) ausstoßen; p. exterius äußerlich kundtun
prodesse vorhanden sein; zufallen
prodigialis vorbedeutend, seltsam
prodigium Wunder
prodigus verschwenderisch; kostspielig, teuer
prodire hervorgehen; einherziehen, vorangehen
proditor Verräter; = Teufel
prodium = brodium
producĕre vorführen, erzeugen; vorschieben, verlängern, vertagen
productilis von getriebener Arbeit
productio Erzeugnis
productus lang anhaltend, lang
proelectio Wahl
proemium = prooemium (*griech.*) Einleitung, Vorrede
proeoque *Konj.* deswegen weil
profanatio Entweihung
profanus unheilig, ungeweiht; heidnisch; profanum Tempel
profari sagen, behaupten
profectio Aufbruch, Kriegszug
profectum; profectus, us Wirkung, Gebrauch; Fortschritt, Erfolg, Nutzen, Gewinn
proferre vorbringen, heraufführen; sagen, veröffentlichen; ertönen lassen; anstimmen; sententiam p. einen Urteilsspruch fällen; p. in lucem gebären
professio Erklärung, Bekenntnis, Gelübde, Mönchsgelübde; Stand, Beruf, Gewerbe; professionem legere Profeß tun
profestus nicht festlich; dem Festtage vorangehend; profestum = vigilia Tag vor einem Fest
propheta; prophetes, ae (*griech.*) Prophet, Weissager; Psalmist, Sänger, Spielmann; p. dei = David
prophetalis = prophetialis prophetisch

prophetare weissagen, prophezeien
prophetia (*griech.*) Weissagung, Prophezeiung; Dichtergabe
propheticus (*griech.*) prophetisch
prophetis, idis (*griech.*) Prophetin
prophetissa Prophetin
prophetizare = prophetare
proficĕre vorwärtskommen, Erfolg erzielen; nützen
proficuitas = proficuum
proficuus vorteilhaft, nützlich, zuträglich; proficuum Vorteil, Nutzen, Profit
prophita = propheta
profiteri frei bekennen; sich melden, zugestehen; sich auf die Klostergelübde verpflichten, Profeß tun; sich schuldig machen
proflare hervorblasen; aufblasen
profligare niederschlagen; zu Ende bringen, ausführen; verbrauchen, verschwenden; in alicuius obsequium p. zu jem. Dienst verwenden; profligatus in voller Auflösung
profluens; profluus hervorfließend, fließend
profluvium Hervorgießen; Fülle, Schwall
profugium Flucht; Zufluchtsort
profugus flüchtig; Abtrünniger
profundare versenken, eindrücken
profundĕre vergießen, vergeuden
profunditas Abgrund, Tiefe
profundus tief; tief herabreichend (vom Kleid)
profusus ausgelassen, zügellos; verschwenderisch; unmäßig lang; kostbar; bespült; crinis p. langwallendes Haupthaar
profuturus (*sc.* usui) was nützen wird
progenies, ei Geschlecht, Nachkommenschaft
progeniti, orum Vorfahren
progenitor Ahn, Vorfahr
Progne (*griech. Sagengestalt*) = Schwalbe
prognosticus (*griech.*) zum Vorauserkennen geeignet; prognosticum Vorzeichen
programma, atis (*gr.*) Bekanntmachung
progredi hervorgehen; abstammen; sich verschärfen
progressio Vormarsch; Unternehmen; Fortentwicklung
progressus, us Fortschritt, Vormarsch; das Hinübertreten; Verkehr
prohemium = prooemium
prohibēre abhalten, Einhalt tun, verbieten, untersagen
proiectus vorstehend, hervortretend; wieder in die Erde gesteckt
proin; proinde *Adv.* darauf
proire = praeire sich hervortun
prolambĕre küssen; hervorrieseln (Hr.)
prolatio Aussprache; Mundart
proles, is Sprößling, Sohn, Tochter; Nachkommenschaft
prolixitas (allzu große) Länge, Breite; Dauer; Ausdehnung, Weitschweifigkeit
prolixus weitschweifig, lang und breit; langwierig; in reicher Fülle herabhängend
prolongare verlängern, aufschieben
proludĕre ein Vorspiel ausführen (W.)
proluvium Vergießen; Überschwemmung
promĕre hervorlangen, ans Tageslicht bringen, ausstoßen, sprechen, singen, im Liede feiern
promerēre; promerēri sich verdienen; sich Gott gnädig stimmen, Genugtuung erhalten; gewinnen
promicare schnell hervorkommen, entstehen, wachsen
prominentia Höhe
promiscuus gemischt; halbverständlich; *Adv.* promiscue hier und da
promissio Versprechen, Gelübde; Verheißung
promissor Bürge
promittĕre entsenden; versprechen; prophezeien
promocondus Kellermeister, Schaffner
promotio Beförderung, Erhebung; Förderung, Ausbreitung
promovēre fördern, unterstützen; vorrücken
promptificare geneigt machen
promptuarium Speisekammer, Speicher
1. **promptus** bereit; willig; gewandt, geschickt; bar; manu p. persönlich

tapfer; p. in risu bereit zum Lachen; p. duello (*Dat.*!) kampfbereit

2. **promptus,** us Sichtbarkeit, Bereitschaft; promptu schnell; in promptu est es ist klar

promtus = promptus

promulsum Vorgericht

promus Kellermeister; Weinkeller

promuscida = proboscis (*griech.*) Rüssel; Schnauze

pronasci entstehen, abstammen

pronepos, otis Urenkel; Großneffe

pronomen Vorname; Beiname, Bezeichnung

pronuntiare benennen, sprechen, eine Ansprache halten

pronosticatio = prognosticatio Vorbedeutung

pronunc *Adv.* jetzt

pronuntiatio Bekanntmachung; Urteil

pronus vorwärtsgeneigt, niedergebeugt; geneigt

propagator Verbreiter

propago, inis Setzling; Nachkommenschaft, Geschlecht

propalare bekanntmachen, mitteilen, darstellen; öffnen, offenbaren

propalatio Veröffentlichung

propatulo *Adv.* offen, frei; in p. apparēre ans Licht kommen

propense *Adv.* willig; angelegentlich

propensus gut gewogen, gemessen

properanter *Adv.* eilig, schnell

properus eilig; eilfertig, übereilt

propiare ad sich nähern

propinare (*griech.*) vorkosten, zutrinken; auftischen, zu trinken geben, zum besten geben, darreichen, überreichen, gewähren; verschenken, preisgeben; *Pass.* sich darbieten

propitiare besänftigen, versöhnen, begünstigen; *Pass.* gnädig sein, verzeihen

propitiatio Versöhnung, Begnadigung

propitiatorium Versöhnungsmittel

propitiatus, us Versöhnung

propitius (*griech.*) geneigt, gnädig; Christo propitio durch Christi Gnade

propius *Adv.* näher; *auch* = nahe

proplacitator Fürsprecher

proponĕre vor Augen stellen, vorlegen, bieten, zeigen, anschlagen; condicionem p. eine Bedingung stellen; p. vestigium eine Spur weiter verfolgen; animo est propositum ich habe die Absicht

proportio Verhältnis

propositio Thema, These; Vorschlag

propositum Vorsatz, Plan, Gelübde; Vorlage, Vorschlag, Aufgabe; p. (*sc.* praemium) der ausgesetzte Lohn; ex proposito vorsätzlich

propositus bloßgestellt; drohend; = praepositus

proprietarius dem Besitzer zukommend; ius proprietarium Eigentumsrecht

proprietas Eigenart; Eigentum

proprius eigentümlich, eigen; sein, ihr; proprii die eigenen Leute; ad propria recedere in die Heimat zurückkehren; propriis nach eigenem Ermessen; *Adv.* in der Landessprache; unmittelbar; propria morte defungi eines natürlichen Todes sterben; in propriis usibus zum Nutzen einzelner

propter *Präp. m. Akk., selten Abl.* daneben, dicht bei; wegen. — *Auch* = nahe (von d. Zeit): p. festa nahe dem Fest; nach, in Anbetracht, in Rücksicht auf, für: p. infirmitatibus (BR.). — propter quod weil; deshalb

propugnaculum Schutzwehr, Brustwehr; Zinne; propugnacula muri = der Schild (W.)

propurgare zuvor reinigen

1. **prorsus** gerade

2. **prorsus** *Adv.* vorwärts; durchaus, überhaupt

prorumpĕre hervorbrechen lassen; hervorbrechen, sich verleiten lassen

prosa die ungebundene Rede; das bei der Messe vor dem Evangelium gesungene Gebet; = sequentia

prosaicare in Prosa schreiben

prosapia; prosapies, ei Stamm, Sippe, Geschlecht, Familie, Abkunft

proscindĕre aufreißen; herunterreißen; verdammen

proscribĕre verbannen
prosecutio Aufeinanderfolge, Fortsetzung; Begleitung
prosecutus begleitet
proselytus (*griech.*) Proselyt; Fremdling
prosequi begleiten; nachhängen; mit Klage verfolgen; ausführen, erzählen; behandeln; zur Ausführung bringen, beendigen; iudicialiter p. gerichtlich belangen
proserĕre hervorbringen; prosertus entsprossen
proseucha (*griech.*) Gebet
prosilire hervorspringen, vordrängen, vorlaut sein, ausfällig sein
prosnesium; pronesium (*griech.*) Haltetau
prospector Vorsorger, Fürsorger
prosper günstig; selig; prospera salutis Heilsgüter
prosperare; prosperari gedeihen, gelingen
prosperitas Gedeihen, Erfolg
prosternĕre preisgeben, niederwerfen; demütig niederfallen; ad solum p. dem Erdboden gleichmachen
prostibulum Bordell
prostitutio Preisgebung zur Unzucht
prostrare niederstrecken, niederwerfen
proteare sich wandeln wie Proteus
protectio Schutz, Bedeckung
protector Beschützer; Schildknappe, Leibwächter
protelare fortjagen; aufschieben, in die Länge ziehen
protendĕre ausstrecken; verlängern
protensus ad reichend bis
protenus = protinus
proteraria Mühle, Ölmühle
proterĕre zerreiben; niedermetzeln; vernichten
proterrarium Ackergrundstück
protervia = protervitas Frechheit, Unverschämtheit, Schamlosigkeit; Ausgelassenheit
protervus; *Adv.* proterviter frech, unverschämt, schamlos
protestare; protestari bezeugen, beteuern
protestatio Bezeugen, Dartun
protinus *Adv.* fort und fort, weitweg; alsbald, sogleich, stracks
proto- (*griech.*) *vor Subst. und Adj.* = der erste
proto a secretis = protus a secretis (Liudp.)
protocaravus (*griech.*) Steuermann
protomartyr der erste Märtyrer = Stephanus
protoplastis; protoplastus (*griech.*) zuerst geschaffen = Adam
protoscriniarius der Erste der scriniarii, Oberarchivar; Kanzler
protospatharius (*griech.*) erster Waffenträger; Kommandant der Leibwache (gleichzeitig stellvertretender Gerichtsherr am Hofe)
protovestiarius Obergarderobenmeister
protractio Ausdehnung, Verzögerung
protrahĕre hinziehen, hinhalten; *Pass.* sich hinziehen; sich verbreiten
protus (*griech.*) der erste; = protoscriniarius (Helm.); protus a secretis = protosecretarius Geheimsekretär, Oberstaatssekretär
prout *Konj.* so wie, wie denn; insoweit; = verstärktes ut; prout — et = wie — so auch
provector Förderer, Gönner
1. **provectus** hervorragend
2. **provectus,** us Förderung, Beförderung; Vorrang; Wachstum; Vorteil
provehĕre vorwärtsführen; fördern
provenda Unterhalt, Kostportion, Deputat (Cap.)
provendarius Deputatist, Hofgänger
provenire hervorkommen; vorkommen, geschehen
proventus, us Hervorwachsen, Gedeihen; Verlauf
proverbium Sprichwort; Bildrede, Allegorie, Spottrede; Verabredung, Abmachung
providentia Voraussicht, Versorgung, Fürsorge; Wachsamkeit; Vorsehung
providĕre sich vorsehen, Sorge tragen; p. alicui sorgen für; p. aliquem versorgen

providus vorsichtig; umsichtig; pietatis p. in frommer Fürsorge
provincia Landstrich, Gebiet, Herzogtum, Grafschaft; Sprengel eines Erzbischofs; *Plur.* Länder
provincialis Volksgenosse, Landsmann, Ordensprovinzial
provisio Versorgung, Förderung; Geschäft, Tätigkeit; Voraussicht; die päpstliche Einsetzung eines Bischofs; p. imperii Besetzung des kaiserlichen Stuhls; p. annua Jahrespension
provisor Versorger; Vormund, Sachwalter; Proviantmeister; Beherrscher, Bischof; p. navis Kapitän
provisus der vom Papste eingesetzte Bischof
provocamen Verlockung
provocare hervorrufen, auffordern, veranlassen; anreden; appellieren
provocatio Herausforderung
provocatrix hervorlockend, reizend
provolvěre hinwälzen; (den Griffel) ansetzen; alicuius pedibus provolvi sich jem. zu Füßen werfen; stilo provoluto ausführlich
proxenista = proxeneta (*griech.*) Vermittler, Zwischenhändler, Makler
proximare sich nähern; zunächst sein
proximus der nächste; Nachbar, Mitmensch; *Plur.* proximi Blutsverwandte; *Adv.* proximo ganz kürzlich; *Komp.* proximior, ius näher
pruina Reif, Frost; kühler, schattiger Ort, Wirtschaftskeller
pruna glühende Kohle, Feuerbrand
prurigo, inis das Jucken
prurire jucken
psallentium Psalmensingen
psallěre (*griech.*) auf einem Saiteninstrument spielen, zu einem Saiteninstrument singen; Psalmen singen; lobsingen, lobpreisen; singen
psalmicen, inis = psalmicanus Psalmensänger
psalmista Psalmendichter
psalmodia (*griech.*) Psalmengesang, Psalmensingen
psalmographum Psalmenwort
psalmographus (*griech.*) Psalmendichter
psalmus (*griech.*) Lobgesang, Psalm
psaltare = psallěre
psalterium (*griech.*) ein mindestens zehnsaitiges, drei- oder viereckig umrahmtes Instrument, der Psalter; Saitenspiel; Psalter, Psalmen Davids; geistliches Gedicht (mit 150 Strophen); *Plur.* Psalmen; p. Mariae = Rosenkranz
psaltes, ae (*griech.*) Sänger; Psalmist
psaltria (*griech.*) Tänzerin
pseudo- (*griech.*) *vor Subst. u. Adj.* = falsch, lügnerisch
pseudodoxus (*griech.*) eine falsche Meinung, eine Irrlehre vertretend
pseudulus (*griech.*) lügnerisch, treulos
pseustes (*griech.*) Lügner
psyche (*griech.*) Seele
psitachus = psittacus (*griech.*) Papagei
ptisana (*griech.*) Gerstengrütze
ptisis = ptysis (*griech.*) Speichel
publicanus amtlich; Zöllner; Sünder, sündig; publicana Dirne
publicare einziehen, konfiszieren; verkündigen, veröffentlichen; entdecken
publicus öffentlich, allgemein verständlich; amtlich; p. quidam ein gewöhnlicher Kerl; *Adv.* publice vor Gericht; publica via Hauptstraße; publicum bellum offene Feldschlacht
pudenda, orum Schamteile
pudendus schändlich, unehrenhaft
pudens ehrliebend, voll Ehrgefühl; = pudendus
pudor Scham; Achtung; Schande
pudoratus züchtig, keusch
puellarius = puellaris mädchenhaft, jungfräulich
puellula Mädel
puer Schüler, Knappe, Diener, Knecht; Unfreier, Ministerialer; Beamter; p. exercitus Troßbube; *Plur.* Jünglinge, Kinder; bewaffnetes Gefolge
puerinus knabenhaft; Knäblein
puerpera Gebärerin, Mutter
puerperium Geburt, Entbindung; Mutterschaft

pugil, ilis; **pugilis** Faustkämpfer; Kämpfer, Fechter
pugillaris faustgroß; Schreibtafel
pugillus (zusammengeballtes) Händchen, Fäustchen; eine Handvoll; die hohle Hand; Faust
pugna Kampf, Gemetzel; Zweikampf
pugnax streitlustig
pugnus Faust; Faustschlag
pulbetum = pulpitum Pult
pulchrificus verschönernd
puledium = pulegium Flohkraut (wohlriechende Pflanze)
puleticum = polyptychum
pulix, icis = pulex Floh
pullinare = pullulare ausschlagen, sich entwickeln, anwachsen; hervorbringen, zeugen
1. **pullus** schwarz, dunkelfarbig; pulla (*sc.* vestis) Trauergewand
2. **pullus** das Junge; Huhn; Füllen; p. aquae Wasserhuhn; p. corili Haselhuhn; p. fybicis Birkhuhn
pulmentar, aris; **pulmentarium** Zukost zum Brot; Speise, Kost, Mahlzeit, Gericht, Portion
pulmentum = pulmentarium
pulpa Fleisch, Braten
pulpitarium; pulpitum Brettergerüst, Bühne; Meßbuchtisch; Lesepult; Predigtstuhl
puls, pultis dicker Brei; *Plur.* Grütze
pulsare tüchtig schlagen, quälen; stoßen, läuten; bedrängen, anklagen; bitten, prüfen, „anklopfen"
pulsator Kläger
ferrum **pulsatorium** der eiserne Klöppel
pulsus, us Stoß, Schlag; chordarum p. Saitenspiel; p. linguarum Gerede (Hr.)
pulta = puls
pultrellus; pultrella Fohlen
pulvillulus das Polster, Kopfkissen
pulvillus kleines Polster, Kopfkissen; pulvillos consuere sub cubito manus jem. weich betten (= schmeicheln)
pulvis, eris Staub; Gift
pumex Bimstein (zum Glätten des Papiers)
punctum Augenblick; *Plur.* die Felder auf dem Schachbrett
punctatus mit Punkten versehen, punktiert; gefleckt
punctio laterum Seitenstechen
pungĕre stechen, quälen
pungilis, is Stock, Knüppel
puniceus blutrot, blutig
Punicum malum Granatapfel
pupilla Augapfel; Pupille; Mädchen
pupillaris aetas Kindesalter
pupillus Waise; Mündel
puppa = pupa Mädchen; Puppe
puppis, is Schiffshinterteil; Boot
pupulus Knäblein, Büblein
pure *Adv.* bloß, nur
purgamentum Unrat; Abfälle
purgare reinigen; crimen p. sich reinigen von einem Vorwurf
purgatorius reinigend; purgatorium, p. ignis Fegefeuer
purificare reinigen; entsühnen
purificatio s. Mariae Mariä Reinigung = 2. Februar
purificatorius reinigend; purificatorium weißes Leinentüchlein zum Kelchreinigen, Kelchtüchlein
puritas Reinheit, Lauterkeit, Unschuld; die reine Lehre
purpura (*griech.*) Purpur, Purpurfarbe, kostbares Seidengewebe von verschiedener Farbe
purpurare mit Purpur, mit Farben schmücken
1. **purpuratus** strahlend, schön
2. **purpuratus** (= hyperperus) eine byzantinische Goldmünze
purus rein, natürlich
pus, puris Eiter; Fäulnis
pusillanimis; pusillanimus kleinmütig
pusillanimitas Kleinmut; Kleingläubigkeit; Schüchternheit
pusillitas fidei Kleingläubigkeit
pusiolus = pusillus sehr klein, wenig, schwach; Kind; Jüngling; Page
pustella = pustula Blase, Bläschen; Blatter
pusterla = posterula

pusus = pusio Knabe, Knäblein
puta etwa, zum Beispiel, nämlich
putare aliquid de erwarten von
putēre stinken (nach Moder)
puteus Grube, Graben, Brunnen, Zisterne
putredo, inis Fäulnis; Schmutz
putrefieri faulen, verwesen
putrescĕre vermodern, faulen
putus gereinigt, lauter; puta terra „bloße Erde", nichts als Erde

Q

qua *Adv.* wie; da wo; wohin
quacara Wachtel
quacitare = quaxare quaken
quadragena = quadraginta vierzig; Zeitraum von 40 Tagen; die vierzigtägige Fastenzeit
quadragenarius vierzigjährig
quadragesima die (vierzigtägige) Fastenzeit vor Ostern; media q. = Sonntag Lätare
quadragesimalis zur Fastenzeit gehörig; quadragesimale Fastenspeise
quadrangulatus viereckig
quadrangulus viereckig; viergeteilt; q. orbis Sonnenbahn
quadrans der 4. Teil, Viertel; Heller, Kreuzer (die kleinste damalige Münze)
quadratura Quadratur; Viereck
quadratus viereckig; vierschrötig; festgefügt; Quadrat, Quader mit viereckiger Grundfläche; q. Iupiter Jupiter in quadratischer Konstellation zum Geburtsstern
quadriduanus viertägig; seit 4 Tagen
quadriennalis vierjährig
quadrifariam *Adv.* in vier Teile, ins Geviert
quadrifarius vierfach; *Adv.* in vier Teilen
quadrifidus vierspaltig; viergeteilt; q. annus die vier Jahreszeiten
quadrifinius vier Grenzen bezeichnend, nach vier Seiten grenzend
quadriforus = quadriforis mit vier Öffnungen
quadriga Equipage, Gespann; Fuhre
quadrilaterus vierseitig
quadrivium Kreuzweg; scholastischer Lehrgang (*s.* artes liberales)
quadrupedare vierfüßig machen; auf vier Füßen gehen
quadrupedius = quadrupes vierfüßig
quadruplicare vervierfachen
quadruplum = quadrivium
quadruvium = quadrivium
quadrus viereckig; = quadrum Viereck; Quaderstein, Grundstein
qualibet (*sc.* parte) irgendwo, irgendwie; überall
qualificare näher bestimmen
qualitas Beschaffenheit, Eigenschaft, Größe, Betrag
qualiter *Adv.* wie; damit, auf daß; so daß
quam 1. = ut wie; 2. = cum inversum; 3. = priusquam als bis; 4. = cum primum sobald als; 5. = quantopere wie sehr, wie wenig
quamplures = complures mehrere
quam primum *Konj.* = cum primum
quamsi = quasi als ob, gleichsam
quamtocius = quantocius
quando *Konj.* (damals) als; sintemal
quandoque *Adv.* jemals; einstmals, einmal; dann und wann
quandoquidem *Konj.* wenn etwa
quanti wie viele
quanticumque wie viele
quantitas Größe, Menge, Summe, Betrag
quantocius *Adv.* schleunigst
quantum; in quantum sofern, soweit; quantum longe so weit
quantumvis *Konj. m. Kj.* = quamvis wenn auch noch so sehr
quapropter *Adv.* deswegen
quaqua allüberall
quare weil; denn
quartare in vier Teile teilen
quarterium ein Viertel
quartum ein Viertel
quasquila Wachtel
quasi *Adv.* gleichwie; fast, ungefähr

quasi modo geniti (*sc.* infantes) Anfang des Introitus der Messe am 1. Sonntag nach Ostern; der Sonntag selbst
quassare heftig schütteln, erschüttern
quassus gebrochen, beschädigt; zitternd
quatenus damit, so daß; sintemal, alldieweil; q. ne damit nicht
quater deni = vierzig
quatĕre schlagen
quaternarium die Zahlen 1—4
quaternio Vierzahl; Quartbogen; Heft
quaternum; quaternus ein aus vier Blättern bestehendes Buch
quatinus = quatenus
quatriduanus = quadriduanus
quattuor tempora Quatembertage, die vierteljährlich vorgeschriebenen drei Fasttage der röm. Kirche
quaxare = coaxare quaken
-que *oft nur versfüllend; Stellung im Satze sehr frei*
quectonia = cydonia Quitte
quercula kleine Eiche
querela Klage, Beschwerde; sine q. unbescholten
querelare; querelari klagen, sich beschweren
querellositas Klage
1. **quaerĕre** suchen; werben, begehren, betteln, bitten, beten; q. sanctos wallfahren nach heiligen Stätten
2. **quaerĕre** = queri klagen, jammern
querimonium = querela
querula; querulare = querela; querelare
querulus (*Adv.* querulo) klagend, wimmernd; Kläger
querulosus klagend, unzufrieden
quaestio Untersuchung; Streitfrage; Streit, Schuldklage; Tortur; Gerichtshof; quaestionem movēre einen Rechtsstreit beginnen
quaestionari fragen
quaestionarius 1. Richter; Henker, Folterer; 2. der für fromme Zwecke Almosen sammelt, Bettelmönch
quaestiuncula alberne Frage
quaestor Almosensammler; Ablaßhändler
quaestuarius = quaestionarius 2
quaestura Amt, hohe Würde, Lehen; Lohn
quaestus, us Gewinn; Gewerbe, Handel
qui wie; auf daß, damit; dadurch; daher
quia *Konj.* weil; denn; seit; daß (*auch statt Akk. m. Inf.*)
quicquam was auch immer; alles, was
quicumque irgendeiner; jeder; quaecumque alia alles andere
quidam jemand (*auch statt* ullus); irgendeiner, ein (*unbest. Art.*); jeder
quidem *Adv.* zwar; freilich, gewiß, allerdings, wahrlich; wenigstens
quiescĕre ruhen; sich ruhig verhalten; aufhören; sterben
quietare beruhigen, besänftigen; = quittare
quietatio Beruhigung
quietus ruhig; = quittus
quilibet irgendeiner; jeder
quin *Konj.* sondern sogar; aber; so daß nicht; *auch* et
quinarius fünf enthaltend; q. sensus die fünf Sinne
quindecimus der fünfzehnte
quindenus der fünfzehnte; quindeni je fünfzehn; quindena 15 Tage
quinquagesima = Sonntag „Esto mihi"
quinquaginteni fünfzig
quinquennis fünfjährig
quinquennium Jahrfünft
quinquimus fünfjährig
quinta dies = Donnerstag
quintale; quintallus (*arab.*) Zentner
quintana febris alle fünf Tage auftretendes Fieber
quinterna ein Saiteninstrument, „kleine Geige, deren Saiten um eine Quinte voneinander gestimmt sind"
quippe *Konj.* nämlich, denn; und zwar, das heißt, natürlich; wahrlich; *oft nur versfüllend*
quippiam = quidpiam etwas
quire können, vermögen
quiris, itis Ritter, Schwertdegen, junger Ritter; Reiter
quis 1. jeder der; jemand. 2. = quibus
quispiam irgend jemand

quisquam irgendeiner, jemand; jeder; quisquam non niemand
quisque jeder beliebige; irgendeiner, jemand; = quisquis: quodque alles, was
quisquis irgendeiner; jeder
quitare; quittare = quietare für schuldenfrei erklären; überlassen, übergeben
quitus; quittus = quietus frei von Schulden, quitt, los und ledig
quo *Adv.* so daß; damit; wo; dorthin, von wo; quo contra wogegen; ex quo seitdem, wenn, weil
quoad 1. *Konj.* solange, bis; 2. *Präp. m. Akk.* hinsichtlich
quoadusque *Konj.* so lange, bis
quocirca *Konj.* deshalb, daher
quocunque *Adv.* irgendwohin; nach jeder Richtung, durchaus
quod *Konj.* weil; daß (*statt Akk. m. Inf. und statt* ut); seit; = quot
quodammodo *Adv.* gewissermaßen
quod ne quis daß nicht jemand
quodusque = quoadusque
quo minus *Konj.* um so weniger, geschweige denn
quomodo *Konj.* wie; daß
quondam *Adv.* früher einmal; vorhin
quoniam *Konj.* da ja; daß ja (*auch statt Akk. m. Inf.*)
quoquam *Adv.* irgendwohin
quoque *Adv.* auch, und, ferner, und zwar
quoquo *Adv.* irgendwohin
quorsum *Adv.* wohin; wieweit (W.)
quota (*sc.* pars) Steueranteil; Menge, Summe
quotatio annorum die Bestimmung des wievielten Jahres
quotennis von wieviel Jahren
quotidie = cotidie *Adv.* täglich
quotus der wievielte; wie alt; quoti wie viele

R

rabies, ei Wut; Liebeskummer
raca (*hebr.*) Schimpfwort (Matth. 5, 22): Taugenichts
racemus Weintraube; Zweig
radiamen Strahlung; die einzelne Stufe an der Sonnenuhr
1. **radiare** strahlen, glänzen; bestrahlen, beleuchten
2. **radiare** durchstreichen, ausstreichen
radicare entwurzeln
radicitus *Adv.* mit Stumpf und Stiel
radius Stab, Zweiglein; Strahl, Sonnenstrahl; Zirkel
radix Wurzel; Rettich
rafanus = raphanus (*griech.*) eine Art wilder Rettich
ramosus voller Äste; zackig
ramus Zweig, Ast; Kreuzesbalken; rami palmarum Palmsonntag
ramusculus Zweiglein, Zweig
rancor der ranzige Geschmack; Haß, Groll; Rauheit
rancorositas = rancor
rapticius schnell ergriffen
raptim *Adv.* in Eile, sofort
raptio Rauben; Entführung; Entrückung; r. Heliae ad caelos Himmelfahrt des Elias
raptor räuberisch; Räuber, Entführer
raptus, us Raub; Frauenraub, Notzucht
rapula = rapulum Rübe
rapuntium Rapunzel
rarenter = raro *Adv.* selten
rarus selten; gut; klein
rasor Barbier, Bader
rasorium Rasiermesser; Schermesser
rasta (*germ.*) Meile
rastellus (*v.* rastrum) Hacke
rasura Schaben; Abgeschabtes, Späne
ratificare bestätigen
ratihabitatio = ratihabitio Bestätigung; Genehmigung
ratio Rechnung, Rechenschaft; Ansicht, Meinung, Lehre, Grundsatz; Rede, Vorschlag, Bericht; Art, Weise; Lied; Gerichtsverfahren, Prozeß; Verstand, Vernunft; rationes dialecticae Dialektik; ratio legis Gesetzesurkunde; in-

tuitu rationis infolge vernünftiger Betrachtung; ratione in Rücksicht auf, in Anbetracht; rationes computare eine Berechnung anstellen; rationes deducere Rechnung legen; rationes facere Recht sprechen; rationem gerere Rechenschaft ablegen; nil rationis in armis habere = sich im Nachteil sehen; rationis fidem facere Überzeugung beibringen

ratiocinare; ratiocinari berechnen, rechnen, überlegen, folgern; mit Gegengründen widerlegen

ratiocinium Rechenschaft

rationabilis vernünftig, vernunftgemäß; zweckmäßig

rationale (*sc.* vestimentum) Brustschildchen des Hohenpriesters der Juden; bischöflicher Schulterschmuck aus Stoff

ratis, is Floß, Barke, Schiff; fecunda r. die reiche Schiffsladung

rattus (*wohl ital.*) Ratte

ratus (*v.* rēri) berechnet, gültig

raucellus heiser, rauh; leise girrend

raucosus heiser, rauh

raucus heiser, tief (von der Stimme)

ravacaulus Kohlrabi

re . . . beim Kompositum; 1. rückwärts; 2. noch einmal; 3. dagegen; der Erwartung entsprechend

realiter *Adv.* ordentlich, gründlich

reascendĕre sich wiederaufrichten

reatus, us Anklagezustand, Beschuldigung, Schuldfrage; Freveltat, Schuld, Sünde

rebachari sich wieder begeistern

rebellare sich widersetzen

rebellio Auflehnung, Aufstand; widerspenstig, der Empörer

rebellis aufrührerisch, widerspenstig, Widerstand leistend, trotzig; r. pacis Friedensbrecher

rebibĕre wieder trinken

reboare; reboari widerhallen; ertönen

reburrus struppig

recalcare von neuem auf etwas treten

recalcitrare alicui ausschlagen gegen, sich widersetzen; r. aliquem jem. zurückweisen, ablehnen

recalcitratio Widerstand

recalvaster, tri nach hinten kahl; mit hoher, kahler Stirn

recalvatio Kahlheit der Stirn

recantare (wunschgemäß) lossingen

recapitulare in den Hauptpunkten zusammenfassen, wiederholen

recappare nochmals zum Mantel machen

recappator der aus alten Sachen Mäntel macht

recavare aushöhlen

recavus nach innen hohl; recavum cornu ein Musikinstrument

recedĕre zurückweichen; abscheiden; im Geiste noch einmal vorübergehen lassen, mitempfinden

recens frisch; blutjung; rivis r. frisch bewässert

recensēre prüfen, mustern; betrachten

recensitus aufgezählt

recentificare erneuern

receptabilis zugänglich, fähig, geeignet

receptaculum Zuflucht; Aufnahmeraum, Wohnraum

receptare (bei sich) aufnehmen

receptibilis annehmbar; (Gott) angenehm

receptio Aufnahme, Wiedergewinnung

receptus geborgen; allgemein anerkannt

recessus, us Zurückgehen; Entfernung, Trennung, Tod; entlegener Ort, Einsamkeit; *Plur.* Verborgenheiten. — r. saltus Waldeinsamkeit; privatior r. oratorii abgelegenes Seitengemach einer Kirche

recidivare rückfällig werden

recidivus rückfällig; erneuert

recinĕre besingen

recipĕre zurücknehmen, auf sich nehmen, vertragen; sich vorbehalten, aufbewahren; auffassen; zu Lehen empfangen; r. spiramen Atem holen (R.); r. mentem sich fassen, zu sich kommen

reciprocare wieder zurückbringen; antworten, erwidern

reciprocatio Umkehr
reciprocator Erneuerer
recitare vorlesen; beichten; bekanntmachen
recircuitura Rückumlauf, eine der beiden Krümmungen eines mondförmigen Schmuckes
reclamare Beifall rufen, sich über etwas (aliquid) beschweren; Klage erheben
reclamatio Einspruch, Widerruf
reclinatorium Rückenlehne; Lagerstätte
recludĕre öffnen; einschließen
reclusus Klausner, Einsiedler
recogitatio Erwägung, Überlegung
recognitio Prüfung, das Jüngste Gericht; Bescheinigung, Anerkennung
recognoscĕre wiedererkennen; zuerkennen, anerkennen; nachträglich erfahren; aperte r. offen zugeben
recolĕre betrachten, erwägen, bedenken, beherzigen; sich erinnern, gedenken; mitfühlen, verehren, feiern; recolitur in commune es wird gemeinhin erzählt
recolligĕre sammeln, an sich nehmen, erwerben; se r. sich zurückziehen
se **recollocare** sich wieder hinlegen
recompensa Vergeltung, Belohnung, Gegengabe
recompensare erstatten, wieder ausgleichen; auszahlen; schätzen
recompensatio Erstattung; Dank; Erwiderung
reconciliare wieder versöhnen; sich versöhnen; von neuem weihen, wiedereinsetzen
reconductio Pachterneuerung
reconsignare wieder bemerken; zurückgeben
reconsiliari widerraten
recoquere wieder kochen, umschmelzen; recoctum saepe aurum = lauteres Gold
recordatio Rückerinnerung; felicis recordationis seligen Angedenkens (bei Verstorbenen)
recreatio Erholung, Unterhaltung
recredĕre anerkennen (eine Urkunde als echt)
recrementum Unrat; inutilia recrementa Unkraut
rectificare berichtigen
rectilinium gerade Gesinnung, Aufrichtigkeit; Korrektheit
rectiloquax = rectiloquus korrekt sprechend
rectitudo, inis Rechtlichkeit; richtiges Handeln
rector Lenker, Leiter; Befehlshaber; Amtmann; Bischof; r. domus Hausmeier; regni rectores die Großen des Reiches
rectrix Leiterin; Äbtissin
rectus gerade, steil; richtig, gerecht
recubitus, us Platz am Tisch, Sitz
recuperare wiedererlangen; ausgleichen, wieder gutmachen; *Pass.* sich erholen
recuperatio Wiedererlangung, Genesung
recurvus krumm; hohl; cursus r. Umweg
reda = raeda Reisewagen; Schlitten; Kummet
redaperire öffnen
redarguĕre bezichtigen, anklagen; *Pass.* sich beschuldigen
redargutio Widerlegung; Geringschätzung
redd... *oft* = red...
reddĕre zurückgeben; vergelten; erfüllen, leisten, bezahlen; *Pass.* werden; se r. sine pactione sich auf Gnade und Ungnade ergeben; r. solemnitatem Gottesdienst feiern; spiritum r. sterben
redditio Zurückgeben, Vergeltung
reddituarius Pächter
redditus, us 1. Ertrag, Einkommen, Einkünfte; 2. = reditus
redemptio Loskauf, Einlösung, Erlösung; r. animae Heil der Seele
redemptor Erlöser, Heiland; Händler
redibentia = redhibentia Abgabe, Steuer
redhibitio Rückgabe; Genugtuung; Abgabe
redicĕre wiederholt sagen
redifer der Kummetträger
redigĕre zurücktreiben, zurückführen; eintreiben; addieren
redimĕre loskaufen, befreien, erlösen; ausgleichen, wieder gutmachen

redimiclum = redimiculum Stirnband; Halskette

redimire bekränzen, umbinden; umgeben; ausstatten, ausrüsten

reditus, us Rückkehr; = redditus

redivivus wieder zum Leben erwacht, neuentsprossen; immer neu; wieder lebendig machend

redolare wieder ausrasieren

redolēre duften; riechen nach; verraten; beherzigen; r. matrem wie eine Mutter sein; r. temperiem warmen Duft verbreiten

reducěre zurückführen; beschränken; ad animam r. sich vergegenwärtigen

reduncus auswärts gebogen

redundare (aliqua re) Überfluß haben (an); darüber hinausgehen

reaedificare wieder aufbauen

reeměre = redimere zurückkaufen

reexspectare abermals erwarten

refarcitare mästen

refarinare wieder weiß machen

refectio Wiederherstellung; Erholung, Speisung, Mahlzeit, Hauptmahlzeit; Speisesaal

refectorarius Klosterspeisemeister, Speisesaalbesorger

refectorium Speisesaal im Kloster

refellěre als irrig zurückweisen, widerlegen, bekämpfen

referendarius Vorsteher der königlichen Kanzlei (in der merowingischen Zeit)

referre erzählen; verschieden sein; refert es besteht ein Unterschied

reficěre neu schaffen; speisen; se r. sich kräftigen, sich erquicken, sich sättigen, essen; *Pass.* essen

refigurare wieder umgestalten, wieder gestalten

refixus aufgestemmt

reflatare = reflare Atem holen

reflectěre rückwärts drehen; zusammenflechten; reflexus krumm; reflexis loris mit verhängten Zügeln

reflexus, us Krümmung; Bucht; reflexu vario abwechselnd

reflorescěre wieder zu blühen beginnen

refluxio Zurückströmen

refocillare am Herdfeuer wärmen; (wieder) erquicken, trösten

reformare umgestalten, verändern, verbessern; zurückerstatten; r. pacem den Frieden wiederherstellen, beschließen; r. ad bekehren zu

reforsare = refortiare verstärken

refovēre neu beleben, erquicken, stärken, hegen, trösten

refragare; refragari sich widersetzen, widerstreben; bestreiten, ableugnen

refragatio Widersetzlichkeit; Anfechtung; Gegensatz

refragium innere Widersetzlichkeit

refragus Widersacher; Ketzer

refrangěre = refringěre hemmen

fraudem **refraudare** Betrug mit Betrug vergelten (Y.)

refrenativus zügelnd, Herr werdend

refricare wieder reiben; erneuern

refrigerare abkühlen

refrigerium Abkühlung; Erquickung, Trost, Linderung, Hilfe; Ruhe; Erfrischungsmittel; Gedächtnismahl am Grabe eines Märtyrers

refuga Entlaufener; Auswanderer; Abtrünniger, Apostat

refugěre entfliehen, zurückscheuen vor

refulgens strahlend

refunděre zurückschütten, ausschütten; zurückgeben, ersetzen

rega facere = rigam, rigas facere Pflugdienste tun (Cap.)

regale, is Königsgut, Königsrecht; *Plur.* Einkünfte des Königs, Gerechtsame, Regalien; Einkünfte *überhaupt;* Reichskleinodien, Insignien

regenerare wieder erzeugen; regeneratus wiedergeboren, getauft

regia (*sc.* domus) Königspalast, Königsburg, Schloß; Hof, Familie des Königs

regicida Königsmörder

regio Gegend; Land; e regione gegenüber

regyrare hin- und herdrehen, umwenden; genau erforschen; sich umkehren

registrum = regestum Eintragebuch, Verzeichnis; Geschichtssammlung

regitivus beherrschend
regmen = regimen Leitung, Regierung
regnare alicui herrschen; König werden
regnum Königtum; Herrschaftsbezirk; das vom Papst getragene Zeichen der königlichen Würde
regradare zurücksetzen, degradieren
regratiari danken
regula Latte, Leiste, Riegel; Lineal, Richtscheit; Form; Ordensregel; Lehrbuch
regulare regeln; schulen; einrichten
regularis regelmäßig, regelrecht; nach der Ordensregel lebend = Mönch; r. linea Richtschnur; clericus r. regulierter Chorherr; vita r. Mönchsleben
regulus Basilisk; Otter
rehabēre wieder haben, wiederbekommen
rehibitio = redhibitio
reyda (*mhd.* reide) Reede
reimpendium Gewinnung
reinduĕre wieder anlegen; wieder aufnehmen
reintegrare = redintegrare ganz wiederherstellen; wiedereinsetzen
reisa (*germ.*) Reise; Kriegszug
reiterare noch einmal tun
relapsus rückfällig
relatus, us Vortrag, Bericht
relavare wieder waschen
relaxare lockern, nachlassen, erlassen, freilassen; entbinden; gewähren; peccata r. Sünden vergeben
relaxatio Nachlassen, Erleichterung, Erholung; Erschlaffung; Freilassung
relegare verbannen; lösen; vermachen; verheißen, versprechen
relegĕre losreißen, (das Fell) abziehen; relectus abgestreift
relevamen = relevatio Erleichterung
relevare aufrichten, wieder in den vorigen Stand einsetzen; erleichtern, lindern
relevatio Erleichterung
relicta Witwe, Waise
relidĕre zurückschlagen; zurücktönen lassen
religare anbinden, anheften; anhalten
religio Gewissenhaftigkeit; Andacht, Glaube; Religion; Lebensweise; Mönchs-, Nonnenorden; religionis habitus Mönchsgewand; religionis ordo Mönchsstand
religiositas Frömmigkeit, Gottseligkeit
religiosus gottesfürchtig, gottergeben; Mitglied eines Ordens, Mönch, Geistlicher; r. habitus Ordenskleid
relinquĕre zurücklassen, unterlassen; entlassen; zulassen, erlauben; r. mundum ins Kloster gehen
reliquia Überbleibsel; Reliquie; *Plur.* die sterblichen Reste; divinis consignatus reliquiis mit den Sterbesakramenten versehen
reliquiarium Erbteil; Heiligenschrein
de **reliquo** in Zukunft; überdies; nil reliqui facere gar nichts übrig lassen
relucēre wiedererleuchten; relucet es ist klar
reluctari sich sträuben, sich widersetzen
remaledicēre wieder schmähen
remandare von neuem auftragen, befehlen; zurücksagen lassen, erwidern
remanēre zurückbleiben, verbleiben; in jem. Dienst bleiben; ausbleiben
remarcescēre schlaff werden
remeare patriam zurückkehren in die Heimat; r. orbes die Kreisbahn zurücklegen
remediare; remediari heilen
remedium Heilmittel; letztwillige Anordnung zum Seelenheil; Sühne; remedio mit Hilfe
rememorare bekennen, beichten; *Pass.* sich erinnern
rememoratio Wiedererwähnung, Erzählung; Gedächtnisfeier
remetiri wieder gemessen werden
remex, igis Ruderknecht; Ruderschlag, Fahrt; Steuer
remigare rudern
remire = remeare zurückgehen
remissio Herablassung, Gnade, Vergebung; Zurückweisung; Versäumnis
remissor Erlasser, Nachlasser, Gnadenspender

remissus nachgelassen, schlaff, sanft, nachgiebig; *Adv. Komp.* remissius allzu nachgiebig; paulo remissius agere sich ein wenig ausruhen
remittĕre zurückschicken, zurückgeben; verzichten auf; vergeben
remordēre wieder beißen; widersprechen
remorsus; remorsio Gewissensbiß
removēre entfernen; remoto aliquo jem. ausgenommen; a remotis im Gegenteil, „vom verkehrten Ende"; von fern
remugire zurückschallen, erdröhnen
remum = remus
remunerabilis lobenswert
remunerare; remunerari vergelten, belohnen; wieder beschenken
remuneratio Vergeltung, Erkenntlichkeit; Gebühr, Gabe, Lohn, Belohnung
remus Ruder; Zoll
renactus umgeben, bekleidet
renasci wiedergeboren werden
renatus (*v.* renasci) getauft
renes, renum (renium) Nieren; Lende, Seite; *als Sitz der Gefühle auch* = Seele, Herz; Wollust
renitēre zurückglänzen, glänzen
rennuĕre = renuere abwinken, ablehnen, zurückweisen
reno, onis (*germ.*) Pelzwerk
renumerare zurückzahlen; belohnen
renunculus die kleine Niere
renuntiare zurückberichten; r. alicui rei verzichten auf, absagen
repagulum Riegel, Querbalken
repansare ausbreiten
reparare wiedergutmachen, sühnen; wieder anheben; wieder hervorbringen
reparatio Wiederherstellung, Ausbesserung; Errichtung; Stärkung, Gewinn
repariare naves, vela = renavigare zurückschiffen
repatriare in die Heimat zurückkehren
repedare zurückkehren, zurückgehen, -wandern; wiederbetreten
rependĕre heimzahlen; pro actione gratiarum rependenda um eine Pflicht der Dankbarkeit zu erfüllen
rependium Vergeltung, Entgelt
repensa Entschädigung
repente *Adv.* schnell, bald
repentinus unvermutet, improvisiert
repercussio Zurückprallen; Widerhall, Aufleuchten
repetĕre aufsuchen, angreifen; zurückverlangen, einfordern, klagen; bitten; wiederholen
repetitio Klage; r. patriae Heimkehr ins Vaterland
repiscari wieder fischen
replicare wieder auseinanderfalten; erwägen, überlegen; wieder anheben, erzählen, erwidern; versöhnen
reponĕre beisetzen; r. in beneficio zu Lehen nehmen
repositor; repostarius Schatzmeister, Bibliothekar
repositorius zur Bibliothek gehörig; repositorium Bibliothek
reprehensibilis tadelnswert; anfechtbar
repraesentare vergegenwärtigen, vorführen, darstellen, ausdrücken, nachahmen
repraestare wiedergeben, übergeben
reprobare verwerfen, verschmähen, zurückweisen; schlecht machen, tadeln
reprobus verwerflich, verworfen, schlecht, böse; unecht; mors reproba = der Tod mitten in den Sünden (Hr.)
repromissio Verheißung; Bürgschaft; terra repromissionis „das gelobte Land"
repromissor Bürge
repromittĕre von neuem versprechen; Gewähr leisten; erwidern
reproperare zurückeilen
repropiare patriae sich auf die Heimfahrt machen
repropitiare wieder gnädig machen, versöhnen; sühnen
reptare kriechen, schleichen
reptilis kriechend; reptile Gewürm; reptilia, ium Gewimmel
reptus, us die Wildschur
repudium Verstoßung; libellus repudii Scheidebrief
repugnare sich widersetzen, widersprechen

repulsa Zurückweisung, Abwehr, Widerstand
reputabilis berechenbar
reputare rechnen, anrechnen; überdenken, erwägen; halten für, ansehen
requies, etis Ruhe, Rast; Ruheplätzchen; Tod
requiescĕre ruhen, rasten; begraben sein
requietio Ruhe
requirĕre aufsuchen, herausfordern; fordern, eintreiben, zurückgewinnen; forschen, fragen, nachprüfen; kollationieren
requisitio Untersuchung, Umfrage; Vorladung; Rüge
requisitum Forderung, Bedürfnis; ad requisita naturae residĕre um eines natürlichen Bedürfnisses willen beiseite gehen (PD.)
res gestae Geschichtsschreibung; res Romana das römische Reich
resalire = resilire
rescire erkunden; erkennen, erfahren
rescribĕre erzählen; übersetzen
rescriptum Erlaß, Gegenschrift, Abschrift; Schriftstück
resecare aufschneiden; abhauen, ausroden, beseitigen
resedĕre = residĕre
reserare aufriegeln, öffnen; offenbaren, kundtun, eröffnen
reservare aufbewahren, vorbehalten
resibilare entgegenzischen; mit Stichelreden entgegnen, sticheln
resibilis zum Spaß, zum Sticheln geneigt
residentia Bodensatz; Wohnsitz
1. **residĕre** sitzen; sich setzen; sich aufhalten, wohnen; sich verhalten, bleiben
2. **residĕre** sich setzen, Rast machen; sich zurecht setzen, sich anschicken; sitzen (vom Schusse gesagt)
residuus zurückgeblieben, übrig
resignare entsiegeln, lösen; von neuem (die Grenze) bezeichnen; verzichten, zurückgeben
resignatio Verzicht; Auslieferung
resilire wieder in die Höhe springen, sich aufrichten
resipiscĕre wieder zu sich kommen, gesunden von, Vernunft annehmen; abstehen von
resociare wiedervereinigen
resolutio Erschlaffung, Auflösung, Tod; Entschließung
resonare widerhallen; = sonare ertönen, besingen
resopire einschläfern
respectio Musterung; Berücksichtigung, Heimsuchung
respectus, us Rücksicht, Berücksichtigung, Achtung; Vergleich; respectum agere eingehend besichtigen
respergĕre bespritzen, besprengen
respicĕre zurücksehen; sorgen; zögern; respicit me es geht mich an
respiramen Atmen
respirari = respirare atmen, zu Atem kommen, sich erholen
respiratio Aufatmen; Erholung
resplendĕre funkeln
respondĕre antworten, anheben; offenbaren, prophezeien; r. alicui de belohnen für; r. versum den Vers wiederholen
responsalis Vertreter, Bevollmächtigter
responsivum (Antwort)brief, Antwort
responsorium Wechselgesang, „ein meist aus 2 Versen bestehender liturgischer Text, mit dem der Chor den vom Vorsänger zitierten Vers aufnimmt"
responsum Antwort, Bescheid; Widerspruch; Wort, Rede; = responsorium
respuĕre zurückspeien; von sich weisen, nicht annehmen, verweigern; mißbilligen
resta Rest
restagnare übertreten (v. Gewässern); überfüllt sein
restare übrigbleiben; sich widersetzen
restauratio = instauratio Erneuerung
restaurator Wiederhersteller
restaurum Vergeltung, Entgelt, Ersatz
resticulus = resticula Seil, Schnur
restinguĕre auslöschen, löschen
restituĕre wiederherstellen; wieder zustellen, liefern; r. pristinae dignitati

wiedereinsetzen in das alte Amt; saluti restitutus erlöst
restrictus bescheiden; sparsam, karg; streng, vorsichtig
restringĕre zurückziehen; einschränken, hemmen, zähmen; loslösen
restringuĕre = restringĕre
restrofare abziehen
resudare schwitzen
resufflare wegblasen
resultare zurückspringen; widerstreben; erdröhnen, widerhallen; frohlocken; entstehen, sich ergeben
resumĕre wieder nehmen; als Antwort bekommen, vernehmen
resurrectio Auferstehung (des Herrn); Wiederauferstehung
resuscitare wiedererwecken (vom Tode)
retaliare wiedervergelten
retardare zurückhalten; hemmen; zurückscheuen
retegĕre aufdecken; sichtbar machen
1. **retentare** immer wieder versuchen
2. **retentare** zurückhalten, festhalten
retexĕre aufweben, auflösen, vernichten; enthüllen; wieder erzählen, darlegen, sagen
retiaculum Netz, Gitter; Reif
retiator Netzmacher
reticĕre verschweigen; r. aliquem schweigen vor jem.
reticula = reticulum kleines Netz; Schwanzstumpf; Netz über der Leber
retifer Netzträger, Fischer
retinaculum Fessel, Faßband; Haken, Klammer, Halter; Behälter
retinĕre zurückhalten, festhalten, haben; wiederkriegen, erhalten; unterhalten; sich erinnern; inediam r. Fasten beibehalten
retornare umkehren
retorquĕre zurückdrehen; schleudern; verdrehen; r. gressum zurückkehren
retorta Weidenband
retortus gebogen, gedreht
retractare zurücknehmen; wieder vornehmen; sich sträuben, ablehnen
retractatio = retractio
retractio Wiederholung; Nachdenken; Besinnen
retractus erstarrt
retramentum Rest
retransire von neuem hinübergehen
retrectare = retractare
retribuĕre alicui de heimzahlen
retributio Rückerstattung, Vergeltung, Belohnung, Lohn
retro 1. *Präp. m. Akk.* hinter; hinterwärts von; *zeitlich* = vor; 2. *Adv.* wieder; früher. — in retro hinten, auf dem Rücken; multis retro annis seit vielen Jahren; nulla retro maiorum memoria niemals seit Menschengedenken
retroagĕre zurücktreiben, rückwärts gehen machen; umkehren; rückgängig machen, ändern; retroactus vergangen
retrogradus rückwärtsgehend; Krebs
retrolapsus verflossen, vergangen
retrorsus *Adv.* rücklings
retrudĕre werfen, hinabstoßen
retrusio Einkerkerung, Strafhaft
retundĕre zurückstoßen; stumpf machen; *Pass.* stumpf werden
reuma = rheuma
reus angeklagt; schuldig, sträflich, sündhaft; Angeklagter, Sünder, Schuldner
revelare enthüllen, offenbaren
revelatio Offenbarung
revellĕre wegreißen, losreißen
reverberare zurückschlagen, zurückpeitschen, abwehren; zurückstrahlen, treffen; durchhauen; r. oculis scharf anblicken
reverendus ehrwürdig; reverendissimus hochehrwürdig
reverens ehrerbietig, ehrwürdig; zurückhaltend, schüchtern; reverentissimus geehrt, hochehrwürdig
reverentia Verehrung; Andacht; *als Anrede:* vestra r. Ew. Hochwürden
reversare umkehren, umwenden
reversus sich umwendend; entronnen; in se r. in sich gekehrt, nachdenkend
revestire wieder bekleiden
revigorare neu kräftigen

revirēre wieder grünen; sich erneuern
revirescēre wieder grün werden
revisēre besichtigen, besuchen gehen
revisitare wieder besuchen
revocare zurückrufen; umstimmen; nachkommen lassen
revocatio Widerruf
revolutio Umwälzung; Umlauf, Bahn
revolvēre zurückrollen; vorüberwälzen; überdenken, betrachten; *Pass.* ablaufen; clipeos r. die Schilde wieder vornehmen
rex Fürst, König; r. perennis = Christus
rheda = raeda
rhetor (*griech.*) Redner; gelehrter Mann
rhetoresis Redegewandtheit, Beredsamkeit
rhetorica; rhetorice (*griech.*) Redekunst
rhetoricus = rhetor
rheuma, atis (*griech.*) Schnupfen, Katarrh
rhinus (*n. d. Griech.*) Nase
rhythmachia (*griech.*) ein Figurenspiel, Brettspiel
rhythmicus (*griech.*) rhythmisch, in Versen; rhythmica = arithmetica
rhythmus (*griech.*) Reim, Rhythmus, Melodie, Tanzweise, Tonstück, Strophe; Gedicht aus akzentuierend gebauten Versen; rhythmum agere ein Lied spielen
rhodon (*griech.*) Rose
rhombus (*griech.*) Stör
rhomphaea (*griech.*) großes Schwert, Flamberg
ribaldaria Lasterhaftigkeit, Gemeinheit
ribaldus Landstreicher, Strolch, Raufbold
ricla = regula Riegel
rickmus; rigmus = rhythmus
ridēre lachen; grinsen
ridiculus lächerlich; sehr klein; ridiculum Gelächter; Schwank; ridiculas voces pati ausgelacht werden
ripheus (*griech.*) stürmisch
riga Furche; Linie, Zeile, Reihe
rigare benetzen, begießen
rigiditas Härte
rigidus steif, emporstarrend; straff, sehnig; starr, streng
rigor Härte; Charakterfestigkeit
riguus bewässert
rima Spalte; Grubenrand; Höllenschlund
rimari zerspalten; durchstöbern; durchforschen, fragen
rimatus zerrissen, löcherig
rimax undicht; schwatzhaft
rimula Spalt, Ritze, Furche; Tränenfurche
rimus = arithmos (*griech.*) Zahl
rinanch (*germ.*) *mhd.* rînanke Rheinanke, Lachsforelle
ringus = hringus (*germ.*) Ring, Kreis
ripa Ufer; Rand
riparis Meeresrand, Küste
ripaticus Uferzoll
risibilis lächerlich; lächelnd
ristrum Öffnung
risulus lächelnd
rite *Adv.* nach unserer Gewohnheit; gesetzlich, regelrecht; ausdrücklich, feierlich
rithimari reimen
rithimus; rithmus = rhythmus
rithmachia = rhythmachia
rivinus Nebenbuhler, Rival
rivulus Quell, Born
rixalla Zwist, Reibung
rixare; rixari hadern, streiten, zanken
rixosus zänkisch, zanksüchtig
roba (*germ.*) Gewand, Staatskleid; Tracht
roborare stärken; bekräftigen
robur, oris Eichenstamm, Stamm; Stärke
rocca; rocha Felsen; Burg, Kastell
1. **roccus** (*germ.*) Chorrock; Rock
2. **roccus; rochus** (*pers.*) Turm im Schachspiel
rochetum = roccus
rocus roccus
rodēre nagen; verzehren, ausleeren; verkleinern, herabsetzen
roga Sold; Spende, Almosen
rogamen Bitten, Verlangen
rogatio Frage; Bitte, Gebet; *Plur.* Bittprozession; Bittage
rogitare inständig bitten; dringend wünschen, sich vornehmen
rogus Scheiterhaufen; Feuer; = rogatio

Romanus oströmisch; Romani, orum die Klassiker
Romipeta Rompilger
rompnia = rhomphaea
roncinus = runcinus
rorare tauen; benetzen; r. aliquid unter Tränen erbitten
rorescĕre sich benetzen
rorifluus Tau bringend
rorulentus = rorolentus betaut; voll Nässe
ros, roris Tau, Naß; Träne; Dunst, Nichtigkeit; r. marinus Rosmarin
rosarius mit dem Rosenkranz geschmückt; r. (*sc.* hortus) Rosengarten; rosarium Rosenkranz; Rosenhecke
roscidulus tauig, betaut
roseus aus Rosen
rosorius alles benagend
rostrare mit einem Schnabel versehen
rostrisonus schnabelklappernd
rostrum Schnabel; Schnabelschuh
rosula Röslein
rosulentus voll Rosen
rota 1. = rotta; 2. Rad; Schicksalsrad; oberster päpstlicher Appellationsgerichtshof in Rom; in rotis ponere aufs Rad flechten
rotalis mit Rädern versehen; poena r. Strafe der Räderung
rotare im Kreise herumdrehen, schwingen; durch das Rad hinrichten
rotaticus Räderzoll
rotator Spieler auf der rotta
rotatus, us Umdrehung, Wechsel; Treiben
rotta 1. die Rotte, ein gitarrenartiges Musikinstrument, aus dem unsere Geige hervorgegangen ist; 2. = rutta
rotulus Schreiben, Brief
rotunditas Rundung; die runde Münze
rubēre rot sein; röten; erröten
rubeta Aalraupe (ein Fisch)
rubeus rot
rubicundulus = rubicundus hochrot, rot, rötlich
rubigo, inis Rost; Getreidebrand
rubinus rot
rubor Röte; Glanz, Widerschein; Schamröte
rubricare rot färben, röten
rubricator Rotmaler, der die Handschriften mit farbigen Initialen versieht
rubricus Rotforelle
rubulgra ein Fisch, Saibling oder Rötel
rubus Brombeerstrauch, Dornbusch, Busch, Brombeere; Reislein
rucinus = runcinus
ructuare = ructare rülpsen; sprechen, erzählen
rudens Seil, Tau
rudēre brüllen, schreien, iahen
rudereus zum Schutt gehörig
rudis ungebildet, *m. Gen.* unerfahren; neu
ruditas Roheit, Unwissenheit
ruffus = rufus rot; bösartig, mißgünstig
rufinus rot
ruga Falte, Runzel; nares in rugam contrahere die Nase rümpfen
rugare runzeln; falten
rugire brüllen, schreien (vom Löwen, Hirsch)
rugitus, us Brüllen; Kollern im Leibe
ruha (*hebr.* ruach) Geist
ruina Hereinbrechen; Sturz, Untergang
ruitare stürzen, eilen
rumbus = rhombus Stör
rumigare wiederkäuen; fressen
ruminare wiederkäuen, kosten; wiederholt überlegen, erzählen; herbeten
rumor Botschaft, Nachricht, Mär; Aufruhr, Tumult, Streit
rumpia = rhomphaea
rumusculus Gerede, Geschwätz
runcare schnarchen; mähen
runcina Hobel
runcinare hobeln, glatthobeln
runcinus derbes Pferd, Lastpferd, Ackergaul
runcor Schnarchen
rupis = rupes, is Felsen, Klippe
ruptura Bruch, Riß, Verletzung, Beschädigung
ruralis ländlich; feldwirtschaftlich
rurensis Bauer
rusca Rinde; Bienenkorb, Korb.

rusticalis bäuerlich; grob; Bauer
rusticitas bäurisches Wesen, Plumpheit
rusticus ländlich, einfach, schlicht; wissenschaftlich ungebildet; tölpisch, bäurisch; Bauer, Grobian; rustica lingua Landessprache
rustificus Bauer
ruta (*griech.*) Raute, ein bitteres Kraut
rutilare (rötlich) schimmern, wie Gold funkeln
rutilus rosig, glänzend
rutta Schar, Abteilung, Rotte

S

sabanum (*griech.*) leinenes Tuch, Handtuch
sabbatismus (*griech.*) Sabbatfeier, -ruhe
sabbatizare (*griech.*) den Sabbat feiern, den Feiertag halten
sabbatum (*hebr.*) Sabbat der Juden; Samstag; s. sanctum = Ostersamstag; s. vacuum Tag vor Palmsonntag
sabina Sadebaum
sabellum; sabelum (*russ.*) Zobel
sablo, onis Kies, Sand; sandiger Platz
sabulum Küstensand
saburra Sand; Ballast
saccardus (*ital.* saccardo) Räuber
saccatae = scacatae vestes aus verschiedenfarbigen Stoffen schachbrettartig gearbeitete Kleider
saccellum; saccellus Säckchen
sacchara = saccharon (*griech.*) Zucker
saccifer Sackträger
saccinus sackartig
sacculus Säckchen, Geldbeutel, Säckel; Schatz
saccus (*hebr.-phöniz.*) Sack; grobes Gewand, schmutziger, wertloser Anzug
sacellanus Kaplan
sacellarius Schatzmeister
sacellum Heiligtum, Kapelle
sacellus 1. = sacer; 2. = sacculus
sacer heilig; verflucht; s. fons Taufe; sacrum Sakrament; sacra, orum Heiligtümer, die gottesdienstlichen Geräte
sacerdos, otis Priester; Seelsorger; Nonne, Äbtissin; s. saecularis Weltgeistlicher
sacerdotalis priesterlich, bischöflich; eidlich
sacerdotium Priesteramt, Priesterwürde
sacire Rechtsansprüche geltend machen; ergreifen
sacramentalia, ium geweihte Gegenstände
sacramentalis, is Eideshelfer
sacramentum Schwur, Vasalleneid; Losung; Sakrament; Religion; s. caeleste Abendmahl; pro sacramentis wie das Sakrament
sacrarium Kirchenschatzkammer, Sakristei
sacrator Heiliger
sacratus geheiligt, heilig; sacratissimus hochheilig
sacricola den heiligen Dienst versehend, opfernd; Priester
sacrificare die Messe zelebrieren
sacrificium Opfer, Meßopfer, Messe, Totenmesse; s. laudis Lobopfer; s. vespertinum das heilige Abendmahl
sacrilegium Frevel gegen das Heilige; Kirchenraub; Verletzung religiöser Pflichten
sacrilegus gottlos, verrucht; Kirchenräuber
sacrista; sacristanus Sakristan, Kirchendiener
sacristia Sakristei
sacus = saccus
saettia; saetya = sagitta 2
saphir . . . = sappir . . .
safranum (*arab.-pers.*) Safran
sagacitas Scharfsinn
sagena (*griech.*) Schleppnetz, Netz
sagetia = sagitta 2
sagimen = sagina Mast, Fütterung; Fett, Fettigkeit, Schmalz
saginare mästen, speisen; saginatus vitulus = Christus (W. v. Ch.)
1. **sagitta** Pfeil
2. **sagitta** Fischerboot, Barke, Schute

sagittare mit Pfeilen schießen
sagittaria = sagitta 2
sagittea = sagitta 2
sagma, atis (*griech.*) Packsattel; Last eines Saumtieres; Saumtier; Mantelsack; ärmelloses Kleid, Kittel
sagmarium Sattelgepäck
sagmarius Saumroß, Lasttier
sagum grobes Tuch; Decke; kurzer Mantel, Kriegsrock
sagus = saccus
saynia (*griech.*) Lanze
sal, salis Salz; Verstand; Feinheit, Geschmack
sala (*germ.*) Haus, Behausung; Saal
salandria = chelandrium; chelandium Schnellsegler, eine Schiffsart (Liudp.)
salamandra (*griech.*) Salamander
salarium Mietlohn; Salzsteuer; Pökelkammer; = salerium
salax geil; gelenkig
Salem (*hebr.*) Jerusalem
salerium Salzfaß
saligia Akrostichon der Namen der Haupt- und Todsünden: s(uperbia) a(varitia) l(uxuria) i(invidia) g(ula) i(ra) a(cidia)
salinarius mit Salz beladen; Salzsieder
1. **salire** springen; extra se s. aus der Haut fahren
2. **salire** salzig machen, salzen
salitare tanzen
saliuncula = saliunca die (stark riechende, aber unansehnliche) wilde keltische Narde
salomon, onis Salomon; Weisheit
salomonior weiser (HS.)
saliva Speichel
salmo, onis Lachs, Salm
salpista (*griech.*) Trompeter
salpix, icis (*griech.*) Trompete
salsugo, inis Salzwasser, Salzgehalt
salsura Salzlake; Salzbrühe
salsus gesalzen, salzig; witzig, beißend
saltare springen, tanzen; saltando iocare nicht ernst gemeinte Ausfälle machen
saltem; saltim *Adv.* wenigstens; vielleicht; non s. nicht einmal; s. deinde wenigstens von nun an
saltitare tanzen
saltria = saltatrix, ioculatrix Tänzerin
1. **saltus,** us Sprung, Satz; s. lunae das Auslassen des letzten Monatstages (des 31. Juli alle 19 Jahre); saltum dare einen Sprung machen
2. **saltus,** us Waldgebirge; Wald; s. communes Waldviehtriften
salum Meer, Brandung; s. saeculi Unruhe der Welt
salus, utis Gesundheit; Seelenheil; *Plur.* heilsame Wirkungen; periculum salutis Lebensgefahr; salutes mittere Grüße schicken
salutare retten, schützen; grüßen, Valet sagen; besuchen; virginem s. das Ave Maria beten
salutaris Heil, Erlösung bringend, gnadenreich; Retter, Heiland; salutare, ris Rettung, Heil
salutatio die förmliche Adresse an den Adressaten; s. angelica der Engelsgruß Ave Maria (Luk. 1, 28)
salutifer heilbringend
salutigerulus heilbringend
salvare gesund machen; retten, erlösen; erhalten, bewahren; unberührt lassen; *Pass.* gesund werden; selig werden
salvatio Rettung, Heil
salvator Erlöser, Heiland
salve dare grüßen
salvia Salbei
salvificare retten, erretten
salvificus heilbringend
salvum Gesundheit
samita; samitum = examitum
sanator Heiler, Gesundmacher
sancire = sanctificare
sanctificare heiligen, weihen; heilig sprechen; s. ieiunium fasten (VS.)
sanctificatio Heiligung, Heiligkeit, Heiligsprechung; Heiligtum
sanctificium Heiligung
sanctiloqui libri die Bücher der Bibel
sanctimonialis der Heiligkeit gewidmet: heilig, fromm; gewissenhaft; Nonne, Klausnerin
sanctimonium Heiligtum

sanctio Bestimmung, Anordnung, Vorschrift; Urkunde; s. ecclesiastica kirchliche Satzung
sanctire festsetzen, anordnen
sanctitas heiliges Wesen; Ehrentitel der Bischöfe und des Papstes
sanctuarium Heiligtum; Sakristei; *Plur.* die Reliquien (VS.)
sanctus ehrwürdig, heilig; sanctum = das Allerheiligste der Kirche; *Plur.* sancta die Reliquien der Heiligen; das heilige Abendmahl (Hr.)
sandalium (*griech.*) Sandale
sandalum (*arab.*) Sandelholz
sandyx, ycis Sandyxstaude
sane *Adv.* fürwahr, in der Tat, freilich, allerdings, sicherlich. *Vgl. auch* sanus
sanguen = sanguis
sanguinare bluten; blutig hauen; rot machen
sanguinolentare mit Blut tränken (T.)
sanguinolentus blutig; neugeboren
sanguis, inis Blut, Blutvergießen; Geblüt; sanguinis periculum Todesstrafe
sanguisuga Blutegel; Blutsauger
sanies, ei Eiterung, Eiter
sanitas Gesundheit; Heilung
sannum = sanna Grimasse; Spottrede, Verspottung
sannus bläulich, blau
sanus gesund; verständig; male s. unsinnig
sanxire = sanctire
sapĕre; sapire schmecken; Geschmack haben; wissen, denken; s. famem Hunger empfinden
sapidus schmackhaft; schmeckend; gelehrt
sapo, onis (*germ.*) Seife
saponarius Seifensieder
sapor Geschmack, Wohlgeschmack
saporare schmackhaft machen, würzen; dulce saporatą köstliche Leckerbissen
saporus wohlschmeckend
sappirinus aus Saphir; blau
sappirum = sappirus (*griech.*) Saphir
sarabaita Mönch ohne Regel
sarabara, orum (*arab.*) Pluderhosen (der Perser), Hosen; Beine
sarabella; sarabula = sarabara
sarcina Gepäck, Last; schwere Aufgabe
sarcinula Gepäck
sarcire flicken; ersetzen
sarcophagus (*griech.*) Sarg
sarcoma, atis (*griech.*) Fleischgewächs
sarda Sardine; Sprotte, Hering
sardonicus (*sc.* lapis) = sardonychus (*griech.*) Sardonyx, ein Edelstein
sardius (*sc.* lapis) fleischfarbener Achat
sarmentum Ranke, Rebe; Reisig
sarrachium; sarroch (*sem.*) Rock, kurzer Mantel, Chorhemd
sarracum zweirädriger Wagen
sarrotus Chorhemd
sartago, inis Tiegel, Pfanne; Hexenkessel, Höllenpfuhl
sartor Schneider
sartus (*v.* sarcire) geflickt
satagare; satagĕre genug zu tun haben, sich abmühen, seine Not haben; sich kümmern, danach trachten, wollen
satanas, ae (*hebr.-griech.*) Teufel, Satan
satanilis teuflisch
satelles, itis Dienstmann, Gefolgsmann; Held, Offizier, Feldherr; Spießgeselle
satellicium Knechtschaft, Vasallendienst
saties = satietas
satietas Sättigung, Überfluß; Überdruß, Ekel; post congratulationis satietatem nachdem er gratuliert hatte (Liudp.)
satio Säen; Saatfeld
satira Tadel, Vorwurf
satiricus Schauspieler, Gaukler, Spielmann
satis *Adv.* genug, nach Herzenslust, sehr, völlig; *m. Komp.* = viel; *Komp.* satius besser, angebrachter; non s. est es ist nicht leicht
satisfacĕre Rechenschaft ablegen über; eidlich bekräftigen
satisfactio Genugtuung; Rechtfertigung; Buße
satrapa (*pers.-griech.*) Statthalter, Häuptling, Vornehmer, Fürst, König
satum hebr. Maß (88 Liter)
satur, a, um satt, gesättigt; voll
saturare sättigen; *Pass.* satt werden

satureia Saturei, Pfefferkraut
saturitas Sättigung, Übersättigung
Saturni dies (*engl.* Saturday) Samstag
sauciare verwunden
saucium Wunde
saum... = sagm...
savinatum (*sc.* vinum) Säbenwein
savium Kuß
saxenus = saxeus steinern, felsig
scabea = scabies, ei Krätze, Aussatz
scabellum; scabellus kleine Bank, Schemel, Krücke; s. subpedaneus Fußschemel
scaber, bra, brum rauh, schäbig; räudig
scabinagium Rat (einer Stadt)
scabinus (*germ.*) Schöffe
scabrosus rauh
scacarium (*pers.*) Schachbrett
scacatus schachbrettartig gemustert
scaccus; scacci, orum Schachspiel
scactabulum Schachbrett
1. **scafa** = scapha (*griech.*) Kahn, Schiff
2. **scafa; scapha** (*germ.*) Scheffel, ein Getreidemaß; Backtrog
scaffardus; scafwardus (*germ.*) Verwalter; Mundschenk
scafilus; scapilus = scafa 2
1. **scala** Leiter, Sturmleiter, Treppe
2. **scala** (*germ.*) Napf, Schale; Waage
scalper, pri; **scalprum** Schnitzmesser
scalpĕre kratzen; in den Haaren krauen; reizen
scalvare einen Baum köpfen; die Kopfhaut mit den Haaren abziehen
scamera (*griech.*) Plünderung; Räuber
scamma, atis (*griech.*) Kampfplatz
scamnum Bank, Fußschemel
scandaphilum = sandapila Totenbahre
scandalizare (*griech.*) ein Ärgernis geben, verärgern, beleidigen; zum Bösen verführen; *Pass.* sich auflehnen
scandalum (*griech.*) Ärgernis, Anstoß, Ärger; Streit, Zank, Zwietracht, Aufruhr
scapelus = capellus Kopfbedeckung, Hut; *mhd.* schapel
scapula Schulterblatt, Schulter; *Plur.* Achsel, Rücken
scapulare, is Schulterkleid, Skapulier
scara (*germ.*) Schar
scarabaeus Holzkäfer
scaramanga Oberkleid, Mantel
scaramutia (*germ.-ital.*) Scharmützel
scaranus Krieger
scario (*ahd.* scaro; scarjo) Scherge; Scharwächter, Hauptmann
scarlatum; scarletum; scarlitum Scharlach, Scharlachtuch
scatebra; scatebrum Sprudel
scatēre hervorsprudeln, wallen; voll sein
scaturigo, inis Sprudel, Quell
scaturrire hervorquellen; sich mehren
sced...; **scem**... *s.* sched...; schem...
scena (*griech.*) Bühne, Schauplatz, Theater; Laube, Zelt
scencho (*ahd.* scenko) Mundschenk
scenofactorius zum Zeltbau gehörend; Zeltmacher
scenopegia (*griech.*) Laubhüttenfest der Juden
sceptriger, ein Zepter führend
sceptrum (*griech.*) Zepter, Herrscherstab; Macht; *Plur.* Herrschaft; sceptra regere König sein
scaevus link, verkehrt, ungünstig, traurig, unselig
schaprunum = *mhd.* schaperûn kurzer Mantel
scheda; sceda (*griech.*) Papyrusstreifen; Blatt Papier
schedula; scedula (*griech.*) Blättchen Papier, Zettel, Urkunde; Brettchen
schella (*germ.*) Schelle, Glocke
schema; scema, atis (*griech.*) Miene, Gebärde; Tracht, Kleidung; Bild; *oft* = stemma; *Plur.* Redewendungen; ingeniosa schemata die auf scharfsinniger Berechnung beruhenden Weissagungen
schinus (*griech.*) Mastixbaum
schisma; scisma, atis (*griech.*) Riß, Trennung, Feindschaft; Glaubensspaltung, Schisma
schismaticus Ketzer
schola; scola (*griech.*) Lehrstunde, Schule; Dienerschaft, Hausgesinde; Genossenschaft

scholaris zur Schule gehörig, akademisch gebildet; Schüler, Student, Akademiker; scolares aulae Palastwachen
scholasticulus Schülerlein
scholasticus (*griech.*) Schüler; Lehrer; Domherr, der die Schule des Stifts beaufsichtigt; gelehrt, scholastisch
scibilis wissenswert
scientola ein bißchen Wissen
scyphus (*griech.*) Becher
skina (*germ.*) Schienbein
scindalum = zyndalum
scilicet *Adv.* nämlich
scilpor (*germ.*) Schildträger, Waffenträger
scindĕre zerteilen, abspalten; durchbrechen; terram s. pflügen; s. crines das Haar raufen
scindula Schindel
scinifes, um (*griech.*) eine kleine Ameisenart, die dem Honig nachgeht, die Feigen benagt; Stechmücken
scintillare funkeln, flimmern, Funken sprühen
scintillula Fünkchen
sciola (*griech.*) kleiner Schatten
sciolus des Lesens kundig, gelehrt, geschickt; Sekretär, Kleriker
scire wissen; verstehen, können; kennen
scirpeus aus Binsen
scirpus Binse; quaerere nodum in scirpo Schwierigkeiten finden, wo keine sind
sciscitari erforschen, sich erkundigen
scisis (*v.* scindĕre) Trennung, Absonderung
scism . . . = schism . . .
scissilis spaltbar, sich spaltend
scissio Zerreißen, Spaltung; Zwiespalt
scisso Splitter
scitum Beschluß
scitus geschickt, klug, kundig, gescheit
sciurus (*griech.*) Eichhörnchen
scius einsichtig, klug
sclareia Muskatellerkraut
sclavigena Sklave
sclavina; sclavinia Pilgermantel
sclavus slawisch; Sklave; sclava Sklavin
sclusa (*germ.*) Schleuse
scobare = scopare
scobis, is Sägemehl, Sägespäne; Müll, Kehricht
scobs = scobis
scol . . . *s.* schol . . .
scolax Wachsfackel
scopa dünner Zweig, Reis, Rute; *Plur.* Besen; Garten
scopare mit dem Besen kehren, reinigen
scopĕre (*griech.*) durchforschen, prüfen
scopulosus klippenreich, felsig; mons s. Felsklippe
scopulus Felsen, Klippe, Riff; Felsenhöhle
scopus (*griech.*) Ziel
scoria (*griech.*) Schlacke, Asche, Dreck
scoriare = excoriare abhäuten, schinden
scorpio (*griech.*) Skorpion; ein Geschütz; ein Marterinstrument
scortare; scortari Unzucht treiben
scortum Fell; Dirne
scrato (*germ.*) Schrat
screona das unterirdische Frauengemach, Webekeller
scriba Schreiber; Notar; Schriftgelehrter
scriniarius Geheimschreiber, Siegelbewahrer
scriniolum Schreinchen, Truhe
scrinium Kapsel; Schrein, Truhe, Kiste; Archiv, Kanzlei; s. viatorium Reisearchiv; s. apostolicum, sacrum päpstliche Kanzlei
scriptitare schreiben; abschreiben; abfassen, verfassen
scriptor conductus Lohnschreiber
scriptorium Schreibstube (des Klosters)
scriptulum Schriftchen
scriptum Schriftstück, jede schriftliche Auseinandersetzung; Urkunde; Epitaph
scriptura das Schreiben; Schrift; schriftliche Quelle; Geschichte; die Heilige Schrift; *Plur.* Schriftwerke
scroba Grube; Eisenbergwerk (Cap.)
scrofa; scropha (*griech.*) Sau, Mutterschwein; Maschine zum Untergraben einer Mauer
scrupulositas Ängstlichkeit
scrupulum = scrupulus

scrupulus spitzes Steinchen; ängstliche Genauigkeit, Unruhe, Besorgnis, Skrupel; Hindernis; s. litis Streitfall
scruta (*griech.*) Trödelware; *Plur.* Kleinigkeiten
scrutare; scrutari durchsuchen; fragen; eindringen
scrutinari nachforschen
sculdahis (*germ.*) Schultheiß
sculptare getriebenes Bildwerk
sculptilis geschnitzt, modelliert; sculptile opus Bildhauerarbeit; sculptile, is das geschnitzte Bild
sculptus (*v.* sculpĕre) geschnitzt
scultetia Schulzenamt
scultetus (*germ.*) Schultheiß
scura; scuria Scheuer, Stall
scurra Geck; Possenreißer
scurrilis scherzend, lustig; scurrilia, ium Possen; scurrili certamine ludere Scherzreden führen
scurrilitas Possenreißerei; *Plur.* „leichtfertiges Gespräch"
scurro, onis; **scurrus** = scurra
scuta (*mhd.* schûte) Schute, leichtes Schnellschiff
scutarius Schildträger
scutatus mit einem Schilde bewaffnet; s. aureus Goldmünze
scutella kleine Schüssel, Platte; Trinkschale
scutica Peitsche
scutifer, eri Schildträger, Knappe
scutula = scutulum kleiner Schild
se *auch* = eum, eam
sebum Talg
secale Roggen, Korn
secare schneiden, mähen; zerlegen
secessus, us Fortgehen; das geheime Gemach, Abort; in secessu abseits
seclaudĕre = secludere einsperren, abschließen
seclum = saeculum
seclus = siclus
secretarium der geheime Ort; Sakristei
secretarius heimlich; Sekretär des Abtes, Vertreter des Klostervogtes
secretim *Adv.* insgeheim
secretus abgesondert, entlegen, geheim; secreta, ae *u.* orum Stillgebet; secretum Gebetsstille; Geheimnis; geheime Meldung; Geheimsiegel; Frauengemach; Abort; secretum cordis der innerste Herzensgrund
secta Grundsatz, Lehre; Sekte, Orden; böse Gesellschaft, Irrlehre
sectari nacheifern, nachfolgen, begleiten
sectatio Nachfolgen, Nacheiferung, Leidenschaft für etwas
sectator Anhänger, Parteigänger; Eiferer
sectio Schneiden; Teilung; s. feni Heuschnitt
sectula kleiner Bund
saecularis hundertjährig; weltlich,sündig; Weltmensch; Laie
saeculum Zeitalter; Weltall; die irdische Welt, Weltlust, Weltleben; in saecula, in saecula saeculorum auf immer, immerdar
secundarius zweiten Grades, sekundär; *Adv.* secundario von neuem
secundicerius der nächste nach dem primicerius
secundo *Adv.* an zweiter Stelle; zum zweiten Male
secundum *Präp. m. Akk.* nach Übereinkunft, gemäß; in der Nähe; s. aliquem esse jem. gleichen; s. quid vergleichsweise, relativ; s. quod wie; s. tempus so gut es die Zeit erlaubt
secundus folgend, nachstehend; günstig, gewogen; Partner; secundum Glück
securare sicher stellen, schützen
securatus de unbesorgt um
securicula das kleine Beil, Streitaxt
securitas Sicherheit, innere Ruhe; freies Geleit, Bürgschaft, Zusicherung, Entlastung
securus sorglos, unachtsam, furchtlos; unverletzt, unbehelligt; aliquem securum facere quod versichern, daß
secus 1. *Adv.* anders; 2. *Präp. m. Akk.* in der Nähe, neben, bei, an; gemäß
secutor Begleiter, Anhänger
sed *oft nur anreihend; auch folgernd:* daher; sed et = auch

sedare beschwichtigen, Einhalt tun, unterdrücken
sedativus beruhigend, beschwichtigend
sedatus gesetzt, gelassen, still
sedēre sitzen; sich setzen; beistimmen; omnibus animis sedit = man beschloß
sedes, is Sitz: Bischofssitz; Amt; Schauplatz; Himmelreich; s. regalis Königsthron
seditio Aufruhr; Aufsehen
seducĕre verführen, abtrünnig machen
seductilis verführbar, leicht erregbar
seductio Verführung; *Plur.* Schaden
seductor Betrüger, Verführer
seductorius verführerisch
segale = sigale
seges, etis Saat; Getreide
segnia mea meine geringen Leistungen
segnitas Trägheit, Langsamkeit, Gleichgültigkeit
segnities, ei = segnitas
segnus = segnis lässig, träge
segregare absondern; verführen
segregatim *Adv.* gesondert
segrex, gregis abgesondert; ungesellig
segristanus = sacrista Sigrist
segusius canis Jagdhund; Spürhund
seire abseits gehen
seligo = siligo
sella 1. Stuhl, Sessel; Sattel; 2. = cella Hütte; Marstall
sellare satteln
sellarius; sellator Sattler
sellula kleiner Stuhl
sellus ein mit einem Sattel versehenes Tier
semare halbieren; verstümmeln
semel *Adv.* einmal, einstmals
semella = simila Semmel
semen, inis Same; Sproß; s. mundi = Element
sementia, ium Saat, Saatkorn, Saatgut
semet = se; per semetipsum persönlich
semi . . . *vor Adj. oder Subst.* = halb . . .
semicinctium Halbgurt, schmaler Gurt
semicrudus halbgar
semiduplex, icis halbfeierlich
semifractus halbverfault (von Schiffen)
semiloqui stammeln, lallen
semiloquus stammelnd
semimagister, tri „Halbschulmeister"
seminarium Pflanzschule; Saat, Keim
seminator Säer; Anstifter
semidirutus halbzerstört
seminiverbius Schwätzer
seminudus longitudine dem größeren Teil nach unbedeckt (Liudp.)
semiparatus halbbekleidet
semis (*indekl.*) halb
semispatha; semispathium kleines Schwert, Halbschwert, Hirschfänger, Messer, der „Sachs"
semissis, is Hälfte
semita Fußweg, Pfad, Bahn; Straße, Gasse
semivir Eunuch
semotus entfernt; abgesondert; tot; *Adv. auch* semotim
semovēre aus dem Wege schaffen, entfernen, beiseite schaffen
semus halb; verstümmelt
senator Offizier, Vornehmer; Amtstitel für die Räte des Königs (zur Zeit der Karolinger); Schöffe
senatoria Senat
senatus et plebs Rat und Gemeinde
senecta = senectus Greisenalter
senescalcus; senescallus (*germ.*) Seneschall
senex, senis Greis, Ältester; Vorfahr; Läufer (im Schachspiel)
senilis greisenhaft; Greis
senior der Ältere, Presbyter, Führer, Sprecher; Lehnsherr, Ehemann; Vorfahr; *als Anrede*: Herr; seniores die Ältesten, der Staatsrat; die Ahnen
senis = senex
senium Altersschwäche, Greisenalter
senpecta = sempecta (*griech.*) (älterer) Mitbruder (BR.)
sensatus verständig, vernünftig
sensibilis fühlbar; sinnlich
sensim *Adv.* leise; allmählich
sensualis sinnlich
sensus, us Wahrnehmen, Sinn, Bewußtsein; sensibus excedere die Besinnung verlieren

sententia Vorhaben, Absicht; Ausspruch, Wort; Urteilsspruch; Strafe; Darstellung; Ratsversammlung; sententiam proferre ein Urteil fällen; sententiam subire der Todesstrafe verfallen; ex s. nach Wunsch
sententialiter *Adv.* dem Sinne nach
sententiare ein Urteil fällen, verurteilen
sententiarius Magister, der über die Sentenzen des Petrus Lombardus liest
sententiola = sententia
sentire contra aliquem sich empören
sentis, is Dornenstrauch; *Plur.* Dornen
sentosus dornig
seorsim = seorsum
seorsum *Adv.* besonders, abgesóndert, in Entfernung von, ohne
separ, paris getrennt, zerrissen
separabilis trennbar; besonder
separari sich entfernen, aufbrechen
saepe, is Zaun; *Plur.* saepia Hürden
sepedium Zufluchtsstätte
sepelire begraben; in Schlaf versenken
saepes, is Zaun, Umzäunung; Gittertür; Burgzinne
sepia (*griech.*) Tintenfisch; Tinte
saepicula Zaun
sepiola Tintenfisch
saepire umzäunen; saeptus ringsum geschmückt
saepius *Adv. Komp. v.* saepe: oft
saepiuscule *Adv.* öfter, gar oft
septem dormientium m[artyrum] = 27. Juli
septem psalmi die sieben Bußpsalmen
Septembrius September
septemplex, plicis siebenfältig; siebenhäutig; mysticum s. das geheimnisvolle Siebenfache = die Woche
septemplicare versiebenfachen
septemtrio (*Akk.* septemtriona) der große Bär; Norden, die Länder des Nordens
septenarius aus sieben bestehend; der siebente; s. numerus Siebenzahl; sacrum septenarium die 7 Gaben des Hl. Geistes; quies septenaria Sabbatruhe
septennis = septuennis siebenjährig
septenus der siebente; siebenfach
septiformis siebenfältig, siebengestaltig; s. munere siebenfach ausgerüstet mit der Gabe (der Weisheit)
septimana Woche; media s. Mittwoch
septimanarius Wochendienst habend
septinoctium die sieben Nächte; Zeitraum von sieben Nächten
septistellium Siebengestirn
saeptum Gehege, eingezäuntes Gehöft, Hofraum; Kloster; Gewölbe; *Plur.* saepta regia das Schlafgemach des Königs
septuagenarius 70 Jahre alt; ein Siebzigjähriger
septities = septies *Adv.* siebenmal
sepultura Bestattung; Grab
sepultus verborgen; verstorben; sepultum iacēre begraben
sequax Anhänger, Jünger, Apostel; Führer, Besitzer; *Plur.* Gefolge
sequela Folge
sequens künftig, bevorstehend
sequentia Reihenfolge; Sequenz (ein zwischen das Graduale (Teil der Messe) und das Evangelium eingeschobener Hymnus); sequentia (*sc.* sancti evangelii) Evangelienlesung
sequentiarius (*sc.* liber) Sequenzenbuch
sequentionarium = sequentiarius
sequestrare trennen, aussondern, ausschließen, entfernen; ermitteln; in besondere Verwahrung (Verwaltung) geben, gerichtlich sicherstellen; liefern, einhändigen, überlassen
sequestratio Hinterlegung; Trennung
sequi folgen; Schritt halten; zufallen
sequipeda; sequipes, pedis Nachahmer, Nachfolger, Schüler
1. **sēra** Latte; Riegel, Schloß
2. **sēra** Abend; ad seram am Abend
seraphim (*hebr.*) Seraphim (besondere Klasse der Engel)
serare verschließen
seratura Schloß, Verschluß
serenare heiter machen; reinigen

serenitas Heiterkeit, Ruhe; Lauterkeit, Anmut; *als Anrede:* Herrlichkeit, Durchlaucht, Hoheit; *Plur.* friedliche Zeiten

serenus hell; heiter, verklärt; erlaucht, huldreich

seria Tonne, Faß; großer Krug

seriatim *Adv.* nach der Reihe, Wort für Wort

sericatus mit seidenem Stoffe bekleidet

sericosus seiden

sericus (*griech.*) seiden, aus Seide; sericum Seide, Seidentuch

1. **series,** ei Reihe, Reihenfolge, Verlauf; Wortlaut, Text, Inhalt, Darstellung; Flechte(n); Schar; series codicis Blätter einer Handschrift; in seriem annorum in alle Ewigkeit

2. **series** = serietas Ernst

serietenus *Adv.* der Reihe nach

seriosus ernst, zurückhaltend; finster

serius ernst, ernstlich; nützlich, notwendig; serium Ernst

sermo Rede, Gespräch; Erzählung; Predigt; Gabe zu reden; Tat, Vorfall; s. regis Königsschutz; s. divinus Gottes Wort; aliquem extra sermonem regis ponere jem. friedlos legen

sermocinare = sermocinari sich unterhalten, schwatzen; Reden halten

sermocinator Prediger

sero *Adv.* spät; am Abend; endlich; *Subst.* (*indekl.*) Spätabend

serostyrax = xerostyrax (*griech.*) Räucherwerk

serotinus spät, spätreif

serpens Schlange; antiquus s. Teufel

serrare sägen, zersägen

sertum Kranz, Blumengewinde; s. frontis Diadem

serum Molken, Käsewasser

servare erretten; erhalten, ernähren; aufsparen; servantes die der Welt (saeculum) dienen (BR.)

servator equorum Pferdehüter

servatorium Dauerapfel

serviens Dienstmann; Gerichtsdiener; servientes die ritterlichen Dienstmannen; Gesinde

servilis knechtisch; servile corpus Knechtsgestalt

servimen Dienst

servire dienen; kredenzen; moribus alicuius s. der Eigenart jem. gerecht werden

servitium Dienst, Leistung; Ertrag; Abgabe, Steuer; Knechtschaft, unfreier Stand; *Plur.* Einkünfte

servitor Diener, Knecht

servitus, utis Dienst; Gottesdienst

servus Leibeigener, Unfreier, berittener Knecht, Gutsuntertan; Troßknecht

sesqualter = sesquialter anderthalbfach, das Verhältnis von 3 zu 2 bezeichnend

sesqualterare cantum „die Hauptstimme (im Verhältnis von 2 zu 3) in der Quinte begleiten" (Y.)

sesquidies, ei anderthalb Tage

sesquimensis anderthalb Monate

sesquipedalis anderthalbfüßig; ellenlang = sehr lang

sesquioctavus das Verhältnis von 9 zu 8 bezeichnend (Hr.)

sesquitertius das Verhältnis von 4 zu 3 bezeichnend (Hr.)

sessio Sitzen, Sitzplatz; Ansiedelung, Niederlassung

sessor Reiter; Einwohner

set = sed

saeta Borste; Angelschnur; Seide

saetifer = saetiger Borstenträger = Eber; borstig

sethim (*hebr.* schittim) Akazien (LB.)

seu *Konj.* oder, und

canis **seucis** = canis segusius

sexagena Schock

sextarius ein Getreidemaß, Metze

sextorium Ruhekissen

sexum = sexus, us Geschlecht

si *Konj.* wenn, auch wenn; ob; insoweit, wofern nur; = ja, gewiß; si — neve sei es — sei es nicht (R.); si tamen wenn doch!

sibi: *auch* = ei

sibilare zischen; pfeifen, zwitschern

sibilum; sibilus Zischen, Säuseln, Pfeifen; Schlange

sic; et sic = so; hernach, dann
sica Dolch; Messer
sicarius Räuber, Bandit
siccamen Trockenheit; Getrocknetes, Rauchfleisch und Schinken
sicera (*hebr.*) ein berauschendes Getränk der Hebräer; jedes berauschende Getränk mit Ausnahme von Bier: Met, Obstwein, Scherbet
sicerator Brauer
syche = psyche (*griech.*) Seele
sichel et math (*wohl verderbt als dem altfrz.* eschec et mat) schachmatt
siciens = sitiens dürstend (Liudp.)
sicla; siclus (*hebr.*) Sekel, Silberling; ein Maß für flüssige und trockene Sachen
sycophanta (*griech.*) Ränkeschmied, Verleumder
sycomorus (*griech.*) der wilde Feigenbaum, Maulbeerfeige
sicque = itaque
sicubi *Adv.* wenn irgendwo
sicut *Adv.* gleichwie, wie auch; sicut qui zumal der, welcher
siphon (*griech.*) Röhre; Furz
sigale, is; **sigalum** Korn, Roggen, Spelt
sigalinus panis Roggenbrot
sigillare versiegeln, besiegeln
sigillatim = singillatim
sigillum Siegelstempel; Wachs-, Metallsiegel; Urkunde; Inschrift
sigillus Stöpsel, Zapfen
signabilis bemerkenswert
signaculum Abzeichen, Zeichen; Handzeichen, Siegel
signamen = insigne, ornamentum
signanter *Adv.* deutlich, genau
signare das Zeichen des Kreuzes machen, segnen; besiegeln, versiegeln; aufzeichnen, anzeigen, ausdrücken, anordnen; schmücken, vergolden; se s. sich bekreuzigen
signatio Bezeichnung, Unterzeichnung; Bekreuzigung; Segnung
signator epistolarum Ausfertiger der Briefe
signatorius Siegel-; signatorium Siegelring
signatus Kreuzfahrer
signetum kleines Siegel
signifer, eri Bannerherr; wappentragend
significatio Anzeige; Darstellung, Kundgebung
significativus zur Bezeichnung dienend, anzeigend; bedeutungsvoll
signipotens wundermächtig, Wundertäter
signum Zeichen, Buchstabe; Beweis; Wunder; Zielscheibe; Fahne; Glocke; s. castrorum Lagerruf; s. de certamine Schlachtruf (H. v. H.); rerum signis, signorum signis mündlich (Liudp.)
sigulum = sigalum
silenter *Adv.* schweigend, leise
silēre schweigen, totschweigen; ablassen; Ruhe haben
1. **silex** Kiesel; Fels, Berg
2. **silex** = salix
silicernium Leichenschmaus; abgelebter Greis; *als Schimpfwort:* „alter Kracher"
siligineus aus Weizenmehl; panis s. Weizenbrot
siligo, inis Weizenmehl; Korn, Roggen
siliqua Schote der Hülsenfrüchte; Johannisbrot
syllabicare (*griech.*) Silben bilden
syllogies, ei (*griech.*) logisches Denken
syllogismus (*griech.*) der förmliche Vernunftschluß, Syllogismus; Schlußformel
ars **syllogistica** Logik
syllogizare einen Vernunftschluß machen
silum „eine aromatische Frucht aus der Familie der Umbelliferen"
silurus (*griech.*) Wels
silvalis zum Wald gehörig
silvanus Waldungeheuer, Waldschrat
silvaticus wild; aves silvaticae Waldvögel
silvigena = silvicola Waldbewohner
silviscěre = silvescere ins Holz wachsen, ins Kraut schießen; ausschlagen
silvituus Waldaufseher, Förster
silvula Wäldchen; Wald
simare 1. aufstülpen, platt drücken; 2. = semare verstümmeln
symbola (*griech.*) Geldbeitrag, Geldsammlung; Beitrag zu einem Schmause, Mahl, Trinkgelage

symbolum (*griech.*) Kennzeichen, Losungswort; Sinnbild, Symbol; Glaubensbekenntnis
symphonare zusammenklingen
symphonator Spieler, Künstler auf der symphonia
symphonia (*griech.*) ein Musikinstrument (Blasinstrument, Schlaginstrument = Tamburin; Saiteninstrument = Drehorgel, Laute); Akkord, Akkordfolge, Festesklang; Einklang; Musik, Konzert
symphoniare Musik machen; s. in harpa auf der Harfe spielen
symphonus (*griech.*) zusammenklingend; übereinstimmend
simia = simea Affe
simila Weizenmehl; Semmel
similagineus aus Weizenmehl
similare ähnlich sein; ähnlich machen, vergleichen; = simulare
similitudo Ähnlichkeit; Gleichnis; Gespött; ad similitudinem alicuius im Vergleich zu
similla = simila
simius = simia
simmista = symmysta (*griech.*) Mitpriester; Vertrauter, Genosse, Sekretär
simonia Simonie
simoniacus der Simonie schuldig; *Adv.* simoniace durch Simonie
simonialis = simoniacus
Simone **simonior** schlimmer als Simon
Simonis et Iudae apostolorum = 28. Oktober
simplex, einfach redend, schlicht, aufrichtig; beschränkt; s. festum ein minder feierliches Fest; *Plur.* das ungebildete Volk
simplicitas Einfacheit; Einfalt, Torheit
simplus einfach, einfältig
symposium (*griech.*) Gastmahl
simul *Adv.* insgesamt, im ganzen; ut simul sobald; *auch* = et
simula = simila
simulacrum Abbild; Götzenbild
simulamen Nachahmung; = simulacrum
simulanter *Adv.* zum Schein, vorgeblich
simulare ähnlich machen; sich stellen als ob; se simulare sich vergleichen; volucrem s. Vogelgestalt annehmen; simulata mente heuchlerisch
simulator Nachahmer; Heuchler
simulatorie *Adv.* täuschend, zum Schein
simultas Hinterlist, Schliche; Feindschaft, Groll, Eifersucht
sin *Konj.* wenn nicht; sin autem wenn anders; sin alias wenn nicht
synagoge, ae (*griech.*) Versammlung, Versammlungsort; Synagoge, der Alte Bund; die Juden
sinape, is; **sinapi** (*indekl.*); **sinapis** (*griech.*) Senf
synaxis, eos (*griech.*) Versammlung, Gottesdienst; s. anni Jahreslauf; s. vespertina die Vesper
syncellita Gesell, Zellgenosse
syncellus Zellgenosse des Abtes (kirchliche Würde)
sinceritas Aufrichtigkeit, Ehrlichkeit, Reinheit; Gesundheit
sincerus; *Adv.* sinceriter rein, echt, lauter, aufrichtig
sinciput, pitis der halbe Kopf, Vorderkopf; Kopf
syncopa; syncope (*griech.*) Ohnmacht
syncopare verkürzen; beschneiden; sich nähern; „stoßweise vorbringen" (W. v. Ch.); in Ohnmacht fallen
sindalum = zindalum
syndicus (*griech.*) Vertreter, Sachwalter
sindo; sindon, onis (*griech.*) Nesseltuch, Leinwand; baumwollenes Kleid
sine *auch m. Akk.* ohne (BR.)
sinĕre zurücklassen, verlassen
synergus (*griech.*) Mitarbeiter, Gehilfe
sinescalcus = senescalcus
singillatim *Adv.* einzeln, im einzelnen
singularis allein, einzeln, abgesondert; Wildschwein; singulare certamen Zweikampf; s. principatus Alleinherrschaft
singularitas Einzigkeit; Außerordentlichkeit, Absonderlichkeit
singultare schluchzen, röcheln, den Schlucken haben, stammeln, stocken

singultus, us Seufzen, Schluchzen
singulus einzeln; einfach; *Plur.* jedermann (= alle); singulis annis jährlich
sinister link; verkehrt, unglücklich; böse, arg; sinistre movēre verärgern; sinistre excipere übel aufnehmen
sinistrim *Adv.* auf der linken Seite
synocus; synochus (*griech.*) anhaltendes Fieber
synodalis zur Synode gehörig; *Adv.* synodaliter durch Synodalbeschluß
synodicus = synodalis
synodus (*griech.*) Versammlung; Konzil, Synode; das bischöfliche Sendgericht
sinopis, idis (*griech.*) roter Eisenocker, Rotstein; rote Farbe, rote Buchstaben
1. **sinus,** us Krümmung; Winkel; Gewandfalte, Busen
2. **sinus** = sinum Melkkübel
Sion der Tempel mit der Königsburg in Jerusalem; die Stadt Jerusalem; die alttestamentliche Gemeinde; die Gemeinde des Neuen Bundes
sipidus klug, verständig
siqua wenn irgendwo
siquidem nämlich, denn; aber, allerdings
siquitertius = sesquitertius
syrma, atis (*griech.*) Franse, Schleppe; Schleppkleid, Talar; Kehricht; Redefluß
sirpus = scirpus
syrtis, is (*griech.*) Sandbank, Sand
sisymbrium (*griech.*) Brunnenkresse
systema, atis (*griech.*) Akkord; System
sistěre sich stellen; bleiben; = esse
sitarcia (*griech.*) Speisekiste, Brotsack
sitibundus heißhungrig
sitire dürsten; *m. Inf.* danach lechzen
situare setzen, stellen; *Pass.* gelegen sein
situla Eimer zum Wasserschöpfen
situs gelegen; thronend
sive *Konj.* und; oder; sive—seu ob—oder
sixtus = xystus
smaragdare grün machen (T.)
smaragdus (*griech.*) Smaragd
smerillus; smirlus (*mhd.* smirl) Merlinfalke, eine Falkenart
smigma = smegma, atis (*griech.*) ein Reinigungsmittel: Seife
soboles; sobules = suboles, is Sprößling
sobrietas Enthaltsamkeit, Mäßigkeit, Nüchternheit; Besonnenheit, Bescheidenheit
sobrius nüchtern, enthaltsam, keusch; rein, lauter; vernünftig, besonnen; *Adv.* mäßig
soccia Fett, Talg, Schmer
socciare Talg, Fett gewinnen
soccus (*griech.*) niedriger Schuh; Strumpf
sociabilitas Verträglichkeit
socialis gesellschaftlich, gemeinschaftlich; s. conviva Tischgenosse
sociare vereinigen; (die Tochter) verheiraten; *Pass.* sich vereinigen; se s. sich nähern; sich anschließen; s. corpori monasterii in den Klosterverband aufnehmen; sibi sociari in pace sich den Friedenskuß geben
societas Handelsgesellschaft, Handelshaus; Zunft
socius gemeinsam, gemeinschaftlich; Teilhaber; Hilfsgeistlicher; *Plur.* die „Magen", Verwandten; socia auris das andere Ohr
Socratinus mit sokratischer Weisheit erfüllt
socrus Schwiegermutter
soda Kopfweh
sodes = sodalis Gefährte, Kamerad; Gespielin
sodomita Sodomiter; sodomitisch
sodomiticus homosexuell
sophari deuteln; schöne Redensarten machen
sophia (*griech.*) Weisheit
sophista; sophistes, ae (*griech.*) Gelehrter, Weiser, verständiger Mann
sophisticare verfälschen
sophisticus sophistisch, trügerisch
sophorus Zobel
sophus (*griech.*) weise
sogalis, is Frischling, Spanferkel
sol, solis Sonne; Tag, Jahr; Leben: sol sororque Sonne und Mond
solaciari sich erholen; beistehen

solacium Trost, Beistand, Hilfe; Verpflegung; Heerbann, Helfer; *Plur.* Erleichterungen, Unterstützungen; Vergnügungen
solamen Trost, Zuflucht
solari Trost spenden
solariolum *Demin. v.* solarium
solarium Obergeschoß, Söller, innere Empore in Kirchen, Galerie
soldanus 1. = soltanus; 2. Söldner
solea Sandale, Sohle; Fuß; Plattfisch, Scholle
soloecismus (*griech.*) grammatisch unrichtige Verbindung der Wörter
solemnia; solemnium Fest
solemniacum Feststadt = Salem, Jerusalem (CB.)
solemnis alljährlich wiederkehrend, üblich; festlich. — solemne; solemnia, ium Fest, Feier; solemnia consecrare das Hochamt halten
solemnitas Festlichkeit, Feier, Zeremonie
solemnizare feierlich begehen, feiern
solers; solertia *s.* soll . . .
solidare fest machen, fest begründen, stärken; heilen
soliditas Dichtheit, Festigkeit, der feste Bestand; das Ganze
solidus fest, gediegen, kraftvoll, massig; Münze, Schilling; Goldmünze, Dukaten; s. longus = 30 Denare; solidum das Ganze; in solidum ganz und gar
soliger den Sonnenwagen ziehend
solitarius einzigartig, allein stehend; einsam, Einsiedler
solito *Adv.* nach der Gewohnheit; plus solito mehr als sonst
solitudo, inis Einöde; Verödung
solium Sitz, Stuhl, Bank, Tribüne, Katheder, Thron; Hochwarte; Sarg
solivagus allein umherschweifend; ehelos
sollers, ertis tätig, geschickt, ordentlich
sollertia Klugheit, Sorgfalt; Vorsicht
sollicitare erregen, reizen, locken; sich kümmern um, beachten, besorgen, fragen
sollicitudo, inis Unruhe, Besorgnis; Sorge, Sorgfalt, Vorsicht, Eifer; Verpflegung; sine mea sollicitudine ohne mein Zutun
sollicitus stark erregt, ängstlich, bekümmert; darauf bedacht, wachsam, eifrig, sorgfältig
solotenus *Adv.* von Grund aus, vollständig
solsequium 1. eine Pflanze, die ihre Blätter nach der Sonne dreht. — 2. Titel einer Prosaschrift des Hugo von Trimberg (13. Jh.), Sammlung von Predigtmärlein
solstitium Sonnenwende
soltanus (*arab.-ital.*) Sultan
solubilis auflösbar, zerstörbar
solum Boden; Heimatboden, Heimat
solummodo *Adv.* allein, nur; nur ganz oben
solutio Freilassung; Bezahlung
solutus frei, unverheiratet
solvĕre lösen, losbinden; einlösen, bezahlen; nachlösen, nachholen; s. vela absegeln
soma, atis (*griech.*) Körper
somarius = sagmarius
somma = summa
somniare träumen, im Traum an etwas denken
somnifer, a, um einschläfernd, todbringend; sinnbetört
somnulentus; somnolentus schläfrig, schlafsüchtig, schlaftrunken
somnulus Schläfchen, Schlaf
sona (*germ.*) Versöhnung, Friede
soniare besorgen, verpflegen
sonipes, pedis stampfend; Pferd
sonorus tönend, schallend, klangvoll, mit guter Stimme
sons, sontis schädlich; schuldig; Missetäter, Sünder
sonus Schall, Ton; Stimme
sopilis schläfrig
sopire einschläfern; beruhigen, stillen
sopor, tiefer Schlaf; Trägheit; per soporem im Traum
soporare einschläfern, betäuben; schlafen; soporatus in tiefen Schlaf versunken
soporivus Betäubung bringend
sorbarius Eberesche
sorbēre hinunterschlucken, schlürfen

sorbillare schlürfen
sorbitium = sorbitio Schlürfen; Suppe, Brühe
sorbitiuncula Süppchen
sorcerus Zauberer
sordes, is Schmutz; Sünde
sordescĕre entstellt werden (Hr.)
sordidare beschmutzen, verunreinigen
sordidulus = sordidus schmutzig
sordificare schmutzig machen
sorech (*hebr.*) Weinrebe
sorex Spitzmaus; calva s. Fledermaus
soror Schwester, Pilgerin; s. solis = Mond
sororcula Schwesterchen
sororius schwesterlich; Schwestersohn; Schwager; sororia Schwägerin
sors, sortis Los, Würfel; Rang, Stand; Orakel, Weissagung; Schicksal, Erfolg, Wirkung; Beuteanteil; Preis; sors aequa gleiche Bedingung (W.); pro Baccho sortem mittere um die Wette trinken; sortem mittere würfeln; sortis iter agere aufs Geratewohl losmarschieren
sortilegium Hexerei, schwarze Kunst
sortilegus Losdeuter; Weissager, Zauberer
sortiri losen; sich mit jem. etwas teilen; empfangen
sortito *Adv.* von Natur (Liudp.)
sospitas Gesundheit, Heil, Wohlergehen, Sicherheit, Rettung
sotir = soter, eris (*griech.*) Erlöser, Heiland
sottus dumm, töricht
sotular; sotularis, is Schuh
spadix, icis (*griech.*) braun; Fuchs (Pferd)
spado, onis der Zeugungskraft beraubt; ehelos; Hammel; unfruchtbarer Zweig am Weinstock
spal . . . = psal . . .
spannus (*germ.*) Spanne, Zwischenraum
sparro, onis (*germ.*) Speer, Wurfspieß; Sparren
sparsim *Adv.* zerstreut, hier und da
sparsus ausgebreitet; bedeckt mit
sparvarius; sparawarius (*germ.*) Sperber
spasmari Krämpfe haben
spasmus (*griech.*) Krampf
spatha (*griech.*) (breites, zweischneidiges) Schwert
spathaferius = spatharius Waffenträger, Leibwächter; Knappe; Scharfrichter
spatharocandidatus Schwertträger und Leibwächter zugleich (Liudp.)
spatiari spazieren
spatiosus ausgedehnt, geräumig
spatium (*sc.* temporis) eine Weile; Pause
spatula Palmzweig, Wedel, Ranke, Zweig; Schulter
specialis besonder, eigentümlich; besonders wert, vertraut; schön; *Adv.* im besondern, vor allem, mit allen Kräften; specialiter percipere die besondere Gabe empfangen (VS.)
specialitas Besonderheit, die besondere Beschaffenheit; s. privilegiorum besondere Vorrechte
speciarius Gewürzkrämer
species, ei das Äußere, Schein; Haltung, Gestalt, Angesicht, Schönheit; Farbe; Spezerei, Heilkraut, Gewürz; species ac lumina *etwa* „Licht und Farbe"; sub specie humilitatis sich demütig stellend
specifer Arzneibringer = Fuchs (Y.)
specificare besonders bezeichnen
specificus besonder, charakteristisch
speciositas schöne Gestalt, Schönheit, Pracht
spectare schauen; erproben; erwarten; s. ad sich beziehen auf; sich richten nach; zustehen
spectio Beobachtung; Anblick
spectus, us Blick; Besichtigung
specula Warte, Hinterhalt
speculamen Hinsehen, Blick
specular, aris Fensterscheibe, Fenster
speculari spähen, sehen, gewahr werden; ars speculata die spekulative Philosophie
speculatio Ausspähen, Warte; Vogelherd
speculator Wächter; Profoß, Scharfrichter, Trabant; Spion; Bischof
speculum Spiegel; Vorbild; *oft als Titel von Werken* = Enzyklopädie

specus, us Höhle, Grotte; Schlucht
spelaeum (*griech.*) Höhle
spelta (*germ.*) Spelt, Spelz
speltinus aus Spelt
spendĕre = expendĕre spenden
spensa Verwendung, Gebrauch
spera = sphaera (*griech.*) Kreis, Kugel; Sonnenkugel, Sonne; s. circuiens der kreisende Sonnenball
sperare hoffen; vermuten, meinen, fürchten; verhoffen, erwarten; wünschen, bitten
speriolus Eichhörnchen
spermologus (*griech.*) vorlaut, Schwätzer; Verkünder des göttlichen Wortes, Prediger
spernax abweisend (O. v. F.)
sperois, idis (*griech.*) Rundung
sperula = sphaerula kleine Kugel; rundes Tröpflein, Träne
spervarius = sparvarius
spicarium Kornhaus, Speicher
spicatus Ähren tragend, in Ähren geschossen; zugespitzt
spiculare mit Pfeilen schießen
spiculator = speculator
spiculum Spitze; Pfeil, Speer, kurzer Spieß
spidus = spitus
spina Dorn, Stachel; Igel (ein Marterinstrument); Rückgrat
spindula = spinula
spinetum Dornhecke, Dorngebüsch
spintrum = spinter, teris (*griech.*) die das Gewand vorn zusammenhaltende Spange
spinula der kleine Dorn; Mantelspange, Heftnadel
spinx = sphinx (*griech.*) Gärte (Karpfenart)
spira (*griech.*) in Schneckenlinie gewundener Körper; Hufeisen
spiraculum zartes Wehen, Hauch
spirale Atem
spiramen Hauchen, Blasen, Atmen; s. sacrum der Heilige Geist
spiringus (*holländisch*) Stint
spiriolus = speriolus Eichhörnchen
spiritalis geistig, der Materie entgegengesetzt; vom Geist erfüllt; geistlich, Geistlicher; s. pater Pate; Beichtvater; s. filia Patin; spiritaliter aperire nach dem Geiste auslegen
spiritualis = spiritalis
spiritus, us Atem; der Heilige Geist; s. albus Engel; s. ater Teufel
spissitudo, inis Dichte; Dickicht
spissus dicht, dick; wuchtig; spissum lignum die harte, eisenbeschlagene Holzwaffe
spitus (*germ.*) Spieß, Bratspieß
splendidulus glänzend, prächtig
splendifluus strahlend
spoliare entkleiden, berauben, plündern; s. dentes die Zähne zeigen
spolio, onis Räuber
spolium die abgezogene Haut; Raub, Beute; *Plur.* wertvolle Gegenstände aller Art
spondĕre geloben; erhoffen lassen, in Aussicht stellen
sponsa Gattin; s. Christi = die Kirche; agni s. = die Kirche Christi; s. imperii Königstochter
sponsalis, is Braut
sponsalia, ium Verlobung, Hochzeit; Ehebund; Hochzeitsgeschenke; s. facere de verloben; Hochzeit feiern
sponsare aliquam zur Gattin nehmen; sich verloben mit; *Pass.* sich verheiraten
sponsata die Verlobte
sponsor Bürge
sponsus Geliebter
spontaneus freiwillig, selbstgewählt
sporonus (*germ.*) Sporn; Schiffsschnabel; Brückenpfeiler
sporta Korb; Tragbahre, Sänfte
sportula Körbchen; Spende, Sportel
spumans schäumend
spurcamen Unflat
spurcitium = spurcitia Unflat, Unreinigkeit
spurcus unflätig, unrein, unkeusch; unedel
spurius unehelich; Hurenkind, Bankert

sputum Speichel, Auswurf; Beschimpfung
squalēre starren; schmutzig sein; beschmutzen
squalor Schmutz
squamatus schuppig
squamosus schuppig; s. thorax Schuppenpanzer, Kettenhemd
squilla = scilla (*griech.*) Meerzwiebel
squinantia (*a. d. Griech. entstellt*) Bräune, Halzentzündung
squinax = squinantia
squirio; squirolus = squirius
squirius = sciurus (*griech.*) Eichhörnchen
stabilire befestigen, fesseln, bestellen, einsetzen; s. conubium Ehe schließen
stabilitas Festigkeit, Standhaftigkeit; Fundament
stabulare Stallung gewähren, unterbringen, weiden; übernachten, hausen
stabularis; stabularius Stallknecht; Gastwirt
stabulator Stallmeister
stabulum Stall; Herberge
stactis = stacte (*griech.*) Myrrhenöl
stadium (*griech.*) Rennbahn, Laufbahn; Pilgerfahrt
stapha; staffa Steigbügel
stagium „Verpflichtung des Vasallen, zu einer bestimmten Zeit im Hause des Lehensherrn sich zur Dienstleistung einzufinden"
stagnalis Wasser-, See-
stagnellum Teich
stagnum 1. Weiher, Teich; Landsee, Meer; 2. = stannum
stallum; stallus (*germ.*) Wohnort; Chorstuhl
stamen Faden, Kette des Gewebes; Schicksalsfaden; Stoff (*bildl.*)
stamultum Pantoffel
stannum 1. Zinn; 2. = stagnum
stantarum = standardum Standarte
stantia Wohnung, Raum, Zimmer; Stanze, Kanzone (D.)
stantiare festsetzen, verordnen
stapes, edis Steigbügel
stare stehen, stehen bleiben, sich ausruhen; standhaft bleiben; dastehen als, sich befinden (= esse); treten, sich halten an; s. cum aliquo anhängen, in Diensten stehen
stater, eris (*griech.*) eine Münze (= 4 Drachmen); ein Gewicht
statera (*griech.*) Waage
statim *Adv.* sofort; schnell; statim ubi *Konj.* sobald als
statio Stehen; Aufenthaltsort, Lagerplatz, feste Stellung; Wallfahrtsstation, Stationsfeier; Prozession; das Fasten
stationarius zum Stehen gebracht; Diener; Buchhändler
status, us Stand, Stellung, Lage, Zustand; Wesen, Natur; Höhepunkt (des Fiebers); s. religiosus, regularium Ordensstand; s. mentis Fassung; statui esse im Gleichgewicht sein, gleich sein
staupus (*mhd.* stouf) Becher, Pokal
staurophorus (*griech.*) Kreuzträger (bei Prozessionen)
staurus (*griech.*) Kreuz
steculus Becher
stella maris Beiwort der Mutter Maria; stella erratica Wandelstern
stellatus bestirnt
stelliger Sterne tragend, gestirnt
stema 1. = stemma; 2. = schema
stemma, atis (*griech.*) Stammbaum, Geschlecht; Adel, Zier, Zierde, Würde, Ehre; Kopfbinde, Krone
stercilinium Mistgrube, Düngerhaufe
stercorare düngen; beschmutzen
sterilis unfruchtbar, dürr; tempus sterile die heiße Jahreszeit
sterlingus (*germ.*) Sterling, eine Münze
sternĕre niederstrecken, hinbreiten; herrichten, satteln, überbrücken
sternutus, us Niesen; Weissagen beim Niesen
sterquilinium = stercilinium
stertĕre schnarchen, fest schlafen
stibinus aus Spießglas
stichus (*griech.*) Zeile
stiga Stachel
stigma, atis (*griech.*) Brandmal; Wundmal, Strieme
stillamen = stilla Tropfen (IW.)

stillare tröpfeln, tropfen
stillicidium das Träufeln; Dachrinne, Traufe; Gosse
stilopus (*griech.*) Geschwulst des Gesichts
stilus Halter, Griffel; Schreiberei, Schreibarbeit, Schreibart; Sprache; Säulenschaft; stilum vertere Griffel umkehren = Schrift tilgen
stimulare anstacheln, anspornen; zusetzen, reizen, hetzen, sticheln
stimulus Stachel; Treibstecken
stipare zusammenpressen, drängen; umdrängen, umringen, umgehen; stipatus dicht umgeben
stipator Gefolgsmann
stipendiare besolden, Unterhalt gewähren
stipendiarius Söldner
stipendium Steuer, Sold; Gewinn; Nahrungsmittel, Lebensunterhalt; Belehnung
stipes, itis Stamm, Stock, Stange, Holzstück; Zweig, Baum
stipulare festsetzen; verlangen, fragen, forschen; zusammendrängen; *Pass.* versprechen; verbinden
stipulatio Abrede, Übereinkunft, Vertrag; Halmwurf
stipulum = stipula Stoppel, Stroh
stipus Bettler
stiria Eiszapfen
stirpare roden
stiva Pflugsterz; Bauer
Styx; *Gen.* Stygis *u.* Stygos (*griech.*) Hölle
stola (*griech.*) Frauengewand, Oberkleid; die Stola (geweihte Schärpe) des Geistlichen, das Pallium des Erzbischofs
stolatus mit der Stola bekleidet
stolidus tölpelhaft, töricht; schwach, hilflos
stolpare (*germ.*) (auf-) stülpen (Y.)
stolula Stola
stolus (*griech.*) Seereise; Flotte; Mannschaft, Heeresfahrt
stomachari ärgerlich sein
stomachus (*griech.*) Magen
stora (*germ.*) Stör
storax = styrax, acis (*griech.*) wohlriechendes, als Räucherwerk gebrauchtes Gummiharz
stoupus = staupus
straba = astraba (*griech.*) Fußschemel
strabus = strabo, onis (*griech.*) schielend
strages, is Niederstürzen; Vernichtung, das Morden; Leichenhaufe; s. dare niederhauen
stragulatus zur Decke gemacht
stramen Stroh, Streu; Decke, Lager
strameneum Lager
stramentum Streu; Polster, Teppich; Pflasterung
strangulum Strick, Strang, Schlinge; strangulo deficere hängen
stranguria (*griech.*) Harnzwang
strata (*sc.* via) Straße, Chaussee; s. legitima Haupt-, Heerstraße
stratiare zerreißen
stratigus; strategus (*griech.*) Führer, Feldherr
strator Reitknecht, Stallknecht; s. viarum Wegebauer; officium stratoris Zügeldienst
stratorium Lagerstätte
stratum; stratus, us Matratze, Bettdecke; Streu, Lagerstätte
strenuus; *Adv. auch* strenuiter entschlossen, hurtig, eifrig, unternehmend, tüchtig; strenue ministrare nachdrücklich spenden
strepa; strepus Steigbügel; officium strepae Bügeldienst
strepitus, us Geräusch; Kriegslärm
1. **stria** Riefe, Vertiefung; Kannelierung an den Säulen
2. **stria** = striga
striatus mit striae versehen, kanneliert
strictus zusammengezogen, straff, eng, eng anliegend; genau, streng; stricta Gewand
strictim *Adv.* eng, knapp, dicht, fest; kurz, bündig; zusammenfassend; flüchtig; *Komp.* strictius recht stramm
stridēre zischen, zirpen; zuraunen; mit den Zähnen klappern
stridor Zischen, Sausen; s. dentium Zähneknirschen

stridulus plätschernd
stridus straff, streng
striga Zauberin, Hexe
strigus Zauberer
stringĕre zusammenziehen; hemmen, eindämmen; fest binden, straff anziehen; s. fidem alicui sich jem. zur Treue verpflichten; s. in arta verkürzen
stropha (*griech.*) Wendung; List, Betrug
stropharius Ränkeschmied
stropheus (*griech.*) Gürtel
strophium (*griech.*) Busenbinde; Strick, Gürtel; Jungfrauengewand
strophosus listig, schlau
strontus Dreck
stroppus; struppus (*griech.*) Riemen; Strippe
structio = struthio (*griech.*) der Vogel Strauß
structor Meister
structura Bau, Bauwerk
struma, ae Drüsengeschwulst, Kropf
strumulus Stockfisch
stuba (heizbare) Stube; Gaststube, Badestube
studĕre studieren; non s. avaritiae sich vor Geiz hüten
studium Eifer, Anstrengung, Geschicklichkeit, Fertigkeit; Absicht; Universität
studorium Studierstube
stuffare (*germ.*) durch Einstecken von Werg zumachen, stopfen; ausrüsten
stuffura Ausrüstung
stulticitas Torheit, Dummheit
stultiloquium törichtes Gerede, Gewäsch
stultisare; stultizare unvernünftig handeln
stupa 1. = stuba; 2. = stuppa Werg
stupefacĕre betrüben; erschrecken; plötzlich hemmen
stupenator Bader
stupendum factum Wunder
sturio (*germ.*) Stör
sturma (*germ.*) Angriff, Kampf
sturnus Star
su (*griech.*) du
suadela Zureden, Überredung, Ratschlag
suadĕre raten; anstiften, ermuntern; suasus willens (Wid.)
suadibilis sich überreden lassend, nachgiebig; überredend
suadus sich überreden lassend; überredend
suasibilis ermahnend, einschmeichelnd
suasio Empfehlung; Ratgeben, Rat
suasor Versucher; Teufel
suasrix Ratgeberin; Verführerin
suasus, us Zureden
suates seine Landsleute
suave, is Kuß
suaviloquentia das liebliche Reden
suavisonus lieblich klingend
sub *Präp. m. Akk. u. Abl.* unter; dicht bei (*drückt auch die unmittelbare Nähe eines Begleitumstandes aus*); sub pectore in der Brust; sub facie vor dem Angesicht; omni sub honore mit aller Ehre; sub tempore festo an Festtagen; primis sub annis in den ersten Jahren; sub poena bei Strafe
subabundare = abundare Überfluß haben
subagitari in Unruhe sein
subarrare verpfänden; verloben; anulo s. unterzeichnen
subassilire plötzlich anspringen
subaureus golden
subcinericius in (unter) der Asche gebacken
subdĕre unten hinsetzen; erwidernd anschließen; antworten; preisgeben; unterwerfen; s. morti töten
subderelinquĕre plötzlich abbrechen
subdiaconus Subdiakon, Unterdiener
subditio Unterwerfung, Knechtschaft
subditus unterwürfig; erdrückt; Untergebener
subdividĕre in Unterabteilungen zerlegen; verteilen
subdolositas Schlauheit, List
subdolus arglistig
subducĕre entziehen, beseitigen, zum Abfall bringen; naves s. landen
subera Schuhsohle
subesse dabei sein; nachstehen, unterworfen sein; = esse

subf . . . *s.* suff . . .
subgrundium = suggrundium Dachvorsprung, Vordach, Wetterdach
subiacēre unten liegen; unterliegen, sich fügen
subicēre unten an etwas setzen; im folgenden berichten; se spectandum s. sich sehen lassen; subiectum est es folgt
subiectibilis unterwürfig, demütig
subiectio Unterwürfigkeit
subiectum Unterbegriff
subiectus unterwürfig, demütig; Unterworfener, Untertan
subinferre hinzufügen; aufbieten, anwenden; erwidern; einsetzen (in ein Amt)
subinfra *Adv.* dicht darunter
subintellegēre hinzudenken (D.)
subintendēre alicui verba verstohlen mit Worten auf jem. zielen
subinterire = interire untergehen
subintrare sich einschleichen, beschleichen; hineingehen; dazwischen treten, ankommen; in locum alicuius s. an jem. Stelle treten
subintroire hineingehen
subintroducēre insgeheim einführen, einschmuggeln
subire auf sich nehmen; hingehen zu; zurückkehren; mihi subit mir fällt ein
subitaneus plötzlich
subitatio plötzliches Eintreten
subito *Adv.* sofort, sogleich; schnell
subiugalis ans Joch gewöhnt; subiugale, is Lasttier
subiugare unterjochen, unterwerfen, knechten
subiungēre hinzufügen; weiter anfügen, erwidern
sublaterare heimlich lästern
sublegalis Untertan
sublegare alicui provinciam unterstellen
sublegēre unten auflesen; s. rete das Netz in die Höhe, ans Land ziehen; s. tramitem heimlich einen Weg entlang schleichen; aliquem e tenore condicionis s. jem. von dem Vertrag ausnehmen
sublevamen Stütze, Hilfe
sublevare emporheben; erleichtern
sublevita = subdiaconus
subligar, aris Schurz, Schürze
sublimare emporheben; erheben, erhöhen; s. in regem zum König erheben
sublime, is die Höhe; clamare in s. hochleben lassen
sublimitas, atis hohe Stellung, Größe und Macht; lichte Höhe; *als Anrede* = Hoheit; s. episcoporum die erhabenen Bischöfe
subministrare darreichen, liefern; unterstützen
submissim *Adv.* sanft, leise
submissus gesenkt, leise; anspruchslos, demütig; lang herabwallend, ungeschoren
submittēre senken, beugen; heimlich entwenden; wachsen lassen; pedibus s. zu Füßen werfen
submurmurare insgeheim murmeln, leise flüstern; brummen
subnavigare *m. Akk.* an einen Ort heranschiffen; einen Ort umsegeln
subnectēre unten anknüpfen; *Pass.* verknüpft werden; umschlingen
subnervare unten die Sehnen durchschneiden, lähmen
subnixe *Adv.* inständig, flehentlich
subnotare unten anmerken; verzeichnen, aufzeichnen
1. **subolēre** etwas davon merken; mißfallen; übler Laune sein
2. **subolēre** wachsen
suboles, is Sproß, Kind, Sohn; Nachkommenschaft
subp . . .*s. auch* supp . . .
subpar, aris = suppar fast gleich
subpodiare untergraben
subportare herbeischaffen; helfen, schützen
subprior Stellvertreter des Priors
subpulmentarius *vielleicht* „Almosenpfleger"
subrectus aufrecht
subregulus Häuptling

subridēre lächeln, höhnisch lächelnd erwidern
subrigĕre in die Höhe richten; sich erheben, auferstehen; *Pass.* emporstehen
1. **subripĕre** = surripere heimlich wegnehmen, stehlen; subreptus sich entreißend
2. **subripĕre** = subrepĕre hinunterkriechen; einschleichen bei, beschleichen; subrepit menti Sorge beschleicht (W.)
subrogare aliquem alicui jem. an jem. Stelle wählen; s. ad sedem apostolicam auf den päpstlichen Stuhl erheben
subrubeus rot
subrufus rötlich
subsannare (durch spöttische Gebärden) verhöhnen, verlachen; wertlos machen
subsannatio Spott, Verhöhnung; Gegenstand des Spottes
subsannativus spöttisch
subscalpĕre heimlich reizen, kitzeln
subscribĕre unterschreiben; zuweisen
subsecundare an die zweite Stelle setzen
subsecundarius hinterherkommend
subsequenter *Adv.* nacheinander; danach, später
subserĕre darunter fügen
1. **subsidĕre** sich darunter setzen
2. **subsidĕre** sich niederlassen; darunterliegen
subsidium Unterstützung, Hilfe; Steuer
subsistĕre = esse da sein
subsolanus morgenländisch; Ostwind
subsopilis zum Schlafen geneigt
substantia Bestand, Wesenheit, Wesen, Körper; Zuversicht, Gewißheit; Besitz, Vermögen, Eigentum, Ware; *Plur.* Nahrungsmittel; beweglicher Besitz, Kleider und Geld, Schätze
substare standhalten, abwarten
substituĕre an die Stelle setzen, als Nachfolger einsetzen; aufstellen
substomachari etwas verdrießlich sein
subtactio Ausweichen
subtalaris bis an die Knöchel reichend
subtellares, ium Sandalen
subtelonearius Unterzöllner
subtemen Einschlag im Gewebe
subter *Adv.* unten, am Schlusse
subterponĕre darunter legen
subterrare beerdigen
subtilis fein, dünn; scharfsinnig; subtile feines Gewand
subtilitas Feinheit, Genauigkeit, Scharfsinn, Spitzfindigkeit
subtonare darunter ertönen
subtrahĕre entziehen, vorenthalten; heimlich beseitigen, unterschlagen; *Pass.* versiegen; se s. sich zurückziehen; subtrahi ex hac luce = sterben; subtrahendo gedehnt, langsam (BR.)
subtristis traurig
subtrudĕre (widerrechtlich) an die Stelle setzen
subtus *Adv.* nachstehend; ***Präp. m. Akk.*** unter
subula Pfrieme, Ahle
subulcus Schweinehirt
suburbanus ländlich; suburbanum Vorstadt; Landgut in der Nähe der Stadt
suburbium Vorstadt
subvectio Herbeischaffen; weite Reise; navium s. Fährdienst
subvenire dazu kommen; beistehen, unterstützen mit (de)
subventio Beistand, Hilfeleistung
subversio Umsturz, Zerstörung
succedĕre nachfolgen; vonstatten gehen, Erfolg haben; s. pugnae zum Kampfe herankommen
succendium Brand
succensa Feuer, Flamme
succensio Anzünden, Entzünden
succentor Nachsänger; Gehilfe des cantor
successio Nachfolge; Verlauf, Erfolg
successive *Adv.* nacheinander, aufeinanderfolgend
successor Nachfolger; successores die von Adam abstammende Menschheit
successus, us der glückliche Verlauf, Erfolg; Ereignis
succidĕre unten abhauen; niederwerfen; roden
succinĕre nachsingen, nachschreien; zuzählen
succinctorium Schurz, Schürze

succinctus aufgeschürzt; gerüstet; kurz angebunden, kurz, gedrängt
succingĕre ausstatten; beschreiben
succisio Abhauen, Abschneiden, Beschneiden, Fällen
succrescĕre heranwachsen, entstehen; anschwellen
succubare unter etwas liegen
succulentus = suculentus saftvoll; kräftig
succumbĕre niedersinken; sich fügen; geraten in
succursus, us Hilfe, Unterstützung
succutĕre zerren an, zupfen; aufrecken
sucinus = sucinum Bernstein
sudare schwitzen; sieden; sich abmühen, sich abängstigen
sudarium Schweißtuch
sudis, is Pfahl, Schanzpfahl
sudor letalis Todesschweiß
suffarcinare vollstopfen, vollpacken, ausrüsten
sufferentia geduldiges Ausharren
sufferrare Pferd beschlagen
sufferre ertragen; ernähren, erhalten; innehaben
sufficĕre genug tun, genug vermögen, genügen, ausreichen, gewachsen sein
sufficienter *Adv.* hinreichend, hinlänglich
sufficientia Hinlänglichkeit, Genüge; Tüchtigkeit; Genügsamkeit; s. paupertatis ärmliche Habe (VS.)
sufflamen das Dazwischentreten, Eingreifen; Hindernis
sufflare blasen
sufflatorium Blasebalg
suffocare erwürgen; s. in fluvio ertränken; *Pass.* ertrinken
suffocatio Ersticken
sufforare (Kleider) füttern
suffraganeus (*sc.* episcopus) Suffragan-, Weihbischof; sedes suffraganea Suffraganbistum
suffragans = suffraganeus
suffragare = suffragari begünstigen; vonstatten gehen
suffragator Begünstiger, Anhänger
suffragium Scherbe; Scherflein, Almosen; Unterstützung, Fürsprache; günstiges Urteil
suffrago, inis Hinterbug eines Tieres
suffulcire unterstützen, stützen, stärken
suffumigare anräuchern, ausräuchern
suffusio Unterlaufen; der graue Star; Aufgießen, Aufguß; Übermaß
suffusorium Kanne
sugĕre saugen
suggerĕre darreichen, gewähren; überbringen; berichten, vortragen, sprechen; raten, warnen; vor die Seele führen; vorgaukeln; s. in haec verba einzelnen zutragen, zuflüstern
suggestio Einflüsterung, Eingebung, Überredung; Bericht; *Plur.* Erinnerungen, Vorstellungen
suggestor Berater, Ratgeber
sugillare braun und blau schlagen; erdrosseln
sui; suimet *oft* = eius; *statt Pron. poss.* = sein, ihr: sui damnum = damnum suum
sulcare furchen, pflügen; schreiben; ergründen
sulcia (*germ.*) Salzlake; Salzwerk, Saline; Sülze (Cap.)
sulcus Furche; Wagengeleise
sulza (*germ.*) Salzlake
sumbrinus Scheffel
sumella Schuhsohle
sumen Brust; Euter
summ ... *s. auch* subm ...
summa Summe, Betrag; Grundlehre, Hauptregel; Oberkörper
summare erhöhen
summarie *Adv.* kurz
summarius = somarius Saumtier
summates, um die Großen des Reiches
summissarius Vikar, der statt der Stiftsherren Hochamt hält
summista = simmista
summitas Gipfel, Spitze, Höhe
summotenus *Adv.* obenhin, kurz
summus oberst; trefflichst; fein; Gott; s. episcopus Erzbischof; facies summa = Stirn
sumopere = summopere *Adv.* gar sehr

sumptio Annahme, Empfang
sumptus, us Einnehmen (einer Arznei); Zehrung, Speise, Lebensbedarf; s. vestium Kleiderluxus; s. conferre Aufwand treiben
suparum = supparum
supellex, ectilis Hausrat, Habe, Vorrat
1. **super** *Präp. m. Akk. u. Abl.* = oben auf; über, wegen, in betreff; über—hin, gebietend über; über — hinaus, außer; super rivum am Bach; super stagnum an der Oberfläche des Sees; super hoc in diesem Sinne; obendrein; super omnia vor allem
2. **super** *Adv.* überdies; außerdem; oberhalb
superabundanter *Adv.* überreichlich
superabundantia Überfluß
superabundare überfließen, reichlich vorhanden sein
superaddĕre noch hinzufügen
superadultus über die mannbaren Jahre gekommen
superare, ut jem. dazu vermögen, daß; fertigbringen; übrig sein
superaspergĕre oben bestreuen, übersprengen
superaspicĕre überblicken
superaugĕre noch hinzufügen
superbia Übermut, Stolz; Ursache des Stolzes; List; *Plur.* stolze Handlungen
superbire übermütig sein, sich überheben; s. gestu vornehm stolz tun
supercertare darüber kämpfen
supercidĕre auf etwas fallen
supercilium Augenbraue; Hochmut, Stolz; Höhe, Gipfel
superducĕre mit Farbe überziehen; herbeiführen, hinzufügen
superaedificare darüber bauen
supereffluĕre überströmen, in Überfluß vorhanden sein
supereminĕre überragen
supererogare darüber Geld ausgeben
superesse überlegen sein; vorhanden sein
superexaltare weit über alles erheben, hochpreisen; überspringen, übergehen; sich erheben
superexcellentia Übersteigerung
superextendĕre oben darüberhinziehen; sich übermäßig anstrengen
superextollĕre darüber hinausheben
superferre darübertragen, -führen usw.; *Pass.* superferri darüberfliegen, -laufen usw.
superficies, ei Oberfläche
superficietenus *Adv.* oberflächlich (D.)
superfluitas das Überflüssige; allzu große Ansprüche
superfluus überflüssig; übervoll; anspruchsvoll
supergaudĕre sich über etwas freuen
supergloriosus überruhmreich
superhumerale das Obergewand das jüdischen Priesters; Schulterkleid
superi die Lebenden; ad superos auf Erden
superiacĕre darauf werfen; überschreiten; übertreffen; se s. sich überschlagen
superimpendĕre darüber aufwenden
superimponĕre noch hinzufügen
superinducĕre hereinbrechen lassen über
superinduĕre darüberziehen
superinicĕre noch hinzufügen
superintonare über etwas hindonnern
superista (*griech.*) Tempelhüter; Küster, Meßdiener; Werkmeister
superlaudabilis unendlich ruhmwürdig
superlegĕre überlesen
superlimen = superliminare
superliminare; superliminaris, is Oberschwelle, Balken über der Tür, die Übertür, ein über dem Sturze der Haustür angebrachter Lichtträger
superlucrari hinzugewinnen
supermanēre übrig bleiben
supernalis überirdisch
supernimius übergroß
supernominare mit dem Beinamen benennen
supernus oben befindlich; erhaben, himmlisch; göttlich; Gott; de superno von oben her, himmlisch; ad superna himmelwärts; supernus nutus = Gott
superordinare noch etwas hinzufügen
superpansus reichlich gedeckt

superpellicium Überwurf, Chorrock
superplanator Gegenkönig, Gegenbischof
superponĕre darauflegen; vorziehen
superscriptio Überschrift
supersedēre überhoben sein; unterlassen, ablehnen
superseminare darüber säen
supersidĕre obendrauf setzen
supersilire überspringen
supersperare überaus hoffen
superstes, itis übrigbleibend, am Leben; Nachkomme
superstitio Aberglaube, Irrglaube
supersubstantialis zum Lebensunterhalt notwendig, bis zum andern Tage reichend; überirdisch
supertegĕre überdecken
superumbrare überschatten
supervacuitas eitle Ruhmsucht
supervalēre noch mehr gelten
supervenire dazukommen, zu Hilfe kommen; überfallen
supervestire überkleiden, bekleiden
supervincĕre sich im Siege nicht mäßigen
supinare rückwärts beugen; auf den Rücken legen, umstürzen
supinus rücklings, hinten über; stolz
suppa (*germ.*) Suppe
supparum = supparus (*griech.*) ein Stückchen Tuch; Fahne, Banner
suppeditare vorrätig sein, zu Gebote stehen; beistehen, dienen
suppingĕre unten anschlagen, darunter schlagen
supplantare jem. ein Bein stellen, zu Fall bringen, niederwerfen; entreißen
supplantatio Hinterlist
supplantator Fallensteller, Betrüger; Gegenkönig, -bischof
supplementum Unterstützung, Stütze; Nachfolge
supplēre ausfüllen, erfüllen; ergänzen, ersetzen
supplex, plicis demütig flehend; s. votum der Wunsch, sich zu unterwerfen (Wipo)
supplicare alicui jem. demütig bitten, flehen zu jem.; Vorstellungen machen; s. vices als Ablösung eintreten
supplicatio demütige Bitte, Flehen; dringende Bitte (an den König)
supplicium Flehen, Beten; Strafe, Qual, Not; *Plur.* Folter, Tortur
supplicius *Adv. Komp.* = suppliciter flehentlich, demütig
suppodiare stützen
supportare herbeischaffen, herbeitragen; unterstützen
suppositus trügerisch
supprimĕre herabdrücken; aufhalten; übergehen
suppulsus, us unhörbarer, geräuschloser Stoß
supputare rechnen, berechnen, bestimmen
supputatio Berechnung
supradictus; supramemoratus; supranotatus; suprascriptus obenbeschrieben, -genannt; = idem
suprasedēre daraufsitzen
sura Wade, Schenkel
surale Strumpf; anteriora suralia Handschuhe
surculus Reis, Schößling
surdamen Taubheit
surdaster, tra, trum etwas taub, schwerhörig; töricht, unverständlich
surgĕre = subrigĕre; in clipeum s. den Schild zum Angriff heben (W.)
surgus Heu
surma = syrma
surreptio Kriecherei, Hinterlist; Diebstahl, Beutezug; Überfall; Leichtsinn
surreptive *Adv.* heimlich, überraschend
surrogare = subrogare
surripĕre = subripere
sursum *Adv.* aufwärts; geradeaus; oben
suscensus = succensus angezündet
susceptio Aufnahme, Empfang
susceptor Herbergsvater; Beschützer, Hort, Patron
suscipĕre aufnehmen, in den Himmel aufnehmen; annehmen, empfangen; dulden, leiden; s. de fonte aus der Taufe heben
suscitare erwecken; erzeugen
suspectare schielen; suspectando videre scheel dreinsehen

suspectus mißtrauisch; gefürchtet, verdächtig; suspectum Verdacht
suspendĕre aufhängen; opfern; weihen; in der Schwebe halten, aufschieben; zeitweilig suspendieren; ausschließen; haltmachen
suspendium Aufhängen, Erhängen; suspendio crepare am Galgen sterben
suspicare; suspicari argwöhnen, fürchten; erhoffen
suspicĕre hervorlugen; argwöhnen, fürchten
suspirare tief Atem holen, seufzen, entgegenseufzen; s. in eandem vicem sich einig sein
sustentaculum Stütze; Unterhalt
sustentamentum Stütze, Pfeiler
sustentatio Stützen; Erhaltung, Ernährung
sustinentia Duldsamkeit; Dauer
sustinēre aufrechthalten; aushalten; warten, abwarten; *Pass.* der Gnadengaben der Kirche teilhaftig werden
sustollĕre in die Höhe heben, aufheben, emportragen
susurratio Geflüster, Gemurmel; *Plur.* Ohrenbläsereien
susurrator Ohrenbläser
susurrium Zirpen; Ohrenbläserei, Klatsch
susurro, onis Flüsterer, Zischler, Ohrenbläser, Verleumder
susurrus Flüstern; Klatsch
sutor Schuster
sutus (*v.* suĕre) genäht; bekleidet; sutum Gewand
suum Eigenart, Eigentümlichkeit
suus *auch* = eius: pater suus = pater eius

T

Wörter mit th suche auch unter einfachem t, Wörter mit t auch unter th.

tabardum; tabardus eine Art Mantel (*mhd.* taphart)
tabella Brett, Schreibtafel, Spielbrett
tabellio Notar, Bureauchef
tabēre schmelzen; dahingehen, entschwinden
taberna Wirtshaus, Kneipe
tabernaculum Zelt, Hütte, Tempel; Tabernakel, Sakramentshäuschen; Sarg
tabernalis curia Weinschenke
tabernator = tabernarius Schenkwirt
tabes famis Hungersnot
tabescĕre verwesen; siechen; sich abhärmen
tabidus vergehend; in Verwesung übergegangen
tabificare verschwinden lassen
tabitudo, inis Auszehrung, Schwindsucht
tabula Brett, Planke; Wachstafel, Schreibtafel; Urkunde; Tisch; ludus tabularum Brettspiel
tabulatum Stockwerk
tabulo, onis Brettspieler
tabulum = tabula
tabum Eiter; Fäulnis, Verwesung; Pest
taccunatus besohlt
tacēre schweigen; an sich halten, ruhig bleiben
taciturnitas Schweigen; taciturnitatem habere im Schweigen verharren (BR.)
taco, onis Flicken, Lappen
tactus, us Berührung, Griff
talaiporus (*griech.*) unglücklich (Liudp.)
talare verwüsten, zerstören, plündern
talaris tunica Schleppkleid (Liudp.)
talea = tallia
talemetarius Bäcker
talentum (*griech.*) Pfund; *auch* = Mark; Waage; Schatz
talio Wiedervergeltung
talis = hic; der und der, mancher; *Adv.* taliter so, in solcher Weise
tallia; talia Steckling; Steuer, Zoll, Abgabe
tallus Trinkschale, Becher
talpa Maulwurf; ein Geißelwerkzeug
talpinus maulwurfartig; Maulwurf
talus Knöchel, Würfel

tam *Adv.* so; so sehr, derart; tam — quam so — wie; desto — je; tam — quam et sowohl — als auch; etiam tam — quamque et sowohl — als auch
tamen *Adv.* gleichwohl; freilich, immerhin; tunc t. = post haec t. = dann erst
tanazetum; tanazita Rainfarn
tandem *Adv.* da, dann; am Ende
tanganare drängen, nötigen
tanti = tot so viele
tantillulus so klein
tantillum *Adv.* so lange
tantillus so klein; so groß
tantisper *Adv.* so lange, einstweilen
tantum *Adv.* nur; in t. so sehr, bis zu dem Grade, dermaßen, derart; si tantum wenn nur
tanum Gerberlohe
tapefacĕre schwächen, vernichten
tapeinus; tapinus (*griech.*) niedrig, gering
tapeta; tapetium; tapetum; tapete, is (*griech.*) Teppich, Wandteppich; Leichentuch
tappus (*germ.*) Zapfen
taratrum; taratrus (*griech.*) Bohrer
tarcasium (*griech.*) Köcher
tardare zaudern, säumen; hemmen, lähmen
tardus langsam; spät
tarmes, itis Bohrwurm, Holzwurm
tarrater = taratrus
tartareus höllisch; Höllenbewohner
tartarum (*griech.*) Weinstein
tartarus (*griech.*) Hölle; *Plur.* Hölle; Vergehen, Sünden
taurinus von Rindsleder, ledern
taxare abschätzen, taxieren; bestimmen; erwähnen
taxillari in assum eine Eins würfeln = Unglück im Spiel haben
taxillus Würfel; *Plur.* Brettspiel
taxonus = taxus (*germ.*) Dachs
taxus, us *oder* i Abgabe, Gebühr
tebellus; tebelus = zabulus 2
tecna = techna (*griech.*) List, Betrug; Methode
tectonicus (*griech.*) zum Bauen gehörig
taeda Harz, Kienspan; Hochzeitsfackel, Ehe
taedēre Ekel empfinden
taediatus verdrießlich
tegimentum Hülle, Decke; Kopfbedeckung
tegmen = tegimen Decke, Verdeck; Kleid; Schutz, Schild, Brünne
tegna = techna
tegurium = tugurium
tela Gewebe; Spinngewebe; t. aeria die Saiten eines Musikinstruments
telinum (*griech.*) Salbe aus Bockskraut
teloneare Zoll bezahlen
telonarius; telonearius Zöllner, Zolleinnehmer
teloneum; telonium (*griech.*) Zelt; Wechslerbank; Zollstätte, Zollhaus; Zoll
telum Geschoß; Axt; *Plur.* Rüstung
temerare verletzen; iura t. den Eid brechen
temerator Friedensbrecher
temetolentus trunken
temetum Wein
temo, onis Deichsel; Steuerruder; Griff
temperamentum = temperantia Maßhalten, Mäßigung; Zusammensetzung (einer Zahl) (Hr.)
temperans mäßig, bescheiden
temperare schonen, Maß halten; zurechtmachen, bessern; pigmentis t. einbalsamieren
temperatus gehörig eingerichtet; ordentlich, bescheiden; amicitiis t. empfänglich für Freundschaften
temperies, ei die rechte Beschaffenheit; Milde, Temperatur, Wetter, Kühlung; t. caeli gemäßigtes Klima
temperius *Adv. Komp. zu* temperi (*alter Lokativ v.* tempus) früher
tempesta, ae Sturm, Hagel
tempestari stürmisch sein
tempestaria Wettermacherin
tempestas Zeitraum; Sturm; t. marina Flut
tempestivus zeitig
templarius Tempelherr (Ritterorden)

templum Tempel in Jerusalem; ein größeres Heiligtum; Kloster, Kirche; Tempelherrenorden
temporalis zeitlich; irdisch, weltlich, vergänglich; t. bonus guter Verwalter weltlicher Dinge; temporalia, ium irdischer Besitz, zeitliche Güter; *Adv.* temporaliter für eine bestimmte Zeit
temporaneus frühzeitig, erwünscht; nur eine kurze Zeit dauernd; temporaneus (*sc.* imber) Frühregen; temporaneum Frühfeige
temporius = temperius
temporivus rechtzeitig, zeitgemäß
temptamentum Versuchung
temptare 1. versuchen, wagen, sich erdreisten; 2. geringschätzen, verachten
temptatio Versuchung; Herausforderung; Versuch
temptus = tentus festgehalten, ergriffen
1. **tempus,** oris Augenblick, Stunde, Tag; Sommerzeit, die „Saison" (*mhd.* diu zît); non est t. es ist noch nicht die rechte Zeit; dimidium temporis ein halbes Jahr; ad t. später; zur rechten Zeit; ex tempore eine Zeitlang, eine Weile; per t. zur rechten Zeit; pro tempore für jetzt; quanto tempore so lange wie; belli sub tempore in kriegerischem Sinn (W.); in temporibus von Zeit zu Zeit
2. **tempus,** oris die Schläfe; Gesicht
tempusculum kurze Zeit
temulentia Trunkenheit, Völlerei
temulentus betrunken; gesättigt, reichlich
tenaculum Werkzeug zum Festhalten, Halter; Jagdspieß
tenax zäh; kärglich, geizig, hartherzig; verschwiegen; t. iusti reçhtlich gesinnt
tenda Zelt
tendĕre manus sich ergeben
tendicula Fallstrick, Schlinge, Netz
tenebrescĕre dunkel werden
tenebricola in der Finsternis wohnend
tenella Zange
tenellus zart
tenementum Eigentum; Haus, Grundstück
tenēre besitzen, haben; ergreifen, festnehmen; *Pass.* schuldig sein; vile t. geringschätzen; tentus in somno in tiefem Schlafe
teneritudo, inis Zartheit
taenia (*griech.*) Haarband, Kopfbinde
tenor Zusammenhang, Verlauf, Fortsetzung; Bedingung, Vertrag; Sinn, Inhalt, Wortlaut; Methode; tenore *m. Gen.* auf Grund von, laut, gemäß; eo tenore unter dieser Bedingung
tentatio = temptatio
tentoriolum Zeltchen
tenturium = tentorium Zelt
tenuare schwächen, arm machen
tenuis fein, zart; bescheiden; hell
tenus *Postposition m. Abl.* bis an, nach — hin; Rheno t. Rhein abwärts
tenúshac = hactenus bis jetzt
tepēre lau, warm sein; schal sein; untätig sein; kalt lassen
tepidus lau, ein wenig warm, wärmend, mild; matt, lässig, flau
ter quater; ter atque quater mehrmals
terebellus = terebrum
terebrare durchbohren
terebrum; terebra Bohrer
terĕre zerreiben; zertreten; kriechen über
teres, etis rund
tergere abtrocknen, abkratzen, fegen, vertreiben
tergiversatio Weigerung; Hinterlist
tergum Rücken; Fell, Pelz; post terga dare hinter sich werfen, mit etwas aufhören; post terga rücklings, hintenüber
terminator Beendiger, Begrenzer
terminus Grenze, Gebiet, Erdreich; Maß; Schranke; Termin; *Plur.* Gebiet; termini sancti Petri Kirchenstaat
ternus der dritte; *Plur.* = drei
terra Erde, Land; t. domini das Heilige Land; t. exigua das (angekaufte) kleine Stück Land; t. ridentium = Himmel (Arch.)
terratenus *Adv.* zur Erde

terrefacĕre erschrecken
terraemotus, us Erdbeben
terrēre in Schrecken setzen; erschrecken vor (aliquem); *Pass.* sich einschüchtern lassen
terrigena erdgeboren; Einheimischer
territorium Gebiet; Amtsbezirk; Ackergrundstück
terror Schrecken; Zwang; t. leti Todesangst, Todesahnung
tertia musikalische Terz; die 3. Stunde des Tages; tertiae asininae Eselsterzen, „Iah"
sexum **tertiare** ein drittes Geschlecht erfinden
tertio *Adv.* zum drittenmal; dreimal; usque t. bis zu dreimal
tertium das Drittel; Lehngeld
tessaron *s.* diatessaron
tesseliae, arum Mosaik
tesser, ęris = tessera
tessera (*griech.*) Würfel; Losung, Parole, Feldgeschrei
testa Hirnschale; Stirn
testaceus tönern, aus Ziegelstein bestehend
testamen Zeugnis, Beweis; = testamentum
testamentaliter *Adv.* mittels des Testaments
testamentarius Testamentsvollstrecker
testamentum Bund, Vertrag; Verheißung; Altes und Neues Testament; Verfügung für den Todesfall; Anordnung, Gebot
testare; testari bezeugen, aussagen; vermachen; Anzeige machen; Widerspruch erheben
testeus irden
testiculus Hoden
testificare; testificari bezeugen, zum Zeugen aufrufen
testificatio Bezeugung, Kundgebung
testimoniare bezeugen
testimonium Zeugnis, Beweis, Bekenntnis, Leumund; Bund; Unterpfand; Urkunde, Vollmacht; Vorschrift
testis Zeuge; Märtyrer
testudo, inis Schildkröte; Schnecke
taeter, tra, trum häßlich; schlimm, schändlich
tetragonus (*griech.*) viereckig; in tetragonum constitutus im Viereck umbaut (Liudp.)
tetragrammatus (*griech.*) aus vier Buchstaben bestehend; tetragrammaton = Jahve (*in hebr. Schrift Ihvh*), der Gottesname bei den Juden
tetralogus (*griech.*) Viergespräch (Wipo)
tetrameranus (*griech.*) viertägig
tetrametrus (*griech.*) viermaßig
tetricus finster, mürrisch
teudisca lingua Volkssprache
teutonicus deutsch
texĕre weben; (einen Text) abfassen; sagen, darlegen, erzählen
textilis auro mit Gold gewirkt
textualis den Text betreffend; Kenner der (heiligen) Texte
textus, us Wortlaut, Text; Werk
1. **thalamus** = ophthalmos (*griech.*) Auge
2. **thalamus** (*griech.*) Kammer, Gemach; „Himmelssaal"; Ehebett
thallus (*griech.*) (goldener) Ölzweig
tharsia (*griech.*) Kühnheit
theatricus (*griech.*) zum Theater gehörig
theatrum (*griech.*) Kaufhaus; Bordell
thebalus = zabulus 2.
theca (*griech.*) Behälter, Futteral, Kapsel, Büchse; Bibliothek; Keller
thema, atis (*griech.*) Gegenstand; Provinz
theoplastus (*griech.*) gottgeschaffen
theophania (*griech.*) Fest der Erscheinung Christi (6. Jan.)
theologalis; theologicalis theologisch; göttlich
theologica = theologia (*griech.*) Theologie
theologizare predigen
theoricus (*griech.*) betrachtend, beschaulich
theos (*griech.*) Gott
theosebia (*griech.*) Gottesfurcht
theosis, is (*griech.*) Göttlichkeit
theotiscus = teudiscus volkstümlich
theotoca; theotocus (*griech.*) Gottesmutter

theristratus mit dem theristrum bekleidet, weibisch, Kastrat
theristrum (*griech.*) Sommerkleid, (Frauen-) Gewand; Schleier, Hülle
thermae, arum (*griech.*) Warmbad
thesauraria Schatzmeisteramt
thesaurarius Schatzmeister; Kämmerer (in merowingischer Zeit)
thesaurizare Schätze sammeln
thesaurus (*griech.*) Schatz
thesmophagia (*griech.*) Tischzucht
theu (*griech.*) 1. = Gottes (*Gen.*); 2. = Gott (*dat.*)
thymiama, atis (*griech.*) Räucherwerk
thymiamaterium (*griech.*) Räucherfaß
thymiatizare (*griech.*) räuchern
thymus = thymum (*griech.*) Thymian
thyriaca = theriaca (*griech.*) Gegengift
thisicus = phthisicus schwindsüchtig
thisis = phthisis (*griech.*) Schwindsucht
thius (*griech.*) Oheim
thoraca = thorax
thorax, acis (*griech.*) Panzer, Brünne; Brust, Brustlatz; Wams, Rock
thronus (*griech.*) Thron, Sitz
tiara (*griech.*) Turban, Mütze; Bischofshut
tiaratus mit der Tiara geschmückt; Weiberhauben tragend (Liudp.)
tibia Schienbein, Bein; Flöte
tibialia, ium lange Strümpfe; Hosen
typhus (*griech.*) hochfahrendes Wesen, Dünkel, Stolz; Begierde
tignum Balken; *Plur.* Gebälk
tilium = tilia Linde
timēre fürchten (*auch mit* ut, quod, A. c. I.); verehren
timidulus etwas zaghaft, kleinmütig
timidus furchtsam; ehrfürchtig
timorare schrecken; timoratus gottesfürchtig, ehrfurchtsvoll
tympanister, tri Paukenschläger
tympanistria Paukenschlägerin; Gauklerin (*mhd.* spilwîp)
tympanizare das tympanum schlagen
tympanum (*griech.*) Tamburin, Pauke
timpus = tempus Schläfe
tina Weinbottich; Faß; Badebutte
tinaria Bottichladung
tinco = tinca Schlei
tinctio Taufe
tineare von den Motten zerfressen werden; modern
tingēre = tinguēre benetzen; beflecken
tinnire klingen, gellen
tinnitus, us Geklingel; zarter Ton; t. dare laut klingeln
tinnulus klingend, hell (tönend)
tintinabulum Schelle, Klingel
typicare anzeigen, bedeuten; darstellen
typicus (*griech.*) bildlich, vorbildlich; typisch
tipsana = ptisana
typus (*griech.*) Bild, bloße Form, Schein; Bildwerk; sub typo religionis unter dem Schein der Religion
tyrampnus = tyrannus
tyrannis, idis (*griech.*) Gewaltherrschaft
tyrannizare Tyrann sein
tyrannus (*griech.*) Statthalter, Magnat, Fürst; Tyrann; Wüterich, Rebell, Teufel
tiria = stiria Eiszapfen
tiro, onis Knappe, Page, Zögling; Knabe, Jüngling; Neuling; Knecht; Krieger, Held
tirocinare Kriegsdienste tun; im Kampf bestehen (O. v. F.)
tirocinium Kriegsdienst, Turnier
tyronizare lernen
tirsa Haut
tirunculus junger Krieger
tis = tui (*Gen. Sing.*)
tisana = ptisana
tisicus = phthisicus
titella = titulus
titiare piepen
titillare kitzeln
titio Feuerbrand, brennendes Scheit
titubare wanken, schwanken; zweifeln
titula = titulus
titulare betiteln; schreiben, mit Abkürzungen schreiben; mit einer Inschrift versehen
titulus Buchtitel, Überschrift; Besitztitel, Rechtsanspruch; Kennzeichen, Abkürzungszeichen (in den Handschrif-

ten); Inschrift, Denkstein; Ansehen, Ehre, Bedeutung
tobalea; toballia Decke, Altartuch
toca = tocus (*griech.*) Gebärerin, Mutter
toga Mantel; Kittel
togare bekleiden
tolerantia = passio das Dulden
tollĕre emporheben; auf sich nehmen, nehmen; abräumen; abschlagen; tolli *m. Dat.* einer Sache überhoben werden; ictum t. die Waffe zum Hiebe emporheben; prata caballis t. die Rosse weiden lassen; uxorem t. eine Frau nehmen
tomus (*griech.*) Buch, Band eines Werkes; die Heilige Schrift; Urkunde; Papyrus; tomi legis der Pentateuch
tonaliter *Adv.* unter Gesang
tonare donnern; laut reden; tonans = Gott
tonarius Lehrbuch der Sangeskunst
tondĕre scheren, rasieren; abweiden lassen
tongus = phthongus (*griech.*) Stimme
tonitrualis donnerähnlich
tonitruum; tonitruus Donner, Gewitter
tonna = tunna
tonsio Schafschur; Abmähen
tonsor Barbier
tonsura Schur; Tonsur
tonsurare; tonsorare; tonsorari scheren, die Tonsur verleihen, zum Priester weihen
tonus (*griech.*) Spannung (eines Seiles); Ton; Wortlaut
toparchia (*griech.*) Bezirk, Statthalterschaft; Landschaft
topazium; topazus = topazius (*griech.*) Topas
topographia (*griech.*) Beschreibung eines Ortes; Schilderung
topographus Ortsbeschreiber; Geograph
torale = toral, alis Polster, Kissen
torcia Uferdamm
torculare; torcular, aris Kelter
torcularium Kelter, Kelterpresse
toregma = toreuma, atis (*griech.*) kunstvoller Schrank, Büfett
tormentare foltern, martern
pulvis **tormentarius** Schießpulver
tormentum Wirbelsturm; Winde, Folter, Marter, Höllenqual; große Wurfmaschine, Geschütz
tornamentum Turnier; Kampf
tornare drechseln; drehen, wenden; sich drehen
tornatilis gedrechselt, rundlich
tornatura Drechslerarbeit
torneamentum Turnier
torneta Turnier
torpēre erstarrt sein; erschlaffen; torpens erstarrt, erschlafft
torpidus träge, stumpfsinnig
torquēre drehen, wenden; erpressen; t. cuspidis ictum mit d. Lanze ringsum stoßen (W.)
torques; torquis, is Halskette; Rute
torrela Scheit Holz, Brand
torrens heiß; reißend; Gießbach, Bergstrom; torrentes picei Ströme der Unterwelt
torridulus = torridus dürr, trocken; geröstet; heiß, brennend
torris, is Brand, brennendes Scheit Holz; Flamme, Feuer
torsellus Bund, Ballen
torsio Marter, Plage
torta Striezel; panis t. ein Laib Brot
torticium Fackel
tortio Bauchgrimmen
tortor Quäler, Folterknecht, Henker
tortuca Schnecke
tortula der kleine Striezel, Törtchen
tortuosus gewunden; geschunden; verworren
tortura Qual, Pein; Verrenkung
tortus krumm, gebogen; schielend
torus Polster, Speisesofa; Bett, Ehebett; Schoß; Strick; t. riparum Erhebung der Ufer
torvus wild, grimmig
totalis gänzlich, völlig; *Adv.* überaus, ganz und gar; sehr
totus ganz; all; per totum ganz und gar; ex toto völlig; ex toto nihil gar nichts; in totum überhaupt; toti, orum alle
toxicare mit Gift tränken, vergiften
toxicator Giftmischer

toxicus (*griech.*) vergiftet; toxicum Gift
trabaticum Schiffsziehgeld; Schleifzoll
trabea Gewand; Königsmantel; Schmuck
trabuca eine Art Katapult
tractabilis faßbar
tractamentum Übereinkommen, Vertrag
tractare herumzerren; mißhandeln, verhandeln; überlegen, beraten; manibus t. persönlich erleben; normam alicuius t. sich jem. zum Vorbild nehmen
tractator Erklärer, Schriftgelehrter
tractatus, us Behandlung; Beratung, Vertrag, Komplott; Predigt
tractim *Adv.* zugweise, strichweise
tractus, us das Ziehen; Zug (im Schachspiel); Verlauf; ein Gebet, das in der Messe vor der Epistel hergeht; t. nominis Namenszug
tradĕre verraten; hinzufügen
traditio Übergabe; Satzung;Bestimmung; t. venditionis Verkaufsurkunde
traditor Lehrer; Verräter
traducĕre geleiten; zur Schau stellen, offenbaren, ins Gerede bringen; beschämen, überführen, strafen; entführen; t. uxorem als Frau heimführen
traductio Preisgebung, Beschämung, öffentliche Bloßstellung; Ahndung, Strafe
tragedia = tragoedia (*griech.*) das traurige Erlebnis, Unglück; aufregendes Ereignis
tragedus (*griech.*) Tragödiendichter
traha die Schleife (von Tieren gezogene Dreschbohle)
trahĕre ziehen (beim Schachspiel); schießen; belästigen, zerren; entführen; alta t. suspiria tief seufzen
1. **traiectus,** us Fähre; Übergangsplatz
2. **traiectus** durchschossen
trames, itis Pfad, Steg
tranquillare beruhigen
tranquillus geduldig
transactio Vergleich
transalpizare die Alpen überschreiten
transcendĕre ersteigen; zurücklegen
transcensus, us Furt, Übergang
transcribĕre eine Kopie herstellen, abschreiben
transducĕre = traducĕre
transferre hinüberschaffen, herüberholen; übersetzen; begraben; bannen, zur Seite schlagen; t. officium ad aliquem ein Amt anderweitig besetzen; t. exempla Abschriften machen
transfigurare verwandeln, entstellen
transfluĕre hinüberfließen; verfließen
transfluminalis jenseits des Flusses, am andern Ufer
transfretare über das Meer fahren; durchwaten, durchschiffen, durchqueren
transfuga flüchtig; Flüchtling, Abtrünniger
transfundĕre übertragen; vermachen; t. ignem Feuer sprühen (W.)
transgredi überschreiten; übertreten, vernachlässigen
transgressio Übertretung
transgressor Übertreter, Friedensbrecher; Frevler, Sünder
transigĕre vertreiben
transilire hinüberspringen; übertreffen
transire hinübergehen; übertreffen; fortgehen, sterben; übergehen, ungerügt lassen; zurückkehren
transitio Überfahrt, Hindurchgang, Übergang; t. reciproca Wechselwirkung
transitorius vorübergehend, vergänglich; kurz
transitus, us Übergang; Tod; transitum habere vorüberziehen
translatio Versetzung; Übertragung, Translation, feierliche Überführung
translatus in übertragenem Sinne
translucidus durchsichtig
transmeabilis gangbar
transmeare durchwandern; hinüberschwimmen
transmetare durchmessen, erfüllen
transmigrare übersiedeln, auswandern; nach einem andern Ort hinbringen
transmigratio Auswanderung; die Gefangenen
transmittĕre überliefern; hinter sich lassen; überschreiten, ausstechen

transmontanus der von jenseits der Alpen, „Nordländer"; transmontana, orum Deutschland
transnavigare hinübersegeln
transparens durchscheinend, durchsichtig
transpedare hinübergehen, überschreiten
transplantare verpflanzen, versetzen
transponěre versetzen; übersenden; t. in undam (die Angel) ins Wasser werfen
transpungere durchstechen, durchbohren
se **transsubstantiare** sich verwandeln
transsubstantiatio Substanzverwandelung
transsuměre = transuměre herübernehmen; gegenseitig vertauschen; abschreiben
transsumptive *Adv.* in übertragenem Sinne
transvadare; transvaděre durchwaten; vorübersegeln
transverberare durchbohren; dringen zu; (wie ein Schlag) treffen
transversim *Adv.* = transverse
transversus quer, schief; *Adv.* schräg, in die Quere
transvertěre umwenden, verkehren, abwenden, abbringen
trapezeta = trapezita (*griech.*) „Bankier", Geldwechsler; Betreiber unredlicher Geldgeschäfte
trappa (*germ.*) Schlinge, Tierfalle
trapus = drappus Tuch, Lappen; Lump
traugum Loch
tredecies dreizehnmal
tremaculum Fischernetz
tremellum Mühltrichter
treměre aliquid heftig zittern vor
tremiscěre = tremescere zittern; *m. Inf.* sich scheuen
tremulus zitternd, zuckend, erbebend
trepidare hastig eilen; zögern, zaudern; ängstlich machen
trespellius Gemeindebulle
treuga; *auch im Plur.* (*germ.*) Landfriede; Waffenstillstand; t. dei Gottesfriede
treugare Frieden machen
triangulatus dreieckig
triare untersuchen
trias, ados (*griech.*) die Hl. Dreieinigkeit
tribuculus Wurfmaschine
tribuěre zuteilen; geben
tribula = tribulum
tribulamen das Reiben
tribulare pressen; drücken, bedrängen, quälen, plagen, rädern; *Pass.* umhergetrieben werden; tribulans Widersacher (Liudp.)
tribulatio Leiden, Not, Trübsal, Drangsal, Beschwerde, Heimsuchung
tribulum Dreschwagen, Dreschflegel
tribulus (*griech.*) Fußangel; die Geißel des Lehrers; Burzeldorngestrüpp
tribunal Richterstuhl; Chor der Kirche
tribunus Stammoberhaupt; Oberrichter; Graf
tribus, us Geschlecht, Familie, Stamm
tributarius abgabepflichtig; tributaria praemia Anweisung von Zinsfällen (Wid.)
tributio Vergeltung, Belohnung; Heimsuchung, Kümmernis
tributum Auflage im ganzen, Abgabe jeder Art, Steuer, Lösegeld
trica = meretrix Buhlerin
tricae, arum Haare, Strähnen; Verdrießlichkeiten, Ränke
tricare drehen, flechten, bunt durcheinanderschlingen; sich dehnen, zögern; abhalten, hindern
tricenarius dreißig enthaltend, dreißigjährig
triceps, itis dreiköpfig
triclinium (*griech.*) Speisesofa, Speisezimmer, Ruhestätte, Schlafgemach
tricolor dreifarbig
tricornis drei Hörner habend; mit drei Tortürmen
tridens Speer mit Widerhaken; Hacke
triduanus drei Tage während, dreitägig
triduum drei Tage; dreitägiges Fest
triennis dreijährig
triens Drittel; Pfennig
trifarius dreifach
triformiter *Adv.* in drei Abteilungen
trifurculare mit drei sich gabelig verästelnden Hörnern schlagen
trigonus Mars Mars in Dreieckskonstellation zum Geburtsstern (Liudp.)

trilex = trilix dreifädig, dreidrähtig
trilinguis dreisprachig
trilustris fünfzehnjährig
trineptis Enkelin im fünften Gliede
trinitas Dreizahl; Dreieinigkeit
trinominis dreinamig
trinsare; trinxare = trissare zwitschern, singen; murmure t. brummen
trinus dreifach; dreieinig
triparius dreigeteilt
tripedium; tripetium dreibeiniger Schemel
tripertire= tripartire in drei Teile teilen
triplicare verdreifachen, dreimal sprechen
triplus (*griech.*) dreifach; triplum = trivium
tripudiare im Dreischritt tanzen; frohlocken, jubeln
tripudium Dreischritt; Waffentanz im Dreischritt, Tanz; Jubel; bewaffnete Begleitung; t. perenne ewige Seligkeit
triquadrus in drei Teile geteilt
trisagius (*griech.*) dreimal heilig; hymnus t. der Gesang der Seraphim in Jes. 6, 3.
trisca Trüsche (ein Fisch)
trisyllabitas Dreisilbigkeit
trisonus dreifach lautend; dreisprachig
tristari traurig sein, sich betrüben, trauern; geschädigt werden
tristificus betrüblich, schrecklich, düster
tristus = tristis traurig; unselig
tritare zerreiben, zertreten, zerkleinern
tritea Tablett *oder* Tischchen
triticeus aus Weizen, Weizen-
triticum Weizen
tritura Reiben, Dreschen
triturare dreschen; zermalmen
tritus (*v.* terĕre) getreten
triumphator Sieger, Überwinder, Siegesfürst
triumphus Erfolg; Triumphgesang; Märtyrertum
trivium Kreuzweg; scholastischer Lehrgang (*s.* artes liberales)
trochus (*griech.*) Spielreif, Kreisel
trochlea Winde; ein Folterwerkzeug
trocta = tructa
trophe... *s.* trope...
tropeare triumphieren
tropeatus sieggekrönt
tropeum = tropaeum (*griech.*) Siegeszeichen, Sieg; Jubelgesang
troppus Herde
tropus (*griech.*) Weise, Melodie, der rhythmische Gesang zu Beginn der Messe oder der kirchlichen Tagzeiten, Lied; Bild, bildlicher Gebrauch
trotannus = trutannus
trotare; trottare (*germ.*) treten, gehen, trotten; traben
trotarius; trottarius Kurier
trublium = tryblium (*griech.*) Schüssel
trucitas Verwilderung
tructa (*griech.*) Forelle
truculantia = truculentia Unfreundlichkeit, Roheit
truculentus grimmig, wild
trudĕre stoßen, drängen; carcere t. ins Gefängnis werfen
trufa; truffa Betrug, Gemeinheit, Ulk
trufare verlachen, verspotten
truffator Gauner, Betrüger, Strolch
trulla Maurerkelle
truncare abschneiden, abhauen; benehmen; hastas t. Lanzen verstechen
truncatio Verstümmlung
truncus Stamm, Klotz; Almosenblock; Rumpf, Leiche
trusale, is Dolch
trusellus = torsellus
truta; trutta = tructa
trutannare betrügen, täuschen
trutannizare; trutanisare (*griech.*) herumstrolchen, umherstreifen; hin- und herpendeln; betrügen
trutanus; trutannus (*griech.*) Landstreicher, Vagabund, Bettler
trutinare wägen, erwägen; untersuchen
trux, ucis grimmig, wild
tuba Röhre; Posaune, Jagdhorn, Trompete; episches Gedicht
tuber, eris Nußpfirsich; Tuberholz
tuberare schwellen
tuberosus voller Buckel, Erhöhungen
tubicina = tubicen Trompeter
tubrucus; tubrugus Gamasche
tubulus Röhre (zum Rauchabzug)

tueri schauen, sehen; schützen, vertreten; geschützt werden
tuguriolum Hüttlein, Hütte
tugurium Hütte, Schuppen, Gewölbe
tui (*Gen. poss.*) = dein: ira tui = ira tua
tuitio Beschützung, Schutz; Vormundschaft; Friede
Tulliana facundia Beredsamkeit eines Tullius (Cicero)
tultus gestohlen
tumba Grab
tumbare begraben
tumefactio Überhebung, Stolz
tumor Geschwulst; Überhebung
tumulare beerdigen
tumultare = tumultuari lärmen
tumultuatio Getümmel, Kampf
tumulus Erdhügel, Grab; Grabmal
tunc *Adv.* dann; damals, jetzt; ex tunc seitdem; danach, daraufhin; von jeher
tundĕre stoßen, prügeln; hämmern, prägen; „auf den Busch klopfen"
tunica Hemd; der hemdartige Rock, Wams; Mönchskutte; Mäntelchen mit Kapuze, *etwa* „Pelerine"; Bekleidung; Brünne, Panzer
tunicella weißes Röckchen; das liturgische Gewand des Subdiakons
tuninum Lattenzaun; Geflügelzwinger
tunna (*wohl kelt.*) Weinfaß, Kufe, Tonne
tunnarius Küfer
tunsio Stoßen, Schlagen
turba Lärm, Handgemenge; Schar, Menge
turbare in Unordnung bringen, beunruhigen, bedrängen; *Pass.* sich entrüsten, ergrimmen
turbator Aufwiegler; t. pacis Friedensstörer
turbido, inis Sturm
turbidus stürmisch, zornig; verstört; trübe
1. **turbo,** inis Wirbel; innere Wirren
2. **turbo** (*germ.*) Torf
turbulentia Verwirrung, Unruhe, Wirren, Gedränge
turdela kleine Drossel
turellus Türmchen
turgescĕre anschwellen
turibulum Weihrauchpfanne, -faß
turicremus von Weihrauch brennend
turiferarium Weihrauchfaß
turiferarius Träger des Weihrauchfasses
turificare (Weihrauch) opfern
turmatim *Adv.* scharenweise, in einzelnen Haufen
turnamentum; turnementum; turneimentum Turnier; *vgl.* tornamentum
turnare runden; turnieren, fechten
turpare besudeln, verunstalten
turpedo, inis Schimpf, Schmach
turpiloquium Schmutzgerede, Schandsprache
turris Turm; die mit Türmen versehene Burg
turritus mit Türmen versehen
turtisonus gurrend
turtur, uris Turteltaube; Rebhuhn
turtureus = turtur
turturinus zur Taube gehörig
1. **tus,** turis Weihrauch; tura imponere (Weihrauch) opfern
2. **tus** (*mhd.* tûs, dûs) die Zwei auf dem Würfel
tusculum etwas Weihrauch
tussire husten, sich räuspern
tutamen Schutz
tutare = tutari schützen
tutela Schutz, Obhut, Vormundschaft; Beschützer, Hort; Schützling
tutor Schutzherr, Beschützer, Vormund, Alterspfleger; Advokat
tutulus Haarschleife
tutus; *Adv.* tute sicher, gefahrlos; dienlich, passend, geraten

U

ubi *Adv.* wo; wohin; mox ubi, statim ubi *Konj.* sobald als
ubiubi = ubique *Adv.* überall
udus feucht, naß
ulcerosus voll Geschwüre
ulcus, eris Geschwür, Auswuchs

ullatenus *Adv.* auf irgendeine Weise, irgendwie
ulligenus irgendwie geartet; = ullus irgendeiner
ullulare = ululare heulen, klagen
ulna Ellenbogenknochen; Elle; Armstumpf; Arm
ulterius *Adv.* weiter, weiterhin, fortan
ultimatus = ultimus der letzte
ultime *Adv.* zuletzt; ad ultimum zuletzt, schließlich
ultio Rache, Vergeltung, Todesstrafe; dies ultionis extremae Tag des Jüngsten Gerichts; ultionem alicui reddere an jem. Rache nehmen (Helm.)
ultra *Adv.* jenseits; in höherem Maße; fernerhin, in Zukunft; u. satis über das genügende Maß hinaus
ultramarinus überseeisch, jenseits des Meeres liegend
ultramontanus jenseits der Berge befindlich, außerhalb Italiens
ultro *Adv.* aus freiem Entschluß, ohne Veranlassung
ultroneus freiwillig
ulula Käuzlein
ululatus, us Geheul; Klageschrei; u. caninus Hundegebell
ulva Sumpfgras; u. viridis das grüne Gras
umblicus = umbilicus Nabel; Mittelpunkt
umbo, onis Buckel, Schild
umbra Schatten; dunkle Vorstellung; Täuschung, Schein
umbraculum schattiger Ort, Laube, Zelt; verschlossenes Ruhegemach; Schatten, Dunkel
umbrare Schatten geben; beschatten
umbratilis schattig; behaglich, häuslich, friedlich; höllisch; scheu
umbrifer schattig
umbrificare beschatten
umectare befeuchten, benetzen
umiditas Feuchtigkeit
unanimis; unanimus einmütig, einträchtig, einig
unanimitas Einmütigkeit, Eintracht
uncinus Haken, Widerhaken
unctio Salbung, Salbe; letzte Ölung
unctus fettig; reichlich; verschwenderisch; der Gesalbte, Messias
unctum Fett, Salbe;
1. **uncus** Haken; Hakenpflug
2. **uncus** krumm; geizig
unda sacra Weihwasser; u. baptismatis Taufwasser; Taufe
undare wallen, wogen, hervorquellen
unde *Adv.* woher; daher; weil; so daß
undecim milium virginum martyrum Tag der 11000 Jungfrauen = 21. Okt.
undecumque *Adv.* woher auch immer; unter allen Umständen, in jeder Weise
undequaque *Adv.* von überall her
undifragus die Wellen brechend
undique *Adv.* allenthalben, überall; nach allen Seiten hin
undiquesecus *Adv.* = undique
undisonus plätschernd
undola Wässerlein
unguentum Salbe; Fett, Schmalz
unguipotens krallengewaltig = Adler
unguis Kralle; ein Geißelwerkzeug; ad unguem (*eig.* bis auf die Nagelprobe) völlig; ungue impresso aufs genaueste; ungue infixo aufs zäheste
ungula Klaue, Kralle; Nagel; Marterhaken; u. ferrata der beschlagene Huf, Hufeisen; u. gripis Greifenklaue (als Hifthorn)
ungulatus mit Krallen versehen
ungulus Nagel; ein Marterinstrument
unibos Einochs (Titel einer Dichtung)
unicornus Einhorn
unicors, rdis ein Herz und eine Seele
unicus der einzige; ungewöhnlich; einzig noch lebend
unificare vereinigen
unigenitus eingeboren = Christus
unio Einigung, Vereinigung; eine Zwiebelart
unioculus = unoculus einäugig
unire vereinigen, vereinheitlichen, in Einklang bringen
unitas Einheit; die Zahl 1
universa, orum = universum Weltall

universalis allgemein, ganz; universalia, ium die Allgemeinbegriffe, die Universalien
universitas Gesamtheit; Universum, Weltall
univira nur einem Mann vermählt
univocus einstimmig; eindeutig; einnamig
unus ein jeder; ein bekannter; einmütig; *oft* = *unbest. Artikel*; unus — alter der eine — der andere
upupa Wiedehopf
uranicus (*griech.*) himmlisch; feurig
urbanitas feines Benehmen
urbicola Bürger, Einwohner
urbs Stadt; Burg; Burgbezirk
urceola Eimer
urceus Krug, Wasserkrug
uredo, inis Brand (am Getreide)
urēre brennen, braten; verbrühen; ausschelten; *Pass.* sich verbrühen; verba u. schelten, tadeln
urguēre = urgēre drängen, bedrängen; treiben, anfachen; bevorstehen
urna Topf, Krug, Urne
ursinus vom Bären
urtica Brennessel (zum Geißeln benutzt)
urticare stechen
uscerium = usserius
usia (*griech.*) Wesen; u. prima Einzelwesen (Hr.)
usitari zur Gewohnheit werden
uspiam *Adv.* irgendwo
usque 1. *Präp. m. Akk.* bis zu; usque ad centum volle Hundert; 2. *Adv.* stets, ständig; sogar; u. dum solange bis
usque modo *Adv.* bis jetzt, bisher
usquequaque *Adv.* überall
usquequo *Adv.* wie lange noch
usserius (*frz.* huissier) Türhüter; Lastschiff (für Kavallerietransporte)
usualis gebräuchlich, gangbar
usura Genuß; Zinsen; Wucherzins; *Plur.* Zinszahlung
usurarius wucherisch; Wucherer
usurpare in Gebrauch, in Besitz nehmen, für sich beanspruchen, an sich bringen; in Anspruch nehmen = beeinträchtigen
usurpativus mißbräuchlich
usus, us Gebrauch; Arbeit; Nutzpflanzung; *Plur.* Besitzrechte (Hr.); u. venandi = Weidwerk
utcumque *Adv.* wie auch immer; irgendwie
utenses, ium Schiffsgerät
utensile, is Handwerkszeug; utensilia ciborum Mundvorrat
uter, utris Schlauch
uterinus leiblich; Bruder; uterina Schwester; uterini fratres Zwillingsbrüder
uterus Leib, Bauch, Schoß
utilitas Nützlichkeit; Nutznießung, Nutzen; Geschicklichkeit
utique *Adv.* wie nur immer, durchaus, jedenfalls, doch wenigstens; um jeden Preis
utpote *Adv.* ja, nämlich; da; als, wie, z. B.
utputa zum Beispiel, nämlich; da ja
utquid warum, wozu, was?
utrimque *Adv.* beiderseits
utrobique *Adv.* auf beiden Seiten
utrum ob (auch in einfacher Frage); utrum — vel si = utrum — an
ut simul = simulac sobald als
uva Weintraube; das Zäpfchen (im Rachen)
uxorare verheiraten; heiraten (von der Frau)
uxoratus beweibt; Ehemann
uxoricida Frauenmörder

V

vacanter *Adv.* überflüssig, völlig; eifrig
vacare frei, unbesetzt sein, Zeit haben; die Möglichkeit haben; ruhen; vacare alicui sich beschäftigen mit; v. hymnis Hymnen singen; v. religiosae vitae sich klösterlichem Leben widmen; vacat es ist möglich (Hr.)
vacatio Muße, Müßiggang
vaccaritia Kuhhaltung; Kuhherde
vacillanter *Adv.* schwankend, unbeholfen

vacillare wanken, schwanken; zweifeln
vacillatio animi Besorgnis
vacuare leeren; erledigen; entkräften
vacuitas freie Zeit, Mußestunden
vacuus nichtig, ungültig; umsonst; in vacuum vergeblich
vadiare Sicherheit geloben; Sicherheit leisten, Strafe bezahlen
vadimonium Pfand; Gelöbnis; per v. als Pfand
vadium Pfand; Wette; Bürgschaft; Geldstrafe
vadius Bürge
vadosus gangbar
vadus = vadum Furt
vaffer; vafer pfiffig; Schlaukopf
vafritas = vafritia Verschlagenheit, Verschmitztheit
vagabundulus fahrendes Schülerlein
vagabundus umherschweifend; auf der Reise
vagare = vagari sich herumtreiben
vagina Scheide
vagire wimmern, quäken; lügen
vagus umherschweifend, wandernd; der Fahrende, Spielmann; fahrender Scholar, Vagant
valedicĕre; valefacĕre alicui *und* aliquem Lebewohl sagen, sich verabschieden; jem. verabschieden, Abschied geben
valens stark, laut; valentior pars Mehrheit
valentia Macht
valēre können, vermögen; taugen, leisten; vale *Abschieds- und Ankunftsgruß:* sei gesegnet! vale dare Lebewohl sagen
valetudo, inis Gesundheitszustand (gut und schlecht); Kraft, Macht
valisia Satteltasche
valiter = valenter kräftig, stark
valitudo = valetudo
vallare umgeben, umringen, flankieren, begleiten; befestigen, schützen
vallicula das kleine Tal, Vertiefung
vallum Wall; Lager; Verhau
vallus Pfahl
valor Geltung
valvassor = vavassor
valvae, arum Türflügel, Tür; valvas aperire animae der Seele den Ausgang öffnen (W.)
vandalicus wild
vanescĕre vergehen; eitel werden
vanga (*wohl germ.*) Hacke, Karst
vaniglorius voll Eitelkeit
vaniloquium eitles Gerede
vanitare sich brüsten
vannus Wurf-, Getreideschaufel
vanus leer, eitel; unbestattet; bäurisch, Bauer; in vanum vergeblich
vapor Dampf; v. mentis Erregung
vaporare Dampf, Luft ausströmen lassen
vapulare prügeln; Schläge bekommen
vapulator Prügelknabe
varantizare = warantizare
vargus = wargus
variamen Mannigfaltigkeit, Variation; Veränderung
variare auszeichnen, schmücken; wechseln; wieder gutmachen; v. gressus unsicher schreiten
varicolor buntfarbig, verschiedenfarbig
varicosus mannigfach; voll Krampfadern
varietas Stickerei, buntes Gewebe; Gewandtheit
variola Blattern
varium Pelzwerk (*mhd.* buntwerc)
varius schillernd, bunt
varrus töricht
1. **vas,** vadis Bürge
2. **vas** jedes Gerät; Gefäß, Faß, Weihrauchfaß; Werkzeug; Truhe; *Plur.* Tafelgeschirr; Gepäck; vasa aerea Becken; vasa mortis todbringende Geschosse
vasallus; vassallus (*v.* vassus) Lehnsmann, Vasall
vascellum Schiff
vasculum Gefäß; v. apium Bienenstock
vasileus = basileus (*griech.*) König
vasio Fasan
vassus (*gall.*) Mann; Unfreier in der persönlichen Umgebung des Königs; Vasall
vastator Verwüster, Teufel (Hr.)

vastigare anstacheln, antreiben
vastitas Verödung; v. eremi weite Einöde
vaticinare; vaticinari weissagen
vaticinium Prophezeiung, Weissagung
vatidicus prophetisch
vatus = vates, is Sänger, Dichter; Prophet; Priester, Bischof
vavassor Vasall, kleiner Lehnsträger, mittlerer Ritter
1. **-ve** *enklitische Part., auch alleinstehend:* und
2. **vae** *Interj.* wehe, ach; *subst.* Unglück, Plage
vecordia Torheit, Wahnsinn
vectis, is Riegel; das männliche Glied
vector Fahrer; Lotse, Fährmann
vectura Fuhrlohn, Fährgeld; Sänfte
vegĕre = vehĕre fahren, bringen
veges, etis Weinernte; Weinfaß
vegetabilis belebend; vegetabilia, ium Pflanzenreich
vegetare beleben, gesund erhalten; leben, grünen
vegetus lebhaft
vehementia Gewalt
vehiculum Fahrzeug; Schiff, Schlitten
vel 1. *Konj.* und, und zwar, z. B., etwa, auch nur; vel—sive sowohl—als auch; velque = atque und; 2. *Adv.* wohl, vielleicht, sogar
velamen Hülle, Gewand; v. sacrum Nonnenschleier
velare verhüllen; v. mensam den Tisch decken; v. reginam die Königin ins Kloster schicken
velle aliquem Wohlgefallen haben an, wohlwollen; sibi v. zu bedeuten haben; *subst.* = das Wollen, Wille. — velle *oft überflüssig:* velle minabatur reverti
vellicare rupfen, zupfen; sticheln; aus Eifersucht kränken
vellus, eris Pelz, Vlies
velox schnell; fingerfertig; *Adv. Komp.* velocius gar schnell
velter; veltris; veltrus (*kelt.*) schnellaufend, Jagdhund
canis **veltricus** Jagdhund
velum Schleier; Teppich
velut *Adv.* wie; wie beschaffen
velutum Samt
vena Metallader; Stahl
venabulum Jagdspieß; Rute; *Plur.* Jagdwaffen
venalis käuflich, feil; was man bezahlen muß
venari jagen; gejagt werden
venatio Jagd; Jagdwild
venator principalis Oberjägermeister
vendĕre verkaufen; anpreisen, laut schreien; *Pass.* vendi
vendicare = vindicare beanspruchen; sibi v. an sich reißen, sich aneignen
veneficus Giftmischer, Zauberer; res veneficae Zauberei (Wid.)
venenosus giftig
venerabilis ehrwürdig, heilig; ehrfürchtig; Mönch
venerare; venerari verehren
Veneris dies (*frz.* vendredi) Freitag
Venerius; Venereus zur Venus gehörig, Liebes-; verliebt
venetus blau, bläulich
venia Willfährigkeit, Gefallen; Verzeihung, Vergebung; Kniefall; veniam agere um Verzeihung bitten; venias offerre Opfer darbringen; veniis incumbere auf die Knie fallen
venialis gnädig; verzeihlich, läßlich
veniare kniefällig bitten
venire erscheinen, auftreten; gehen, wandern; einschreiten, Einwendungen machen; v. aliquem sich wenden an jem.; veniens de gremine entsprossen aus dem Stamme
ventare in den Wind streuen, worfeln
ventilabrum Wurfschaufel
ventilare hin- und herschwingen, in Bewegung setzen; Kühlung zufächeln; untersuchen, erörtern; ventilatus weitläufig
ventositas Eitelkeit; leeres Geschwätz
ventosus windig; aufgeblasen, eitel, leer
ventus 1. Luftikus; Windbeutelei; 2. Ankömmling
venundare = venumdare verkaufen
venus, eris Anmut, Anstand

venustare schmücken, kränzen
vepres, is Dornbusch
verax wahrredend, wahrheitsliebend; *Adv.* veraciter wahrheitsgemäß; gründlich
verbaliter *Adv.* mündlich
verber, eris Peitsche
verbex = vervex
verbositas Geschwätzigkeit
verbotenus *Adv.* wortgetreu, wörtlich
verbulum = verbum
verbum Sache; etwas (mit Negation = nichts); Wort, Spruch, Leitwort; Rede, Gespräch; der Logos; verbi gratia zum Beispiel; in verbo dei im Namen Gottes; verbo non ullo mit keiner Silbe
verecundari Abscheu haben; sich genieren
verecundia Scham, Schande
verecundus anspruchslos; bescheiden redend; corporis verecunda, orum Schamteile
veredarius Bote, Kurier; zu den Kurierpferden gehörig
verenter = reverenter *Adv.* ehrerbietig
verere; vereri verehren
vergĕre schräg halten; wenden; gelegen sein; res bene vergunt die Sachen stehen gut (W.)
vergiliae Plejaden, Siebengestirn
veridicus wahrredend, wahr
verificare die Wahrheit erweisen; zu Recht befinden, billigen
vermes; vermis, is Wurm, Gewürm, Ungeziefer; Heuschrecke
vermiclus = vermiculus Würmchen; Laus; Scharlachwürmchen; Scharlachfarbe
vermiculatus wurmförmig; bunt
vernacium Wein aus Vernazza in Italien
vernaculus Sklave, Knecht
vernalis jugendfrisch; vernale tempus Frühling
vernare blühen, grünen, wiederausschlagen; sich verjüngen; leuchten, glänzen
vernulitas Dienst
vernus lenzlich, Frühlings-; vernum Frühling
verpus der Hintere
verres, is Eber
versari sich hin- und herdrehen; v. super aliquid sich beschäftigen mit; inter se v. sich überlegen
versatilis beweglich
versibilitas Wandelbarkeit
versiculus Vers; kurzer Gebetsspruch
versificare in Verse bringen
versificatura Versemachen
versilis gewandt
versipellis ewig wechselnd; unzuverlässig, heuchlerisch; maskiert; Wechselbalg
versus *Präp.* = adversus gegenüber, im Vergleich zu
versutia Schabernack, Spaß; *Plur.* listige Anschläge
versutus gewandt, verschmitzt
vertĕre wenden; scutum v. den Schild auf den Rücken werfen (W.)
vertex Scheitel; a vertice von oben her
vertibilis leicht zu wenden, behende; veränderlich
vertigo, ginis Drehen, Wechsel; v. capitis Kopfverdrehung, Irrsinn; v. venti Wirbelwind
vertragus (*gall.*) Schnelläufer, Windhund
veru, us Bratspieß; Spieß
verula = vernula Sklave, Diener
verum autem in Wirklichkeit aber; verum tamen doch, aber; in vero in Wahrheit
vervecinus Hammel-, Schöpsen-
vervex, vecis, *auch* vicis Hammel, Schöps; Steinbock
vervicaritia Schafherde
vesania Wut, Wahnsinn
vesanire wüten, rasen
vescens spärlich
vescĕre; vesci essen, speisen
vescus zehrend; ausgezehrt, mager; spärlich, zart
vesica Blase, Harnblase; petrae vesicae Blasensteine
veson, ontis = bison Wisent
vespera Abend; Nachmittagsgottesdienst, Vesper (= 6 Uhr abends)
vespertinalis = vespertinus zum Abend gehörig

vespillo, onis Leichenräuber, Grabschänder; Buschklepper, Wegelagerer, Strolch
vestiaria Kammerfrau
vestiarium Kleiderkammer
vestiarius Kämmerer
vestigialis zur Fußspur gehörig
vestigium Spur; Kennzeichen, Mal am Körper; Strahl; vestigiis provolvi sich zu Füßen werfen
vestire bekleiden; in Besitz geben
vestitura Belehnung
vestri; vestrum (*Gen. poss.*) = vester euer
vetare aliquem verbieten, abwehren, verhindern; vetasset = vetuisset; vetatus = vetitus
vetellus = vitulus Kalb
veterare alt machen; als veraltet abschaffen
veterascĕre alt werden, veralten; vergehen
veternosus schlafsüchtig, schläfrig; matt, kraftlos, alt
veternus alt, altererbt; Schlafsucht, Lethargie; veternum delictum Erbsünde
vetitum Verbot
vetulus = vetus alt
vexabulum Rute
vexare züchtigen, strafen
vexatio Anfechtung; Plage
vexillifer Standartenträger
vexillum Banner; *Plur.* Kreuz und Fahnen bei der Prozession
via Straße; Lebenswandel; Leidensweg; Art und Weise; via sancti sepulcri Wallfahrt nach dem Heiligen Grabe
viagium Reise
viari = viare gehen, wandern
viaticum Reisekost; Sterbesakrament; v. eucharistiae die heilige Wegzehrung
viator Pilger
vibex, icis Strieme, Schwiele
vibrare schwingen; respectum v. den Blick stolz schweifen lassen
vibratus, us (Schwert-) Schwung
viburnum Mehlbeerbaum
vicaria Statthalterschaft
vicarius Stellvertreter, Statthalter, Nachfolger; gegenseitig, hilfreich
vicedom *lat. Schreibung für mhd.* viztuom = vicedominus Statthalter, Verwalter (Hr.)
vicedomnus = vicedominus der erste Minister des Königs; Erzdiakon (als Stellvertreter des Bischofs)
vicepraetor Vizevogt
vicessor Stellvertreter
vicinans Nachbar
vicinia Nähe; Grenzgebiet
vicinus benachbart, nahe bevorstehend; Nachbar; Landbewohner; e vicino imminens nahe bevorstehend; vicinae, arum Häuser an derselben Straße, Stadtviertel
vicis Wechsel, Abwechselung; Unbeständigkeit; Platz, Stelle, Dienst, Amt; *Plur.* Pflichten; hac vice, vice ista diesmal; quadam vice, una vice einmal; duabus vicibus, per duas vices zweimal; in vicem, per vices abwechselnd; vicem rependere, reddere vergelten, entsprechend handeln; vice an Stelle von, mit Rücksicht auf: vice nostra unsertwegen; vice alia anders; vice versa, conversa umgekehrt; im Gegenteil; in vicem obsidis als Geisel (W.); pro vice tua an deiner Stelle; ad vicem alicuius in Vertretung von; vices agere, vicem gerere jem. vertreten; vices alterne agere die Rollen wechseln; vicem reciprocare eine Neigung erwidern
vicissim *Adv.* abwechselnd, gegenseitig, gegeneinander; auf beiden Seiten; wiederum, aufs neue
vicissitudo Wechsel, Veränderung, Vergeltung; vicissitudinem exercere, reddere vergelten
victima Opferlamm; = Christus
victimare schlachten, opfern
victitare leben
victorifer siegreich
victoriosus siegreich
victualia, ium Lebensmittel, Proviant
vicus Gehöft, Domäne, Dorf; Straße
videlicet *Adv.* nämlich; ne v. natürlich damit nicht, es sollte natürlich nicht sein

vidēre 1. sehen; sich in acht nehmen; 2. = visēre besichtigen, besuchen; mihi videtur ich träume
vidualis verwitwet; v. status Witwenstand
viduare berauben, entsetzen; viduata verwitwet
viella Geige
viēre binden, flechten; dichten (D.)
vietus welk, verschrumpft; altgeworden
vigilans wachsam; eifrig; vorsichtig
vigilare wachen; sich auszeichnen (Wid.)
vigilia Nachtwache, der Tag vor einem hohen Feste; *Plur.* nächtliches Gebet
vigor Lebenskraft, -frische; Gewalt
vigorosus kraftvoll, rüstig
vilescēre wertlos, unbedeutend werden; wenig gelten, verächtlich werden; Schaden erleiden; verächtlich machen
vilic . . . *s.* villic . . .
vilipendēre verächtlich behandeln, geringschätzen
vilis wohlfeil; geizig; lumpig, verächtlich
vilitas mei meine Wenigkeit (Hr.)
villa Besitztum, Domäne, Hofgut, Freigut, Landgut; Weiler, Dorf, Stadt
villagium Dorf
villanus zottig; Bauer
villatim *Adv.* dorfweise
villicari ein Landgut bewirtschaften; villicandi scientia Kenntnis der Landwirtschaft
villicatio Verwaltung, Bewirtschaftung eines Gutes
villicus Meier, Gutsverwalter, Dorfrichter; Diener
villinus zottig, wollen; baumwollen
villosus zottig, haarig; villosa Handtuch, Tischtuch
villula Örtchen
vimen Reis, Schößling
vimineus aus Weide, aus Reisig
vinarius zum Wein gehörig
vinclum = vinculum
vinculatio Fesselung
vinculum Band, Fessel; Panzerring; vincula s. Petri, ad vincula Petri Kettenfeier = 1. August
vindemiare Wein lesen
vindemiatio = vindemia
vindemium = vindemia Weinlese; Wein
vindex rächend, strafend; Vergelter, Rächer
vindicare rächen, bestrafen, vergelten; se v. de sich rächen an
vindicta Rache, Strafe, Vergeltung; vindictae verberum körperliche Züchtigung; vindictam capere Rache nehmen
vinericia, orum Weinfuhrfrone
vinescēre zu Wein werden
vinetum Weinpflanzung; Rebe
vinia = vinea Weinstock
vinialis = vinealis zum Wein gehörig
vinum clarum Würzwein, Bowle; v. coctum Würzwein
viola Veilchen, Blume; eine Art Geige: Viola, Bratsche; violam tangere Geige spielen
violare verletzen, entweihen; benetzen
violator Spieler auf der Viola
violatria = violatio Verletzung
violentare beleidigen
violenter *Adv.* gewaltsam
violentia Heftigkeit; v. expeditionis Kriegsgewalt
viperinus Schlangen-
vir episcope *Anrede:* Herr Bischof
virago, inis Jungfrau; *auch* Jüngling; mannbar
viratus wacker, tüchtig; männlich gesinnt
virga Reis; Zuchtrute; Stab (das altgerm. Königszeichen); Bischofsstab; das männliche Glied
virgildus = weregeldus
Virgilium sequi = ein Dichter werden
virginale sidus Gestirn der Jungfrau
virgo, inis Nonne; Jungfrau Maria; *auch* Jüngling; pia v. = Maria; v. modesta = Tugend der Mäßigkeit
virgula Reislein
virgultum Obstgarten, Garten; Paradies
virguncula ein schwaches Mägdlein; Jungfrau
viridare grün sein, grünen
viridarium kleines Grünland, Garten

viridis grün; viride grünes Tuch; v. Hispanum Grünspan
viriditas Grünsein, Wachstum
virilis männlich; virile das männliche Schamglied
viror Grün; Lebenskraft
virtuosus tugendhaft; heilkräftig, wirksam, tüchtig
virtus Tugend; Kraft, Macht, Wunderkraft; Wunder; Streitmacht, Schar, Heer; Reliquien der Heiligen; *Plur.* Wundertaten; v. curarum Heilkraft; v. divina der göttliche Beistand; a virtute esse tugendhaft sein (CB.)
virus Schleim, Saft; Geifer, Gift
vis Kraft, Gewalt; Inhalt; v. longi diei ein Tag voll lähmender Langeweile; vi unrechtmäßig
visceralis innerlich; fleischlich, leiblich
visceratenus *Adv.* bis ins Mark; aus Herzensgrund
visceratim *Adv.* gliedweise
viscosus schleimig; klebrig, zäh; geizig
viscum Vogelleim
viscus, eris (*meist Plur.*) Eingeweide, Glieder, Fleisch; Schoß, das Innerste; totis visceribus von ganzem Herzen
visĕre besuchen; heimsuchen, ziehen gegen
visibiliter *Adv.* sichtlich, sichtbar
visio Anblick; Traumgesicht, Erscheinung, Vision
visitare besuchen; heimsuchen, strafen
visitatio Besuch; Heimsuchung, Züchtigung durch Gott; v. Mariae = 2. Juli; v. liminum apostolorum Romfahrt
visivus gladius stechender Blick (I.)
visor Beschauer, Augenzeuge
vispilio; vispillo = vespillo
visum Erscheinung, Gesicht, Traumgesicht
visus, us Sehkraft; = visio
vita Leben; Lebensbeschreibung
vitabundus die Gefahr vermeidend, sich zu verbergen suchend
vitalis lebenspendend, lebenerhaltend, neu belebend; vitale Heilmittel; Lebensäußerung
vitellum = vitellus Kälbchen, Kalb
vitiare verletzen, entstellen; entehren, verführen; verpesten
vitiatus durchtrieben, schlau
vitis, is Weinrebe; = Christus; *Plur.* Wein
vitrearius Glasbläser
vitreus gläsern, kristallklar; zerbrechlich; vergänglich; opus vitreum Glasmosaik
vitricus Stiefvater; Kirchenkassenverwalter
vitrifex Glaser
vitriolum Vitriol (zur Bereitung der Tinte)
vitrum Glas, Glasscheibe; Fenster
vitta Binde
1. **vitula** Fiedel, Viola, Bratsche
2. **vitula** Rindskalb, junge Kuh
vitulamen Wurzelsprößling
vituperium Scheltwort, Schimpf
vivacitas Lebhaftigkeit
vivarius = vivarium Fischteich
vivax lebendig
vivĕre leben, erleben; v. asinum sich wie ein Esel benehmen (Hr.); vivo *Schwurformel* = so wahr ich lebe (W.)
vivificare zum Leben erwecken, beleben; erneuern; beschützen
vivificus lebenspendend, belebend
viva voce mit eigenem Munde
vivum (lebhafte) Unruhe, Krieg
vix et aegre *Adv.* mit Not und Mühe
vocabula = vocabulum
vocabularium Wörterbuch
vocabulum Benennung, Name, Titel
vocalis tonreich, tönend; redend
vocatio Rufen, Ruf, Berufung; Vorladung; Abberufung, Tod; Erleichterung
vocativus der Rufer (CB.)
vociferare = vociferari laut rufen, laut nennen
vociferatio Kampfgeschrei
vociferator Schreihals
vocitamen habere genannt werden, heißen
vocitare zu nennen pflegen, nennen
vola die hohle Hand, Hand; Fußsohle
volatilis geflügelt, fliegend; volatilia, ium Vogelwelt; Geflügel

volatus, us Flug
volipes, edis schnellfüßig; schnell, eilig
volitare heraneilen (W.)
volubilis rollend, beweglich
volubilitas nativorum Flüchtigkeit des Gewordenen
volucellus Vögelchen
volucer geflügelt; Vogel; volucres Geflügelhof; volucres de flumine die Fische
voluntarius freiwillig; vorbedacht, vorsätzlich
voluntas Wollen, die (böse) Absicht; das Ersehnte; larga v. Freigebigkeit; sine voluntate bona ohne Erlaubnis
volupe est es ist einVergnügen, angenehm
voluptuosus ergötzlich, üppig; *Adv.* gern
volutabrum Süle, Schmutz
volutare wälzen, rollen; sich herumtreiben
volvĕre rollen, drehen; in rota v. rädern
vomer, eris Pflugschar
vomĕre ausspeien; votam v. das Leben aushauchen
vorago, inis Schlund, Tiefe
vorare; vorari verschlingen, hastig hinunterschlucken
vorator Verschlinger, Fresser
voratrina Fresserei; Freßwirtschaft
vortex = vertex
votare weihen, geloben
votivus erwünscht, willkommen; einem Gelübde entsprechend
votum Gelübde; Andacht, Gebet; Wunsch, Plan; (Wahl-) Stimme; *Plur.* Wallfahrt; votis vocare mit Bitten anflehen; dies votorum Hochzeitstag
vovēre geloben; sich vornehmen
vox Laut, Bezeichnung, Name; Rede; Stimme (bei d. Königswahl); vocem requirere ums Wort bitten; vocem dare das Wort geben zur Zeugnisablegung
vulgaliter = vulgariter
vulgare bekanntgeben, melden
vulgaris gewöhnlich, allgemein; vulgare Muttersprache, Volkssprache; vulgares gentes die Völker (Gegensatz: die alten Römer); vulgares die gemeinfreien Volksgenossen; *Adv.* vulgariter allgemeinverständlich
vulgaritas Volkstümlichkeit
vulgatus gewöhnlich, alltäglich; vulgato nomine in der Volkssprache
vulgigena Haselwurz
vulgo *Adv.* in der Landessprache; vor allem Volk
vulgus Bevölkerung; Heerestroß
vulnifer Wunden machend
vulnificus verwundend
vulniger verwundet
vulpecula Füchslein; ein Kriegsgerät
vulpescĕre hinterlistig sein
vulpinare überlisten
vulpidus = vulpinus fuchslistig
vultus, us Gesichtsausdruck, Blick; Gestalt; v. auctoritatis Scheinautorität

W

wacta (*germ.*) Wache, Wachtdienst, öffentlicher Polizeidienst (Cap.)
wadi . . . *s.* vadi . . .
wah = vah *Interj.* ach!
waisdo (*germ.*) Färberwaid (Cap.)
walara; walra Wels, „Waller"; Walfisch (*ahd.* welira)
wambasia, iorum (*germ.*) Wams, Leibrock
wanna Wanne = großer Weidenkorb (*vgl.* vannus)
wantus; wanto, onis (*germ.*) Handschuh, Fäustling (*ndd.* Wanten)
warandia (*germ.*) Gewährleistung; w. telonii Zollrecht
waranio (*germ.*) Hengst
warantizare verbürgen
warantus (*germ.*) Bürge
warda (*germ.*) Warte; Schutzwache
warentia Krapp, Färberrot
wargus (*germ.*) friedlos, landflüchtig
weregeldus; weregildus (*germ.*) Wergeld
werra (*germ.*) Verwirrung, Streit, Krieg
wimpla (*germ.*) Gewand; Stoff

Y

siehe unter i und hi

X

xeniolum kleines Gastgeschenk
xenium (*griech.*) Geschenk
xenodochium (*griech.*) Herberge, Pilgerhaus, Hospital
xenodochus (*griech.*) Hospitaloberer
xenos (*griech.*) Pilger
xerampelinus (*griech.*) rot (wie dürres Weinlaub)
xerophagia (*griech.*) das Essen trockener Nahrung, die Fastenzeit
xeromurra = xeromyron (*griech.*) die trockene, wohlriechende Salbe
xeron, i (*griech.*) das Trockene, trockene Salbe
xylocopus (*griech.*) Zimmermann
xystus (*griech.*) Säulengang; Terrasse

Z

im Anlaut oft 1. = di; 2. = s; 3. = x

zaberna Quersack
zabilis = zabulus
1. **zabulus** = diabolus (*griech.*) Teufel
2. **zabulus** (*russ.*) Zobel, Zobelfell, Zobelpelz; *vgl.* sabellum
zacones = diacones
zambellum Kampf, Krieg
zebus = diebus (*v.* dies)
zecha Münzstätte; Gelage, Zeche
zechum Zechgelage
zelare (*griech.*) lieben; eifern, anfeinden, Böses wünschen, anhexen; *Pass.* sich ereifern
zelator Eiferer
zelosus eifersüchtig; eifrig
zelotes, ae (*griech.*) Eiferer, Eifersüchtiger
zelotypare eifersüchtig machen; mißtrauen
zelotypia (*griech.*) Eifersucht
zelotypus eifersüchtig; Ehebrecher
zelum; zelus (*griech.*) Eifer, Zorn; Liebe; Eifersucht; z. ordinis Sehnsucht nach dem Ordensleben
zeta = diaeta
zetarius = diaetarius Zimmerwärter
zeuma = zeugma, atis (*griech.*) Polysyndeton
zymus; zyma, atis (*griech.*) Sauerteig
zindalum feines indisches Leinen, Zindel
zinziber = zingiber, eris (*arab.*) Ingwer (*mhd.* gingibere)
zirbus Darmnetz
zitharoedus = citharoedus
zizania; zizanium; zizania, iorum (*griech.*) Lolch, Unkraut; Zwietracht
zmaragdus = smaragdus
zodiacus (*griech.*) Tierkreis; Ekliptik
zodium (*griech.*) Sternbild im Tierkreise
zodomiticus = sodomiticus
zoe (*griech.*) Leben, Seele
zoycaysice = zōē kai psychē (*griech.*) *Kosewort:* du mein Leben und meine Seele (W. v. Ch.)
zomarius = somarius
zona (*griech.*) Gürtel, Zone
zottare langsam einherschreiten, dahinschlendern
zukarium; zucara; zuchara (*arab.*) Zucker